자유의 도시, **올드 상하이**

자유의 도시,
올드 상하이

김양수 지음

동국대학교출판부

서문

국가와 도시

이 책은 1949년 이전 옛 상하이에 대한 동아시아인들의 문화적 기억에 관한 책이다. 상하이를 말할 때 임시정부와 항일운동을 떠올리는 역사주의적 관점이 있을 수 있고, 개혁개방 이후 중국의 물질적 발전을 떠올리는 경제주의적 관점도 있을 수 있다. 하지만 나는 이 책에서 상하이가 20세기 전반에 이미 탁월한 도시문화를 이뤄내고 있었고, 중국 뿐 아니라 동아시아에 영향을 미치고 있었다는 의미에서 문화주의적 관점을 견지하고자 했다.

상하이와 나의 학문적 인연은 석사학위 논문 「중국의 혁명문학논쟁 연구1987」로 거슬러 올라간다. 주지하듯이 1980년대는 한국사회에서 냉전 구조가 해체되던 시기였다. 한국전쟁 이후 줄곧 장막에 가려져 있던 '월북 문인'이나 '이념 서적'에 대한 사회적 금기가 해제되어 갔고, 중국문학의 영역에서도 중국현대문학에 대한 연구가 본격적으로 시작되던 시점이었다. 당시 나의 학위논문도 크게 보자면 '해금解禁'의 영역에 속하는 연구활동이라 할 수 있었다. 지금 보면 너무도 유치하고 부끄러운 글이지만, 당시로서는 새로운 연구영역에 도전한다는 치기어린 자부심도 있었던 것 같다.

'혁명문학 논쟁'이란 1920년대 후반 문학운동의 방향성 내지 주도권을 둘러싸고 벌어진, 조금 일반화해서 말하자면 중국판 '목적의식 논쟁' 같은 것이었다. 당시 나는 논쟁에 참여한 논자들의 입장을 분류하고 그에 대해 나름의 평가를 내렸지만, 정작 그 논쟁이 벌어진 '상하이'라는 문화공간에 대해서는 배경적 지식이 부족했다. 논객들의 글이 발표된 잡지들이 당시 상하이 문화지형도 속에 어떻게 포진되어 있었으며, 논쟁에 참여한 상하이 지식인들이 각각 어떤 인간적 네트워크를 형성하고 있었는가, 하는 등의 디테일한 부분에 대해서는 나 자신도 잘 알지 못했을 뿐 아니라 주변에 자문을 구할 사람도 없었다. 중국과는 오랜 단절이 이어져오고 있었고, 아직 수교1992 이전이었기 때문에 당시 연구자들로서는 상하이라는 문화적 공간에 대한 접촉이나 경험이 전무한 상태였다.

중국에서 개혁개방정책이 진행되면서, 중국현대문학 연구도 이에 보조를 맞춰 발전해갔다. 2000년대로 접어들면서 도시문화 연구가 하나의 흐름을 형성하자 그러한 분위기에서 상하이 문화연구의 성과물들이 속속 나오기 시작했다. 당시에 인상적이었던 것은 중국현대문학을 베이징, 상하이, 타이베이, 홍콩의 도시문화적 관점에서 접근한 후지이 쇼조藤井省三의 『현대 중국 문화 탐험』소화, 2002과 상하이 도시문화를 모더니티의 관점에서 집중적으로 탐구한 리어우판李歐梵의 『상하이 모던』고려대출판부, 2007 같은 책들이었다. 물론 이외에도 매우 많지만, 아무튼 그런 책들을 보면서 상하이라는 문화공간을 수박 겉핥기처럼 그냥 지나쳐 보내고 말았다는 자괴감이 들기 시작했다. 부채감이 쌓이면서 나도 상하이에 관한 책을 하나 써야겠다고 생각을 하게 된 것은 2010년 무렵의 일이었다.

초기 기획 단계에서 나는 한국문학과 일본문학을 각각 하나의 축으로 삼는 구상을 하였다. 외국 문학을 전공하는 연구자로서 궁극적으로는 자국 문학과의 관계성을 문제 삼는 방향으로 나아가야 한다는 것은 공부를 처음 시작할 때부터 가졌던 생각이었다. 그것은 연구자의 주체성이라는 측면에서 보았을 때 당연한 것인지도 모르겠다. 일본문학 역시 장차 나의 중국현대문학 연구가 '동아시아'라는 방향으로 나아가는데 있어 필수적으로 거쳐가야 할 관문이라고 생각했다. 하지만 이른바 '동아시아적 방향성'이란 내가 생각했던 것 이상으로 어려운 작업이었다. '한국문학과 상하이'도 내게는 버거운 대상이었지만, 특히 '일본문학과 상하이'는 관련되는 인물이 너무 많고 읽어야할 자료의 양이 방대해서 도저히 혼자 감당해낼 수 있는 일이 아니라는 것을 나중에 가서야 깨달았다. 상하이와 관련된 한국과 일본의 작가는 현실적으로 글쓰기가 가능한 몇 명으로 간추리는 수밖에 없었다.

집필 계획을 세운 후 나는 곧바로 상하이 필드워크fieldwork에 나섰다. 올드 상하이의 흔적을 찾아나서는 필드워크는 총 4차례에 걸쳐 이루어졌는데, 그 중 2010년과 2011년은 오직 필드워크 목적만으로 상하이에 간 것이고, 2017년, 2018년은 상하이 사회과학원 문학연구소에서 열린 학술세미나 참석을 겸해서 간 것이었다. 나의 필드워크는 올드 상하이의 주요 시설이 표시되어 있고, 신/구 지명이 표기된 지도를 들고 옛날 조계지를 걸어다니며 장소들을 확인하는 작업이었다. 주로 낮에는 돌아다니면서 사진을 찍으며 간단한 메모를 했고, 밤에는 숙소에 돌아와 낮에 찾은 자료를 보완하며 내용을 정리하는 일을 했는데, 참 즐거운 작업이었다. 하루 종일 걷다가 저녁 때 숙소에 돌아오면 시원한 맥주를 길게 쭉 들이키고 싶은 생각이 늘 간절했지만, 다음날 일정에 영향을 주지 않도록 2~3캔 정도로 자제하곤 했던 기억도 난다.

필드워크 대상 지역은 주로 상하이의 옛 조계지역으로, 공동 조계와 프랑스 조계, 그리고 홍커우 지역을 여러 차례 돌아다녔다. 그 중에서도 프랑스 조계의 여러 장소들이 기억에 많이 남는다. 구 도심에서 대략 100여 년 전의 문화적 흔적을 찾아다니는 작업은 서울이나 도쿄, 홍콩이나 타이베이 등 다른 동아시아 대도시에서 모두 가능한 일이겠지만, 상하이 필드워크가 주는 각별한 재미는 옛 지도에 표시된 위치와 현실 속 실제 공간 사이의 조응성照應性이 매우 높다고 하는 것이다. 다시 말해서 지도에 표시된 곳을 찾아갔을 때 옛날 그 장소가 아직도 존재하고 있을 확률이 높다고 하는 것인데, 이는 오랜 세월이 흐르는 동안에도 상하이 조계지역의 도로가 크게 변하지 않았기 때문에 가능했던 것이 아닐까. 와이탄의 웅장하고 고색창연한 건축물 뿐 아니라 플라타너스 심어진 가로수 길 역시 상하이의 분위기를 만들어온 것이다.

집필 계획을 세우던 초기에는 필드워크를 통해서 상하이의 공간성을 이해해 간다고 하는 것, 그리고 한국문학 및 일본문학과의 관련성 속에서 비교문학적 시야를 갖추어 간다고 하는 것 외에 다른 연구적 목적은 없었다. 하지만 작업이 진행되어 갈수록, 21세기에 와서 올드 상하이를 이야기 하는 것의 의미는 무엇인가, 하는 질문이 점점 내게 다가왔다. 그간의 느낌을 가지고 이에 대해 간단하게 답을 해보자면 '국가적 통제, 그리고 내셔널리즘적 제약으로부터 비교적 자유로운 위치에서 근대적 발전을 이루어간 도시를 기억하는 것'이라고 할 수 있을 것 같다. 이 책의 제목에서 사용한 '자유의 도시'라는 표현은 바로 '내셔널리즘으로부터의 자유'라는 의미이다.

인간에게 있어 국가란 무엇일까? 국가는 인간의 사회활동을 가능케 하는 현실적 기반基盤이지만, 다른 한편으로는 인간을 국민이라는 범주에 구속하는 기반羈絆이기도 하다. 산업혁명 이후 대도시가 주요한 생활공간의 위치를 확립하게 되었고, 도시를 중심으로 근대적 서구 문명이 형성되어 갔지만, '문명'은 코스모폴리타니즘의 방향으로 나아가지 못하고 내셔널리즘의 수위에서 '국민적 가치'로 자리 잡게 된다. '문명'의 자기 확장성은 내셔널리즘적 경쟁의 구도 속에서 '문명의 전파'라는 명분을 만들어냈고, 자유와 풍요, 인간적 가치를 표방했던 서구적 근대는 결국 전쟁으로 이어지게 된다. 근대는 내셔널리즘에 기반한 침략이 그에 저항하는 또 다른 내셔널리즘을 탄생시키고, 그것이 다시 권력으로 공고해지는 모순적 사이클이 이어지는 시대였다.

1, 2차 세계대전을 거치며 지구상에는 많은 국민국가가 생겨났다. 봉건적 전제국가를 대신해서 생겨난 국민국가는 법 앞의 평등을 표방했지만, 공권력은 통치자가 국민을 억압하는 수단으로 사용되기도 했고, 내셔널리즘은 국민의 내부에서 비국민을 걸러내는 역할을 담당하기도 했다. 국가와 내셔널리즘에 의지하지 않는 개인의 삶이란 없는 것일까? 나는 올드 상하이가 내셔널리즘과 정치 이념을 앞세운 국민국가 간 경쟁과 대립의 시대에 있어 하나의 피안彼岸과 같은 존재였다고 생각한다. 2차 세계대전이 끝나고 동아시아에 국민국가들이 자리를 잡으면서 올드 상하이는 사라져버렸고, 시간이 더 지나면서 그 시절 상하이를 쓴 글들은 점점 희귀한 기록이 되어가고 있다. 시간이 오래 지난 후에 우리는 홍콩에 대해서도 비슷한 느낌을 갖게 될 것이다. 나는 국가에 의해 소멸되어간 그런 도시들의 기억이 오래도록 남아있기를 바란다.

흔쾌히 추천사를 써주신 후지이 쇼조 선생님께 감사드린다. 애초『100년 간의 중국문학』이라는 책의 원저자와 번역자의 관계로 시작된 우리의 인연은 줄곧 30년 동안 이어져왔고, 그 사이에 나는 많은 것을 배웠다. 본서 편집의 과정에서 여러 차례 중요한 자문을 해주신 중국문학 번역가 김태성 선생님, 그리고 지면 관계상 일일이 인사를 드리지는 못하지만 집필 과정에서 도움을 주신 동료 연구자들, 친구들에게도 진심으로 감사의 뜻을 전하고 싶다. 이 책은 2022년도 동국대학교 저서출판 지원사업의 도움을 받아 출판되었다. 책이 출판될 수 있도록 넉넉한 재정 지원을 해준 동국대학교, 그리고 책을 예쁘게 만들어주신 동국대 출판문화원의 김정은 선생님께 감사드린다. 마지막으로 이 책을 나의 부모님과 형제들, 그리고 영미와 태원이에게 바친다.

2023년 6월 29일 동국대학교 법학관 467호 연구실에서

프롤로그

자유도시의 기억

1. 상업의 시대, 자유주의의 확립과 상하이

필자는 서구화된 근대도시 상하이의 특징이 '자유'自由에 있었다고 생각한다. 자유가 인간을 억누르는 압제壓制와 상반되는 위치에 있음은 자명하다. 그 압제는 국민에 대한 국가의 통제, 경제활동에 대한 정부의 간섭, 전통사회의 인습에서 비롯한 욕망에 대한 금기 등 다방면에 걸쳐 존재했다. 19세기 중반 이후 100년 간 여러 사회의 다양한 위치에서 자유를 희구하던 사람들이 상하이로 모여들었고, 그 과정을 통해 개인주의적이고 매우 현실적이면서도 융합적인 상하이 도시문화가 형성되었다. 이 책의 중요한 키워드인 '자유'를 다음 몇 가지의 층위에서 설명하는 것으로 글을 시작해 보기로 한다.

첫 번째는 세계사적 층위로, 상하이 조계租界 건설은 자본주의 경제 체제로서의 '자유주의' 확립과 연결된다. 16세기 이후 자본주의는 중상주의→자유주의→제국주의→국가독점자본주의→신자유주의의 형태로 변천을 거듭했다. 중상주의란 16세기에 형성된 절대왕정이 실행한 경제정책으로, 국가가 상공업을 육성하고 무역을 진흥하는 것을 말한다. 초기의 중상주의는 다른 국가의 광산을 개발해 금·은을 직접 수탈하는 중금주의, 무역 흑자에 따른 화폐 획득을 중시하는 무역차액주의, 그리고 국내

수출산업을 보호·육성하는 산업보호주의의 단계로 옮겨가게 된다. 17세기 무렵 외국 무역이 중상주의의 중심이 되면서 영국, 네덜란드, 프랑스 등이 잇달아 동인도회사를 설립하게 된다. 동인도회사란 국가가 발부한 특허장을 바탕으로 무역을 독점적으로 행하는 회사를 말한다. 이 시기가 되면 산업보호주의를 내세워 국가가 경제에 강하게 개입하면서 국가의 부를 축적하게 된다.

중상주의를 최초로 폐기한 국가는 산업혁명이 가장 먼저 일어난 영국이었다. 산업혁명을 통해 강력한 힘을 얻은 산업자본가들은 국가의 규제가 거추장스러워지기 시작했다. 이에 그들은 자유주의적인 개혁을 요구했고, 19세기 중반에는 자유무역을 확립했다. 이 시기 영국은 압도적인 해군의 힘과 경제력을 지닌 패권 국가였다. 부와 생산력 면에서 이미 정상에 있었으므로 불필요한 규제 따위가 없는 자유경쟁이 가장 유리했던 것이다.[1] 18세기 중반부터 아시아에서 두각을 나타낸 영국은 1757년 인도에서 패권을 장악한 후, 1795년 말라카를 네덜란드로부터 빼앗고, 1798년에는 페낭을 식민지로 삼았다. 조계 도시 상하이의 원형이 된 것은 1819년 영국인 래플스(T.S.Raffles)에 의해 건설된 싱가포르였다.

세계사적으로 자유주의적 개혁이 요구되던 이 시기는 바로 아편전쟁 발발 시점과 맞물린다. 일반적으로 아편전쟁을 중국 현대사의 범주 내에서, 국가 간의 내셔널리즘적 대결로만 이해하려는 경향이 있지만, 한편으로는 17세기 전반 동아시아 및 동남아시아가 맞닥뜨린 '상업의 시대'로 시야를 넓혀서 봐야 할 필요성도 존재한다. 다른 한편으로 아편전쟁의 배후에 자본가들의 독립 요구, 혹은 개인적 자유 추구의 권리 등이 존재하고 있었던 것도 빼놓아서는 안 된다.

---

[1] 중상주의에서 자유주의에 이르는 경제사적 흐름에 대해서는 사토 마사루, 신정원 역, 『흐름을 꿰뚫는 세계사 독해』, 역사의 아침, 2016, 139~141쪽 참고.

아편전쟁 후 상하이의 조계에 서양인들이 진출한 것을 경제사적 발전 단계에 있어 자유주의로 볼 수도 있겠지만, 다른 한편으로 이데올로기 측면에서도 그 의의를 찾아볼 수 있다. 이데올로기로서의 자유주의는 17세기 영국에서 등장한 '소유적 개인주의'possessive individualism에 기초한다. 당시 영국에서는 정교한 상업 사회가 그에 상응하는 법률 및 정치 구조와 함께 부상했다. 권위에 종속된 사회에서는 자유주의가 하나의 저항 프로젝트로서 탁월한 이데올로기적 힘을 갖는다. 사회의 상급자들로부터 받는 임의적인 강제나 강요 사항들 혹은 그들에게 취해야 하는 의무적 경외심으로부터 벗어나, 자기만의 삶을 살 수 있는 자유를 비롯하여 개인의 생활양식, 직업, 성性, 이데올로기를 선택할 자유를 준다. 따라서 자유주의는 전제 정부와 세습적 특권으로부터 벗어나려는 해방운동 전반의 초기 이데올로기였으며, 수십 년 동안 그 역할을 계속 수행했다.[2]

물론 자유주의가 17세기 이후 인간해방의 이데올로기로서 기능했다는 것은 서구 사회를 기준으로 한 것이며, 동시대 동양 사회와는 일정한 거리가 있다. 서양인들이 상하이에 진출한 19세기 이후라 해도 자유주의 이데올로기가 사람 간의 교류를 통해 중국인, 혹은 동양인들에게 바로 직접적인 영향을 주었다고 말하기는 어렵다. 상하이라는 같은 공간을 살아가면서도 동양인과 서양인은 경제적, 문화적, 언어적 이유로 접촉이 많지

---

[2] 이상 이데올로기로서의 자유주의에 대한 내용은 윌리 톰슨, 전경훈 역, 『20세기 이데올로기』, 산처럼, 2017, 18~19쪽에서 정리함. 이는 주로 19세기 영국의 상황을 중심으로 정리한 것이며, 자유주의의 개념이 단일하지는 않다. 1870년대 독일의 '윤리적 경제학파'는 자유방임이 대다수 국민의 삶을 악화시킨다면서 정부의 개입을 주장했고, 비슷한 시기에 활동한 영국의 사회철학자 허버트 스펜서는 일체의 정부 개입에 반대하고 철저한 자유방임을 주장한 바 있다. '윤리적 경제학파'의 입장은 미국 경제학자들의 지지를 통해 루스벨트의 뉴딜정책에 반영되었지만, 뉴딜정책은 곧바로 프리드리히 하이에크의 전체주의 비판에 직면하게 된다. 이상 개인과 공동체를 두고 무엇을 우선해야 하는가에 대한 자유주의 내부에서의 논쟁에 대해서는 헬레나 로젠블랫의 『자유주의의 잃어버린 역사』(니케북스, 2023)를 참고할 것.

않았기 때문에 실질적인 영향 관계는 서적 등의 매체를 통한 간접적인 형태가 많았을 것이다. 하지만 경제사적 흐름, 혹은 이데올로기로서의 자유주의가 국제도시 상하이의 형성 배경이 되고 있었던 것은 분명하다.

두 번째는 국민국가적 층위로, 당시 상하이는 내셔널리즘적 속박으로부터 '자유'를 찾아 이주해온 사람들이 건설한 다이내믹한 공간이었다. 전 세계적으로 국민국가가 수립되고 내셔널리즘을 두고 경쟁하던 시대에, '치외법권' 지역으로 내셔널리즘의 중압에서 자유로웠던 상하이는 이로 인해 국제도시로 성장할 수 있었다. 대략 20세기 후반 정도의 시점을 기준으로 국민국가론을 정리해보기로 한다.

① 세계 체제의 구성 요소로서의 국민국가 : 지구 표면이 250개 남짓한 국민국가로 거의 뒤덮이고 말았다는 현상을 어떻게 해석할 것인가. 월러스틴은 홉스봄 등과 함께 국민국가 창설의 신화를 거꾸로 뒤집었다. 즉 근대적 국가는 개별 국가의 내적인 성숙으로 형성된 것이 아니라, '세계 체제=국가 간 시스템'의 필요성에 따라, 말하자면 밖으로부터 반강제적으로 만들어졌다는 논리이다. 국가 간 시스템의 존재는 여러 국가의 상호 모방성과 그것과 모순되는, 차이에 대한 강조(국민성·국민문화)라는 현상을 설명한다. 세계 체제가 존재하고 지구가 국민국가군으로 뒤덮였다는 것은 세계가 동일한 시간에 의해 지배되고 있음을 의미한다.

② 국민국가 간의 구조적 유사성 : 국민국가의 특색 가운데 하나는 상호 모방성이다. 모든 국가는 국민국가인 한, 국경이라는 제한된 경계선 속에서 철도 및 그 외의 교통망을 가지며, 통일된 화폐와 도량형을 가지며, 조세제도를 가지며, 단일한 시장과 경제제도를 가지며, 가능한 식민지를 만들려고 한다. 어느 나라든 동일하게 헌법과 의회, 중앙집권적인 정부, 경찰과 군대가 있고, 호적과 가족제도가 있고, 학교와 박물관이 있고, 국민사와 신화가 있고, 기념비와 국기와 국가國歌가 있다. 복제양은 아니지만, 세계 국가 간 시스템은 서로 닮은 국가를 하나하나 지구상에 만들어 간다.

③ 내셔널리즘과 국민화의 문제 : 신체의 국민국가화, 혹은 국민국가의 신체화. 국민화된 신체는 조국을 위해 죽기를 희망하고, 다른 나라의 국민을 죽이는 것을 명예로 생각한다. 그 신체에 흐르고 있는 혈액을 순환시키는 맥박은 여전히 자연의 리듬이지만, 그 정신과 신체의 규율은 근대적인, 즉 국민국가적인 시간과 제도에 의해 주어져 있다. 인간은 일정한 역사적 시대 속에서 국민화 되고 국민이라는 존재가 된다. 그것을 '인조인간'이라 한다 해도 크게 과장된 것은 아니다.[3]

국민국가는 자본주의와 함께 현대인의 생활방식을 강력하게 지배하고 있다. 지구상에 온통 국민국가가 아닌 공간이 없는 상황에서 국민이란, 결국 국가라고 하는 배타적이고 폭력적인 집단에 대해 피동적이고 종속적인 존재가 될 수밖에 없다. 19세기 중반 서양의 자본가들은 국가의 간섭을 벗어나는 과정에서 상하이의 조계에 진출하게 되었고, 당시 상하이는 특정 국가의 내셔널리즘이 독점적 자장磁場을 형성하지 못했던 곳이다. 이 대목에서는 '내셔널리즘'이라는 용어 사용에 있어 명확한 구분이 요구되는데, 여기서 말하는 내셔널리즘은 국가통치 이념으로서의 내셔널리즘을 지칭하는 것이며, 제국주의에 대한 저항의식으로서의 내셔널리즘을 의미하는 것은 아니다. 통치 이데올로기로서의 내셔널리즘으로부터 상대적으로 자유로웠던 이 도시는 타국의 독립운동가나 혁명가들에게 활동의 공간을 제공해주기도 했다.

상하이는 사업가가 자유롭게 상업 활동을 할 수 있는 곳이었고, 각국 소수자minority들의 피난처였을 뿐 아니라, 전란戰亂 혹은 가부장적 구속을 피해 중국 각지에서 이주해 온 중국인들에게도 하나의 대안적 공간이었다. 상하이로 이주한 사람들은 상하이가 통치 이데올로기로서의 내셔널리즘, 혹은 가부장제로부터 비교적 '자유로운 공간'이라는 인식을 공유

---

3 니시카와 나가오, 윤대석 옮김, 『국민이라는 괴물』, 소명출판, 2002, 64~72쪽.

했다. 상하이의 물질적, 인종적, 문화적 다양성은 이 도시에서 살아가는 사람들에게 전통적 아이덴티티의 중압에서 벗어난, 자유롭고 평등한 삶에 대한 갈망이 생겨나도록 했다. 국가적 공권력이 제대로 미치지 못했던 올드 상하이는 자유롭고 낭만적인 상상으로 충만해 있었고, 이는 독특한 '상하이 기억'을 형성하게 되는데, 이 대목이 이 책의 방향성과 가장 직접적인 관계에 있다.

세 번째는 도시문화적 층위로, 상하이는 예술적 표현의 '자유'가 충만한 공간이었다. 이 모던 상하이를 지탱해주었던 것은 젊은 독자층의 증가, 출판 저널리즘의 확장, 연극·음악 등 공연문화 혹은 영화와 같은 뉴미디어의 성장이었다. 상하이는 산업, 금융의 중심지였을 뿐 아니라, 1930년대에 들어서며 문화시장으로 급성장하게 된다. 『소설월보』小說月報를 위시한 당시 영향력 있는 잡지들은 모두 상하이에서 출판되었고, 1920년대 말에서 30년대 초반에 걸쳐 상하이는 베이징의 위치를 대신하게 된다. 이는 앞서 말한 경제적 이유 외에 당시 상하이에는 다른 도시에 비해 상대적으로 정치적 활동 및 언론과 출판의 자유가 있었던 점과도 밀접한 관련이 있다.

상하이 문화계의 특징은 각지에서 모인 문인들이 진영을 형성하고 있었고, 문단이 질적, 양적으로 심화·확대되고 있었다는 점이다. 상하이에 이주해 온 문인들의 유형은 대략 다음 몇 가지로 나뉜다. (1)베이징에서 남하 (2)북벌의 전선에서 상하이로 (3)외국 유학지에서 상하이로 (4)동북지역 함락 후 상하이로 옮겨온 사례들이다. 그리고 1927년 무렵 베이징의 북양군벌정부가 거의 붕괴되면서 루쉰 등 문인·지식인들이 대거 베이징을 떠나 상하이로 오게 되는데, 이들은 정치적 성향에 따라 ① 중국좌익작가연맹이 주도한 '혁명문학' ② 국민당과 연계된 '민족주의 문학' ③ 중도파 문인 그룹의 '자유주의 문학' ④ 모더니즘을 추구한 '신감각파' ⑤ 상업적 대중문학의 '원앙호접파' 등으로 나뉜다. 사실상 전중국문학이 모두 상하이에 모이게 되면서 상하이에는 '문화 권력'이 형성되었고, 1937년 중일전쟁이 일어나기까지 상하이의 중심적 위치는 지속된다. 각기 서로 다른 정치적, 예술적 성향을 가진 그룹들이 이렇게 동시에 병존하고 있었던 것 역시 상하이가 자유로운 문화 공간이었음을 나타내주는 예증이라 할 수 있다.

20세기 전반 상하이 문단에는 다양한 개성을 가진 작가들이 존재하고 있었지만, 상하이 문단을 개관하고 각각에 대해 상세한 설명을 가하는 것은 이 책의 범주를 넘어서는 일이다. 필자가 이 책을 통해 다룰 주요한 작업은 동아시아 작가들의 '횡단'에 초점을 맞추어 그들의 기억 속 올드 상하이의 면모를 재현하고 그 의미를 반추하는 것이다. 동아시아에 초점을 맞추었기 때문에 중국 작가들의 상하이론은 루쉰이나 장아이링 등 일부만으로 제한하기로 한다. 동아시아 작가로는 한국과 일본이 주를 이루며, 이 외에 중국에 와서 활동하던 서양인도 일부 포함시켰다. 그리고 '상하이 스토리'의 범위에는 조계시절 올드 상하이에 대한 직접적 경험 뿐 아니라, 후대에 전승된 기억 속 이야기도 포함시켰다.

2. 상하이 조계의 역사 1845~1945

중국 상하이. 지금으로부터 대략 100여 년 전의 그 올드 상하이를 생각하면 '오화팔문'五花八門이라는 중국의 사자성어가 떠오른다. 오화팔문이란 사물이 번다繁多하고 변화막측變化莫測한 상태를 이르는 말이다. 다양한 인종의 사람들이 모여들고, 그들의 다양한 언어와 문화가 호기심을 자극하며, 극단적인 빈부격차와 이념의 차이가 공존하던 옛 상하이의 모습을 떠올려본다.

복잡하고 시끄럽고 자극적이면서, 또 때로는 쓸쓸하고 우아하기도 했던 도시 상하이. 그 옛날 상하이 조계는 누구의 땅이었을까? 이 질문으로 이야기를 시작해 보기로 하자. 상하이의 개항이 중국과 영국 간에 있었던 저 유명한 아편전쟁에서의 패배의 결과였다는 것은 주지하는 사실이다. 그렇지만 상하이는 영국의 식민지가 아니었다. 물론 상하이를 식민지로 보는 관점도 있다. 예컨대 독일의 중국 역사학자 위르켄 오스터함멜은 저서 『식민주의』를 통해 식민지의 유형을 ① 통치 식민지 ② 거점 식민지 ③ 정착 식민지로 구분하고, 상하이를 거점 식민지로 분류한 바 있다.[4] 상하이의 정체성을 둘러싸고 여러 견해가 있을 수 있지만, '상하이는 식민지가 아니었다'라는 말은 마치 일제강점기의 조선과도 같이 총독부가 공권력으로 식민지인들을 통치하는 그런 식민지가 아니었다는 의미이다. 식민지였는지의 여부를 떠나 필자는 당시의 상하이를 국가에 소속된 도시와는 다른 시각으로 보아야 하지 않을까 생각한다. 앞으로 설명하겠지만, 상하이는 별도의 시정市政 운영 주체를 갖고 있었고, 독자적으로 치안을 유지했으며, 다양한 화폐들이 사용자의 편의에 따라 유통되던 곳이었다. 유럽의 상인들을 기준으로 얘기한다면, 그곳은 중상주의 국가적 구속에서 벗어나 자유롭게 사업을 펼칠 수 있는 '자유로운 도시'였고, 그런 자유를 찾아서 사람들은 상하이로 모여들었다. 상하이의 역사에 관한 내용은 이미 정리되어 있는 자료들이 많기에, 본서에는 논술적 근거를 위해 아래에 간략하게 기술해 보기로 한다.

일반적으로 아편전쟁을 영국 대 중국이라고 하는, '국가' 간의 전쟁으로만 이해하는 경향이 있다. 하지만 이 전쟁의 배후에 존재하는 '민간'의 상업적 욕구도 간과해서는 안 된다. 중국인들이 아편을 흡입하게 된 것은 17세기 무렵부터라고 한다. 17세기에서 18세기에 걸쳐 데칸고원에서 생산된 말와Malwa 아편은 인도 서해안에서 주로 포르투갈인 등을 통해 마

---

4 위르켄 오스터함멜 지음, 박은영·이유재 옮김, 『식민주의』, 역사비평사, 2006, 28쪽.

카오를 거쳐 중국 국내로 유입되었다. 중국으로의 아편 수입이 증가한 배경에는 영국 동인도회사의 인도 식민 지배가 본격화한 사정도 있었다. 영국은 프랑스와의 7년 전쟁 이후 벵골 지역의 지배권을 확립하게 되고, 영국이 거점으로 삼은 캘커타는 인도 동부에서 재배한 아편의 집산지가 된다. 18세기 말 동인도회사는 인도 캘커타를 중심으로 동부 지역 아편을 전매하기 시작했지만 서부의 말와 아편과 경쟁적 관계에 놓이게 되면서 가격이 하락했고, 중국으로는 더욱 많은 양의 아편이 유입되었다. 업자들 사이에서는 중국 내 아편 소비의 합법화에 대한 기대감이 존재하고 있었다. 하지만 1838년 중국에서 강력한 아편금지 조치가 선포되자 시장이 축소되었고 마약상의 존립이 위태로울 정도로 공급이 초과되는 상황이 생겨난다. 결국 이 상황을 '전쟁'이 돌파해내게 되는 것이다. 전쟁을 앞두고 중국과의 무역을 담당하는 영국의 새로운 감독관이 동인도회사의 고용인에서 영국 왕실의 사절로 바뀌게 된다. 이는 만일 중국인들이 영국의 감독관을 방해하면 그것은 일개 기업이 아닌 영국이라는 국가에 대한 모독이 된다는 것을 의미했다.

1839년 린쩌쉬林則徐가 아편 2만 상자를 바다에 방류한 사건이 발생하자 영국 상인들은 이에 대해 금전적 보상을 받게 해달라고 영국 정부에 강력히 요청하게 된다. 당시 영국에서는 개신교 선교회를 중심으로 도덕적인 아편무역 반대운동이 전개되고 있었다. 하지만 윌리엄 자딘을 중심으로 한 아편 상인들은 그러한 반대운동을 무력화하기 위해 정계와 언론계에 대한 로비를 강화했다. 1840년 4월 영국의회는 전쟁 여부를 표결에 부쳤고, 262 대 271의 9표 차로 원정군을 파견한다는 정부의 주장이 통과되었다. 1840년 6월 전쟁이 시작되었을 때, 광동 근해에 집결한 영국 함대는 총 16척이었다. 그 중에는 동인도회사의 무장 기선 4척도 포함되어 있었다.[5]

---

[5] 이상 아편전쟁의 배경은 요시자와 세이이치로, 정지호 역, 『중국근현대사』(1), 삼천리,

1840년 6월 중국과 영국 간에 아편전쟁이 발발했다. 1842년 8월에 체결된 난징南京조약의 결과 광저우廣州, 샤먼廈門, 푸조우福州, 닝뽀寧波, 상하이上海 다섯 항구가 개항했으며 홍콩섬은 영국에 할양되었다. 1843년 11월에는 당시 인도에 주둔하고 있던 포병대의 장교 밸푸어Arthur James Balfour가 영국 초대 주상하이 영사로 취임했다. 당시에는 아직 근대적인 시가지가 형성되기 전이었으므로 상하이 현성縣城[6] 내의 민가를 빌려 영사관을 설치했다. 상하이가 정식으로 개항한 것은 1843년 11월 17일이었다. 영국의 중국 진출에 자극받은 미국도 1844년 청조와 왕샤望廈[7]조약을 체결했다. 이 조약을 통해 미국은 5개 항구의 통상권을 획득하였으며 영사재판권 등의 권리를 얻었다. 이는 향후 중국이 서방 국가와 맺게 될 불평등 조약의 모델이 된다.

　1845년 11월 상하이 도대道台[8] 궁무지우宮慕久가 제1차 〈토지장정〉土地章程을 공포하고 영국 조계를 설치한다. 조계租界란 '임대한 땅'이라는 의미의 영어 단어 concession[9]을 중국어로 옮긴 것이다. 이는 중국의 개항 도

2012, 56~70쪽, 조너던 D. 스펜스, 김희교 역, 『현대중국을 찾아서』(1), 이산, 1998, 192~194쪽에서 정리.

[6] 상하이 현성이란 '성벽'을 지칭하는 경우도 있고, 그 성벽의 내부를 지칭하는 경우도 있다. 전자로 말하자면, 1553년 명나라 때 왜구의 침략에 방비하기 위해 쌓은 6킬로미터의 성벽을 가리키는데, 아편전쟁 이후 소도회(小刀會)의 난, 태평천국의 난 때 외세에 대한 저항 세력의 바리케이트 역할을 하기도 했다. 후자로 말하자면, 중국 행정 단위의 최말단을 '현'이라 하며 성벽이 둘러쳐진 내부는 작은 도시와 같은 형태를 하고 있었다. 근대 도시 상하이의 발전과 견주어 보았을 때는 현성(縣城) 내부는 정체(停滯)되어가는 지역으로 인식되었고, 성벽은 그러한 정체를 지속시키는 장애물로 지적되었던바, 1912년 중화민국이 성립된 후에 성벽이 철거되었다.

[7] 왕샤(望廈)는 마카오에 있는 지명으로, 왕샤조약을 맺은 푸지선원(普濟禪院)은 현재 관광지가 되어 있다.

[8] 도대(道台)는 청(淸)의 지방 관료로 당시 상하이의 행정 책임자였다.

[9] 당시 국제법상으로는 concession과 settlement라는 서로 다른 토지임대의 형식이 존재하고 있었는데, settlement는 사적인 임대 관계를 지칭하는 개념이었고, concession은 특정 국가가 토지를 빌려 자국민에게 임대하는 방식을 말하는 것이었다. 조계(租界)는 특정 구역(界)을 빌린다(租)는 의미로, concession에 가깝다고 할 수 있다. 村松伸, 『圖說上海』,

시에서 외국인이 거주하면서 경찰·행정권을 장악하고 있던 지역을 가리킨다. 홍콩과 상하이가 아편전쟁의 결과 영국의 영향권 하에 들어가게 된 것은 마찬가지였지만, 통치 권력의 문제를 놓고 볼 때 상하이는 홍콩과 상황이 달랐다. 식민지가 된 홍콩은 영국이 영유하고 통치하고 있었지만, 상하이는 어디까지나 청조淸朝의 땅이었으며 영국은 행정권(경찰권 포함)을 갖고 있던 것에 불과했다. 홍콩에서는 영국 국왕에 의해 임명된 총독 이하의 행정관이 본국의 의향을 전달하고 실행하는 역할을 담당했지만, 상하이의 영국 조계에는 그런 역할을 하는 관료가 존재하지 않았다. 상하이의 영국 영사는 조계의 행정을 감독하는 역할을 맡았지만, 실질적인 권한은 아무 것도 없었다. 결국 상하이의 영국 조계는 중국도 아니고 영국도 아니었다. 기존의 국가에 귀속되지 않는 이른바 '자유도시'의 성격을 지니는 곳이었고, 자유무역을 하는 상인들의 편의를 위해 세워진 거류지였던 것이다.[10]

〈토지장정〉土地章程이란 영국 영사의 주도하에 체결된 조계의 토지계약으로, 영국인의 상하이에 대한 권리의 출발점이다. 미셸 푸코Michel Foucault는 영토를 '주권이 미치는 공간적 범위'라고 했다. 푸코의 이 말을 당시의 상하이 영국 조계에 대입해보면 그 공간의 성격이 바로 드러난다. 당시 조계에는 청淸의 주권이 미치고 있었는가? 만약 그렇지 못했다면, 조계를 청의 영토라고 볼 수는 없는 것이다. 영국 정부의 행정력이 미치지 못했다는 점은 앞서 말한 바와 같다. 그래서 이곳에 대해 중국도 아니고 영국도 아닌 곳, 어느 나라의 영토도 아닌 곳이라는 말이 성립되는 것이다. 그러면 도시의 관리는 누가 맡아서 했는가. 조계 내의 도로와 부두의 정비 등의 임무는 1846년에 설립된 의결기구 '차지인借地人 회의'와

河出書房新社, 1998, 22쪽.
10 상하이와 홍콩의 비교에 대해서는 榎本泰子,『上海』, 中央公論新社, 2009, 31쪽.

그 실행기관인 '도로부두위원회'가 맡았다. 1845년에 정해진 영국 조계의 범위는 양징빵洋涇浜, 현재의 延安東路부터를 북쪽 경계로 삼고, 리자좡李家莊, 현재의 北京東路을 남쪽 경계로 했다. 서쪽 경계는 1846년에 정해졌는데, 'barrier road'라는 뜻을 취하여 위에지에로越界路, 현재의 河南中路라는 이름을 붙였다. 이렇게 확정된 영국 조계는 1848년 11월에 1차 확장을 했으며, 1863년 9월에는 미국 조계와 합병하여 영·미 공동 조계를 만든다. 1847년에는 영국 국교회의 성삼일교회聖三一敎會·Holy Trinity Church 예배당이 건설되었다. 상하이 최초의 프로테스탄트교회인 이 교회는 1869년 재건되었는데, 붉은 벽돌로 장식된 외관이 독특해서 '붉은 예배당'紅禮拜堂이라 불리기도 했다. 1893년에는 첨탑식 종루[11]를 만들어 더 유명해졌다.

당시 세계의 패권을 두고 영국과 경쟁하고 있던 프랑스도 상하이 진출에 뛰어들었다. 1848년 1월 몬티니가 프랑스 초대 주상하이 영사로 취임했고 1849년 4월 프랑스 조계가 설치되었다. 프랑스 조계의 애초 위치는 상하이 현성과 영국 조계 사이에 낀 작고 기다란 땅이었다. 영국 조계와 마찬가지로 프랑스 조계도 확장을 거듭했는데, 1914년 3차 확장 시에는 처음보다 20배나 넓어지게 된다. 프랑스 조계는 옌안로延安路를 사이에 두고 공동 조계와 접해 있었다. 공동 조계에서는 아편을 금하고 있었지만, 프랑스 조계에서는 이를 금지하지 않았기 때문에 당시에 '제비집'燕子窩이라 불리던 아편 흡연소가 프랑스 조계에만 8천 개가 있었다. 프랑스 조계에는 중국인들의 비밀결사 청방靑幇이 위세를 떨치고 있었는데, 특히 아편은 그들 집단이 수익을 창출해내는 주요한 수단이었다. 당시 암흑가의 주요한 사업은 아편煙, 도박賭, 매춘娼으로, 이를 '삼보'三寶라 했다. 프랑스 조계는 대체로 언더그라운드적 분위기, 조금 더 구체적으로 말하면

---

[11] 이 교회는 일본군 점령 하에서 적성(敵性) 외국인 수용소로 사용되었고, 문화대혁명 기간 중에는 홍위병에 의해 종루의 첨탑이 파괴되기도 했다.

퇴폐업소와 폭력조직에 볼셰비키와 아나키스트와 독립운동가와 좌익 작가가 공존하는, 래디컬하면서도 데카당스한 분위기였다 할 수 있다.

1850년 2월에는 페닌슐라 오리엔탈 기선이 상하이와 런던 사이의 정기 운항을 시작했고, 8월에는 상하이 최초의 영자신문「노스차이나 헤럴드」가 창간되었는데, 이는 상하이가 서구 근대문명의 중심부와 점점 가까워져 감을 의미하는 것이었다. 1850년에는 올드 상하이 최고의 도로인 난징로가 만들어진다. 난징로는 영국 조계 내의 경마장 건설과 밀접한 관련이 있다. 영국인은 상당한 문화적 우월감을 갖고 있었기 때문에, 현지의 중국문화를 받아들인 것이 아니라 상하이에 유럽적 공간을 건설해갔다. 영국에서 '신사의 오락'으로 알려진 경마장을 건설한 것도 그중 하나이다. 난징로는 영국 조계가 막 성립되던 당시에는 황푸강 강가부터 밭을 지나 서쪽을 향해 가늘게 이어지는 이름도 없는 작은 길에 불과했다. 이 샛길이 처음으로 이름을 갖게 된 것은 1850년에 현재의 허난로河南路와의 교차 지점 북서쪽 부근에 트랙을 갖춘 경마장 코스가 설치되고, 그곳으로 통하는 길로서 화위엔농花園弄·Garden Lane이 폭 20피트의 도로로 정비되었을 때다. 경마장은 1854년과 1862년 두 차례에 걸쳐 서쪽으로 이전했는데 그때마다 화위엔농도 서쪽으로 길어졌고, 마침내 현재의 시짱西藏로, 당시의 니청방泥城浜 개울까지 이르렀다. 그러는 동안 노면은 쇄석碎石으로 포장되었고 폭도 2배인 40피트까지 확장되었다. 1865년에는 가로등으로 가스등이 켜졌고, 같은 해에 조계의 행정위원회[1869년 '공부국'으로 개칭]에 의해 이 길은 난징로라고 정식으로 명명되었다. 영국 조계 동서로 난 길에는 중국의 도시명을, 남북으로 난 길에는 성省의 이름을 붙인다고 하는, 영국 영사 메드허스트가 발의한 계획이 실행된 것이다. 하지만 이 길을 따라 원거리 승마에 나서는 식민자들의 모습을 자주 보던 중국인들에게는 단순하게 '마루'馬路, 나중에는 '따마루'大馬路, '잉따마루'英大馬路 등으로 불리는 경우가 많았다.

한편 상하이에서 이와 같은 서구적 근대화만 일방적으로 진행된 것은 아니었으며, 하층민들이 청조에 반대하는 난亂을 일으키기도 했다. 1853년 9월에는 상하이의 푸지엔福建출신 노동자들로 조직된 소도회小刀會가 상하이 현성縣城을 점거하고 청조에 저항했다. 도중에 태평천국운동과 연결되어 세력이 확대되기도 했으나, 결국은 1855년에 함락되었다. 태평천국의 난과 소도회 봉기는 청 말의 민란으로 유명하지만, 여기서는 이 사건이 조계의 공간 및 인구 구성에 큰 영향을 주었다는데 주목해야 한다. 1842년 난징조약 직후의 상황을 보면, 1844년에 50명, 1845년에 90명 정도의 외국인이 중국인과 분리되어 현성의 북쪽에 자리를 잡았다. 조계 지역은 당시까지는 거의 사람이 살지 않던 황무지나 다름없는 곳이었다. 그런 상황에 변화가 생기는데, 태평천국에 호응한 소도회가 상하이에서 봉기하자 인근의 수많은 중국인들이 난리를 피해 외국인 거주지역으로 몰려든 것이다. 청淸나라 행정 당국은 지역주민을 보호할 능력을 잃었고 행정을 담당할 능력도 상실했기 때문에 피난민들은 조계지역으로 몰려들었다. 이로 인해 조계의 인구는 1854년 약 2만 명에서 1860년에는 30만 명으로 급증했고, 1862년에는 50만 명에 달하였다. 조계의 외국인들은 이 기회를 이용해서 자신들의 지위와 권력을 확대했다.[12] 1930년 상하이의 총인구가 314만 명이었는데, 그 중 유럽과 미국인이 약 3만, 일본인이 약 2만 명이었다.

1854년 7월에는 제2차 〈토지장정〉이 제정되었고, '도로부두위원회'가 해산되는 대신 '참사회'參事會·Municipal Council가 만들어져 시정市政을 담당했다. 소도회의 난이 진압된 직후이던 1855년 2월 상하이 도대道台가 중국인의 조계 거주를 허가하여, 이후로는 '화양잡거'華洋雜居가 인정되었다. 이는 조계가 본래 외국인을 위한 거류지였으나, 중국인도 외국인과 마찬가지로 세금을 내면 조계에서 살 수 있게 되었다는 것을 의미했다. 난을 피

---

12 이병인, 『근대 상해의 민간단체와 국가』, 창비, 2006, 35~36쪽.

해 대거 이주해온 중국인을 위한 불가피한 조치였을 수도 있지만, 세수稅收의 확대, 노동력의 확보와도 밀접한 관련이 있다. 몰려드는 인구로 인해 상하이의 주거 수요는 급증했지만 공급은 태부족이었다. 서양인은 기회를 놓치지 않고 부동산업에 투자하여 수많은 건물들을 지었고 부동산업은 호황을 누렸다. 그 과정에서 몇 차례에 걸쳐 조계가 확장되었다. 중국인들이 모여살던 지역은 공동 조계 북부의 자베이閘北와 동남부의 난스南市와 같이 집값이 싼 지역이었다. 난스는 옛날 상하이 현성과 그 남쪽을 아우르는 지역을 칭했다. 중국인들이 모여 사는 지역이었기 때문에 조계와는 분위기가 확연히 달랐다. 이곳도 상업의 중심지였지만 가게에서 취급하는 물건의 종류는 대개 절인 생선이나 인삼, 약재, 과일 등이었다. 도로 역시 구 현성 당시 생긴 것이었기 때문에 넓히기가 어려웠고, 포장도 제대로 되어 있지 않았다. 자베이도 중국인 거주 지역이었지만, 난스에 비해 상업 발달이 미진했다. 난스가 중국인 지역으로서의 독자적 상권을 발전시켜 간데 반해, 자베이는 조계의 산업 발달을 따라 부수되어 가는 경향이 강했다.

상하이에 제일 먼저 이주해온 중국인은 광동 출신들이었고, 그 다음은 닝뽀寧波 사람들이었다. 그들은 초기 이주 과정에서 경쟁을 거치면서 북부의 홍커우虹口 지역에 자신들의 영역을 확보했다. 이 두 지역 사람들은 비교적 상업에 능한 사람들이었지만, 그보다 늦게 상하이로 이주한 장쑤江蘇 북부지방 사람들은 대부분 농민 출신들로, 상하이에 값싼 노동력을 제공하는 동시에 사회문제의 잠재적 원인을 만들기도 했다. 군벌 전쟁이나 흉작으로 인한 기아飢餓를 피해 이주해온 이들은 당시 쑤베이런蘇北人이라 불렸는데, 상하이의 중국인들 사이에서도 크게 환영받지 못했다. 중국인들 중에는 생활이 어려운 서민층이 다수 존재했고, 자연스레 전당업이 발달했다. 1930년대 상하이에서 제작된 영화에는 전당포의 모습이 빠지지 않고 나온다. 본문에서 서술하게 될 롼링위阮玲玉 주연의 〈신녀〉神女에 중국 빈민가의 모습이 잘 그려져 있다. 난스南市나 자베이閘北같이 조계를 벗어나는 지역을 '화계'華界라 불렀는데, 이곳은 기본적으로 중국 관헌의 지배가 미치는 곳이었다. 하지만 군벌의 발호로 인해 통치의 주체는 매우 불안정한 상황이었고, 국민당 난징 정부 시기에 이르러서야 근대적 행정능력을 갖춘 시정부가 생겨난다.

1856년 10월에는 영국 상인 윌스가 우송강吳淞江에 최초의 목재 교량 윌즈교를 세웠는데, 중국인에게는 통행료를 받았다. 1857년 3월에는 프랑스 조계 도로관리위원회가 설립되었고, 1861년 10월 프랑스 조계의 1차 확장이 이루어졌다. 조계에는 계속해서 인구가 유입되었던 바, 1862년 무렵에는 인구 팽창과 지가 상승으로 인해 부동산 붐이 일었다. 1863년 11월에는 영국 조계와 미국 조계가 합병하여 '공동 조계'가 생겨났다. 명목으로는 '공동 조계'라 했지만, 사실상 영국인이 우위를 점하고 있었다. 와이탄外灘에 걸린 국기는 대부분이 유니언잭이었고 황푸강에 떠다니는 배의 3할 이상이 영국적이었으며, 세관의 고급 관료들도 대부분 영국인이었다.[13] 1864년 3월에는 영국 자본에 의해 상하이 최초의 가스회사가 공동 조계에 세워졌고, 같은해 6월에는 〈노스차이나 데일리뉴스〉가 창간되었다.

1865년 4월에는 홍콩상하이은행의 상하이지점이 업무를 개시했고, 10월에는 영국계 가스회사大英自來火房·훗날 上海煤氣公司가 조업을 시작하여, 12월 난징로南京路에 최초의 가스등이 켜졌다. 이후로 전신[1871], 전화[1882], 전기 가로등[1882], 수도[1883] 등의 순서로 도시 인프라가 속속 정비되었다. 1867년 10월에는 미국 퍼시픽 메일사가 샌프란시스코-상하이간 항로를 개설했는데, 이는 최초의 태평양횡단 정기항로였다.

1868년 8월 상하이 최초의 공원인 퍼블릭 가든黃浦公園이 만들어졌다. 이 공원에는 〈개와 중국인은 출입금지〉狗與華人不准入內라는 간판이 세워졌던 것으로도 유명하다. 이 '악명 높은 간판'이 세워지게 된 것은 '쿠리'苦力

---

13 和田博文, 『言語都市·上海 1840~1945』, 藤原書店, 1999, 187쪽.

라 불리던 상하이의 육체노동자들이 공원 출입을 막기 위한 것이었다고 하고, 이 때문에 공원에서는 입장료를 받기도 했다.[14] '악명 높은 간판'에서 볼 수 있듯이 조계에서 서양인들이 배타적 권리를 주장했던 것은 세금과도 관련이 있다. 1869년 제3차 〈토지장정〉이 제정되었다. 행정위원회가 정식으로 '공부국'工部局으로 개칭되었다. '공부국'은 참사회를 중심으로 하는 행정조직이었지만 청조의 6부六部 중 하나로서 '공부'工部라는 명칭이 사용되었다. 당초 조계의 행정이 주로 토목공사에 관계되는 일이었기 때문에 이 호칭이 굳어지게 된 것이다. 공동 조계에서 조계의 존재를 규정한 〈토지장정〉을 '헌법'이라 하면 참사회는 '내각'의 역할을 담당했고, '의회'에 해당하는 것이 '납세자 회의'였으며, 행정의 실무를 담당한 관청이 바로 '공부국'이었다.[15] 국적이 다양한 사람들이 모여 살던 조계에서 참사의 국적은 각국 간 힘의 관계를 보여주는 것이었다. 참사는 납세자회의에서 선출되었고, 외국인 '고액납세자'만이 이 회의에 참석할 수 있었다.

1920년대 후반을 기준으로, 세수의 55%가 중국인으로부터 징수되었음에도 불구하고 정원 9명의 참사회에 중국인 참사는 한 명도 들어있지 않았다. 이에 불복하여 중국인 납세자회는 참정권운동을 거세게 전개하였다. 1928년에 외국인 납세자 회의에서 중국인 참사를 세 명의 범위 내에서 두기로 함으로써 그 '악명 높은 간판'이 내려지게 되었다. 중국인이 자기 땅에서 오히려 외국인에게 차별받는 부정적인 이미지로 유명했던 이 공원은 홍콩 영화 〈정무문〉에도 등장하는데, 주연배우 브루스 리가 그 간판을 시원스런 발차기로 산산조각 내버리던 장면이 지금도 눈에 선하다. 그 간판이 내려지게 된 데에는 1925년 5.30사건의 영향도 있었

---

14 和田博文, 앞의 책, 217쪽.
15 榎本泰子, 앞의 책, 34쪽.

다고 하는데, 아무튼 중국인의 저항적 내셔널리즘의 승리라고 해야 할 것이다. 이 책에서 다룰 일본 작가 요코미쓰 리이치橫光利一의 소설『상하이』1932에도 일본인 미야코宮子와 고야甲谷가 이 퍼블릭 가든에서 만나는 장면이 나온다. 그리고 피천득의 수필『황포탄의 추석』에도 추석에 갈 데가 없어 황푸공원 벤치에 앉아 달을 보며 고향을 그리워하는 외국인들의 쓸쓸한 모습이 잘 그려져 있다.

1872년에는 영국 상인 메이저 형제가 중국어 신문 〈신보〉申報를 창간했다. 훗날 중국인에게 경영권이 넘어갔는데, 이 신문의 문화란인 '자유담'에는 루쉰魯迅이 칼럼을 쓰기도 했다. 1949년 정간되기까지 무려 78년이나 지속되었는데, 대표적인 전국 규모 신문 중 하나였다. 1873년 7월에는 공부국에서 윌즈교橋를 철거하고 가든 브리지Garden Bridge를 만들었다. 같은 해에 인력거가 최초로 일본에서 수입되었다. 당시에는 인력거를 '동양거'東洋車라 했는데, 여기서의 '동양'東洋은 일본을 의미하는 말이었다. 인력거를 떠올리면 베이징이나 상하이의 풍경이 자연스럽게 떠오르지만, 인력거의 원산지는 일본이었던 것이다. 인력거는 상하이 인구와 교통량 증가에 따라 이용량이 계속 늘어났다. 다소 전근대적인 교통수단이라 할 수 있는 인력거가 상하이에서 널리 사용된 것은 당시 상하이의 도로 상황과도 관련이 있다. 조계租界와 화계華界의 행정 주체가 다르다보니 도로건설 사업이 유기적인 협조체계 하에서 이루어질 수가 없었고, 이는 결국 도시발전의 불균형과 기형을 초래했다. 그러다보니 공동 조계, 프랑스 조계, 중국인 거주 지역을 드나들기 위해서는 좁은 길도 자유롭게 왕래할 수 있는 인력거가 상대적으로 유리했던 것이다. 이후로 인력거는 중국을 비롯한 동아시아 여러 나라에서 대중적 교통수단으로 사용되었고, 인력거꾼의 비참함은 여러 문학작품의 제재題材로 쓰였다. 이 책에서 다루게 될 주요섭의「인력거꾼」1925은 상하이의 인력거꾼을 그린 작품이다.

1876년 7월 조계에서 우송吳淞을 잇는 송후淞滬 철도가 영업을 시작했다. 이는 중국 최초의 철도였으나, 중국인들의 반대로 1년 만에 폐업했다. 1883년 5월에는 양수푸楊樹浦 정수장이 완성되어 영국 자본의 상하이 수도회사自來水公司가 급수를 시작했다. 1884년 5월 중국 최초의 뉴스 화보인 〈점석재화보〉點石齋畵報가 창간되었다. 1894년 8월에는 청일전쟁이 발발했고, 1895년 4월 청조와 일본이 시모노세키下關에서 강화조약을 체결했다. 1896년 8월에는 량치차오梁啓超가 뉴스 잡지 〈시무보〉時務報를 창간했다.

1897년 7월 프랑스 조계 공동국公董局의 발전소가 운전을 개시했고, 이때부터 프랑스 조계의 가스등이 전등으로 바뀌어 갔다. 1898년 9월에는 청조에 의해 재건된 상하이 우송吳淞 철도가 정식으로 개통되었다. 1899년 5월에는 제4차 〈토지장정〉이 제정되었고, 영미 공동 조계가 확장되어 '국제공동 조계'라는 명칭으로 바뀌었다. 1900년 1월에는 프랑스 조계의 2차 확장이 이루어졌는데, 이 해 상하이 인구는 100만 명을 돌파했다. 상하이 인구는 1930년에 300만 명을 돌파했는데, 당시 상하이는 런던, 뉴욕, 도쿄, 베를린, 파리에 이어 세계 6위의 대도시였다.

20세기 전반 상하이에 거주하던 외국인들의 국적이 많을 때는 58개에 달할 때도 있었다. 1910년 이전에는 영국인이 제일 많았고, 그 다음은 미국, 프랑스, 독일, 일본, 포르투갈의 순이었으며, 1915년 이후에는 일본인이 1위로 올라갔다. 1942년에는 상하이 거주 일본인이 94,768명으로 다른 국적 외국인의 총수보다도 많았다. 그 다음은 무국적 러시아인 14,845명1936, 미국인 9,775명1946, 영국인 9,234명1935, 프랑스인 3,872명1946, 조선인 2,381명1946 등이었다.

1904년 2월 러일전쟁이 발발했고, 1905년 12월에는 영국 자본에 의해 상하이전차공사가 설립되었다. 1906년에는 후닝滬寧·상하이-난징간 철로의 상하이-우시無錫 구간이 개통되었다. 같은 해 가든브리지Garden Bridge, 外白渡橋가 철교로 바뀌었는데, 이는 상하이 최초의 철교였다. 쑤저우강蘇州河에 걸쳐진 가든브리지는 일본인 거주 지구와 구 영국 조계를 구분하는

쑤저우강에 놓여있는 가든브리지

국제적 성격의 다리였다. 1932년 제1차 상하이사변으로 인구가 조밀한 자베이閘北 지역 대부분이 황폐화되고 훙커우虹口 지역까지 시가전이 확대되었을 때, 그 일대에 살던 중국인 60만 명이 안전한 영국 조계로 가기 위해 이 다리로 노도처럼 밀려들었다. 당시 철교 위의 피난민을 찍은 사진은 중일전쟁의 자료사진으로 많이 사용된다. 오랜 기간 이 다리는 동양과 서양을 나누는 경계선으로 인식되었다. 다리의 양쪽 끝에는 일본과 영국의 경찰관이 경비를 서고 있었고, 중국인은 증명서 없이는 다리를 건널 수가 없었다.

　1909년 9월 상하이와 항저우杭州를 잇는 후항滬杭 철로가 개통되었다. 1912년 1월 난징南京에 중화민국 임시정부가 수립되었고, 같은 해 1월 상하이 현성의 성벽이 철거되었다. 1914년 7월에는 프랑스 조계 3차 확장이 이루어졌다. 1917년에는 프랑스 조계에 따스지에大世界라는 종합오락장이 개업했다. 애초의 설립자는 황추지우黃楚九라는 의사였는데, 나중에 상하이 암흑가의 3대 보스三大亨 중 하나였던 황진롱黃金榮이 인계해서 경영했다. 당시에는 동양 최대의 향락 백화점으로 불렸고, 중국뿐 아니라 조선과 일본에서도 유명했다. 유진오의 소설『상해의 기억』도입부에서 주인공이 서영상이라는 친구를 만났던 장소가 바로 이 따스지에였다. 김광주의 『예지』野鷄에서 거리의 여자가 된 이쁜이가 손님을 유혹하던 곳도 따스지에 뒷골목이었다.

1919년 3.1운동 이후에는 프랑스 조계에 대한민국 임시정부가 생겼고, 한국인 커뮤니티가 형성되기 시작했다. 거류민단과 한국어 신문, 한국인 학교도 생겨난다. 한국인 커뮤니티에 관한 얘기는 이 책의 이광수, 김광주, 주요섭, 심훈과 관련된 대목에서 여러 차례 언급될 것이다. 프랑스 조계에는 국제 스파이의 첩보망이 얽혀있었고, 장제스蔣介石 특무特務, 비밀경찰 조직이 활동하던 곳이었다. 한국인에게 있어 상하이라면 대한민국 임시정부를 우선적으로 떠올릴 것이고, 임시정부가 존재했던 프랑스 조계에 대해서도 항일운동이 허용되던 리버럴한 공간으로만 생각되기 쉽다. 하지만 다른 한편으로 당시 일본과 프랑스 간에는 일본 내 활동하는 베트남 독립운동가와 프랑스 조계 내에서 활동하는 조선인에 관한 자료를 교환하는 시스템이 있었다는 것도 기억해야 한다.

1917년 난징로南京路에는 셴스꽁쓰先施公司가 생기면서 상하이 소비문화의 새로운 장이 열렸다. 셴스꽁쓰는 광둥 출신의 호주 화교 마잉뱌오馬應彪가 홍콩의 총본점, 광저우지점에 이어 1917년 가을 난징로와 저장로가 만나는 북서쪽 모퉁이에 개점한 백화점이었다. 그로부터 1년 후, 셴스꽁쓰 건너편의 난징로 남쪽에 마찬가지로 호주에서 새로 사업을 시작한 화교인 궈루어郭樂가 용안꽁쓰永安公司를 오픈하며 매상과 옥상 정원의 첨탑 높이를 경쟁했다. 당시 상하이의 백화점은 신사 숙녀만이 고객이 될 수 있었고 쿠리苦力를 위시한 하층민은 입장할 수 없었는데, 엄격한 계급사회의 룰이 적용되는 곳이었다. 인력거꾼은 손님이 물건을 사는 동안 밖에서 기다려야 했다. 3, 4층까지만 백화점 매장이 있고, 그 위에는 호텔, 음식점, 연회장 등이 있는 경우가 많았으며, 밤늦은 시간까지 영업을 했다. 셴스꽁쓰先施公司는 용안꽁쓰永安公司, 1918, 신신꽁쓰新新公司, 1926, 따신

삿슨하우스(Sasson House)

꽁쓰大新公司, 1936와 함께 상하이 4대 백화점으로 불렸다.

1925년에는 5.30사건이 일어났다. 상하이의 일본인 방적공장에서 파업 중인 노동자와 경영자 간에 협상을 하는 과정에서 발생한 충돌을 계기로 노동자와 학생들의 시위가 계속되었고, 이 때 조계의 영국 경찰이 시위대를 향해 발포하며 13명이 죽고 다수가 부상을 입었다. 각 계 각 층의 중국인이 격분하며 불매운동과 파업이 확산되었다. 5.30운동은 이전까지 유례가 없던 대규모의 반외세 시위였고, 향후 노동운동과 민족주의운동의 전개에 있어 하나의 전범이 되었다. 이 책에서 다루게 될 요코미쓰 리이치의 『상하이』에 5.30사건이 나온다.

1928년에는 공동 조계의 메인 스트리트인 난징로에 캐세이맨션Cathy Mansion·錦江飯店北樓이 준공되었다. 이 호텔을 설계한 팔머앤터너Palmer & Turner 설계사무소는 삿슨하우스Sassoon House·和平飯店北樓, 1929, 그로스버너하우스Grosvenor House·錦江飯店中樓, 1931 등 상하이의 유명한 건물을 많이 설계했다. 세계대공황이 시작된 1929년 10월에 메트로폴호텔新城飯店이 준공되었다. 삿슨하우스는 상하이의 부동산 재벌 삿슨의 본거지가 되었던 곳으로, 난징로 고층 건물의 대표격이라 할 만하다. 11층이며 삼각형 모양의 지붕이 인상적이다.

1932년에는 1.28 상하이사변이 일어났다. 일본계 방적회사가 불탄 것을 계기로 거주민을 보호한다는 명목 하에 일본군 병력이 상하이로 집결했고, 1월 28일 상하이 외곽 쟈베이閘北에 있던 중국 국민당군 19로군을 공격하면서 전쟁으로 비화되었다. 중국군은 완강히 저항했지만 일본군의 막강한 화력을 버텨내지 못하고 3월 2일 상하이에서 철수하고 만다. 무기력한 장제스蔣介石 정부가 국제연맹이 주선한 정전협정에서 '자국민의 항일운동 단속', '상하이에서 중국군의 비무장화' 등의 내용이 담긴 협정서에 서명했다는 사실이 알려지면서 중국인들은 더욱 큰 분노와 절망감에 빠지게 된다. 일본의 중국 침략은 곧바로 만주국 수립으로 이어졌는데, 상하이사변이 마무리 되어가던 시점인 3월 1일에 '마지막 황제' 푸이溥儀를 집정에 앉히고 만주국 수립을 선포하게 된다. 1.28 상하이사변의 승리를 축하하는 행사가 훙커우虹口 공원에서 열렸을 때, 이곳에서 윤봉길 의사의 폭탄투척 사건이 일어난다. 장제스가 이를 두고 '중국 100만 대군도 못하는 일을 조선의 한 청년이 해냈다'고 격찬했다는 말은 공연한 수사는 아니었을 것 같다.

1933년 파크호텔國際飯店이 준공되고, 1934년에는 브로드웨이맨션上海大廈이 준공되었다. 1934년에는 슬로바키아 출신 건축가 휴덱Ladislav Hudec, 1893~1958이 설계한 그랜드시어터大光明電影院가 준공되었다. 상하이에서는 1896년 처음으로 영화가 상영되었고, 1908년 훙커우대희원虹口大戲院이라는 상하이 최초의 영화관이 설립되었다. 그 후로 영화관의 수는 점점 늘어나, 1920년대에는 약 30개소, 1930년대에는 약 40개소의 영화관이 상하이에서 문을 열었다. 1930년대 상하이는 헐리웃 영화의 전성기로, 특히 그랜드시어터는 헐리웃 영화를 많이 상영했던 곳이기도 하다. 유명 작가 루쉰도 영화를 좋아해서 그랜드시어터에서 미국 영화를 보기도 했다. 1930년대 상하이에서 유학한 피천득도 당시 후장대학滬江大學 선배이던 주요섭과 함께 주말이면 늘 영화를 보러 갔다고 회상한 바 있다.

1937년 7월 7일 베이징 교외 루꺼우챠오蘆溝橋에서 중국과 일본 군대가 충돌한 것이 전쟁으로 비화하게 되는데, 이로써 8년 간의 중일전쟁이 시작된다. '항전抗戰'은 이 시기 영화에 있어서 매우 중요한 테마가 되는데,

이 내용 역시 관련 부분에서 다시 언급하기로 한다. 중일전쟁이 시작된 후 수 개월 만에 중국의 연해沿海 지역 대도시는 모두 일본군에 함락되지만, 상하이의 조계는 국제관계 상 일본군이 쳐들어갈 수가 없었던 고로, 조계는 함락지구에 떠있는 '외로운 섬' 같다는 의미에서 '고도孤島'라 불렸다. 하지만 1941년 12월 8일 태평양전쟁이 발발하면서 일본군은 조계를 점령했고, 이로써 '고도' 시대는 끝이 난다. 일본군은 점령 직후에도 공부국工部局을 활용하여 공동 조계를 통치하였다. 그리고 이 시기 프랑스에는 친독親獨 비시정권이 수립되어 있었으므로, 프랑스 조계에는 바로 진입하지 않았다. 1942년 10월부터는 13세 이상의 모든 '적국 및 적성국인'은 붉은 완장을 차고 다니도록 하였고, 1943년 1월부터는 670명의 '적국인'을 9개의 수용소에 가두었다. 조계의 외국인 거주민은 국적에 따라 다른 대접을 받았는데, 영국, 미국, 네덜란드는 '적국인'으로 분류되었고, 백러시아인은 '중립국인'으로 분류되었으며, 독일인, 이탈리아인은 '구축국인'樞軸國人으로 분류되었다. 일본군은 상하이 조계 지배의 정당성을 확보하기 위해서 왕징웨이汪精衛 정권을 전면에 내세웠다. 이 시기에는 일본군에 의한 경제 통제와 수탈로 인해 상하이는 인플레이션과 물자 부족이 심했고, 민생은 고달팠다. 장아이링의 소설『색,계』의 배경이 된 시대였다.

    1943년 1월 국민당 왕징웨이汪精衛 정권이 일본과 조계 반환을 포함한 양자 간 협정을 체결하여 7월에는 프랑스 조계를, 8월에는 공동 조계를 접수하여, 각각 상하이특별시의 제8구와 제1구로 개칭했다. 1945년 8월 15일 일본과의 전쟁이 끝나면서 올드 상하이의 조계시대도 막을 내리게 된다.

CONTENTS

서문 / 005
프롤로그–자유도시의 기억 / 011

01
화려한 난징로와
소외된 중국인
– 이광수의 「상하이 방문기」 / 041

[필드워크 ❶]
상하이 최고의 번화가
난징로와 삿슨 하우스 / 060

02
중국, 동경과 실망 사이에서
– 아쿠타가와 류노스케의 『지나유기』
/ 065

[필드워크 ❷]
쑤저우강에 걸린 멋진 다리
가든브리지 / 084

03
님 웨일즈와
미국 젊은이들의 상하이
– 님 웨일즈의 『나의 중국 시절』 / 089

04
상하이의 재즈 뮤지션,
역사문제와 아버지 이야기
– 무라카미 하루키의 「토니 타키타니」
/ 103

05
하층민의 시각에서 본
상하이
– 주요섭의 「인력거꾼」, 「살인」 / 119

[필드워크 ❸]
상하이 교회와 댄스홀과 사찰 / 137

06
라디오 일기예보에
문득 떠오른
상하이 유학시절
—피천득의 「황포탄의 추석」 / 143

07
3.1운동 이후
새로운 길을 찾아 나선
한국의 젊은이들과 상하이
—심훈의 「동방의 애인」 / 159

08
상하이 임시정부,
김구와 루쉰의 기억
—김광주의 「상하이 시절 회상기」 / 177

09
김광주 소설 속
상하이 한인들
—김광주의 「장발노인」 외 / 189

[필드워크 ❹]
밤의 상하이를 지배한 두위에성(杜月笙)과 그의 별장 동후빈관 / 202

10
식민지 수재 유진오와
사라져버린 '인터내셔널'의
노래
—유진오의 「상해의 기억」 / 207

[필드워크 ❺]
상하이의 극장(1)
—루쉰이 즐겨가던 그랜드시어터
／ 220

CONTENTS

11
상하이 시절 루쉰이 쓴
가장 어두운 글
- **루쉰**의 「망각을 위한 기억」, 「나는 사람을 속이고 싶다」 / **223**

12
코뮤니즘 신앙의 순교자
오자키 호츠미
- **오자키 호츠미**의 「진술서」 / **237**

13
장아이링과 버나드 쇼,
그리고 루쉰과 린위탕의
우여곡절의 관계
- **루쉰**의 「쇼와 쇼를 보러 온 사람들을 본 기록」 / **253**

[필드워크 ❻]
유럽풍의 거리 샤페이로(霞飛路)와
대작가 빠진(巴金)의 옛집 / **268**

14
1930년대 상하이 영화계의
톱스타 롼링위
- **루쉰**의 「'사람들의 말이 두렵다'를 논함」 / **275**

[필드워크 ❼]
상하이의 극장(2)
— 금성대희원(金城大戲院) 극장 / **286**

15
'중국 인민의 벗'을 자처한
미국의 혁명 작가
- **아그네스 스메들리**의 『중국혁명의 노래』 / **291**

16
동아시아를 이어주던
상하이의 문화 살롱
–홍커우의 우치야마 서점 / 303

[필드워크 ❽]
우치야마 서점이 있던 자리 / 316

17
올드 상하이의 아파트와
전차 이야기
–장아이링의 「봉쇄」, 「아파트 생활의
즐거움」 / 321

[필드워크 ❾]
장아이링이 살던 아파트 / 333

18
연기와 진실, 그리고 상하이
의 복수성(複數性)
–장아이링의 소설 『색,계』와 리안의 영
화 〈색/계〉 / 335

19
국민국가의 경계에 선
사람의 상하이 기억
–장아이링의 「머나먼 여정」 / 351

20
중국에 서양문화를
전해준 러시아인들
–샤페이로의 러시아정교 교회 / 369

CONTENTS

21
홍콩사람들 기억 속의
'상하이 스타일'
—왕가위의 〈화양연화〉 / **381**

22
'국제도시' 상하이와
국민국가의 '잔재'들
—요코미쓰 리이치의 『상하이』 / **399**

23
상상적 공간 상하이의
추억과 영국인의 죄책감
—가즈오 이시구로의 『우리가 고아였을
때』 / **425**

24
나치의 박해를 피해
지구를 돌아 상하이에
들어온 유대인들
—홍커우의 유대인 난민기념관 / **441**

에필로그—내셔널리즘의 피안 / **457**

추천사—도쿄대학 명예교수
　　　　후지이 쇼조(藤井省三) / **475**

01

화려한 난징로와 소외된 중국인
— 이광수의 「상하이 방문기」

●

한국인의 상하이 이주

이광수의 일본 유학과 두 세계

상하이로 떠난 이광수

프랑스 조계 백이부로에 살던 한인들

황푸강을 거슬러 오르던 기선에서 바라본 상하이

난징로의 화려함, 근대 문명에서 소외된 중국인

상무인서관에서 받은 충격, 대륙 방랑과 귀국

2차 상하이행과 변절

몰락하는 중화제국에 감정이입한 이광수

한국인의 상하이 이주

상하이 조계租界 건설의 기본적인 목적은 통상通商의 확대에 있었다. 새롭게 만들어진 근대적인 공간에 다양한 여러 나라 사람들이 이주해 옴으로써 상하이는 국제도시로서의 외관을 갖추어 간다. 1945년 이전 상하이에 있던 외국인으로는 미국, 영국, 프랑스 등 구미의 서양인과 일본인, 러시아인과 유대인, 그리고 한인韓人이 있었다. 서양인과 일본인은 상하이에서의 자국의 정치, 경제적 이익을 위해 왔으며, 유대인은 나치의 박해를 피해 상하이로 왔다. 러시아인은 주로 제정 러시아의 귀족이었는데, 러시아혁명을 피해 상하이로 망명해 왔으며 정치 활동에는 크게 참여하지 않았다.[1]

이에 비해 한인의 상하이 이주는 일본 제국주의의 한반도 강점과 밀접한 관련이 있다. 1910년 한일합방 이전 상하이에 체류하던 한인은 50여 명이었는데, 이 시기 이주민들은 직업인의 비율이 높았고, 독신자가 많았으며, 정치활동을 하는 사람은 거의 없었다.[2] 1919년 3.1운동을 계기로 상하이로 이주하는 한인의 수는 점점 늘기 시작했다. 1919년 말 무렵 상하이에 있던 한인은 109세대였으며, 남자 362명 여자 326명으로 합계 688명이었다. 이 시기 상하이에 모인 한인들은 대부분 애국지사였다.

1919년 4월 13일 대한민국 임시정부가 상하이에 세워진 후 이주 한인의 숫자는 점점 늘어나게 되었지만, 그렇다고 그들이 모두 독립운동에 종사하는 사람은 아니었다. 1932년 4월 29일 윤봉길 의사의 '홍커우虹口 의거'가 있은 후 일제가 홍커우 지역 내 한인들을 대대적으로 체포하자 대한민국 임시정부와 그 주변의 한인들이 대거 상하이를 떠났지만, 그럼

---

1 손과지, 『상해한인사회사: 1910~1945』, 한울아카데미, 44쪽.
2 손과지, 앞의 책, 2001, 40~41쪽.

에도 불구하고 상하이에 거주하는 한인의 수는 1931년 856명에서 1932년 1,352명으로 오히려 대폭 증가했다. 1932년 1.28 상하이사변 후 일제가 훙커우 지역을 크게 확장하자 친일적인 한인들이 대거 상하이로 진출하였기 때문이다.[3] 1930년대 상하이에 거주하던 한인들의 다양한 모습은 이 책에서 다루게 될 작가 김광주의 상하이 회상기 및 상하이 제재題材 소설 대목에서 다시 보기로 한다.

20세기 초 한국인에게 있어 상하이는 어떤 공간으로 받아들여졌을까. 일제강점기 한국의 대표 문인 이광수의 경우를 보기로 하자. 기록에 의하면 이광수는 1913년과 1919년 두 차례 상하이에 간 것으로 나오는데, 그의 첫 번째 상하이행의 감상을 적은 글이 「상하이 이 일 저 일」과 「상하이 인상기」이다.

이광수의 일본 유학과 두 세계

이광수의 상하이행을 바로 논하기에 앞서 그가 왜 상하이에 가게 되었는지에 대해 다소 배경적 설명이 필요할 것 같다. 1892년 평안북도 정주에서 태어나, 11살 때 콜레라로 부모를 잃고 고아가 되어 친척집을 전전하던 이광수는 그 해 겨울 우연한 기회에 동학東學에 입문하게 되었고, 교단의 일을 돕다가 급기야는 동학의 도움으로 일본 유학까지 가게 된다. 1905년 일본으로 건너간 이광수는 1906년 도쿄 다이세이중학大成中學에 입학했고, 소설 『임꺽정』으로 유명한 벽초 홍명희와 같은 하숙집에서 기거했다. 하지만 한 학기가 지난 시점에서 동학 교단 내부의 분열로 학비가 지급되지 않는 상황이 발생했고, 이광수는 중도 귀국을 해야 했다. 그

---

3 손과지, 앞의 책, 58쪽.

후 이광수는 대한제국 황실의 관비유학생이 되어 재차 일본에 건너갔고, 이번에는 메이지학원明治學院 보통학부로 편입학을 한다.

관비유학생 신분으로 메이지학원에 다닌 2년 반 동안 이광수는 전에 비해 안정된 생활을 누렸고, 문학에 눈을 뜨게 된다. 그 시절 그의 마음을 크게 사로잡은 것은 톨스토이와 바이런이었다. 일본인 친구의 권유로 톨스토이의 『나의 종교』를 읽고 감화된 이광수는 당시 톨스토이의 가르침에 따라 교회에 나가지 않고 홀로 기독교 실천자가 될 것을 결심했었다고 한다. 한편 기무라 다카타로木村鷹太郎의 『바이런—문학계의 대마왕』은 그 시절 문학소년 이광수와 홍명희의 마음을 사로잡게 된다. 기무라木村는 '해적주의'와 '악마주의'라는 두 개의 키워드를 내세워 '바이런 철학'을 설명하고 있다. '해적주의'란 넓은 바다에 자신들의 세계를 구축한 해적 콘래드의 무엇에도 얽매이지 않는 불기不羈 정신이고, '악마주의'란 타락 천사 루시퍼의 반역 정신이다. 기무라는 이 불기와 반역의 정신을 '강대한 의지'라고 불렀다. 물론 신神도 '강대한 의지'의 소유자다. '강대한 의지'를 가진 자들의 투쟁은 영원히 멈추지 않는다. 그것은 신과 악마가 대립하는 이원론의 세계이다. 이는 생존경쟁을 강조하는 일종의 사회진화론이라 할 수 있으며, 러일전쟁 시기 일본사회의 통념이 반영되어 있는 것이었지만, 그 강렬한 논리는 아시아 유학생들의 마음을 사로잡아 버렸다.

일본의 이광수문학 연구자 하타노 세츠코波田野節子는 러일전쟁 전후로 일본에서 유학한 루쉰, 홍명희, 이광수 세 사람이 모두 바이런의 영향을 받았음을 지적하고, 각자의 수용적 특징을 다음과 같이 서술한 바 있다. 루쉰은 「마라시력설」에서 악마파 시인들의 사상과 행동을 소개한 바 있는데, 루쉰이 이 글을 쓴 이유는 악마파 시인의 시처럼 "웅장한 외침으로 그 국민에게 생기를 불어넣어 일으키는 힘"을 가진 정신계의 전사가 출현하기를 바랐기 때문이다. 루쉰은 '강대한 의지'를 강자가 되어 약자를 지배하기 위한 것이라고 생각하지 않았으며, 도태될 약자의 운명을 거부하는 인간의 존엄으로 간주했다. 바이런을 이광수에게 소개한 홍명희는 20년 후 소설『임꺽정』에서 백정이라는 피차별민으로 태어난 불기不羈와 반역의 주인공을 창조해 신문에 연재한다. 한편 기무라의 약육강식적 해석을 가장 충실하게 받아들인 것은 이광수였다. 졸업하고 얼마 지나지 않아 한일합방을 맞은 이광수는 힘으로 빼앗긴 독립은 힘으로 빼앗을 수밖에 없음을 통감했고, '강대한 의지' 즉 '욕망'의 교육을 호소하는 논설을 쓰게 된다.[4]

    일본에 와서 '문명文明'이라는 것을 처음 접한 이광수. 때로는 약소민족의 비애에 울분을 터뜨리기도 했고, 문학의 매력에 푹 빠지기도 했던 그는 조선이 일본의 식민지가 되던 해인 1910년에 귀국, 오산학교의 교원으로 부임하게 된다. 사명감에 오산학교를 선택했지만, 오산학교에 온 뒤 이광수는 곧 후회한다. 바이런에 심취해 있던 문학소년 이광수를 기다리고 있던 것은 불결한 시골 생활과 자기보다 나이 많은 학생들, 그리고 많은 수업 시수였다.

    이광수는 소설「김경」金鏡, 1915에서 당시 자신의 내부에 자리했던 두 마음을 톨스토이와 바이런을 읽던 시로가네白金의 세계와 자신을 건전한 조선인으로 만들어준 오산五山의 세계로 나눈바 있는데, 여기서 시로가네는 그가 유학한 메이지학원의 소재지所在地이다. 시로가네에서 각성한 자아는 인간의 본능이 명령하는 대로 타자를 삼켜 팽창하기를 희구하고 그것이 본래 인간의 모습이라고 부르짖었다. 그러나 그것은 제국주의의 논리였고, 그것이 집어삼키려 하는 것은 자신의 조국이었다. 자신의 재능을 믿었던 이광수는 재능을 최대한 발휘해 성공하고 싶다는 욕망을 갖고 있었다. 하지만 오산학교는 그러한 욕망을 펴기에는 너무 작은 곳이었다. 이 때 그의 마음에 '시로가네의 세계'가 부상한다. 민족을 위해 희생하기

---

4 하타노 세츠코, 최주한 역,『이광수, 일본을 만나다』, 푸른역사, 2016, 76~77쪽.

를 요구하는 것이 '오산의 세계'였다면 개인의 욕망을 긍정하는 것은 '시로가네의 세계'였다. 이후 오산학교는 재정난에 직면해서 기독교 학교로 바뀌는데, 톨스토이의 추종자이자 진화론과 바이런의 신봉자였던 이광수는 교회의 운영 방침과 충돌하자 결국 학교를 그만두게 된다. 오산학교를 그만둔 직후 그는 대륙 방랑의 길을 떠난다.

상하이로 떠난 이광수

「상하이 이 일 저 일」에서 이광수는 1913년 상하이행을 감행하게 된 배경과 동선 등을 서술하고 있다. 이 글에 의하면 춘원春園 이광수李光洙는 23살의 나이에 세계일주 무전여행을 하겠다는 원대한 꿈을 안고 길을 떠난다. 그는 비록 이것을 '원대한 꿈'이라 표현했지만, 그가 이렇게 원대한 꿈을 꾸게 된 데에 대해서는 앞에서 기술한 바와 같이, 답답한 조선을 벗어나고자 하는 탈주의 욕망에서 비롯된 것으로 보아야 할 것이다. 오산五山을 떠나 안동安東에서 하룻밤을 자고 그의 수중에 남은 돈은 70여 전이었다. 이 돈을 가지고 그는 펑톈奉天으로 가고, 걸식 여행으로 허난河南을 지나 난징南京으로, 상하이上海로, 항저우杭州로, 푸젠福建으로, 광동廣東으로, 그리고 거기서 다시 베트남으로, 인도로, 페르시아로 끝없는 방랑의 길을 가겠노라고 꿈을 펼쳐갔다. 길을 떠나려는 찰나 그는 그가 묵었던 바로 그 객주에서 우연하게도 위당爲堂 정인보鄭寅普를 만나게 된다.

춘원의 황당무계한 세계여행 계획을 들은 정인보는 "그게 말이 되나. 이 치운 때에 …… 대관절, 상하이로 가시오. 상하이에는 가인可人·홍명희洪命熹도 있고, 호암湖巖·문일평文一平도 있어. 나도 집에 다녀서는 곧 도로 상하이로 나갈테야."라고 하면서 춘원에게 중국 지폐 20위엔을 쥐어주었다. 이광수 본인이 쓴 글의 내용에 의하면 그가 상하이에 가게 된 것은 정인보의 권유 때문이었으며, 이는 전적으로 '우연'의 결과였다고 보아야 할 것 같다.

　정인보에게 20위엔을 받은 이광수는 안동에서 상하이로 가는 선표를 14위엔에 끊고, 남은 돈으로는 중국 사람이 입고 다니는 퍼런 청복淸服 한 벌을 사 입은 뒤에 상하이행 배에 오른다. 11월 만주의 추운 날씨에 담요로 몸을 감싼 채 덜덜 떨면서 밤을 지새우고, 중간 기착지 롱커우營口에서는 돈이 떨어져 곤궁에 처하는 등 고생 끝에 상하이에 도착한 이광수는 바이얼부로白爾部路, 지금의 重慶中路 22호를 찾아간다. 프랑스 조계의 지명은 프랑스인의 이름을 따서 지은 경우가 많았는데, 'Rue Paul Beau'라는 불어가 중국어로는 바이얼부로白爾部路라 표기되었고, 그 한자에 근거해서 당시 한국인들은 백이부로白爾部路라고 불렀던 것이다.

프랑스 조계 백이부로에 살던 한인들

　백이부로라는 이곳은 당시 상하이에 체류한 한국인들의 기록에 많이 등장하는 프랑스공원현재는 復興公園에서도 멀지 않으며, 천두슈陳獨秀가 펴내던 『신청년』 편집부와도 멀리 떨어지지 않은 곳이었다. 물론 『신청년』의 전신 『청년잡지』가 출간된 것이 1915년이니까, 이광수의 상하이행이 아직 그 이전이기는 하다. 이 백이부로에서 남쪽으로 조금만 내려오면 프랑스 조계를 동서로 길게 잇는 샤페이로霞飛路, 지금의 淮海中路를 만나게 되고, 그 길을 건너면 바로 화롱로華龍路, 지금의 雁蕩路로 들어서게 되는데, 이 길을 따라서 쭉 내려가면 프랑스공원이 나온다.

　아무튼 이 일대에는 한인들이 많이 모여 살았던 듯한데, 그 백이부로 22호에서 이광수는 홍명희, 문일평, 정인보 등과 함께 생활하게 된다. 당시의 모습을 묘사한 글을 잠시 인용해 보기로 한다.

내게도 돈 한 푼 없지만 그 양반들도 강목을 치르는 판인데, 정인보 군이 본국에서 돈을 얻어가지고 오기를 기다리며 침을 삼키고 앉았는 꼴이라고 한다. 그렇게 궁한 판에 내라는 식객이 하나 늘었으니 걱정이다. 침대를 장만할 돈이 있나, 금침은 장만할 것도 없거니와 나는 홍명희 군과 한 침대에서 한 이불을 덮고 잤다. 침대란게 좀 지질한가. 종려 棕梠 노로 얽은 것 위에다가 얇은 돗자리 하나를 깔았으니, 무거운 궁둥이를 맞대고 낯을 반대 방향으로 하고 자던 것이었다.[5]

중학시절의 절친 홍명희를 또 만나게 된 것인데, 최남선과 더불어 이른바 조선의 삼대 수재라 불렸다는 이광수와 홍명희가 한 침대에서 한 이불을 덮고 자는 재미있는 풍경이다. 겨울에 냉수마찰을 하던 이광수가 독감에 걸리자 병원에 데리고 갈 형편이 안 되는 홍명희가 붕어를 사와서 고아 주고, 이광수는 객기 부린 것을 후회하며 앞으로는 냉수욕을 하지 않겠다고 하는 두 사람의 재미있는 에피소드도 이 글에서 계속 이어진다.

황푸강을 거슬러 오르던 기선에서 바라본 상하이

이번에는 「상하이 인상기」를 살펴보자. 제1신은 황푸강을 거슬러 상하이로 들어가는 장면에 대한 묘사로 시작된다.

어젯밤을 오송 吳淞 포대 밑에서 지내고, 아침 해뜨자 흐리건만 물결 없는 황푸강을 거슬러 저어 연갈색으로 서리에 물든 양안 兩岸의 유색 柳色에 반영하는 황색 맑은 아침 햇볕을 등에 지고 동양 런던 倫敦의 칭稱 있

---

5 이광수, 「상하이 이 일 저 일」, 『이광수 전집』 제13권, 삼중당, 1962, 329쪽.

는 상하이 부두를 향하나이다. …… 좀 더 올라가 휘임한 물굽이를 지나니 문득 딴 세계로소이다. 안개 속으로 사, 오층 고루거각이 빛살 꼬이듯하고 그 좁은 강 좌우 언덕에는 윤선과 삼판이 겹치고 또 겹쳤으며 …… 한복판에 거만하게 우뚝 선 미美, 영英, 법法의 철갑선을 스쳐 그리로서 나오는 유량한 군악을 들으면서 우리 배는 강남안 부두에 조심히 그 우현을 닿이었나이다.[6]

바다에서 강을 통해 도시로 서서히 진입하는 기선의 시각을 따라 황푸강과 상하이 부두의 당시 모습이 잘 묘사되어 있다. 이 글을 읽으며 100여 년 전 이광수의 시선을 따라가 보도록 하자. 우선 첫 번째 이광수의 시야에 들어온 것은 황푸강 양 옆으로 늘어진 버드나무이다. 황푸강 "양안의 유색柳色"이라는 표현은 지금의 상하이와는 너무도 거리가 느껴지는데, 고층 건물이 즐비하게 들어서기 전인 1913년 당시에 포착된 초창기의 상하이 이미지라는 면에서는 오히려 값진 기록이라 해야 할 것이다.

두 번째 이광수의 시선이 꽂히고 있는 곳은 윤선輪船이다. 이광수는 훗날 「나의 고백」1948이라는 글에서 손병희의 문명개화론인 '삼전론'三戰論을 회고하면서, 우승열패와 약육강식이 지배하는 세상에서 싸워나가는 방법으로는 인전人戰, 언전言戰, 재전財戰의 삼전三戰이 있고, 가장 이익이 많은 것으로는 (1)철도 (2)화륜선 (3)양잠이라 했던 것으로 기억한다고 했다. 어린시절 동학에서 배운 문명의 이기가 바로 철도와 화륜선이었던 것인데, 그 후로 그는 평양, 한성, 도쿄 등의 대도시를 갈 때마다 화륜선을 보면서 문명화의 정도를 확인하곤 했다. "고루高樓와 거각巨閣이 빛살 꼬이듯"하고, "윤선輪船과 삼판三板이 겹치고 또 겹쳤으며"라고 하는 것은 그가 또 다른 문명의 도시에 오게 되었다는 놀라움의 표현인 것이다.

---

6 이광수, 「상하이 인상기」, 『이광수전집』 제14권, 삼중당, 1962, 199~200쪽.

세 번째 이광수의 시선이 놓치지 않고 있는 것은 미美, 영英, 법法 등의 국민국가가 각축전을 벌이고 있는 국제도시로서의 상하이이다. 후쿠자와 유키치福澤諭吉는 『문명론의 개략』1875에서 문명의 세 단계를 '문명', '반개', '야만'으로 제시하면서, 야만은 반개로, 반개는 문명으로 향하고, 문명도 시시각각 진보하는 과정에 있는 바, 그는 문명이 뒤진 나라가 문명이 앞선 나라의 지배를 받는 것은 현대의 진리라 하였다. 그는 약육강식의 제국주의가 지배하는 세계에서 먹는 '강자'가 되느냐 먹히는 '약자'가 되느냐의 양자택일의 길밖에 없다는 극단적 논리를 펴고, 문명론을 통해 근대화와 제국주의를 결합시킨 바 있다. 일본 유학시기 이러한 사회진화론을 이미 내면화한 이광수는 국제 무대의 축소판이라 할 수 있는 상하이에 와서 계서화階序化된 국제 질서를 직접 눈으로 확인하고 있는 것이다.

오랜 항해 끝에 부두에 도착하자, 배에서 내리는 승객들을 기다리고 있던 것은 중국인 쿨리苦力들이었다. 이들이 서로 앞다투어 승객의 짐을 들어주려는 상황을 보고 이광수는 처음에는 영문을 몰랐지만, 그들의 친절과 호의에는 금전적 배경이 있다는 친구의 설명을 듣고 허탈해진다. 친구는 몰려드는 쿨리들에게 "이놈아, 저리 가."해서는 소용없고, 눈을 부릅뜨고 "갓뎀 겟어웨이!"라고 해야 그들이 도망간다는 말도 덧붙인다. 이 말을 들은 이광수는 "요순堯舜과 공맹孔孟, 사백주州의 넓은 강토와 사억의 인구, 그리고 오천년의 역사와 문화를 가진 국민"이 "왜 그리도 염치를 잃게 되었나."를 생각하며 깊은 고민에 빠진다.[7]

중화문명은 동아시아 정신세계에서도 높은 위치에 있지만, 지금 그 땅에 살고 있는 중국인들은 전혀 문명적으로 보이지 않는 불일치가 이광수를 불편하게 하고 있었던 것이다. 비록 물질적으로는 뒤쳐졌다 해도 과거 동아시아 맹주로서의 자존이라도 남아 있었더라면 그래도 좋았을 텐

---

[7] 이광수, 앞의 책, 200~201쪽.

데 하는 아쉬움이 이광수를 불편하게 하고 있었다.

난징로의 화려함, 근대 문명에서 소외된 중국인

이광수는 이어서 와이탄外灘과 난징로南京路의 상황을 묘사하면서 백양목 가로수 그림자로 전차, 마차, 자동차, 인력거가 정신없이 오가며 돌로 지은 회사와 은행의 어마어마한 건물들이 멀리서 온 객客에게 이상한 감상을 주었다고 기술한다. 또 이 은행의 주둥이가 중국인의 고혈을 빨아먹는 모습에 소름이 끼치고 파산 멸망에 직면한 노대국의 정경에 눈물이 난다고 묘사하고 있다.[8] 상하이에 처음 온 사람의 견문기에 휘황찬란한 모던 상하이의 화려함이 묘사되어 있는 것은 대체로 공통적이라 하겠으나, 중국의 운명을 동정하는 대목은 매우 독특하다 하겠다. 제2신에서도 이러한 논조는 이어진다.

과연 상하이는 화려하나이다. 현세 문명의 정화精華의 일각一角을 유감없이 본 듯 하더이다. …… 중국 중에 가장 비옥한 양자강 유역의 부富는 대부분 런던과 뉴욕과 파리의 창고에 넣은바 되고 중국 땅이면서 중국의 주권이 미치지 못하는 상하이라는 무서운 상처에는 자유자재로 폭탄과 독주와 아편이 들어와 4억인의 세포를 마취하고 파괴하였나이다. 상하이 시가는 과연 찬란하더이다. 장강長江의 교통은 매우 편리해졌으며 국내의 부원富源은 날로 개발되고 철도, 전신 등 교통기관은 날로 완비하며 400주 방방곡곡에 신문명의 서광이 미치지 않는 곳이 없나이다.

---

8 이광수, 앞의 글, 앞의 책, 201~202쪽.

그러나 생각하소서. 아아, 이러한 문명의 주인이 누구오니이까. 중국인이 이 문명과 얼마나 관계가 있사오리이까.[9]

서구적 근대문명의 도시 상하이에서 중국인이 소외되어 있는 현실을 날카롭게 비판하고 있다. 모던 상하이를 보고 중화문명의 몰락을 논하는 것을 두고 당시 한국인의 독특한 시각이라 할 수 있을까. 계속해서 이어지는 인용문을 보기로 한다.

상하이는 세계의 축도라고 볼 만하나이다. 인종치고 아니 와 사는 이가 없으며 물화物貨치고 아니 와 놓이는 것이 없고, 제일 볼만한 것은 십 수 개국 통화通貨가 다 통용됨이로소이다. …… 한편에는 파리 학사원의 회원과 베를린대학 교수 같은 최신식 학자, 명사와 사회주의, 허무주의 같은 최신 사조에 입가에 거품을 날리는 청년이 있으며, 다른 한 편에는 공수拱手하고 정좌하여 요순堯舜의 도를 강講하고 공맹의 예를 설하는 낡은 부유腐儒가 있나이다.[10]

이광수는 이번에는 상하이라는 공간의 다원성에 대해 이야기하고 있다. 인종, 국가, 언어, 그리고 사상적으로도 서로 다양한 성향의 사람들이 모여 살던 곳이 바로 상하이였다. 상하이에는 이주민의 종류도 다양했을 뿐 아니라 그들이 이주해온 원인도 모두 제각각이다보니 이주 집단 간의 소통은 거의 이루어지지 않는 상황이었을 것이다. 그리고 오랫동안 한반도 내에서만 살아온 한국인에게 있어 다민족 사회는 매우 색다른 체험이었을 것이다.

---

9 이광수, 앞의 글, 앞의 책, 203쪽.
10 이광수, 앞의 글, 앞의 책, 204쪽.

상무인서관에서 받은 충격, 대륙 방랑과 귀국

다양성에서 출발했지만, 이광수의 논조는 다시금 중국 비판으로 이어지고 있는데, 특히 서구의 최신사조를 설파하는 청년의 옆에서 "공수拱手하고 정좌하여 요순堯舜의 도를 강講하고 공맹의 예를 설하는 낡은 부유腐儒"라는 표현으로 유교문화에 대한 그의 비판은 최고조에 달한다. 유교문화는 물론 중국에서도 비판된 바가 있지만, 이 글이 씌어진 1913년은 중국에서 5.4운동이 일어나기 전의 상황이라는 점에도 주목해야 할 것이다. 서양의 신지식에 목말라 있던 이광수의 시야에 상하이 상무인서관이라는 출판사가 포착된다.

상무인서관에서 또 놀란 것은 번역과 사전의 사업이라, 대개 어떤 민족의 문명의 초기는 외국 서적의 번역과 사전의 편찬으로 비롯하나니, 현금 중국에 이것이 필요함은 물론이로소이다. 서가를 쭉 둘러보건댄, 초등, 고등의 제반 과학서적류와 철학, 문학, 사조에 관한 서적이 거의 수십 백종이나 중국문으로 번역되었사오며 사전류 거의 완비할 이만큼 편성되었더이다. 서양인의 손을 빌어 겨우 한영자전 한 권을 가지고 전 세계가 들떠드는 톨스토이, 오이켄, 베르그송이며, 비행기, 무선전신에 관한 사오백 글도 못 가진 조선인 된 나는 남모르게 찬 땀을 흘리었나이다.[11]

이광수는 상무인서관을 직접 가본 듯한데, 상무인서관에는 높은 점수를 주고 있다. 중국은 비록 근대화에 뒤처졌지만 늦게나마 서구 문물을 받아들이느라 애쓰고 있고, 식민 조선은 그보다도 한참 못 미친다는 것이다.

---

11 이광수, 앞의 책, 205쪽.

1913년 11월 말 상하이에 와서 해를 넘긴 이광수는 독립운동가 신규식의 집에서 열린 신년회에서 그에게 미국행을 권유받는다. 신규식은 샌프란시스코에 있는 〈신한민보〉가 주필을 구하고 있는 중이고, 여비 문제는 러시아 블라디보스토크와 중국의 무링穆陵에서 해결될 수 있을 것이라 말해준다. 1914년 1월 상하이를 떠난 이광수[12]는 블라디보스토크와 무링, 치타를 여행했다. 그곳에서 그는 한인촌에 묵으면서 독립운동가들도 만났고, 기차 여행을 하면서 안중근을 떠올리기도 했다. 하지만 기다리던 여비는 송금되지 않았고, 이광수는 미국행을 포기하고 만다. 1914년 7월 1차 세계대전이 발발하면서 러시아 내 조선인의 활동이 금지되면서 이광수의 치타 생활도 끝나게 된다.

　고향 정주에 온 이광수는 경성에 가서 김성수를 만나 학비를 지원받고, 1915년 다시 도쿄로 유학을 떠나 와세다대학에 입학한다. 이광수는 1916년부터 조선총독부 기관지 〈매일신보〉에 논설을 쓰기 시작했고, 1917년부터는 『무정』을 6개월간 연재하게 되는데, 무단통치에 대한 불평과 민족의 미래에 대한 동경을 담은 소설 『무정』을 통해 이광수는 조선 근대 문학의 스타가 된다. 이 무렵 이광수는 〈매일신보〉에 많은 글을 발표하는데, 그가 쓴 「자녀중심론」1918과 1년 뒤에 중국 작가 루쉰이 쓴 「우리는 지금 어떻게 아버지 노릇을 할 것인가」1919는 매우 유사점이 많다.

12　이광수는 1914년 1월 제1차 상하이 여행을 마치고 블라디보스토크와 무링, 치타를 여행하러 떠나는 시점에 「해삼위로서」를 쓰는데, 이 글은 「상하이 이 일 저 일」의 속편 정도에 해당된다. 글의 내용을 보면 상하이를 떠나던 날 이광수는 노상에서 양복 입은 서양 신사와 마주치고는 땀을 뻘뻘 흘리고 고개를 푹 수그린다. 그는 서양옷을 입고 서양인의 흉내를 내는 자신의 모습이 불쌍하다고 느꼈다고 표현하는데, 이 대목은 '서구문명 대세론'의 입장에 서있는 것처럼 보이는 이광수의 속내가 잘 표현된 대목이다. 이광수에게 있어 '서구문명'의 위상은 확고한 듯 보이지만, 그가 1940년대에 대동아공영을 지지하는 입장에 서 쓴 글들을 보면 "서구의 자유주의가 동양의 미풍양속을 없앴다"는 논리 역시 제기한 바 있어, 판단하기가 쉽지 않다. 해삼위(海參崴)는 블라디보스토크의 중국어 명칭이다.

두 글은 민족 진화의 관점에서 부모세대와 자식세대의 역할을 논하고 있다. 특히 부모 세대가 자식 세대의 희생이 되어야 한다는 점에서는 유사한 내용이지만 루쉰은 부모의 입장에서, 이광수는 자식의 입장에서 말하고 있다는 점에 차이가 있다.[13]

2차 상하이행과 변절

당시의 이광수는 기혼자였지만 조혼으로 맞이한 아내에게는 애정이 없었다. 도쿄 유학생이던 나혜석과도 잠시 연애를 했던 이광수는 『무정』을 연재하던 무렵 허영숙을 알게 되었고, 사랑에 빠지게 된다. 허영숙의 모친이 이광수를 탐탁치 않게 여겼고 허영숙도 결혼을 뒤로 마루자고 하는 상황에서 초조해진 이광수는 그녀에게 편지를 써 '중국행'을 제안한다. 1918년 10월 말에 고향을 떠난 이광수는 중간에 허영숙과 합류하고 11월 초에 베이징에 도착, 한 달간을 체류한다. 당시가 제1차 세계대전이 끝난 시점이었다는 점에서 이광수의 중국행을 해외 연락, 국제 정세 파악으로 보는 경우도 있다. 하지만 당시 이광수를 미행한 총독부 소속의 정보원들은 의심스러운 행동을 발견하지 못했다고 보고한 바 있다. 이광수에게는 조국과 민족을 위하는 외양과 개인적 욕망의 속내 두 가지가 늘 공존했던 것이다.

1918년 11월 11일 제1차 세계대전이 끝났다. 바로 전해인 1917년 러시아에서 볼세비키혁명이 일어났고, 1918년 1월에는 미국 대통령 윌슨이 민족자결주의를 포함하는 14개조 원칙을 발표해 국제 정세 개편에 대한 기대감이 높아졌다. 이 시기 이광수는 베이징에 허영숙을 혼자 남겨둔 채 조선을 거쳐 도쿄로 돌아온다. 도쿄에서 그는 유명한 2.8독립선언서를

---

13 하타노 세츠코, 앞의 책, 144~145쪽.

기초한 후 곧바로 상하이로 간다.

　1919년 2월 다시 상하이로 온 이광수는 임시정부의 준비운동을 하게 된다. 5월 말 안창호를 알게 된 후, 8월에는 임시정부 기관지〈독립신문〉의 사장 겸 편집국장에 취임했고, 안창호의 흥사단 이념에 감명을 받아 1920년 흥사단에 입단하게 된다. 1920년대 후반이 되자 상하이에서 3.1운동의 열기가 가라앉기 시작했다. 후원금이 줄어들면서 경비 부족으로「독립신문」도 발행 횟수를 줄이게 된다. 저조해진 분위기에 실망한 망명 청년들은 중국에서 진학을 하거나 구미로 유학을 떠났다. 이 때 이광수는 조선에서 흥사단 활동을 전개하자는 생각을 갖게 되었다. 1921년 초 그가 상하이를 떠나며 2년간의 활동과 심경을 정리한 글이「상하이의 2년간」이다. 1차 상하이행의 기록에서는 낯선 도시에 처음 가보고 느낀 문화적 충격이 잘 그려져 있는데 반하여, 2차 상하이행을 정리한 글에서는 도시의 모습을 그린 부분은 찾아볼 수 없다.「상하이의 2년간」에는 독립선언서를 외국에 보낸 일이 주로 기술되어 있다. 이광수는 문장의 말미에서 "상하이! 거기에는 내가 할 말이 산적되어 있다. 그러나 나는 사생활의 일편을 기록하는 것으로 여기에선 그칠 뿐이노라"라는 문장으로 글을 맺고 있는데, 마치 검열 때문에 할 말을 다 하지 못한다는 느낌을 주고 있다.

　이광수는 조선에 돌아가 합법적으로 흥사단 활동을 하고자 했지만, 안창호의 의견은 달랐다. 안창호는 당시 상황에서의 귀국은 곧 일본에로의 투항을 의미하는 것이라 생각하여 이광수를 만류했다. 하지만 이광수는 기어코 귀국의 길을 택하게 된다. 1921년 3월 상하이를 떠난 이광수는 압록강 건너 선천宣川 부근에서 일경에 체포되었으나 불기소 석방되었다. 이 때 임시정부에서는 그가 일제에 투항했다는 소문이 돌았다.

　1922년 5월 이광수는 천도교단에서 운영하던 잡지『개벽』에「민족개조론」을 발표한다. 조선민족이 쇠퇴한 이유를 타락한 민족성 탓으로 돌린 이 글은 발표 직후 조선 사람들의 민족적 자존심에 큰 상처를 주게 된다.

그 후에 그는 「민족적 경륜」1924이라는 글을 발표하여, 합법적 범위 내에서 결사를 만들어 교육운동을 하자는 주장을 했지만, 이는 오히려 식민지배를 용인하는 개량주의라고 비판받게 된다. 상하이에서는 안창호를 도와 임시정부에서 활동한 이광수가 귀국 후에는 변절자로 비판받는 상황이 전개되는데, 2차 상하이행의 귀국 전후의 변화는 어떻게 보아야 하는 것일까. 안창호는 이광수의 재능을 아끼는 마음에서 끝까지 그의 귀국을 만류했을 것이다. 하지만 상하이에서 〈독립신문〉을 꾸려가는 과정 중 이광수의 내면에서는 이미 일제에 대한 투쟁을 이어갈 수 없을 거라는 패배주의가 자리 잡아가고 있었던 것은 아닐까.

몰락하는 중화제국에 감정이입한 이광수

이광수의 첫 해외 경험은 1905년 8월14세부터 1910년 3월19세까지 그가 동학 유학생에 선발되어 도쿄 다이세이중학과 메이지학원중학에서 공부한 것이다. 두 번째 이국 체험은 1913년 말 상하이에서 출발하여 1914년 8월까지 북방 대륙을 방랑한 것이며, 세 번째는 1915년에서 1918년22세~27세까지의 도쿄에서 와세다대학을 다닌 것이고, 네 번째는 1918년 말 허영숙과의 연애문제로 베이징으로 도피한 것을 시작으로 1919년에 도쿄와 상하이, 베이징과 경성을 오가는 여정을 이어간 것이다.

대략 위 15년의 기간 동안 이광수는 일본에 가서 근대 문명을 처음 접하고, 문학의 꿈을 키우고, 교육적 실천을 하고, 독립운동의 현장을 경험하고, 장편소설을 발표하여 조선 문단의 기대주가 되는 등 실로 많은 경험을 한다. 민족의 미래를 걱정하고 2.8독립선언문을 쓰기도 했던 그가 상하이 임시정부에서의 활동을 마치고 귀국한 후에는 점차 변절의 길을 가게 되지만, 그의 변절과 상하이 체류의 경험이 인과관계에 놓이는 것은 아니다. 사회를 바라보는 이광수의 시선은 그가 처음 일본으로 유학 가던 때인 1905년, 러일전쟁의 승리로 고무된 당시 일본의 분위기에서 이미 형성되었다고 보아야 할 것이다. 이는 서구적 근대를 사회발전의 기준으로 삼고 약육강식의 국제무대를 세계 질서로 인정하는 것을 말한다. 이광수는 일본유학을 통해서 사회진화론적 세계관을 형성했고, 국제무대의 축소판인 상하이에서는 그러한 힘의 질서를 직접 확인한 것이다.

이러한 이광수의 시각은 같은 시기 상하이를 여행한 다른 외국 작가들과 다소 차이를 보이는데, 예컨대 이 점과 관련해서는 본서의 「아쿠타가와 류노스케의 『지나유기』支那遊記」 부분을 참고해 주시기 바란다. 두 사람을 간략하게 비교하자면, 아쿠타가와는 상하이를 하나의 외국으로서 일정한 거리감을 갖고 '관찰의 대상'으로 대하는데 반하여 이광수는 상하이에 좀 더 밀착해있다. 그러한 거리 감각이 중국에 대한 감정 이입으로 이어지고 있었던 것이다. 이중의 '주변성'이라고 할 수 있을까. 상하이가 서구적 물질문명의 집결지이고, 가난한 나라 중국의 백성들이 그 중심부에서 소외되어 있다고 하는 것이 1차적 주변성이라고 한다면, 이광수는 여기서 한걸음 더 나아가 근대 세계에서 몰락해가는 중화제국의 주변부에 다시금 조선을 위치짓는 재주변화再周邊化를 통해 감정이입을 하고 있는 것이다.

중국을 보는 시각에 있어서도, 모던 상하이의 식민성을 발견해내는 시선이 일견 날카로운듯 싶지만, 그것이 결국 누구의 시선인가. 약육강식과 제국주의 침략을 합리화하는 사회진화론적 시선, 위생담론에 기댄 인종주의적 시선에 불과한 것이 아닌가. 이광수의 표현대로 유가儒家가 썩었다면 이제 어디로 가야 할 것인가. 일본에서 유학하면서 본격적으로 서구문화를 접촉하기 시작한 당시 이광수의 방향성은 거의 정해지게 되었던 셈이다. 그것은 바로 '서구적 근대'를 꿈꾸는 것이었으며, 자신을 또 다른 세계의 주변부에 위치 짓는 것이었다.

[필드워크 ❶]

상하이 최고의 번화가
난징로와 샷슨 하우스

난징로南京路는 올드 상하이를 대표하는 가장 번화한 거리였다. 난징로 건설은 1848년 이 부근에 세워진 경마장跑馬廳과 관련이 있다. 와이탄外灘에서 경마장으로 가는 길이 생기자, 그 무렵 중국인들은 서양인들이 말을 탄 채 이 길을 지나가는 것을 보고 이를 마루馬路·현대 중국어로는 '큰길'의 뜻라 불렀다. 난징로의 기원은 1851년에 생긴 화위엔농탕花園弄堂·Park Lane이며 당시 중국사람들은 이 길을 따마루大馬路라 했다. 애초에 화원Park이라는 이름이 붙게 된 것은 경마장을 만들면서 원형 레이스Race 내부에 공원을 조성했기 때문이었다. 난징로를 번화가로 만든 것은 초기의 백화점들이었다. 20세기 초에 영국 자본에 의해 설립된 푸리꽁쓰福利公司·Hall, Haltz & Co. Ltd., 후이루어꽁쓰惠羅公司·Whiteaway, laidlaw & Co. Ltd., 타이싱꽁쓰泰興公司·Lane, Crawford & Co. Ltd., 후이쓰꽁쓰匯司公司·Weeks & Co. Ltd. 등을 당시 난징로의 상권을 대표하는 4대 백화점老四大公司이라 했다. 그 뒤를 이어 1917년에 화교 자본에 의해 세워진 셴스꽁쓰先施公司를 위시한 용안꽁쓰永安公司, 신신꽁쓰新新公司, 따신꽁쓰大新

여러 국기가 합성되어 있는
공동 조계의 문장

公司 등을 그 뒤를 이은 신4대 백화점後四大公司라 불렀다.

당시 상하이의 백화점들은 쇼핑 뿐 아니라 엔터테인먼트의 공간이기도 했다. 셴스꽁쓰는 개장 초기부터 옥상을 개방하여 경극과 가곡 공연장 등으로 활용했고, 1918년 개장한 용안꽁쓰 역시 공연장을 개설했을 뿐 아니라 나중에는 스케이트장, 극장, 카바레 등도 운영했다. 이런 운영 방식들은 신스제, 신신꽁쓰, 따신꽁쓰 등의 주변 백화점들도 마찬가지였을 뿐 아니라, 주변에 패션, 음식, 잡화를 취급하던 가게들이 생겨나고 경마장에 밀려드는 인파들까지 더해지면서 난징로는 그야말로 인산인해를 이루게 된다.

당시 중국인들에게 난징로의 화려함은 어떻게 받아들여졌을까. 마오뚠茅盾의 대표작 『자야』子夜에 묘사된 난징로의 모습을 보기로 한다. 소설 속 주인공 우쑨푸吳蓀甫의 부친 우뭣 나리가 시골에서 막 상하이로 와서 난징로를 보고 문화적 충격을 받는 대목이다.

허핑판디엔에서 바라본 와이탄의 모습

갖가지 자동차의 바다 속으로 번쩍거리는 화려한 옷차림의 남녀무리들을 헤치면서 자동차는 앞으로 나아갔다. 기계들의 소음, 자동차의 매연, 네온사인의 붉은 빛, 여인들의 몸에서 나는 향기 등 일체의 모든 것들이 우 나리에게는 악마와 같은 도시의 정령들로 여겨졌다. 이런 것들이 가혹하게 우 나리의 낡고 약한 마음을 압도하여, 끝내 그는 눈이 어지럽고 귀가 울리며 머리가 혼란스러워졌다. 뒤이어 그의 예민한 신경은 폭발할 듯이 통증을 일으켰고, 그의 미친 듯이 쿵쿵거리는 심장도 다시는 뛰지 않을 듯했다.

평생 시골에서 살아온 우 나리에게 상하이는 마치 '악마의 소굴' 같이 느껴졌고, 차를 타고 번화가를 지나쳐오는 사이에 차창을 통해서 본 비주얼적 충격에 그는 아들 집에 도착하자마자 사망하고 만다.

황푸강변을 따라 이어지는 와이탄外灘에서 난징로를 접어드는 길목에 위치한 허핑판디엔和平飯店은 건물의 규모로 보나 초록색 지붕의 멋진 외관으로 보나 한때 난징로를 대표하던 랜드마크라 할 만하다. 이 건물의 본래 이름은 삿슨하우스Sasson House이다. 애초 이 건물의 주인이던 엘리스 빅터 삿슨Elias Victor Sassoon, 1881~1961은 당시 상하이의 유명한 유태인 부동산 재벌이었지만, 조상의 활동을 거슬러 올라가면 삿슨 집안은 아편전쟁과 밀접한 관련이 있다. 1792년 바그다드의 명망가에서 태어난 데이비드 삿슨David Sasson, 1792~1864은 1832년 인도 뭄바이에 회사를 설립하고 인도에서 생산된 아편을 중국에 수출하면서 큰 돈을 벌게 된다. 삿슨의 회사가 중국에 판매한 아편은 1830년 2만 상자에 이르렀고, 1836년에는 3만 상자가 넘었다. 그 결과 중국에서는 수많은 아편중독자가 생겨났고, 그것이 1840년 아편전쟁과 1842년 난징조약으로 이어진 것은 주지의 사실이다. 아편전쟁 이후 데이비드 삿슨은 영국 정부가 부여한 특권을 업고 사업을 더욱 발전시켜 나가게 된다. 이후로 삿슨 가문은 1880년 무렵

와이탄에서 바라본 상하이 삿슨하우스(Sasson House·허핑판디엔和平飯店)

부터 상하이의 땅을 사들였고 1900년이 되어서는 난징로 일대에 가장 많은 부동산을 소유하게 된다. 1916년 엘리스 빅터 삿슨^{Elice Victor Sassoon, 1881~1961}이 제3대 경영인이 되어 삿슨 가문의 실권을 행사하면서 아편에서 부동산으로 업종을 변경했고, 그 후로는 상하이 중심가에 계속해서 고층 빌딩과 서양식 건축을 짓게 된다. 1919년에 지어진 삿슨하우스^{Sasson House·和平飯店}는 말 그대로 삿슨 가문 활동의 본거지가 되었던 곳이다.

02

중국, 동경과 실망 사이에서

―아쿠타가와 류노스케의 『지나유기』

●

일본인에게 있어 근대 도시 상하이는 어떤 곳이었을까?

상하이행 기선과 배멀미

김옥균이 암살당한 '동화양행'이라는 호텔

카페의 꽃파는 노파에게 받은 중국의 첫인상

중국에 대한 동경과 실망의 사이에서 고민한 아쿠타가와

『지나유기』支那遊記에 대한 당대 중국 작가들의 반응

라쇼몬 효과 Rashomon Effect

「후난의 부채」와 중국 혁명가의 피

일본인에게 있어 근대 도시 상하이는 어떤 곳이었을까?

다이쇼 시대의 일본 문단을 대표하는 작가 아쿠타가와 류노스케芥川龍之介, 1892~1927는 1921년 봄부터 여름에 걸쳐 오사카마이니치신문사 특파원으로 중국 각지를 여행하고, 귀국 후인 1925년 가이조사改造社에서 『지나유기』支那遊記[1]이라는 단행본을 출판한다. 여기서는 이 책 이야기를 좀 해보기로 한다.

메이지明治 일본이 본격적으로 현대화, 서구화의 길을 가면서 점차 국민국가를 형성해가게 된 계기를 러일전쟁1904~1905으로 본다면, 제1차 세계대전1914~1918은 다이쇼大正 일본에 시민사회와 대중문화의 시대를 가져다 주었다고 할 수 있다. 1918년은 일본 문단에 큰 변화가 일어난 해로 기록되고 있는데, 『중앙공론』, 『신조』 등 당시의 대표적 종합 잡지에 무샤노코지 사네아쓰武者小路實篤, 오사나이 카오루小山內薰, 아리시마 다케오有島武郎, 아쿠타가와 류노스케芥川龍之介 등 신진 작가의 작품이 대거 실리게 된 것을 말한다. 그 이후로 도쿄제대東京帝大, 가쿠슈인學習院 등에 재학 중이던 당시 25세 전후의 작가들이 문단에서 각광을 받으며 당시 40대의 나츠메 소세키, 모리 오가이 등 메이지 시대의 기성 작가와 구별되는 다이쇼 시대 작가군을 형성하게 되었던 것이다.

개항 직후의 상하이가 일본, 혹은 일본인에게 있어 어떤 존재였을 지에 대해 류젠후이劉建輝는 메이지유신1868을 경계로 나누어 다음과 같이 정리한 바 있다. 에도江戶 말기 일본에게 상하이는 대략 두 가지의 의미를 지니

---

[1] 『지나유기』는 『아쿠타가와의 중국 기행』(곽형덕 옮김, 섬앤섬, 2016)이라는 제목으로 우리나라에 번역되었다. 번역자는 지나(支那)라는 말이 갖는 부정적 영향을 고려하여 중국으로 고친 듯하나, 본고에서는 '지나'가 당대적 표현이었음을 고려하여 '지나'와 '중국'을 병행해서 사용하기로 한다.

고 있었다. (1) 반식민지로 성립한 '조계는 동아시아 자본주의의 최전선'을 형성했고, 거기서부터 대량의 서양 정보가 일본에 전래되었다. 다양한 한역양서漢譯洋書는 구미 지식을 전했을 뿐 아니라 열강제국을 모델로 한 어떤 종류의 국가관이나 국가상도 제시했다. (2) 조계의 성립에 의하여 상하이는 구미로 향하는 가장 가까운 '입구'가 되었고, 조계 자체도 가장 근거리의 '서양'으로 간주되었다. 에도 말기 일본인들이 유럽으로 가는 도중에, 또는 이곳을 목표로 상하이를 방문했는데, 그들은 한결같이 상하이에서 '서양'을 체험했고, 또 이 체험에 의해 이른바 '문명'의 충격을 받았다.

하지만 일본에게 상하이가 갖고 있던 이러한 의미는 메이지 시대에 들어오면서 급속하게 퇴색하기 시작했다. 메이지유신 이후 일본은 스스로 '문명개화'를 표방하고 직접 유럽과 미국으로부터 근대의 여러 제도를 도입하기 시작했기 때문에 기존의 '중계지'로서의 상하이는 거의 의미를 지니지 못하게 된 것이다. 메이지유신 이후 근대적 국민국가를 지향하는 일본에게 있어 상하이는 더 이상 중요한 존재가 아니었지만, '일본 탈출'을 꿈꾸는 많은 일본인에게 있어 이 도시는 가장 가까운 '피난처'의 역할을 했다. 1870년대 이후 '내지'內地와는 다른 '근대'의 모습을 갈망하며 상하이를 찾은 많은 일본인이 일본의 현실을 상대화하는 일종의 '장치'로서의 역할이었다고 할 수 있다.[2]

근대적 국민국가의 지배 권력이 완성되어 가던 일본의 폐쇄적인 분위기에 비해 상하이는 모험을 실현시켜줄 자유로운 신천지로 인식되고 있었던 듯하다. 다이쇼 시대1912~1926 대륙에 대한 '로망'을 품은 일본 작가들이 대거 상하이를 방문했고, 그러한 움직임은 이후 쇼와 시대까지 이어졌다. 문학적 호기심을 갖고 상하이를 방문한 다이쇼 시대 작가로는 『마도』魔都, 1924를 써서 상하이의 마성적 매력을 강조한 무라마쓰 쇼후村松梢

---

2 류젠후이, 양민호외 옮김, 『마성의 도시 상하이』, 소명출판, 2020, 25~28쪽.

風와 1919년과 1926년 중국을 두 차례 방문하고 중국 관련 소설, 기행문, 희곡 등 14편의 작품을 발표한 타니자키 준이치로谷崎潤一郎, 1921년 3월부터 7월까지 오사카마이니치신문사大阪每日新聞社의 해외 시찰원으로 중국을 방문하고『지나유기』를 쓴 아쿠타가와 류노스케芥川龍之介 등이 잘 알려져 있다.³

아쿠타가와 류노스케는 1921년 3월부터 7월까지 오사카마이니치신문사大阪每日新聞社의 해외 시찰원으로 중국에 파견되었다. 상하이에 도착하자마자 건성늑막염이 발병하여 현지의 병원에 입원하게 되었고, 몸이 회복되자 상하이에서 시작하여 항저우杭州, 쑤저우蘇州, 양저우揚州, 난징南京, 지우장九江, 한커우漢口, 창사長沙 등을 두루 둘러본 후, 뤄양洛陽을 거쳐 베이징北京으로 들어가게 된다.⁴ 아쿠타가와는 중국 여행을 마친 직후 일본에 돌아가서 쓴 글「신예술가의 눈에 비친 지나의 인상」이라는 글에서 베이징이 제일 마음에 들었다고 했고, 북방과 상하이의 인상의 차이에 대해 "상하이는 어쩐지 어수선하고 사람들도 들썽들썽 정말로 바쁘다. 게다가 북방에 오면 대체로 조용하고 사람들도 역시 침착함이 있어 실로 대륙적인 분위기가 자연스럽게 풍겨나오는 듯하다."⁵라고 말한 바 있다.

상하이행 기선과 배멀미

그러면 이제『지나유기』支那遊記의 내용 속으로 들어가 보기로 하자. 아쿠타가와는 기타큐슈北九州에 있는 모지門司항에서 배를 타고 상하이로 갔

---

3 위 3인의 다이쇼 시대 작가들의 상하이 체류 활동과 관련해서는 이수열,「근대 일본 작가의 上海 체험」,『해항도시문화교섭학』, 제2호, 2010 참고.
4 和田博文外,『言語都市 上海』, 藤原書店, 2006, 156쪽.
5 『日華公論』1921년 8월.

다. 출발 당일에는 화가畫家 나가노 소후長野草風, 1885~1949가 배웅하러 나와 주었다. 나가노는 뱃멀미를 걱정하여 멀미약을 갖고 나왔지만, 아쿠타가와는 기껏해야 이틀이면 가는데 무슨 멀미약이냐고, 고마워하면서도 속으로는 은근히 비웃었다. 하지만 배가 출발하자 이내 바다가 사나워졌고, 아쿠타가와는 조금 전 자신이 비웃었던 걸 후회할 겨를도 없이 정신없이 밀려오는 극심한 뱃멀미에 엄청나게 시달렸다. 아쿠타가와는 속이 거북한 것을 잊기 위해 일부러 유쾌한 것만 생각하고자 했고, 서양 작곡가 바그너의 일화를 떠올려보기도 했다. 하지만 머릿속은 점점 더 하얘지기만 했고, 메슥거리는 것은 좀처럼 나아지지 않았다.

"마침내는 바그너고 나발이고 개나 잡아먹어라 하고 소리칠 듯한 지경에까지 이르고 말았다."[6]

비행기 여행이 일반화되지 않았던 시절 해외여행의 최대 숙적은 바로 뱃멀미였을 것이다. 악몽 같은 이틀 동안의 시간을 보내고 상하이 부두에서 배를 내린 아쿠타가와 일행을 기다리고 있던 것은 몇 십 명인지 알 수 없는 인력거꾼이었다. 이 상황은 이광수李光洙가 「상하이 인상기」에 묘사한 바, 하선 직후 일행이 맞닥뜨린 짐꾼苦力들의 무리와 데자뷔 된다. 아쿠타가와는 일본의 인력거꾼은 결코 지저분하지 않은데 반해 중국의 인력거꾼은 불결함 그 자체라고 느꼈다.

아쿠타가와 일행은 인력거를 타지 않고 마차를 탔는데, 왠일인지 말이 제멋대로 뛰면서 길모퉁이 벽돌담에 부딪쳐버리고 말았다. 화가 난 마부가 호되게 말을 후려갈겼고 말이 춤을 추듯 엉덩이를 마구 흔들어대자, 마차는 마치 곧 뒤집힐 것 같았다. 아쿠타가와 일행은 불안감에 휩싸인

---

6 아쿠타가와 류노스케, 곽형덕 옮김, 『아쿠타가와의 중국 기행』, 섬앤섬, 2016, 21쪽.

채 시내로 진입했고, 그들은 강물에 떠있는 목선과 강가에서 유유히 움직이는 전차와 붉은 벽돌 건물을 보면서 갔다. 거리에는 붉은 터번을 쓴 인도인 순사가 교통정리를 하고 있었다. 그걸 본 아쿠타가와는 "교통정리가 구석구석까지 미친 모습은 아무리 호의적으로 보더라도 도쿄나 오사카 같은 일본의 도시가 이에 미치지 못할 듯하다."고 느꼈다.

김옥균이 암살당한 '동화양행'이라는 호텔

아쿠타가와 일행을 실은 마차는 동화양행東和洋行이라는 일본인이 운영하는 호텔 앞에 멈춰 섰다. 동화양행이 어떤 곳인가? 이는 갑신정변1884 후 일본으로 피신했던 김옥균이 망명 중 잠시 중국에 왔다가 암살당했던 곳이다. 1894년 3월 27일 김옥균 일행 4명은 이 동화양행에 투숙했고, 이튿날 오후 3시 무렵 2층에서 휴식을 취하고 있던 김옥균은 일행 홍종우가 쏜 총 세 발을 맞고 절명한다. 김옥균 암살사건 자체는 본고의 방향과 무관하므로 생략하기로 한다. 다만 당시로서 너무나 충격적이었던 이 사건은 일본의 언론매체에도 보도되었고, 그로부터 25년이 지난 1921년의 시점에서도 아쿠타가와는 그 장소를 분명히 인지하고 있었다.

이쿠타가와 일행이 이 호텔이 김옥균의 암살 장소였다는 걸 사전에 알고 있었던 점은 글에도 나와 있지만, 그들이 왜 이곳을 숙소로 정하게 되었는지는 분명치 않다. 글의 일부분을 보기로 하자.

> 우리는 어두컴컴하면서도 장식만은 현란한, 묘한 분위기의 응접실로 안내되었다. 과연 이런 분위기라면 김옥균이 아니어도 언제고 창문 밖 어딘가에서 피스톨의 총탄이 날아올지도 모르겠다 … 는 생각을 하고 있을 무렵 양복을 입은 씩씩한 주인이 … 공교롭게도 현관 앞방 말고는 빈 방

이 없다고 한다. 방에 가보자 침대는 어째서인지 두 개나 있었지만 벽은 그을린 듯하고 커튼은 낡고 의자조차 만족스러운 것이 하나도 없었다. 김옥균의 유령이라면 모를까 그 누구도 편히 쉴 수 있는 방이 아니었다.[7]

아쿠타가와 일행이 김옥균 암살 장소에 대한 호기심에서 동화양행을 예약하게 된 것인지의 여부는 정확히 알 수 없다. 하지만 실제로 방을 보고 실망한 그들은 만세관萬歲館이라고 하는 일본인이 운영하는 여관으로 옮겨가게 된다.

카페의 꽃 파는 노파에게 받은 중국의 첫인상

이튿날 아쿠타가와 일행은 식사를 마치고 쓰마로四馬路의 파리지엔이라는 카페로 무도舞蹈를 보러갔다. 지금은 푸조우로福州路로 이름이 바뀌었지만, 그 당시 쓰마로는 향락산업으로 유명한 곳이었고, 아마도 그 명성이 분명히 일본에까지 전해졌을 것이다. 무도 구경을 마친 아쿠타가와는 존스라는 친구와 숙소로 가던 길에 카페를 한 군데 더 들르게 된다. 카페 안에는 장미꽃을 파는 중국인 노파가 있었는데, 술에 취한 해군 병사 대여섯 명이 우르르 들어오면서 난폭하게 문을 밀어 젖히는 바람에 팔에 걸고 있던 꽃바구니를 떨어뜨리고 말았다. 수병들은 군홧발에 밟히는 꽃바구니 따위는 신경조차 쓰지 않고 춤을 추어댔고, 노파는 투덜대며 바닥에 떨어진 장미를 주웠지만, 그것조차 잠시 후 들이닥친 다른 병사의 구둣발에 짓밟혀버린다. 그걸 보고 마음이 불편해진 아쿠타가와와 존스는

---

7 아쿠타가와 류노스케, 앞의 책, 24쪽.

밖으로 나가기로 한다. 나가는 길에 존스는 노파에게 은화를 주었고, 뒤따르던 아쿠타가와는 "인생은 장미를 흩뿌린 길"이라고 알 듯 모를 듯한 말을 한다. 하지만 밖에 나온 그들을 기다리고 있던 것은 호객을 하는 인력거꾼 무리였고, 그들 틈에 아까 그 노파도 끼어서 일행에게 무어라고 말하며 손을 내밀고 있었다. 아쿠타가와는 "나는 이런 욕심쟁이가 파는 아름다운 장미가 불현듯 불쌍해졌다. 이 낯 두꺼운 노파와 낮에 탔던 인력거. 유감스럽게도 이들은 상하이의 첫 인상이자 중국의 첫 인상"이라고 적고 있다.

중국에 대한 동경과 실망의 사이에서 고민한 아쿠타가와

주지하듯이 근대 일본은 기존의 중국 중심의 세계관을 버리고 메이지 유신으로 대표되는 서구화의 길로 나아갔다. 이러한 상황 속에서 근대문학 초기의 작가들은 한자문화권에서의 글쓰기 전통을 지양하고, 서구적 스타일을 빠르게 받아들였다. 이에 반발한 것이 아쿠타가와 류노스케와 다니자키 준이치로 세대였다. 그들은 서구지향 일변도의 문단 분위기에 편승하지 않고 한문맥적인 전통에 근거해 새로운 창작활동을 전개했는데, 이는 앞선 세대들이 지향해온 서구화에 대한 비판적 의미가 강했다.[8]

한문화漢文化 전통의 계승 문제를 본인과 연결시키려 하던 다이쇼 시대 일본 작가들의 고뇌는 다양한 패러다임으로 표현되는데, 여기서는 아쿠타가와보다 6살 많은 다니자키 준이치로谷崎潤一郎, 1886~1965의 경우를 잠

---

8 남상욱, 「아쿠타가와 류노스케의 『중국기행』을 읽는 의미」, 아쿠타가와 류노스케, 앞의 책, 13쪽.

시 살펴보기로 하자. 다니자키는 1918년과 1926년 두 차례 중국을 방문했고, 중국 관련 소설과 기행문, 희곡을 14편 남겼다. 다니자키는 난징南京, 쑤저우蘇州, 항저우杭州, 상하이上海 등 남쪽의 도시를 좋아했는데, 그는 중국의 전통적인 수로를 이용해 수변水邊 마을로서의 중국 강남에 접근하려 했다. 그의 난징南京 기행문인 「친후이의 밤」에 의하면 그는 낮에는 화방畫舫을 타고 시내를 한 바퀴 돈 후 밤에는 인력거를 대절하여 친후이秦淮 강변에 있는 유곽을 탐색했다. 그는 유곽을 찾아가 옛날 중국 문인의 정취를 체험해보고자 했던 것이다. 그는 항저우를 무대로 매우 신비롭고 환상적인 기법과 내용의 소설 「서호의 달」과 「비로드의 꿈」을 쓴다. 다니자키는 화방畫舫이라는 독자적인 교통수단을 통해 그 배후에 펼쳐져 있는 광대한 '강남'이라는 공간을 발견하고, 또 작가 특유의 방법으로 '수변 마을'로서의 본질을 표현할 수 있었다. '수변 마을'이라는 환상적 공간의 발견이 그의 문학적 상상력을 풍부하게 하여 독특한 작품 창작으로 이어지게 된 것이다.[9]

20세기 초 동아시아의 작가에게 있어 전통적 세계관과 서구적 세계관 사이의 갈등이라는 것은 매우 실존적인 문제였을 것이다. 전통적 세계관을 "공수拱手하고 정좌하여 요순堯舜의 도를 강講하고 공맹의 예를 설하는 낡은 부유腐儒"라고 간단하게 대상화했던 이광수에 반해 전통 계승적 입장이 강했던 아쿠타가와의 고민은 더욱 깊었던 것으로 보인다. 어느 날 사당 앞의 잡다한 노점을 오가며 물건 구경을 하고 있는 중국인들을 보면서 아쿠타가와는 생각에 잠긴다.

이 많은 사람들 속에는 『금병매』의 진경제陳敬濟, 『품화보감』의 계십일桂

---

[9] 이상 다니자키 준이치로 관련 내용은 류젠후이 지음, 양민호 외 옮김, 『마성의 도시 상하이』, 소명출판, 2020, 181~186쪽.

十一 같은 호걸도 있을 것만 같았다. 하지만 두보나 악비, 왕양명이나 제갈공명 같은 인물은 눈을 씻고 찾아봐도 없을 듯했다. 지금의 중국은 고전 시문에 존재하는 그런 중국이 아니었다. 외설적이고 잔혹하며 식탐 많은 소설 속이 제격인 중국이다.[10]

그가 중국에 와서 느낀 예술 속 중국과 현실 중국의 차이가 고스란히 드러나는 대목이다. 아쿠타가와는 분명히 고전문학 속 중국을 동경하고 있었고, 1918년 지인에게 쓴 편지에서 "나도 중국支那에 가고 싶지만 은의 시세가 많이 올라갔고 금은 전혀 없어. 가고 싶다 가고 싶다는 마음만 가지고 살아가고 있지."라고 했고, 1920년에는 "가능한 (여비를) 마련해서 함께 가지. 그러나 나도 가난한 여행을 할 작정이네."라고 쓴 적도 있다.[11] 1921년 오사카마이니치 신문사의 파견에 의한 중국 방문은 그의 오랜 갈망이 이루어진 결과였다.

하지만 그런 고전古典 속 중국에 대한 갈망은 직접 보고 느낀 현실의 중국에 의해 부서지고 만다. 그렇다면 상하이라는 도시의 서구적 스타일에 대한 아쿠타가와의 호감도는 어떠했을까? 아쿠타가와는 상하이의 조계지를 돌아다니며 이 도시의 서구적 스타일에 대해서도 잘 알게 되었지만, 크게 호감을 갖지는 않았던 것 같다. 그는 프랑스 공원이나 제스필드 공원을 가보았지만, 그렇다고 그런 서구적 풍경이 일본에 비해 진보되어 있다는 느낌은 받지 못했다. 프랑스 조계지는 서양이나 다름없었지만, 어딘지 모르게 어색하고 속악俗惡하다는 느낌을 지우지 못했다.[12]

중국에 대한 동경과 실망은 글의 여러 곳에서 나타나는데, 한번은 아쿠타가와가 예원豫園의 호심정湖心亭을 갔다. "책에서나 보고 말로만 듣던

---

10 아쿠타가와 류노스케, 앞의 책, 41쪽.
11 미야사카 사토루, 「『중국기행』, 작은 풍경화」, 아쿠타가와 류노스케, 앞의 책, 255쪽.
12 아쿠타가와 류노스케, 앞의 책, 54~57쪽.

호심정"이라고 표현한 걸 보면, 그는 이미 호심정을 알고 있었고, 이곳 역시 미리 방문 계획이 있었던 것 같다. 아쿠타가와가 호심정의 지저분한 연못을 보고 놀라고 있는데, 그의 곁에 한 중국인이 나타난다.

> 변발의 중국인은 연못을 향해 유유히 오줌을 갈겼다. 진수번陳樹藩이 반란의 깃발을 치켜들거나 말거나, 백화체 현대시가 유행하거나 말거나, 영일동맹이 성립하거나 말거나 이 사내에게는 아무런 관계도 없을 터이다. 적어도 이 사내의 태도와 얼굴에는 그 정도로 여유가 가득했다. 구름 낀 하늘 아래 우뚝 선 정자와 오물로 뒤덮인 병든 연못, 그리고 그 연못으로 떨어지는 힘찬 오줌줄기. 이것은 울적한 한 폭의 풍경화에 그치지 않고, 노대국의 신랄한 상징이기도 했다. 나는 그 중국인을 한참이나 바라보았다.[13]

아마도 이 호심정에 대한 묘사는 『지나유기』 중에서 가장 혐오적인 대목이 아닐까 한다. 세키구치 야스요시關口安義에 의하면, 과거 중국에서 아쿠타가와는 중국을 멸시하는 내용의 기행문을 쓴 작가로 여겨져 부정된 적도 있었지만 최근에는 아쿠타가와가 이 책에서 1920년대 초기 중국을 사실적으로 명확히 파악했다는 것이 밝혀지면서 그에 대한 평가가 높아지고 있다고 한다.[14]

아쿠타가와는 경극을 좋아했던 듯, 푸조우루福州路에 있는 천섬무대天蟾舞臺에서 경극을 보면서 벼룩에 손목을 수차례 물렸다는 내용도 있다. 그 상황에서도 아쿠타가와는 "하지만 경극을 보고 있는 동안에는 대체로 불쾌함을 느끼지 않을 정도로 아름다웠다고 해도 좋다."라고 쓰고 있다. 역

---

13 아쿠타가와 류노스케, 앞의 책, 36쪽.
14 세키구치 야스요시, 「아쿠타가와 류노스케의 『중국기행』 한국어판에 거는 기대」, 아쿠타가와 류노스케, 앞의 책, 6쪽.

시 기대감과 실망감이 교차하는 상황이다. 아쿠타가와는 경극에 대해 잘 알고 있었던 듯, 설명이 매우 상세하다.

상하이의 색정 산업, 중국의 음식과 미인, 철면피 장사꾼, 오불관언적 중국인들 … 등등으로 아쿠타가와의 상하이 이야기는 계속 이어지며, 장병린章炳麟, 정효서鄭孝胥, 이인걸李人傑 등 인물 방문기도 있다. 그 중에는 이인걸 방문기가 매우 특색 있다. 이인걸은 중국의 초기 공산주의자 이한준李漢俊을 말한다. 이인걸은 대화를 통해 중국의 나아갈 길은 "사회혁명단 한 길 뿐"이라고 말한다. 동행한 무라타군이 "이 사내는 머리가 비상하군."이라 했고, 아쿠타가와도 그를 보고 상하이의 젊은 중국을 대표할 인물이라고 말한다.[15]

아쿠타가와의 『지나유기』에는 당시 일본인들이 중국에 대해서 가졌을 법한 편견이 적잖이 들어가 있지만, 다른 한편으로는 경극에 대한 애정, 그리고 이인걸과 같은 인물에 대한 호감도 표현되어 있다.[16] 이 상황을 시노자키 미오코篠崎美生子는 아쿠타가와가 "필시 처음으로 만난 중국에 압도당해 흔들리고 있는 것"[17]이라고 말한다. 이 흔들림은 유럽인과 미국인을 접하고 문화적 충격을 받는 것과는 다른 것이다. 이는 근대 중국을 얕잡아 보는 시선과는 별개로 중국의 전통문화에 대해서는 동경하는 마음을 가진 일본인의 내면 심리와 통하고 있는 것이다. 그 심리를 좀 더 부연해서 말하자면, 이는 직접 찾아간 중국에서는 자신이 상상했던 고전 속 전통문화는 거의 찾아볼 수 없고, 난잡한 거리 모습만이 들어와 초조해하는 심리를 말하는 것이며, 거기에 덧붙여 외국에 나와서 느끼는 항일에 대한 경계심과 일본인으로서의 자의식, 그리고 아시아인으로서의 공감대

---

15 아쿠타가와 류노스케, 앞의 책, 78~80쪽.
16 아쿠타가와의 『지나유기』는 「상해유기」, 「강남유기」, 「장강유기」의 세 편으로 구성되어 있지만, 본고에서는 그중 「상해유기」의 내용만을 소개하기로 한다.
17 시노자키 미오코, 「'흔들림'으로부터 배운다」, 아쿠타가와 류노스케, 앞의 책, 259쪽.

같은 요소들 사이를 순환하는 심리적 상태이기도 하다.

『지나유기』支那遊記에 대한 당대 중국 작가들의 반응

1917년 이후 도쿄 마루젠丸善 서점 등을 통해 일본 서적을 구입하고 있던 루쉰, 저우쭤런周作人 형제는 1923년 『현대일본소설집』을 간행한다. 여기에는 15작가의 소설 30편이 수록되어 있는데, 그 중 무샤노코지 사네아쓰武者小路實篤, 아리시마 다케오有島武郎, 기쿠치 칸菊池寛 등 다이쇼 작가 11명이 포함되어 있다. 루쉰은 그 중에서도 아쿠타가와 류노스케芥川龍之介에게 관심이 많았던 것 같다. 루쉰은 1918년 5월 『담배와 악마』를 구입한 후 계속해서 『코』와 『지나유기』 등 아쿠타가와의 작품집을 구입했다.

1921년 4월부터 7월까지 아쿠타가와가 상하이와 베이징에 머무는 동안 루쉰은 베이징의 『신보』晨報에 아쿠타가와의 단편 「코」와 「라쇼몬」을 번역 게재했고, 나중에 이 두 편을 『현대일본소설집』에 수록했다. 루쉰은 「'코' 역자부기」1921.5.11에서 "그의 작품에 사용된 주제 가운데 가장 많은 것이 희망이 이루어진 뒤의 불안, 혹은 바로 불안한 때의 심정이다. …… 작품 속의 골계미는 재기가 넘치는 점이 있는데, 중국의 소위 골계소설과 비교해 봐도 사실 훌륭하다. 그래서 나는 먼저 이 한 편을 소개한다."라고 썼다. 루쉰은 「'라쇼몬', 역자 부기」에서 "이 역사적 소설결코 역사 소설이 아님도 그의 걸작이라고 간주되고 있는데, 고대의 사실을 취해 새로운 생명을 불어넣었기 때문에 현대인과 관계가 생겼다."라고 했다.

베이징에서 체류하는 동안 본인의 소설 두 편이 루쉰의 번역에 의해 『신보』에 발표된 것을 알았고, 이를 읽고 난 후 "자신의 심경이 명확하게 표현되어 매우 기쁘다."〈베이징주보〉, 1923.9.23라고 썼다. 그는 또 나중에 「일본소설의 한역漢譯」이라는 글을 통해 루쉰의 번역을 "일본에서 현재 유행하고 있는 서양 문예작품의 번역과 비교해 보아도 전혀 손색이 없다."고 높이 평가했다.

아쿠타가와의『지나유기』는 1925년 일본 가이조샤改造社에서 출판되었다. 이『지나유기』가 출판된 지 불과 1개월 여 만에 중국 작가 샤미엔쭌夏丏尊, 1886~1946이 그중 일부를「아쿠타가와씨의 중국관」이라는 제목으로 번역하여 1926년『소설월보』4월호에 발표했다. 샤미엔쭌은 나중에 이 번역물에『중국유기』中國遊記라는 제목을 붙여, 1927년 12월 카이밍서점開明書店에서 출판된『아쿠타가와집』芥川龍之介集에 수록했다.

앞서도 말했듯이 중국에 대한 아쿠타가와의 감정은 동경과 실망을 오가고 있었고, 그러한 아쿠타가와의 중국론에 대한 중국 문인들의 반응에도 긍정과 부정이 공존하게 된다. 1930년대 이후 일본의 중국 침략이 노골화되면서 중·일관계도 악화되어 가는데, 이 시기에 쓰인 빠진巴金의「공손하지 않은 말씀 몇 마디」幾段不恭敬的話[18]라는 글을 보기로 하자.

빠진은 애초 샤미엔쭌이 번역 소개한「장강유기」長江遊記라는 글의 내용에 입각해 아쿠타가와에 대한 공격을 시작했다. 빠진은 아쿠타가와가 말한 바 "지금 현대 중국에 무엇이 있는가? 정치, 경제, 학문, 예술 모두 타락해 있지 않나? 특히 예술에 대해서 말하자면 가경嘉慶과 도광道光[19] 시기 이후 무엇 하나라도 자랑할 만한 작품이 있나?"라고 했던 표현을 문제삼으며, "아쿠타가와씨는 귀국한 뒤로 이 문장의 '지나'支那라는 두 글자를 '일본'日本'으로 바꾸어 질문의 화살을 일본인에게 되돌려본 적은 없는가." 하고 되물었다.

빠진은 특히 "일본 문단을 생각하면 기쿠치 칸菊池寬, 요시카와 에이지

---

18 『태백(太白)』1권 8호, 1935년 1월.
19 1786년부터 1850년 무렵까지를 말함.

吉川英治, 오사라기 지로大佛次郎, 가토 다케오加藤武雄 등 통속 작가의 이름과 『추신구라』忠臣藏, 『가토 기요마사』加藤清正 등 통속 소설의 제목만 떠오른다. 협객과 연애를 제재로 한 통속 소설만 유행할 정도로 일본문학은 타락해버렸는가."라고 일갈했다.

아쿠타가와의 작품에 대해서도 빠진은 '공허'空虛라는 두 글자로 그의 전 작품을 비판할 수 있으며, 500여 쪽이 넘는 『아쿠타가와집』芥川集에서도 한두 편을 제외하면 볼만한 것이 없다고 혹평했다. 이어 후반부에서, 진정한 예술은 인류를 모으고 단합하도록 하는 것이지 분리시키는 것이 아니라는 자신의 소신을 밝히며 글을 마무리했다.

아쿠타가와의 『지나유기』에 대한 중국 문단 내 두 가지 반응을 어떻게 보아야 할까. 루쉰은 1881년생, 샤미엔쥰은 1886년생, 빠진은 1904년생으로 그들 간에는 다소간 나이 차이도 있지만, 무엇보다 1931년 9.18만주사변을 계기로 일본의 중국 침략이 노골화하고, 일본인에 대한 중국인의 감정이 악화된 데에도 원인이 있을 것이다.

1936년 루쉰은 그가 사망하기 3개월 전, 자신을 찾아온 일본인 마스다 와다루增田涉와 나눈 대화에서 『지나유기』를 언급한 적이 있다. "아쿠타가와芥川가 「유기」遊記에서 중국에 대해 나쁜 말을 했기 때문에 중국에서는 평가가 아주 좋지 않아요. 하지만 그건 소개자번역자의 방식에 좀 문제가 있었던 거예요. 그런 작품을 먼저 소개해서는 안 되었는데". 1927년에 자살한 아쿠타가와에 대해 루쉰이 마지막까지 애정의 끈을 놓지 않고 있는 것을 보면, 루쉰은 그의 문학적 재능을 매우 높이 평가하고 있었음을 알 수 있다.

라쇼몬 효과 Rashomon Effect

아쿠타가와의 「덤불 속」1921이라는 단편소설이 있다. 한 부부가 길을 가던 중 도적을 만나 아내는 겁탈을 당하고 남편은 죽임을 당한다. 이를 목격한 나무꾼이 사건을 신고해 도적은 재판을 받게 되지만, 살인 사건에 대한 진술은 제각각 다르다. 도적은 자신이 남자를 살해한 것은 맞지만 그것은 여자의 요구 때문이었다고 진술한다. 여자는 도적이 사라진 후 남편의 눈빛에서 자신을 향한 경멸을 느껴 자신이 남편을 찔러 죽였다고 말한다. 죽은 남편은 무녀의 입을 통해 진술하는데, 겁탈 당한 아내가 강도에게 같이 도망치자고 하는 말을 듣고 치욕감에 자살했다고 말한다. 사건 당사자의 말을 모두 들었지만 일치하는 진술은 없고, 사건은 점점 미궁으로 빠져드는 것이다. 1950년 쿠로사와 아키라黑澤明에 의해 〈라쇼몬〉羅生門으로 영화화되었는데, 건축물 라쇼몬을 내세워 독특한 미장센을 만들어냈고 영화 제목도 〈라쇼몬〉이라 했지만, 전체 이야기 뼈대는 「덤불 속」에서 가져왔다. 이 영화가 베니스영화제 황금사자상을 수상하면서 원작 소설도 유명해졌다.

영화 제목에서 출발한 '라쇼몬', 혹은 '라쇼몬 효과'Rashomon Effect는 동일한 사건에 대해 서로 다른 입장으로 해석하면서 본질 자체를 다르게 인식하는 현상을 이르는 심리학, 혹은 사회학의 개념으로 사용되기에 이르렀고, 기억의 주관성을 의미하는 말로 거의 자리를 굳혔다. 「덤불 속」은 아쿠타가와가 중국 여행을 마치고 돌아온 직후인 1921년 12월에 완성한 소설로, 이 작품에서 시도된 복수의 시점을 통한 다각적이고 다층적인 이야기 구성 수법이 그가 중국 여행을 통해 사물을 보는 시각이 넓어진 것과 깊이 연관되어 있다고 하는 견해[20]도 있다.

---

20 친강, 「지성이 연마된 아쿠타가와 류노스케의 지나유기(支那遊記)」, 아쿠타가와 류노스

「후난의 부채」와 중국 혁명가의 피

중국 여행이 아쿠타가와의 작품 세계에 미친 영향을 이야기 한다면, 「후난의 부채」1926를 빼놓을 수 없을 것이다. 「후난의 부채」는 1921년 5월 16일 일본인 '그'가 중국 창사長沙를 방문하며 겪는 이야기다. 1921년 5월이면 아쿠타가와가 중국 방문 기간에 해당되며, 주인공 '그'는 아쿠타가와를 연상시킨다. 소설의 서두에서 '그'는 신해혁명의 핵심인물 중 다수가 후난 출신이었던 것을 상기하며, 후난 사람들의 강한 기질을 강조한다. '그'는 옛 친구 담영년譚永年을 만나 함께 창사의 명승지를 구경했고, 담영년은 얼마 전 창사에서 있었던 토비土匪 황육일黃六一의 참수斬首 이야기를 '그'에게 들려준다. 그들은 요리집에 가서 기생을 불렀는데, 그 기생들 중에는 황육일의 첩이 있었다. 그녀는 황육일이 처형당하며 흘린 피를 넣어 만든 비스켓을 꺼냈고, 담영년이 그것을 '그'에게 먹어보라고 주었지만 '그'는 먹지 않았다. 두 사람을 지켜보던 황육일의 첩이 그들에게 "나는 기꺼이 내가 사랑하는 사람의 피를 먹겠다."고 말하며 천천히 비스켓을 먹는다.

소설 내용이 다소 그로테스크하게 느껴질지 모르겠는데, 이는 중국인의 저항정신에 대한 두려움이 무의식적으로 표현되고 있는 것이다. 소설의 앞 대목에서 '그'는 장강을 끼고 있던 대부분의 중국 도회지에 대해 환멸을 느끼고 있다고 심경을 토로한 바 있는데, 이는 중국의 근대적이고 도시적인 발전에 큰 매력을 느끼지 못하지만, 그 시회의 이면에 존재하는 저항정신에 대해서는 두려움과 경외심을 갖고 있는 아쿠타가와의 내면 표현이기도 한 것이다.

20세기 초 상하이는 전혀 다른 두 개의 공간으로 분리되어 있었다. 하

케, 앞의 책, 9쪽.

나는 구 상하이 현성縣城을 중심으로 700년의 역사를 가진 전통적인 공간이고, 다른 하나는 조계租界를 중심으로 하는 150년의 역사를 가진 근대적인 공간이다. 전자는 강남江南이라는 광대한 전통 문화를 배경으로 하고, 후자는 서구적 근대 문화를 배경으로 하고 있었는데, 이 두 개의 공간에 대한 구분이 적어도 다이쇼 시대 일본 문인의 상하이 인식에는 들어가 있었다. 하지만 동시대 한국 문인들의 인식에는 잘 드러나지 않는다. 그 점은 한국 문인과 일본 문인의 상하이 인식의 차이이다. 어쩌면 일본 문인들은 강남의 수향水鄕에 에도 시대에 대한 그리움을 투영하고 있었는지도 모른다. 아쿠타가와 역시 두 개의 상하이를 인식하고 있었지만, 그는 다니자키 준이치로처럼 수변 마을에서 환상을 쫓지 않았고, 중국적 현실을 직시하고 그것을 전달하려고 했다.

[필드워크 ❷]

쑤저우강에 걸린
멋진 다리 가든브리지

홍커우虹口 지역의 메인스트리트라 할 수 있는 베이쓰촨로北四川路는 옛날 이름, 그러니까 루쉰이 이 지역에 살던 시절에 사용되던 지명이다. 현재 행정구역 상 명칭으로는 쓰촨베이로四川北路라고 한다. 서구식 건물이 즐비한 와이탄外灘을 따라 북쪽으로 올라가면 가든브리지Garden Bridge·外白渡橋라는 다리가 나온다. 황푸강 서쪽 지역을 크게 남북으로 가르는 쑤저우강蘇州河에 걸려 있는 멋진 철교이다. 쑤저우강은 영국과 미국의 공동 조계와 일본인들이 많이 거주하던 홍커우의 두 지역을 나누는 경계가 되기도 했는데, 가든브리지는 양측을 각각 일본군과 영국군 병사가 총을 들고 지키던 곳이라 한다. 일종의 국경國境이었던 셈이다. 공동 조계 쪽에서 가든브리지를 건너기 직전, 예전 영국영사관이던 곳이 있다. 1872년에 지어진 이 건물은 와이탄에 존재하는 가장 오래된 건축이다. 넓은 부지에 영국식으로 잔디가 깔려있는, 너무나 멋진 분위기. 지금은 무슨 용도로 쓰이고 있는지를 경비에게 물으니 금융인 클럽이라고 한다. 부근에는 Rowing Club을 포함해 서양인들을 위한 시설들이 있었음을 알리는 표지가 남아 있다.

1856년 영국인에 의해 만들어졌다가 후에 청조淸朝에 의해 철교로 재

가든브리지는 훙커우와 공동 조계를 가르는 경계이기도 했다.

건된 이 다리는 오래 전부터 훙커우 지역과 공동 조계를 연결하는 관문의 역할을 해왔다. 중국 작가 마오뚠茅盾의 명작 『자야』子夜, 1930의 도입부에 이 다리가 묘사되어 있다.

해가 막 지평선 아래로 떨어졌다. 부드러운 바람이 살랑살랑 사람들의 얼굴에 간지럽게 스쳤다. 더러운 쑤저우강의 강물은 석양을 받아 황금빛과 초록빛을 띠면서 고요히 서쪽으로 흐르고 있었다. …… 가든브리지 철교의 높이 솟은 아치형 철구 조물은 저녁노을과 엷은 안개에 둘러싸여 어렴풋하게 자태를 드러내고 있었다. 전차가 지나가자 구조물 아래쪽에 가로걸린 전기줄에서 새파란 불꽃이 튀었다.

쑤저우강를 건너는 다섯 개의 다리 중 외관이 제일 아름답다고 하는 이 가든브리지外白渡橋를 건너면 당대 상하이의 유명한 유태인 부동산 재벌 삿슨이 1934년에 지었다는 브로드웨이맨션上海大廈이 있다. 규모가 엄청나서 건물 안으로 들어가 보니, 현재는 1, 2층 밖에는 영업을 하지 않는다고 한다. 거기서 바로 길을 건너면 러시아영사관이 있고, 그 뒤에는 예전 아스타하우스라 불리던 푸쟝판디엔浦江飯店이 있다. 대략 10여 년 전쯤 이 호텔에 투숙했던 적이 있는데, 시설은 낡았지만 객실은 무척 컸던 기억이 난다. 상하이 최초의 호텔이었다는 이곳에는 리차드호텔이라는 이름도 있는데, 아마도 설립자와 관련이 있는 듯했다. 푸쟝판디엔을 지나 황푸로黃浦路, 칭푸로青浦路라는 길을 걸어보았더니 그곳에서 바다는 보이지 않았다. 칭푸로 옆에는 오래전 삿슨의 아편 창고가 있었다고 하는데, 물론 지금은 흔적도 없다. 지도에 나와 있는 삿슨의 아편 창고 위치만 눈으로 확인해 두었다. 가든브리지와 연결되는 길은 창즈로長治路라 불리는 큰 길로, 예전에는 일본인 관련 시설이 많았다. 「라쇼몽」羅生門으로 유명한 일본 작가 아쿠다가와 류노스케芥川龍之介, 1892~1927가 상하이 방문 시 묵었다던 만세관萬歲館은 당대에는 큰 건물이었을 것 같은데, 지금은 일부만 남아 다른 용도로 사용되고 있었다. 루쉰이 말년에 주치의로 삼았던 스토 코오조오須藤五百三, 1876~1959라는 일본인 의사가 경영하던 병원도 이 부근에 있었던 것으로 지도에는 나온다. 루쉰 사망을 두고 한 때 '독살설'이 제기되기도 했고, 그 때 이 의사의 이름이 거론된 적도 있었다. 루쉰 사망 시점1936이 중일전쟁 발발 직전이었기 때문에 그런 설이 나왔을 것이라 추정되지만, 지금에 와서 그것을 제기하는 사람은 거의 없다. 스토의 병원은 흔적이 남아있지 않아 찾을 수가 없었다. 이 길로 쭉 걸어 올라가면 우송로吳淞路라는 큰 길과 만나게 된다.

　쑤저우강에 걸린 두 번째 다리는 자푸로교乍浦路橋로, 이 다리는 자푸로乍浦路라고 하는 좁은 길로 연결된다. 영화의 도시 상하이에 생겨난 중국 최초의 영화 전용극장 홍커우따시위엔虹口大戲院, 1908도 이 길 끝에 있었다. 쑤저우허의 세 번째 다리는 쓰촨로교四川路橋로 리바이뚜챠오裏白渡橋라는 이름도 있다. 가든브리지의 중국어명인 와이바이뚜챠오外白渡橋와는 '안'裏과 '밖'外으로 쌍을 이루는 작명이다. 이 다리는 쓰촨로四川路 다리라는 이름과 같이 쓰촨베이로四川北路와 바로 통한다. 다리를 건너면 상하이

쓰촨로교와 상하이 우정박물관

우정총국上海郵政總局, 1924의 멋진 건물이 시야에 들어온다. 그 맞은편에 마츠자카야松坂屋, 1939도 있었다. 마츠자카는 도쿄의 긴자銀座에 있는 백화점 이름이 아니었던가.

쓰촨베이로를 따라 올라가면 뉴아시아호텔新亞大酒店, 1934이라는 옛날 호텔이 나온다. 1937년부터 1945년까지 일본 헌병대 본부가 있던 자리를 지나서 쭉 북쪽으로 올라가면 하이닝로海寧路라는 동·서 방향의 길과 교차하게 되는데, 하이닝루 그리고 그보다 한 블록 위에 있는 우진로武進路 일대는 그 옛날 극장과 카페, 호텔, 그리고 일본인 관련 시설 등이 모여 있던 곳이다. 아폴로시어터1910, 상하이대희원上海大戲院, 1917, 빅토리아시어터1929, 승리전영원勝利電影院, 1930, 오사카 마이니치大阪每日신문사, 일본해군무관부, 육전대陸戰隊 조계부대 본부, 동화東和호텔, 대화大和호텔 등 지금은 사라진 무수한 장소의 흔적들이 지도 상에만 표시되어 있다.

03

님 웨일즈와 미국 젊은이들의 상하이

− 님 웨일즈의 『나의 중국 시절』

-

『아리랑』, Song of Ariran, 조선인 혁명가 김산의 불꽃같은 삶

상하이에 도착한 님 웨일즈의 눈에 비친 미국의 위상

상하이 최초의 서양식 호텔 애스터 하우스 Astor House

상하이에서 유일하게 아이스크림을 먹을 수 있던 초콜릿 가게, 에드가 스노우와의 만남

미국의 '친중파' 젊은이들

'중국의 하버드', 상하이의 세인트존스대학

냉전이 파괴해버린 그들의 꿈, 닉슨의 중국 방문과 다시 찾은 초콜릿 가게

『아리랑』, Song of Ariran, 조선인 혁명가 김산의 불꽃같은 삶

본명은 헬렌 포스터 스노우. 님 웨일즈는 과거 그녀의 남편 에드가 스노우가 붙여준 필명이었다. 그 이름은 그녀의 조상이 웨일즈 태생임을 뜻하는 것으로, 그녀는 이를 매우 자랑스럽게 생각했다고 한다. 그녀의 이름 옆에는 늘 떠오르는 책이 한 권 있다. "Song of Ariran"이라는 원제와 "조선인 혁명가 김산의 불꽃같은 삶"이라는 카피 문구가 따라다니던, 소위 386세대라면 대체로 기억할 만한 책 『아리랑』. 내가 최근에 구입한 새 판본의 판권을 보니, 1984년 초판 1쇄, 1991년 초판 26쇄, 1993년 개정 1판 8쇄, 2004년 개정 2판 24쇄, 2017년 개정 3판 25쇄…… 이미 80쇄가 넘었다. 그 뿐인가. 대한민국 정부는 2005년 김산에게 건국훈장을 추서하였고[1], 2005년 7월 KBS는 '나를 사로잡은 조선인 혁명가 김산'이라는 다큐멘터리를 방송하였으며, 2008년에는 대한민국정부 수립 60주년 기념식에 중국에 사는 그의 아들이 초청되었다.

1905년생인 김산은 독립운동가로서의 신산한 삶을 살다가 1938년 일본 스파이라는 누명을 쓰고 처형되었지만[2], 1941년 뉴욕에서 출판된 님 웨일즈의 『아리랑』은 1953년 일본에서 번역된 이래 한국에서도 1984년 번역본이 출간되었고, 2017년 이후까지도 승승장구하고 있다. 초판 출간 후 지금까지 생명이 이어져오고 있는 셈이니, 수명으로 따지면 80세에 가깝다고 해야 하는 것인가. 생물학적 인간으로서의 김산金山, 혹은 장지락張志樂은 33년의 비운의 삶을 살았지만, 그를 그린 책이 사람보다 훨씬 운이 좋았다고 해야 할 것이다.

---

[1] 김산의 아들 고영광이 아버지의 건국훈장 애국장을 받기 위해 한국을 방문했다.
[2] 김산은 1983년 1월, 중국공산당 중앙위원회 조직국을 통해 공식적으로 복권되어 명예가 회복되었다.

이제는 님 웨일즈의 이야기로 돌아가서 그녀의 책『나의 중국 시절』에 대해 말해보기로 한다.『나의 중국 시절』은 'Helen Foster Snow'라는 그녀의 본명으로 New York의 Morrow출판사에서 1984년에 출판되었고,『My China Years : A Memoir』가 정식 제목이다. 한국에서는『중국에 바친 나의 청춘』[3]이라는 제목으로 1994년 출판되었으나, 본고에서는 원 제목을 따라『나의 중국 시절』로 부르기로 한다.

상하이에 도착한 님 웨일즈의 눈에 비친 미국의 위상

님 웨일즈는 1931년 8월 상하이에 도착했다. 당시 미국은 대공황으로 인해 경제적으로 심각한 상태였고, 중국은 외국인이 적은 돈으로 귀족같이 생활할 수 있는 곳이었다. 그녀의 중국에 대한 사전 지식은 펄벅의『대지』와 E.T. 윌리엄즈가 쓴『중국의 어제와 오늘』을 읽어본 정도였고, 그녀 자신이 "외국 여행과 집필을 위해"라고 밝히고 있듯이 상하이를 방문하게 된 아주 특별한 목적은 없었던 것 같다. 하지만 애초에 1년 정도 있을 예정이던 중국에 그녀는 1940년 12월까지 머물게 된다.

님 웨일즈는 자신이 상하이에 가던 그 시절을 다음과 같이 회상했다.

우리는 세계의 다른 모든 나라들이 '금십자가에 처형되는' 상황에서도 모두들 왕자처럼 살고 있는 중국 전체의 약 7,000명에 달하는 미국인 가운데 3,808명에 달하는 상하이 거주 미국인 틈에 끼어들었다. …

---

3 한기찬 역, 도서출판 지리산 출간. 본고에서 기술한 님 웨일즈의 상하이 관련 기억들은 모두 이 번역본을 따른 것이다.

1932년 일본이 상하이의 중국인 지구를 공격하기 5개월 전의 그 무렵처럼, 외국인 소유의 상하이 번드가 번영을 누리는 일은 두 번 다시 없을 것이다.[4]

어린시절 작가가 되는 것이 꿈이라 했던 님 웨일즈는 소설보다 훨씬 더 흥미진진했던 1930년대의 상하이에 직접 가보게 된다. 그녀도 20대 초반의 꽃다운 나이였고, 상하이 역시 황금기를 구가하던 시절이었다. 상하이 번드bund[5]에 도착한 님 웨일즈의 눈에 제일 처음 들어온 것은 유니온 잭이었다. 영국 국기는 세력을 한껏 펼치고 있는데 반해 미국 국기와 일본 국기는 찌는 듯한 고요 속에 몸을 사리기라도 하듯 축 쳐져 있는 것처럼 보였다. 그녀는 공동 조계 내에서도 전반적으로 미국이 영국에 밀리는 듯한 분위기라고 느꼈다. 영국 총영사관은 넓은 정원이 딸린 훌륭한 건물에 번드에서도 아주 잘 보이는 위치에 있었던 데 반해, 미국 총영사관은 건물도 낡고 쓰러질 듯한 데다가 번드에서 안쪽으로 한 블록 들어와 있는 것을 보고 격분했다고 그녀는 글에 적고 있다.[6]

상하이에 미국 문화의 바람이 불어오기 시작한 것은 제1차 세계대전 무렵부터이다. 유럽전쟁의 와중에 영국과 프랑스가 중국을 신경 쓸 틈이 없게 되자 일본과 미국의 자본이 급격히 상하이에 진출한다. 특히 일본인은 개전 후인 1915년 조사에서 1만 1457명으로, 영국인의 숫자를 능가하며 공동 조계 외국인 중 최대 세력으로 부각된다. 당시 미국인은 1307명으로, 일본, 영국, 포르투갈에 이어 4위였다. 포르투갈인이 많은 것이 의외라 생각될 수도 있으나, 이는 포르투갈의 식민지 마카오에서 온 사람들

---

4 님 웨일즈, 한기찬 역, 『중국에 바친 나의 청춘』, 지리산, 1994, 23쪽.
5 번드(bund)는 '해안가 거리'라는 뜻으로 올드 상하이의 문맥에서는 와이탄(外灘)을 가리킨다.
6 님 웨일즈, 앞의 책, 23쪽, 30쪽.

이 많았던 데 기인한 것이다.

　미국의 중점적 목표 중 하나는 무역으로, 1919년에는 이전까지 상하이에서 무역 총액 수위를 차지하던 영국을 제치고 1위로 등극했다. 상하이에서 미국 제품의 수입 총액은 1928년 일본을 제치고 1위가 되었고, 이런 상황은 중일전쟁이 시작된 1937년까지 계속되었다. 미국이 1차 세계대전 후 공전의 번영을 맞이하게 되자 향수, 스타킹, 라디오, 자동차 등 미국에서 건너온 제품들은 풍요를 상징하는 것으로 사람들에게 인식되었다. 님 웨일즈는 1931년 8월 상하이에 처음 오던 날 번드에서의 세력 경쟁에 미국이 영국에 밀리는 듯한 인상을 받았다고 했지만, 실상은 그와 반대의 상황이 전개되고 있었던 것이다.

상하이 최초의 서양식 호텔
애스터 하우스 Astor House

　님 웨일즈는 애스터 하우스를 숙소로 정해놓고 있었는데, 값비싼 최신형의 캐세이 Cathay Hotel·和平飯店 北樓 호텔이 아니라 낡은 애스터 하우스 Astor House로 가는 것이 미국식 전통이었다고 회고했다. 1860년 영국인 리처드 애스터가 창립한 애스터 하우스는 상하이 최초의 서양식 호텔이었다. 당시에 중국어로는 창립자의 이름 리처드를 따서 리차판디엔 禮查飯店이라 불리던 애스터 하우스는 붉은 벽돌의 6층 건물로, 당시 상하이 굴지의 호텔이었다. 현재는 푸장판디엔 浦江飯店이라 불리는데, 필자도 오래전에 이 호텔에 묵은 적이 있다. 유명세에 비해 숙박료는 크게 비싸지 않았던 걸로 기억하는데, 건물의 큰 골격은 예전 그대로인 듯 천정이 매우 높았다. 방은 상당히 넓었는데, 동그란 발코니가 갖춰져 있어 예쁜 발코니에 서서 바깥 거리를 내려다볼 수도 있게 되어 있었다. 로비에는 과거

이 호텔에 투숙한 명사들의 사진이 액자에 걸려 있었는데, 아인슈타인과 찰리 채플린의 사진도 있었다.

상하이에서 유일하게
아이스크림을 먹을 수 있던 초콜릿 가게,
에드가 스노우와의 만남

님 웨일즈는 상하이에 오기 전 일자리를 찾기 위해 거물급 신문기자 밀라드와 파웰 앞으로 쓴 소개장을 준비했고, 일 문제를 상의하기 위해 미국 총영사관에 가서 그들의 부하 격인 에드가 스노우를 찾았다. 영사관의 부영사가 전화 연락을 취해 두 사람이 초콜릿 가게에서 만나도록 약속을 잡아주었다. 그러면서 부영사는 "그 초콜릿 가게는 상하이에서 아이스크림을 먹을 수 있는 유일한 장소"라는 말을 덧붙인다. 설리번 커피숍 沙利文咖啡館이 이 초콜렛 가게의 정식 명칭이었는데, 설리번Sullivan이라는 미국 선원이 1912년에 창립한 이곳은 대기업의 간부 직원이나 변호사, 의사 등이 많이 이용했다고 한다. 처음 이곳에서 만난 에드가 스노우와 님 웨일즈 두 사람은 나중에 결혼을 하게 된다. 님 웨일즈의 서술을 보도록 하자.

초콜릿 가게는 켈리 앤 월쉬 서점의 맞은 편, 난징로南京路 방향으로 돌출한 지점에 있다. 여기서 나는 아이스크림 소다를 바리케이드 삼아서 부패한 구세계에 저항하는 똑똑하고 순결한 미국 젊은이로서 자기 견해를 피력할 기회를 노리곤 했던 것이다. … 송칭링宋慶齡도 초콜릿 가게에서 약속을 하곤 했으며, 그곳을 좋아했다. 그곳은 중국을 통틀어 가장 미국적인 장소였다. 청결하고 위생적인 아이스크림을 한 스푼씩 뜰 때마다 고국에 대한 향수에 잠기곤 했다. 여기서는 외국인들이 안심하고 우유를 마실 수 있는 새롭고 유일한 장소이기도 했다.[7]

님 웨일즈의 이 글은 올드 상하이에 관한 당대 미국 청년의 시각을 보여주는 좋은 자료이다. 님 웨일즈는 "부패한 구세계"와 "똑똑하고 순결한 미국 젊은이"를 대립시키고 있는데, 좀 더 구체적으로 말하자면 반식민지 상태에 있던 당시 중국에서 지배 권력을 강화하려는 것이 '구세계'이고, 중국의 독립을 지지하는 입장에 있었던 것이 '젊은이'들이었다고 할 수 있다. 젊은이들은 구미의 제국주의 침략과 불평등 조약 등을 비판하는 입장에 있었고, 중국에서의 기득권을 고집하는 구세력에게 이들 젊은이들은 '친중파'親中派라 불렸다.

미국의 '친중파' 젊은이들

난징로의 초콜렛 가게에서 만난 님 웨일즈와 에드가 스노우는 가난하고 억눌린 자들에 대한 동정심과, 상황을 개선하기 위해 이루어야 할 일에 관한 공통된 관심을 갖고 있었다. 1932년 말에 그들은 결혼했고, 곧 베이징으로 이사해서 에드가 스노우는 언론에 관한 강의를 했으며 님 웨일즈는 영어 강연을 들으러 다녔다. 1935년 그들은 '내전을 종식하고 항일을 위해 단결할 것'을 요구한 이른바 '12.9학생운동'을 목격했고 최선을 다해 그 운동을 도왔다. 이러한 지원을 통해 그들이 쌓은 신뢰와 선의 덕분에 그들은 중국의 격앙된 상황을 훨씬 깊이 이해하게 되었다.

에드가 스노우는 1936년에 산시-간쑤-닝샤 지구로 비밀리에 초대되

---

7 님 웨일즈, 앞의 책, 76쪽.

어 마오쩌둥을 만났고, 그리하여 세계적으로 유명한 『중국의 붉은 별』을 쓸 수 있었다. 한편 님 웨일즈는 그 다음 해에 장애물을 뚫고 옌안延安으로 잠입했다. 이 시기에 두 사람은 늘 서로 연락하면서 각자 자신의 자료를 모았다. 님 웨일즈는 남편의 발자취를 따라간 것이 아니라 그녀 자신의 일을 하고 있었다. 두 사람은 각자 안전하게 베이징으로 돌아온 후에 다시 상하이로 왔다. 1938년 두 사람은 전쟁으로 고통 받는 사람들을 돕기 위한 협동조합 운동을 조직했고, 1939년에는 필리핀의 휴양도시 바기오에 와서 『아리랑』의 초고를 집필했다. 그 후 두 사람은 다시 상하이로 갔다가 1941년 미국으로 돌아갔다.[8]

상하이에 불어온 미국의 바람은 물질주의적 생활, 그리고 자유롭고 독립적인 사상이 표리일체를 이룬 것으로, 당시 상하이의 중국인들은 부유층에서 빈곤층에 이르기까지 정도의 차이는 있어도 모두 폭넓게 그 영향을 받았다. 중국인과의 접촉에 있어 적극적이었던 것은 기독교 교회였다. 1858년 티엔진天津조약으로 내륙에서의 선교가 가능해지자, 상하이는 각국 선교활동의 거점이 되었다. 1910년대가 되면 중국 각지에서 선교활동을 하는 프로테스탄트 선교사 중 2천5백 명이 미국인이었는데, 이는 전체의 약 절반에 해당하는 숫자였다. 또 중일전쟁 개전 직전인 1936년 상하이 조계에 거주하는 약 3천7백 명의 미국인 가운데 3분의 1이 선교사였다.

---

8 이상 님 웨일즈와 에드가 스노우의 중국 내 활동에 관해서는 님 웨일즈, 김산 지음, 송영인 옮김, 『아리랑』, 2017, 481~505쪽에 수록된 조지 토론의 해설 참고.

'중국의 하버드', 상하이의 세인트존스대학

미국은 상하이에 학교와 병원을 건설하는 등 문화사업 쪽으로 많은 투자를 하였고, 운영비용으로 매년 3백만 달러 이상을 지출했다. 영국인들이 경제적 이익만을 내세우고 현지 주민과의 접촉이 적었던데 반해 미국인은 교육을 통해 중국 근대화에 일정 부분 기여한 측면도 있다.

상하이 미션 계통의 고등교육 기관으로는 세인트존스대학 聖約翰大學이 가장 대표적이라 할 수 있는데, 이 대학을 통해 상하이 내 미국 문화 전파의 예를 살펴볼 수 있다. 린위탕 林語堂이 다녔던 것으로도 유명한 세인트존스대학은 1879년 성공회 선교사에 의해 설립되어, 당시 중국에서는 '중국의 하버드'라고 불리던 명문 대학이다. 당초에는 영어교육을 중심으로 하는 지방의 '서원' 書院이었으나, 1905년에는 미국 워싱턴에 정식으로 등기登記 절차를 거친 이 대학은 문학, 이학理學, 공학, 의학, 신학의 여러 학부와 대학원, 부속 중·고교까지 갖추었으며, 졸업 후에는 미국의 대학원에서 유학하는 것도 가능했다.

학교는 공동 조계 서쪽 외곽에 넓은 캠퍼스와 기숙사를 갖추고 있었으며, 1930년대 중반 기준으로 1년 학비는 3백 위엔으로, 이는 당시 중국 국내에서는 최고 수준이었다. 수업이 거의 영어로 진행되었기 때문에 외국 기업 취직을 희망하는 부유층 자제들에게 인기가 있었다. 신해혁명 후에는 중국 사회와의 관계를 중시해서 중국어와 중국문학 관련 수업도 진행되었지만, 학내에서는 서양적 분위기가 각별했다고 한다. 교회에서 만든 학교이다 보니 크리스마스를 성대하게 거행한 것은 말할 나위 없겠지만, 만우절 April Fool's Day 같은 때에도 각자 기발한 이야기를 준비해 와서 들려주고 박장대소하는 전통도 있었다. 학업 이외의 과외활동으로는 연극, 토론, 소설 창작 등의 경연대회가 있었고, 문학, 미술, 음악, 사진 등의 클럽활동도 왕성했다. 또 마라톤, 축구, 테니스, 야구, 농구, 핸드볼,

럭비, 권투, 승마 등의 스포츠도 장려되었다.

세인트존스대학은 재학생 수가 가장 많았던 1920년대 후반에도 4백 명 정원의 작은 규모였고, 배출한 인재는 통틀어 약 6천5백 명 가량 된다. 유명 인사로는 국민당 정권에서 재정부장을 지낸 송쯔원宋子文과 영어 저술로 세계적 명성을 얻은 작가 린위탕林語堂, 그리고 중화인민공화국에서 부주석을 지낸바 있는 롱이런榮毅仁 등이 있다.[9]

세인트존스가 미국 대학으로 등록한 1905년 중국에서는 과거제가 폐지되었고, 이후로 미션 계통의 학교는 더욱 인기를 누리게 된다. 미국은 중국의 교육 사업에 적극적이었다. 의화단사건의 배상금으로 1911년에 세워진 칭화학교清華學校 같은 경우가 대표적인데, 이러한 학교들을 통해 기독교를 이해하고 영어를 할 줄 아는 새로운 타입의 중국인이 생겨나게 된 것이다. 1929년 상하이의 아메리칸 클럽은 중국인에 대해서도 문호를 개방하였다.

님 웨일즈와 에드가 스노우 같은 젊은 세대는 내셔널리즘운동이 일어나고 있는 중국에 공감하고, 공통의 가치관을 가진 중국인들과 연대하고자 했다. 중국공산당의 지도자들이 세계적으로 거의 알려지지 않았던 시절, 공산주의자도 아닌 그들이 중국공산당 지역에 가서 취재를 할 수 있었던 것은 양자 간에 해방과 자유라고 하는 공통의 언어가 있었기 때문이다.

---

[9] 이상 세인트존스대학에 관한 내용은 榎本泰子,『上海』, 中央公論新社, 2009, 109~111쪽 참고.

냉전이 파괴해버린 그들의 꿈,
닉슨의 중국 방문과 다시 찾은 초콜릿 가게

제2차 세계대전에서 패한 일본이 중국에서 물러가고 국공내전이 시작되었을 때, 미국 정부가 국민당 지지를 결정한다. 1948년 미국 의회에서 대외원조법Foreign Assistance Act이 통과되었고, 미국은 국민당의 공산당 토벌에 거액의 경비를 제공하게 된다. 하지만 국민당은 전쟁에서 패하였고, 1949년 마오쩌둥이 중화인민공화국 건국을 선언하면서 미국에서는 중국을 잃어버린 원인에 대해 희생양을 찾으려는 움직임이 확산되었다. 이것이 부분적으로는 매카시즘으로 나타났다.

전후 동아시아 국제 질서의 기본 틀을 세운 것은 1951년의 샌프란시스코 평화조약이다. 이 조약의 의미는 대략 다음 두 가지로 정리된다. 그 중 하나는 전후 미국 중심의 자유주의적 국제질서가 동아시아에 자리 잡았다는 점인데, 이 조약을 통해 각국의 영토가 확정되고 주권이 보장된 것을 말한다. 다른 하나는 미국 중심의 자유주의적 경제 질서와 정치 체제가 구축되었다는 것이다. 구체적으로는 달러를 기축통화로 삼는 브레튼우즈 체제와 관세무역일반협정GATT을 적용하는 경제가 확립되고, 미일동맹을 주축으로 하는 동맹 체제가 국가 간 질서로 자리 잡은 것을 말한다.

샌프란시스코 조약이 맺어진 1951년은 6.25전쟁의 와중이어서 한반도의 대표자들은 초청되지 못했고, 중국은 배제되었다. 한반도에서는 한국전쟁을 거치면서 분단체제가 만들어졌고, 중국은 자유주의적 세계 질서로부터 배제된 채 냉전 체제를 구축했다. 2차 세계대전 종결 시 발표된 포츠담선언은 일본을 무장해제하고 일본이 강탈한 중국의 영토를 중국에게 돌려주며, 중국을 전승국으로 대접하는 것을 골자로 하고 있었다. 하지만 샌프란시스코 조약은 포츠담선언과는 거리가 멀었다. 일본이 주역

이 되고 중국은 철저하게 배제된 것이다.

음울한 분위기 속에서 당시 미국 사회 내의 좌익 인사와 리버럴리스트들은 냉전의 희생양이 되기 시작했고, 에드가 스노우와 님 웨일즈도 시련을 겪게 된다. 1949년 스노우는 님 웨일즈와 이혼하고 여배우 로이스 힐러와 결혼했다. 그 후 스노우가 특파원 시절 중국공산당으로부터 후한 대접을 받은 사실이 알려졌고, 1950년대 초반부터 미국에서 매카시즘의 광풍이 시작되자 스노우는 중국공산당과의 관계에 대해 FBI로부터 소환 조사를 받기도 했다. 그 후 스노우는 공산중국에 대한 책을 출판했지만, 반공주의적 분위기 하에서 그의 책에 관심을 갖는 사람은 별로 없었고, 1959년 그는 재혼한 부인과 함께 스위스로 이주한다.

그 후 스위스에 정착한 에드가 스노우는 1960년과 1964년, 그리고 1970년에 다시 중국을 방문해 마오쩌둥, 저우언라이 등 고위급 정치인을 비롯한 많은 사람들을 인터뷰하고 그것을 출판했지만, 중국의 상황을 미화했다는 비판 속에 미국사회에서 더욱 소외되어 갔다. 1970년대 초, 닉슨 대통령이 중국과의 관계 개선을 모색하며 중국 방문을 준비하고 있던 시점, '친중親中 인사임에도 미국 정부로부터 외면당한 에드가 스노우는 미국과 중국의 화해가 시작되는 역사적 장면을 직접 보지 못한 채 1972년 2월 15일 세상을 떠났다. 닉슨이 중국을 방문하기 6일 전이었다.

샌프란시스코 체제는 1960년대 말부터 동요되기 시작했다. 베트남전쟁으로 인한 재정 적자로 달러 발행이 늘어나자 달러의 신뢰성이 급락했고, 1971년 금-달러 태환제가 폐지되면서 미국이 만든 브레튼우즈 체제가 종결되었다. 1972년 미국의 안보담당 보좌관 키신저와 중국 국무원 총리 저우언라이가 만나 키신저 협약을 체결하게 되는데, 이는 전 지구를 단일 시장으로 묶어 미국 금융자본의 이익률을 제고시키고자 하는 미국의 경제적 세계전략인 동시에, 중국을 세계시장으로 끌어들이는 전략의 시작이었다. 이를 키신저 시스템이라고도 하는데, 미국으로서는 경제위기 극복의 보완재가 되었고, 중국으로서는 자립경제의 위기를 헤쳐나갈 출구가 되었으며, 일본과 한국에게는 거대한 중국 시장과 저렴한 노동력을 얻을 수 있는 기회가 되기도 했다.[10]

1972년 2월 21일 닉슨의 중국 방문으로 미·중 두 나라 간의 적대적 분위기가 점차 해소되자, 님 웨일즈는 1972년 말 중국을 방문하게 된다. 방문 당시를 언급한 내용이 『나의 중국 시절』에 짤막하게 남아있다.

> 1973년에 나는 그 초콜릿 가게를 찾아가 보았다. 1949년 해방 이후 난징로는 확장됐는데, 이 미국 문화의 전초기지는 다른 많은 미국 문화와 마찬가지로 망각의 피안으로 사라져버리고 말았다.[11]

님 웨일즈와 에드가 스노우. 미국의 젊은 신세대들은 왜 중국혁명에 공감했을까? 냉전이 파괴해버린 그들의 자유, 그들의 꿈. 30년대는 올드 상하이의 경기가 최고로 좋았을 때이다. 아이스크림의 추억과 함께 미국 젊은이들의 꿈도 사라져가고, 국가적 장벽을 넘어 교류하던 그 시절 난징로의 '햇빛 찬란한 날들'도 이제는 지난 과거사가 되었다. 그 사이 파란만장과 상전벽해의 시간 터널을 거친 후, 21세기의 이른바 'G2 시대'를 맞아 미국과 중국이 건곤일척의 승부를 벌이고 있는 지금, 옛날 상하이의 그 미국 젊은이들이 생각난다.

---

10 이상 샌프란시스코 체제와 키신저 체제에 관한 내용은 김희교, 『짱깨주의의 탄생』, 보리, 2022, 41~53쪽에서 정리함.
11 님 웨일즈, 앞의 책, 76쪽.

04

상하이의 재즈 뮤지션, 역사문제와 아버지 이야기

－무라카미 하루키의 「토니 타키타니」

●

「토니 타키타니」 — 상하이에서 돌아온 아버지

다큐멘터리 <As Time Goes by in Shanghai>와 재즈 메카 시절의 상하이 이야기

「고양이를 버리다」 — 하루키 부친과 참전 이야기

하루키 문학에 있어 '태평양전쟁'의 문제

『기사단장 죽이기』에 난징대학살을 삽입

도쿄의 무라카미 하루키 라이브러리에서 들은 이야기

「토니 타키타니」─상하이에서 돌아온 아버지

무라카미 하루키村上春樹에게는 「토니 타키타니」라는 기묘한 제목의 소설이 있다. 2004년 이치카와 준市川準 감독에 의해 영화화되기도 한 이 작품은 하루키 작품을 특별히 좋아하는 이른바 '매니아'들 사이에서는 이미 너무나 유명한 작품이다. 영화에서는 미야자와 리에가 1인 2역을 소화했고 잇세이 오가타가 주인공 토니 타키타니 역을 맡았는데, 이 잇세이 오가타라는 배우는 타이완 에드워드 양 감독의 〈하나 그리고 둘〉에서 주인공 NJ의 일본인 친구 역을 맡았던 그 사람이다.

명품 브랜드의 옷과 구두를 너무나 좋아하던 아름다운 아내가 갑작스레 교통사고로 사망하자, 아내를 잊을 수 없었던 토니 타키타니는 아내가 남기고 간 옷을 입고 집안일을 도와줄 여성을 찾는 구인광고를 낸다.

> 옷 사이즈 7, 신장 161cm 전후, 신발 사이즈 22인 여성 구함. 급료 높음. 그가 제시한 급여는 가히 파격적이라 해도 좋을 정도여서, 열세 명이나 되는 여성들이 미나미 아오야마에 있는 그의 작업실에 면접을 받으러 모여들었다.[1]

최종적으로 한 명이 선발되었고, 그녀에게 토니는 근무 조건을 말해준 후 옷방으로 데려간다. 몇 백 벌이나 되는 값비싸고 아름다운 옷이 즐비하게 진열된 모습을 보자, 여자는 까닭 없이 눈물을 흘리고 만다. 그녀가 돌아간 후 아내가 남긴 수많은 옷들을 바라보던 토니는 그 옷들이 한때는 아내의 따뜻한 숨결을 받으며 아내와 함께 움직이던 그림자였지만 이제는 생명의 뿌리를 상실한 채 말라비틀어져 가는 볼품없는 그림자에 지나

---

1 무라카미 하루키, 임홍빈 역, 『렉싱턴의 유령』, 문학사상사, 2006, 150쪽.

지 않는다는 생각이 들자 여자의 집에 전화해서 계약을 파기해버리고 만다. 그리고 토니는 중고 의복상을 불러 아내가 남기고 간 옷가지를 모두 처분했다. 그 후로 시간이 흘러 아내에 대한 기억조차 점점 희미해져 갔지만, 토니는 때때로 언젠가 방안에서 눈물 흘리던 그 낯선 여자를 떠올렸다.

기억의 내용은 잊혀져도 기억의 존재는 분명했다고 하는 이야기인데, 이창동 감독 영화 〈버닝〉 2018의 원작 소설 「헛간을 태우다」나 하루키의 또 다른 단편 「코끼리의 소멸」 같은 작품에서도 유사한 모티브가 이어진 바 있다. 「토니 타키타니」라는 이 작품을 처음 읽었을 당시 나의 관심사는 왜 토니의 아버지가 상하이에서 돌아온 것으로 설정되어 있는가 하는데 있었다. 작품의 앞부분을 보기로 하자.

> 그는 악기 하나만 달랑 들고 중국으로 건너갔다. 그 당시 나가사키에서 배를 타면 상하이까지 하루면 갈 수 있었다. …… 무엇보다도 당시 '상하이'라는 도시가 떠올리게 하는 기교적인 화려함이 그의 성격과 딱 맞는 것 같았다. 양쯔강을 거슬러 올라가는 배의 갑판 위에서, 아침 햇살에 빛나는 상하이의 화려한 거리를 본 순간부터, 타키타니 세이사부로는 그 거리에 매료되어 버렸다. 그 빛은 엄청나게 밝고 희망찬 무엇인가를 약속하고 있는 듯이 보였다. 그때 그의 나이 스물한 살이었다. 그런 여러 가지 사정으로 그는 중일전쟁부터 진주만 공습, 그리고 원자폭탄 투하에 이르는 전쟁과 격동의 시대를, 상하이 나이트클럽에서, 유유히 트롬본을 불며 보냈던 것이다.[2]

주로 기선을 타고 상하이로 들어가던 시절, 외국 여행객의 눈에 처음

---

[2] 무라카미 하루키, 앞의 책, 124쪽.

들어오는 모습은 황푸강에서 바라본 상하이 번드bund의 화려한 외관이었을 것이다. 이광수의 상하이 방문기를 위시한 많은 글들에서도 번드의 고풍스런 서양 건축물들이 전해주는 비주얼적 충격이 소개된 바 있다. 번드의 압도적 비주얼은 상하이의 도시기억에 있어 하나의 원형을 형성하고 있었던 듯하다. 다른 기행문들에도 상하이 번드의 모습이 묘사 되었지만, 소설적 수식이 가해진 것이 기행문의 솔직한 묘사에 비해 오히려 핍진하다. 예술적 가공加工의 힘을 새삼 느끼게 되는 것이다.

다큐멘터리 〈As Time Goes by in Shanghai〉와 재즈 메카 시절의 상하이 이야기

독일 울리 가울케Uli Gaulke 감독의 〈As Time Goes by in Shanghai〉2013라는 다큐멘터리가 있다. 이 영화는 그 옛날 삿슨하우스라 불리던 상하이 화평반점和平飯店·Fairmont Peace Hotel 재즈바에서 30년째 공연을 이어가고 있는 재즈밴드의 이야기를 담고 있다. 이 올드 재즈밴드는 70~80대의 고령 뮤지션들로 구성되어 있는데, 영화는 이들이 네덜란드 로테르담에서 열리는 북해 재즈 페스티벌North Ocean Jazz Festival에 참가하는 과정을 그리고 있다. 유명한 재즈곡들을 배경으로, 이 영화는 일곱 뮤지션들의 인생 이야기도 담고 있는데, 일제 강점기, 중화인민공화국 건국, 문화대혁명, 개혁개방 등으로 이어지는 격변의 세월 속 대중음악가의 파란만장한 스토리가 다양하게 펼쳐진다. 이 영화는 〈상하이 재즈 1세대〉라는 제목으로 2014년 제10회 제천국제음악영화제에 출품되기도 했다.

20세기 전반 일본의 대중음악인들에게 있어 상하이는 동아시아의 여러 지역들 중에서도 손 꼽히는 선망의 장소였다. 서양의 대중음악 특히 그 중에서도 본고장 재즈를 직접 감상할 수 있는 곳이었던 것이었기 때문이다. 우에다 겐이치上田賢一는 「핫토리 료이치服部良一의 상하이上海」라는 글에서 20세기 전반 일본인들의 상하이에 대한 음악적 선망을 매우 상세하게 기술한 바 있다. 그 내용을 일부 요약하면 다음과 같다.

일본인이 처음으로 재즈를 접한 것은 1912년 무렵으로, 동양음악학교 졸업생인 하타노 후쿠타로波多野福太郎 등 5명의 젊은이가 샌프란시스코San Francisco에 가서 재즈를 만난 것이 처음이라고 한다. 사람들의 이동移動을 통해 재즈는 다이쇼大正 시기 일본에 상륙하게 되었고, 댄스홀, 카페, 호텔, 활동사진관 등을 통해 점차 시중에 퍼져갔다. 연주자들은 미국에서 유입된 중고악기를 사용하면서 이 새로운 음악을 습득하려고 노력했지만 미국은 너무 멀었고, 북미항로 선상 밴드의 연주 경험자를 통해 학습할 기회 또한 턱없이 부족할 뿐이었다. 일본 음악가들에게는 본 고장 재즈를 실제로 보고 듣고 싶다는 욕구가 높아졌고, 그 때 떠오른 것이 중국의 국제도시 상하이였다.

최초로 상하이에 건너간 일본 뮤지션은 사이토 히로요시齊藤廣義였다고 한다. 그는 1921년 18세의 나이로 혈혈단신 상하이에 건너가 따마로大馬路, 현재의 南京路 경마장 부근 올림픽극장의 혼성 밴드에 들어갔고, 그 후 상하이 최고의 실력자로 통하던 프랑스인 악사에게 트럼펫을 배운 뒤 4년 만에 귀국하여 오사카大阪의 쇼치쿠자松竹座 관현악단에 들어간다. 그 후로 상하이는 "동양 재즈의 메카"로 정착하게 되며, 상하이에서 돌아온 밴드맨은 어떤 댄스홀이나 극장에서도 높은 급료로 채용되었다고 한다.

핫토리 료이치服部良一 역시 밴드의 농료들로부터 듣고 상하이에 한 번 가보고 싶다고 생각하고 있었지만 기회가 쉽게 오진 않았다. 그러던 중 1938년 우연히 중지中支, 華中 지역을 칭함 예능위문단에 지원했고, 어렵사리 합류하게 된다.[3] 작품 속 토니의 부친 다키타니 세이사부로가 상하이에

---

3 핫토리 료이치가 건너간 상하이는 일본군의 폭격이 가해져 거리에는 깨진 기와와 벽돌

건너간 것이 1937년이니, 시간적으로 거의 겹친다. 핫토리**服部**가 상하이에 건너간 그 해부터 일본 가요계에는 중국 붐, 내지 상하이 붐이 일게 된다.[4] 그 배경에는 1937년 일본군의 중국 침략이 있었지만, 어찌되었든 많은 일본인의 관심은 중국을 향해 있었다.

「고양이를 버리다」—하루키 부친과 참전 이야기

'상하이에서 돌아온 아버지'라는 모티브는 토니의 아버지가 음악을 연주하는 사람이었고, 1930년대 상하이는 일본 음악인들의 로망이었으며, 상하이에서 돌아온 뮤지션들이 일본에서 대접받으며 승승장구 할 수 있었다고 하는 일본적 컨텍스트에 잘 들어맞는다. 이야기 전개에 있어 매우 적절한 설정이다. '상하이에서 돌아온 아버지'가 의미를 갖는 또 하나의 지점은 작가 무라카미 하루키의 실제 부친과 관련된 부분이다.

나는 지난 2019년 하반기에 대학 연구년의 시간을 일본 히토츠바시 대

이 산더미처럼 쌓여있었고, 밤에는 깜깜했다. 다만 서양인 거주 지역인 공동 조계, 프랑스 조계만은 예외여서 밤마다 불야성을 이루었다. 난징로(南京路)에는 지금까지 보지 못했던 판타스틱한 빛이 흘러넘쳤고 댄스홀은 어느 곳이든 만원(滿員)이었다. 엘링턴(Ellington)의 곡에 있을 법한 리듬. 그것이 상하이에 있었다. 거리 전체가 리듬을 타 움직이는 것 같은 느낌이 강하게 느껴졌다. 핫토리(服部)는 이런 느낌을 가질 수 있는 것만으로도 상하이에 온 보람이 있었다고 생각했고, 그 때 처음으로 재즈를 이해할 수 있을 것 같은 느낌이 들었다고 했다. 이상의 내용은 우에다 겐이치(上田賢一), 「핫토리 료이치(服部良一)의 상하이(上海)」에 의함.

4 1938년~1939년 당시 일본에서 발매된 레코드 타이틀을 보면, 「지나의 밤(支那の夜)」, 「가든브릿지의 달(ガーデンブリッジの月)」, 「상하이의 길목에서(上海の街角で)」, 「상하이 초특급(上海超特急)」, 「안개 낀 쓰마루(霧の四馬路)」, 「상하이 블루스(上海ブルース)」, 「상하이의 꽃 파는 아가씨(上海の花売娘)」, 「그대여 언제 오시나요(何日君再来)」 등 중국, 상하이와 관련된 제목이 상당히 많다. 이상의 내용은 우에다 겐이치(上田賢一), 「핫토리 료이치(服部良一)의 상하이(上海)」, 『아시아 遊學 - 특집 상하이 모던』, 勉誠出版, 2004, 145~152쪽.

학에서 보냈다. 3개월간의 방문연구 기간 동안 이러저러한 좋은 추억들이 있었지만, 특히 나츠메 소세키나 무라카미 하루키 등 일본 작가의 소설을 일본 현지에서 읽는 즐거운 경험과 함께 작품에 나오는 도쿄 주변 지역들을 직접 가볼 수 있었던 것이다. 귀국 며칠 전, 나는 히토츠바시 대학 도서관의 정기간행물실에서 우연히 『중앙공론』이라는 잡지에 실린 하루키의 자전적 에세이 한 편을 발견했다. 「고양이를 버리다」[5]라는 제목의 글이었는데, 이 글에서 하루키는 작고한 자기 부친의 이야기를 하고 있었다.

부친에 대한 하루키의 기억은 일본의 과거사 문제와 연결되어 있다. '과거사' 문제에 관한 하루키의 모처럼 만의 답변을 접하게 되었다는 생각에 나는 그 글 속으로 빠져들어갔다.

하루키는 2009년 예루살렘상 수상 연설 「벽과 알」에서도 부친에 대해 언급한 바 있다. 대학원 재학 중 징병되어 중국 대륙의 전장에 투입된 바 있는 하루키의 부친은 평소 매일 아침 불단佛壇 앞에서 기도를 올렸다. 한 번은 하루키가 부친께 무엇을 위해 기도하느냐고 물어본 적이 있다. 부친은 "전장에서 죽어간 사람들을 위해 기도한다."고 답했다. 아군이든 적군이든 그곳에서 목숨을 잃은 모두를 위해 기도한다는 것이었다.

하루키 문학에 있어 '태평양전쟁'의 문제

하루키는 장편소설 『해변의 카프카』2003를 발표한 이후, 역사관에 대한 비판에 직면한 바 있다. 고모리 요이치가 쓴 『무라카미 하루키론 —해변의 카프카를 정독하다』2006가 대표적인데, 고모리는 '치유'Healing라는

---

[5] 『중앙공론』 2019년 6월호.

단어가 일본 대중문화에서 하나의 키워드가 되어갔고, 이 작품은 '치유' 소설로서의 마케팅 전략에 의한 것이지만, 이 작품에서 '치유하고자 했던 것은 무엇인가'라는 문제를 제기했다. 고모리는 "국가가 수행했던 침략전쟁 하에 이루어진 조직적 '강간'의 기억을 잠시 동안 상기하고, 다음 순간 어쩔 수 없는 일이라고 기억에서 지워버리는 『해변의 카프카』의 소설 텍스트 운동은 '종군 위안부' 문제를 없었던 것으로 하고 싶어하는 사람들에게 '치유'의 기능을 하고 있는 것"이라고 말한 바 있다.

하루키가 『해변의 카프카』에서 표현해 낸 '치유'는 '아군이든 적군이든 그곳에서 목숨을 잃은 모두를 위해' 정도의 폭넓은 의미로 해석되어야 할 것 같은데, 이를 일본 우파에 대한 면죄부로만 범위를 국한해서 보고 있는 것은 다소 과도한 해석이 아닐까 싶지만, 2007년 고모리의 이 평론서가 한국에 번역된 뒤에는 이에 동조하는 의견도 많았다. 지금 와서 보면 당시 한국 평론가들의 하루키 비판에는 이미 한국문단을 점령해버린 일본 소설에 대한 견제의 측면도 있었던 것이 아닌가 하는 생각이 든다. 문학평론가 가토 노리히로에 의하면, 하루키는 문학적 성취에도 불구하고 2000년대 이전까지는 일본 문단 내에서 소수파에 머물렀고, 일본에서는 오히려 해외에서의 인기 덕분에 그를 부정하고 경시하는 풍조가 모습을 감추게 된다.[6]

「고양이를 버리다」에는 하루키 부친의 참전參戰이 좀 더 구체적으로 기술되어 있다. 부친은 하루키에게 어린시절 전쟁 이야기를 들려준 적이 있었고, 하루키는 그의 부친이 속한 부대가 1937년 난징대학살에 참가했던 것이 아닐까 하는 의심을 오랜 시간 갖고 있었지만, 차마 그것을 조사해 보지는 못했다고 말한다. 또 관련한 이야기는 묻지도 못하고 듣지도 못한 채 2008년 하루키의 부친은 90세로 세상을 떠났다. 나중에 하루키가

---

6 가토 노리히로, 『무라카미 하루키는 어렵다』, 책담, 2017, 9쪽.

조사한 바에 의하면 그의 부친이 입대한 것은 1938년 8월이고, 난징대학살이 일어난 것은 1937년 12월이어서 실제로 시차가 존재했다. 하루키는 그제서야 자기 마음을 누르고 있던 무언가가 풀리는 느낌이 들었다고 적고 있다.

『기사단장 죽이기』에 난징대학살을 삽입

2017년 무라카미 하루키는 『기사단장 죽이기』라는 장편소설을 발표한다. '기사단장 죽이기'는 30대 중반의 초상화가 '나'가 친구의 아버지이자 저명한 일본 화가인 아마다 도모히코가 살던 산속 아틀리에 천장에서 발견한 그림의 제목이다. 모차르트 오페라 '돈 조반니'의 등장인물을 일본 아스카 시대로 옮겨놓은 듯한 그 한 폭의 그림은 '나'를 둘러싼 주위 상황을 완전히 뒤바꿔 버리게 된다. 골짜기 맞은편의 호화로운 저택에 사는 백발의 신사 멘시키 와타루가 거액을 제시하며 초상화를 의뢰하는데, '나'와 멘시키는 대화 도중 난징대학살에 대한 이야기를 하게 된다.

> 그렇습니다. 이른바 난징학살사건입니다. 일본군이 격렬한 전투 끝에 난징 시내를 점령하고 대량 살인을 자행했습니다. … 정확히 몇 명이 희생되었는지 세부적인 수치는 역사학자들 사이에도 이론이 있지만, 어쨌든 엄청난 수의 시민이 전투에 휘말려 목숨을 잃었다는 것은 지울 수 없는 사실입니다. 중국인 사망자 수가 사십만 명이라는 설도 있고, 십만 명이라는 설도 있지요. 하지만 사십만 명과 십만 명의 차이는 과연 무엇이라 할 수 있을까요?[7]

---

[7] 무라카미 하루키, 『기사단장 죽이기』(2), 문학동네, 2017, 88쪽.

위 대사는 두 사람이 처음 만나 서로를 알아가며 주고받은 대화 중 일부분으로, 플롯 전개에 있어 중요한 의미를 지니지 못한다. 이 소설에서 역사 문제가 중심에 있지 않은 만큼, 난징대학살의 문제도 그것이 소설의 전개에 있어 어떤 의미를 갖는 것이 아니라, 그 사건을 언급한 것 자체에 의미가 있다고 보아야 할 것이다. 하루키의 작품 중 『바람의 노래를 들어라』에서 '나'와 '쥐'가 지겹도록 맥주를 마시는 술집 제이스바J's Bar를 운영하는 제이(J)가 중국인으로 설정되어 있고, 「중국행 슬로보트」라는 단편에는 주인공이 살면서 만난 세 명의 중국인 이야기를 하고 있지만, 그의 작품 속 중국인은 문화적, 역사적 아이덴티티를 갖는 중국인이 아니라 그냥 일본에서 살고 있는 이방인이다. 주인공은 화교로 살아가는 그들에게 약간의 연민의 정은 갖고 있지만, 중국에 대해 특별한 생각을 갖고 있지는 않다. 이는 역사와 '거리두기'를 하고 있는 하루키의 독특한 스타일이기도 하다.

『기사단장 죽이기』에 난징대학살 이야기가 삽입되어 있는 것은 하루키의 역사에 대한 '거리두기'로부터 '역사적 맥락으로의 진입'을 의미하는데, 이는 그간 하루키가 부친에 대한 부담감으로부터 다소나마 해방되었기 때문이 아니었을까. 「토니 타키타니」와 「고양이를 버리다」를 같이 놓고 보자면, 하루키는 1938년 제16연대 특무 이등병으로 10월 3일 우치다항宇品港을 떠나 6일 상하이에 상륙한 부친의 상황을 트롬본 하나 달랑 들고 배에 올라 나가사키에서 상하이로 들어간 타키타니 세이사부로의 모습으로 바꿔놓은 것이다. 『기사단장 죽이기』나 「고양이를 버리다」에서의 난징대학살에 대한 언급은 그간 하루키에 대해 던져진 역사적 질문에 대한 답변이고 그간의 경과에 대한 해명이라 해야 할 것이다. 「고양이를 버리다」에는 부친의 임종과 관련된 내용도 있는데, 『1Q84』에서 덴고가 부친의 임종을 지키고자 지쿠라千倉라는 작은 마을에 가는 모습이 오버랩 되었다.

다시 하루키의 단편 「토니 타키타니」로 돌아가 보자. 아내가 죽은 지 2

년 만에 토니의 아버지도 죽었고, 이번에는 그가 살아생전 엄청나게 모은 재즈 레코드판이 유품으로 안겨졌다. 중고 레코드상을 불러 레코드 더미를 완전히 정리해 버리고 나자, 토니 타키타니는 이번에야 말로 진짜 외톨이가 되었다. 아들 토니 타키타니와 아버지 타키타니 세이사부로는 전후戰後와 전전戰前의 고독한 일본적 자아를 각기 표현하고 있다. 토니 타키타니라는 기묘한 이름의 토니Tony는 세이사부로省三郎가 친하게 지내던 미군 소령에게서 따온 것이다. 아메리카America가 내면화內面化된 전후 세대는 전전 세대와의 사이에 희미한 연계만을 갖고 있을 뿐이다. 하루키는 전업 작가가 된 후로 그의 부친과 점점 멀어져간 것을 부친 사후에 후회했다. 소설 속에서 토니가 결혼 후 아내와 함께 긴자의 클럽에 부친의 연주를 들으러 간 것이 단 한번 뿐으로 되어 있다. 하루키는 현재 가장 유명한 일본 작가가 되었지만, 부친은 그의 소설을 거의 읽지 않았다고 한다.

도쿄의 무라카미 하루키 라이브러리에서 들은 이야기

2022년 12월 나는 코로나 이후의 첫 해외여행으로 일본 도쿄를 방문했다. 2021년 개관했다는 와세다대학 캠퍼스 내의 무라카미 하루키 라이브러리를 가보았다. 모던하고 세련된 건물 외관에 1,2층을 꽉 채운 장서와 LP음반 등은 엄청난 문화적 매력을 뿜어내고 있었다. 아치형의 '계단 책장'이 매우 독특했고, 곳곳에 하루키가 그린 삽화를 활용한 소품이 눈에 띄었다. 2층에는 본격적으로 그의 작품들이 전시되어 있었는데, 들어가는 입구가 매우 독특했다. 특별히 제작한 투명 커튼을 입구에 걸어두고 있었는데, 슈퍼 오간지Super Organdie라는 이 섬유는 극도로 가벼운 특수소재로, 그야말로 입구의 존재감만을 느끼도록 하는 장치였는데, 하루키

문학에 가끔씩 등장하는 '입구'를 표현한 것으로 이해되었다. 그의 작품은 80여 개 언어로 번역되었다고 하는데, 작품별로 다양한 번역본들의 표지 디자인을 비교해보는 것이 매우 흥미로웠다. 1층에는 커피와 간단한 식사, 그리고 조각 케익이나 쿠키 등을 판매하는 카페가 운영되고 있었다. 이곳 라이브러리의 연구원으로 근무하고 있는 K씨의 설명에 의하면, 애초 스타벅스 같은 유명 커피숍이 입점할 계획도 있었

하루키 라이브러리 내부 모습

는데 하루키가 이를 반대했다고 하며, 그 후 와세다의 학생들이 자체적으로 운영하는 것으로 바뀌었다고 한다.

K씨는 또 다른 이야기를 내게 들려주었다. 우크라이나의 '하르키우'라는 도시에서 벌어진 이야기이다. 사적인 얘기를 조금 덧붙이자면, 예전에 프로문학 공부할 때 읽었던 문학사에는 1930년 '하리코프'에서 열린 제2차 (소비에트) 작가동맹회의에서 이른바 '동반자 작가'라는 명칭이 생겨난 것으로 기술되어 있다. 최근 러시아와 우크라이나간 전쟁 소식이 전해지면서 하르키우라는 지명이 언론에 보도되곤 했었는데, 소련 시절에는 '하리코프'라고 불렸다는 설명을 듣고, 나는 '하르키우가 작가회의 그 하리코프였구나!'라고 생각했다. 아무튼 러시아군에 점령되어 있던 하르키우 어느 학교를 우크라이나군이 탈환했다. 2022년 5월의 일인 듯한데, 한 차례 격렬한 총격전 끝에 러시아군이 철수하자 우크라이나군의 뒤를 따라 학교에 들어간 종군기자의 눈에 러시아어로 번역된 무라카미 하루키

우크라이나의 전쟁터에서 발견된 하루키의 소설 『도쿄 기담집』

의 소설책 『도쿄 기담집』東京奇譚集이 들어왔다[8]. 철수 뒤에 남겨진 것이었기 때문에 그 책을 누가 거기에 갖다 놓았는지, 그리고 누가 읽던 것인지를 정확하게 알 수는 없었다. 하지만 나는 그 말을 듣는 순간 벨라루스 작가 스베틀라나 알렉시예비치의 소설 『아연소년들』이 떠올랐다. '조국을 위한 전쟁'이라는 선전 선동 아래 아무런 명분도 없는 전쟁에 동원된 소년들. 두려움 속에서 전투 개시를 기다리던 어느 소년이 고향 집에서 가져온 『도쿄 기담집』을 읽고 있었던 것은 아닐까? 하루키 라이브러리의 모던한 분위기를 즐기고 있던 나는 갑자기 날카로운 무언가에 찔린 듯한 느낌이 들었다. 전쟁터에서 추위와 두려움에 떨고 있는 소년은 누가 위로해줄까? 레닌이 「당조직과 당문학」에서 말했던 '톱니바퀴와 나사못'으로서의 문학은 지금 어디에 있나? 러시아가 일으킨 전쟁은 세계 어느 나라 사람들에게도 공감을 얻지 못하고 있는 상황에서, 타의로 끌려왔을 어린 병사에게 비록 미약하나마 정신적 위안이 되어준 것이, 만약 레닌이 살아있

---

[8] Tokyo FM 무라카미 라디오(村上ラジオ) 프로듀서 노부에 히로시(延江浩)가 『주간 아사히(週刊朝日)』에 쓴 글. 기사 링크 https://dot.asahi.com/wa/2022120800023.html?page=2

었다면 분명 '자본주의의 독초毒草'라고 불렀을 하루키의 문학이라는… 이런 지독한 아이러니가 또 어디에 있을까?

　하루키의 문학은 대중으로부터는 사랑받았지만 평단에서는 외면당하는, 특이한 '고립' 현상이 데뷔 이후 오랜 시간 지속되었다. 이러한 현상은 일본뿐 아니라 한국과 중국에서도 일정 기간 존재했고, 대략 『1Q84』 출간 이래 서서히 해소되어 간 것으로 기억한다. '안티'와의 대립 속에서도 꿋꿋하게 자기 문학세계를 만들어간 하루키. 그 근본에 있는 것은 무엇이었을까? 하루키 라이브러리에는 그의 작품 연보가 벽에 전시되어 있었다. 얼핏 훑어보니, 1979년 『바람의 노래를 들어라』로 데뷔한 이래 거의 한 해도 작품을 발표하지 않은 적이 없었다. 한 해도 거르지 않고 계속해서 작품을 써온 그의 성실함이 문학적 성공을 이루어낸 것이다.

05

하층민의 시각에서 본 상하이

−주요섭의 「인력거꾼」, 「살인」

●

재평가 되어야 할 작가 주요섭

「인력거꾼」 － 하층민의 시각에서 본 상하이

인력거꾼의 죽음, 아무 일 없다는 듯 잘 돌아가는 세상

「살인」 － 착취의 사슬을 벗어나는 탈주

「첫사랑 값」이라는 소설

주요섭이 현장에서 경험한 5.30사건

재평가 되어야 할 작가 주요섭

젊은 나이에 과부가 된 엄마와 사랑채에 묵고 있는 아저씨 사이에 생겨나는 야릇한 감정을 어린아이의 눈을 통해 그려낸 「사랑손님과 어머니」 1935는 독특한 소설이다. 특히 어린아이를 화자로 내세웠다고 하는 점, 그리고 그 파스텔풍의 독특한 스타일은 타의 추종을 불허한다.

일찍부터 영화로 만들어지기도 했고, 코미디 프로에서 패러디되기도 하면서 워낙 널리 알려지다 보니 '소설가 주요섭'이라고 하면, 바로 「사랑손님과 어머니」라는 작품을 떠올리는 경우가 많다. 하지만 나는 「인력거꾼」, 「살인」, 「개밥」 등 1920년대에 발표된 주요섭의 초기작들을 읽어보고 그의 작품세계에 대한 인식을 달리한 바 있다. 이른바 '신경향'으로 평가받기도 했던 1920년대 작품들에서 보여주는, 그 시대의 차별과 착취에 대한 날선 비판의식은 「사랑손님과 어머니」의 애틋하고 아련한 사랑 이야기와는 전혀 다른 분위기였던 것이다.

1902년 평양에서 태어난 주요섭은 1918년 평양의 숭실중학 재학 중 형 주요한이 있는 일본 도쿄로 건너가 아오야마青山학원 중학부에 편입했다. 1919년 3.1운동이 일어나자 귀국해 평양에서 김동인 등과 함께 등사판 지하신문을 만들며 만세운동에 가담했고, 이로 인해 옥고를 치른 후 1921년에는 중국 상하이 후장滬江대학 중학부에 입학했고, 1923년에는 후장대학에 진학했다. 「인력거꾼」, 「살인」 등은 이 시기에 발표한 소설이다. 1927년에는 도미하여 스탠퍼드대학 대학원에 진학한다. 1931년에는 동아일보사에 입사하여 『신동아』 주간을 지냈으며, 1934년에는 베이징의 푸런輔仁대학 교수로 부임하여 1943년까지 재직한다. 이 시기에는 「사랑손님과 어머니」, 「아네모네의 마담」 등의 작품을 썼다. 광복 후 월남하여 신문사에 근무했고, 6.25전쟁 후에는 경희대학교 교수를 지내면서 문필활동을 했으며, 1972년에 사망했다.

최근 주요섭에 대한 기존의 평가가 지나치게 단편적이었음을 지적하는 글도 나오고 있다. 2012년 3월 21일자 〈동아일보〉에는 「올해 40주기 ⋯ 잊혀져 가는 작가 주요섭」이라는 제목 하에, "올해 40주기를 맞는 소설가 주요섭은 일제강점기에 사회비판적 소설을 다수 남겼지만 대표작 「사랑 손님과 어머니」 때문에 연애소설가로 잘못 알려져 있다."라는 논지의 기사가 실렸었다. 기사에서는 "주요섭은 생시에나 사후에나 문단의 외곽지대에 있었다. 문제성을 지닌 작가가 아닌, 소녀 화자의 연애소설을 쓴 작가로 간주되어 평가 절하되거나 무시돼왔다."라고 언급된 바가 있다.

또, 최학송의 「해방 전 주요섭의 삶과 문학」2009에 의하면, 주요섭은 1920년부터 1927년까지 상하이에 체류했는데, 당시 흥사단을 비롯한 여러 사회운동 단체에도 가입한 바 있다. 당시 그가 흥사단에서 했던 강연을 보면, 「습관」1922, 「마르크스와 우리」1924, 「민족개조는 가능한가」1925, 「민족주의와 사회주의」1925, 「1925년 5.30」1925 등이 있는데, 대략 제목만 일별해 보아도 「사랑손님과 어머니」의 분위기와는 확연히 다르다. 상하이 임시정부 기관지 〈독립신문〉 발간에 적극적으로 참여하고 있었던 그의 형 주요한1901~1979의 영향도 있었을 것이다.

「인력거꾼」—하층민의 시각에서 본 상하이

1925년 4월 『개벽』에 발표된 「인력거꾼」은 주요섭이 "후쟝대학 2학년 재학 때 사회학 교수의 지도로 인력거꾼의 합숙소 현지 조사에 나갔다가 너무나 심한 충격[1]"을 받고 썼다고 하는 소설이다. 당시 하늘을 찌를 듯한 마천루와 근대적 문물, 그리고 화려한 향락산업이 들어와 있던 국제도시

---

1 주요섭, 「나의 문학적 회고 —재미있는 이야깃군」, 『문학』, 1966.11.

상하이의 모습이 하층민의 시각에서 펼쳐지는 것이 매우 인상적이다.

인력거꾼인 주인공 아찡이 돼지우리 같은 침소에서 일어나 문밖으로 나설 때, 그의 눈앞에 펼쳐지는 풍경은 "상하이 시가의 이백 만 백성이 하룻밤 동안 싸놓은 배설물을 실어 내가는 꺼먼 구루마들이 요란한 소리를 내며, 잔돌 깔아 우두럭 투두럭한 길 위로 이리 달리고 저리 달리고 하는" 모습이었다. 아찡이는 동료 뚱뚱보와 함께 떡집에 들어가서 아침식사를 하는데, 가게에서 불을 피우는 모습이나 조리하는 과정에 대한 묘사 등이 매우 상세하다.

> 이 선반 바로 뒤에는 사람의 중키나 되리만큼 높이 쌓인 가마가 놓여 있고, 그 가마 밑 네모진 아궁이에다 지금 떡 굽는 사람이 풀무를 갖다 대고 풀덕풀덕 해서 불을 피우고 있고, 가마 위 나무 뚜껑 아래에서는 길죽길죽하게 빚어서 한편에 깨알 몇 알씩을 뿌린 쪼빙들이 우구구하면서 뜨거운 진흙 위에서 모래찜을 하고 있었다. 그것들이 모래찜을 실컷 해서 엉덩이가 꺼머죽죽하게 되면, 그 손톱이 세 치씩이나 자란 떡장수의 손이 들어와서 한 놈씩 한 놈씩 잡아다가 앞에 놓인 선반 위 파리 무리의 잔치터 위에 던져주는 것이었다.[2]

작가가 다년간 중국에서 생활했던 탓인지, 상하이의 모습이 아주 자연스럽게 작품 속에 들어와 있다. 아찡이와 뚱뚱보는 식사를 마치고 인력거 세놓는 집에 가서 대양大洋 은화 50전을 내고 인력거를 끌고 나온다.

아찡이는 기차역에 가서 피난민 손님을 태워서 쓰마로四馬路, 지금의 福州路의 여관에 데려다 주는데, 상하이 물정을 잘 모르는 시골사람에게 바가지를 씌우기도 하는 등 그날따라 수입이 좋아 기쁜 마음에 쪼빙을 두 개

---

2 주요섭, 『사랑손님과 어머니』, 어문각, 1996, 177쪽.

나 사먹었지만, 웬일인지 식후에 몸이 좋지 않아 먹은 것을 다 토해내고 만다.³ 갑작스레 힘이 빠져버린 아찡이는 곰보영감이 알려준대로 쓰촨로 四川路 청년회의 무료진료소를 찾아가지만, 의사가 없어 두 시간을 기다리게 된다. 이 때 목사가 들어와서 "누구든지 예수를 믿으면 세상에서는 이렇게 괴롭다가도 죽은 후에는 천당에 가서 행복하게 살 수 있다"고 설교를 한다. 이 말을 들은 아찡이는 생각에 잠긴다.

자기 같은 인력거꾼들은 모두 아담 이브의 죄의 형벌을 받는 중이라고 하거니와 그러면 어찌하여 자동차를 타고 다니는 양귀자洋鬼子들이나 또는 자기도 가끔 인력거에 태우는 비단옷 입은 색시들은 아담 이브의 죄 형벌을 받지 않고 잘 사는지 알 수 없는 일이었다. …… 그렇다면 양귀자들과 양복 입은 젊은 사람들과 순사들은 죽은 후에는 어떤 곳으로 가는가? 그들도 예수만 믿으면 천당으로 가는가? 만일 그들도 천당으로 간다면 그들은 이 세상에서 고생이라곤 아니했으니 그것은 불공평하지 않은가?⁴

결국 종교의 허구적인 내세관에 환멸을 느낀 아찡이는 병원을 뛰쳐나와 집으로 돌아와서는 혼수상태에 빠져 자신이 지나온 기구한 삶을 회상하다가 죽고 만다.

---

3 인력거꾼이 난데없이 횡재하게 되어 기뻐하지만, 결국 비극적 운명을 맞이하게 된다고 하는 모티브는 현진건의 「운수좋은 날」과도 매우 유사하다. 현진건의 「운수좋은 날」은 「인력거꾼」보다 10개월 전인 1924년 6월호 『개벽』에 발표되었다. 현진건과 주요섭은 후장대학 선후배이기도 한데, 두 작가 간의 관계, 발표 시기와 지면, 그리고 모티브 상의 유사함 등을 실마리로 두 소설 간에 영향 관계가 없었는지 살펴볼 필요가 있다.
4 주요섭, 앞의 책, 186~187쪽.

인력거꾼의 죽음,
아무 일 없다는 듯 잘 돌아가는 세상

아찡이가 죽자 공부국에서 영국인 순사와 의사가 통역을 앞세우고 찾아와서 뚱뚱보에게 아찡이가 언제부터 인력거를 끌었는가를 묻는다. 8년째라는 대답을 듣더니 순사와 의사는 인력거꾼은 평균 9년 정도 일하고 죽는게 보통이니, 그래봐야 "남보다 한 1년 일찍 죽은 셈"이라는 말을 영어로 했고, 뚱뚱보는 그들이 하는 말을 알아듣지 못한다. 아찡이의 시체는 실려 나가고, 뚱뚱보는 자기 운명도 모른 채 힘 있게 인력거를 끌고 달린다.

20세기 전반 중국과 조선에서 인력거꾼은 하층민의 대명사가 되었고, 인력거꾼을 주인공으로 등장시킨 문학작품들도 많다. 하지만 주요섭의 이 「인력거꾼」은 매우 독특한 개성을 갖고 있다. 그 독특함은 작품 4장 이후의 '에필로그' 부분에서 두드러지는데, 주인공 아찡이가 죽은 후에도 이야기가 지속되는 것은 어떻게 보아야 하는 것인가. 아찡이가 죽어도 세상은 아무 일 없다는 듯 잘 돌아가며, 아찡이가 죽었다고 슬퍼하는 사람은 아무도 없다고 하는 현실의 냉혹함이 여실하게 그려지고 있는 것이다.

아찡이는 이 세상에 아무런 영향력도 없고, 사회적으로 아무런 인간관계도 구성하지 못하는 철저한 '아웃사이더'이다. 뚱뚱보가 아무 일 없다는 듯 인력거를 끄는 모습은 그도 머지않아 죽게 될 것이라는 걸 보여준다. 작품 말미에서 뚱뚱보를 등장시킨 것은 비극의 주인공이 아찡이 개인이 아니라 인력거꾼, 혹은 육체노동자 등의 '사회적 계급'이라는 점을 부각시키기 위한 것이다.

아울러 한 가지 더 지적하고 싶은 것은 작품 속에 등장하는 기독교의 위상에 관한 것인데, 목사의 아들로 태어나 어려서부터 종교적인 분위기에서 자라난 주요섭이 이 작품에서 기독교를 부정적으로 묘사하고 있는 점 역시 매우 주목할 만하다.

「살인」―착취의 사슬을 벗어나는 탈주

이 외에 1925년 6월 『개벽』에 발표된 「살인」 역시 중국 사회를 잘 표현했을 뿐 아니라 실천적 의미를 지니는 매우 중요한 작품이다. 주인공 우뽀는 창녀로, 「인력거꾼」의 주인공 아찡이와 마찬가지로 중국 사람이다. 우뽀는 큰 기근이 나던 해에 부모에 의해 보리 서 말에 팔려가면서 윤락의 길을 걷게 되었고, 여기저기로 전전하다가 상하이로 오게 되었다.

'인력거꾼'이 인력거라는 새로운 교통수단을 수반한 근대적 사회계층이었던데 반해 '기녀妓女'는 고대부터 전해 내려온 비교적 오랜 역사를 가진 직업이었고, 지역적으로도 도시와 농촌을 포함하여 비교적 넓은 지역에 퍼져있었다. 이처럼 양자는 차이점도 있었지만, 적어도 근대의 도시에서 보았을 때는 자신의 육체 외에는 별도의 생산수단을 갖지 못하는, 가장 눈에 띄는 하층민이라 할 수 있었다.

1917년 영국의 사회학자 갬블Gamble이 세계 8대 도시의 공창 수와 도시 총 인구의 비율에 관해 조사를 한 결과 상하이가 단연 독보적이었다. 그의 조사에 의하면, 런던(1:906), 베를린(1:582), 파리(1:481), 시카고(1:437)와 같은 서양의 도시들은 물론이고 일본 나고야(1:314)와 도쿄(1:277), 중국 베이징(1:259) 등의 동양 도시조차도 모두 상하이(1:137)와는 비교도 되지 않을 정도였다.[5] 다른 통계에 의하면 1935년 당시 상하이의 공창 및 사창을 통틀어 기녀는 모두 6~10만 명에 이르렀다고 하는데, 상하이의 여성 인구가 150여만 명이었고 아동과 노인을 제외한 성인 여

---

5 거다 러너 지음, 강세영 옮김, 『가부장제의 창조』, 2004, 당대.

성이 90~100만 명가량이었으므로 비교적 젊은 성인여성 9~15명 중 한 명이 매춘녀였을 것으로 추정된다고 했다.[6]

20세기 전반, 매춘은 상하이의 큰 사회문제였기 때문에 1930년대 상하이 영화들에도 간간이 기녀妓女를 다룬 작품들이 있다. 우융강吳永剛 감독의 〈신녀〉神女, 1934와 위엔무즈袁牧之 감독의 〈거리의 천사〉馬路天使, 1937가 비교적 잘 알려진 작품이다. 20세기 전반의 중국문학에서 기녀는 작품에 자주 등장하는 형상이기는 했으나, 실제로 기녀를 주인공으로 내세운 작품은 의외로 많지 않다. 기녀 형상을 가장 정면적으로 작품에 등장시킨 작가로는 아무래도 라오서老舍를 들어야 할 것이다. 라오서의 「초승달」月牙兒[7], 『루어투어샹쯔』[8], 「희미한 미소」微神, 1933[9]에는 모두 기녀가 등장한다.

라오서의 「초승달」月牙兒, 『루어투어샹쯔』, 「희미한 미소」微神에 나오는 여성들은 생활고를 이기지 못해 기녀가 되었고, 결국은 자기 운명을 극복

---

6 忻平, 「20-30年代上海青樓業興盛的特點與原因」, 『史學月刊』1998年 第1期.
7 「초승달」은 모녀가 모두 몸 파는 일을 하게 된 기구한 운명의 여성 이야기이다. '나'는 어린시절 아버지의 병구완 때문에 어둡고 힘든 나날을 보낸다. 아버지가 돌아가신 후부터는 모녀는 전당포를 제집 드나들 듯했고, 어느 날 엄마는 갑자기 재혼을 하게 된다. 정을 붙일 새도 없이 새아버지는 어디론지 떠나버리고, 생활고에 시달리던 엄마는 거리의 여자가 된다. 그 후로 엄마와 떨어져 살던 '나'도 이 일 저 일을 하다가 끝내는 엄마와 같이 몸 파는 일을 하게 되고, 결국 감옥에 가게 된다. 老舍, 「月牙兒」, 『老舍文集』(8), 人民文學出版社, 1995, 263~290쪽.
8 비록 주인공은 아니지만, 등장인물 샤오푸즈는 술주정뱅이 아버지와 두 남동생을 건사하느라 몸을 파는 불쌍한 여성이다. 라오서 작품에 등장하는 대부분의 인물과 마찬가지로 가난의 굴레를 벗어나지 못한 그녀는 자살로 생을 마감한다. 老舍, 「駱駝祥子」, 『老舍文集』(3), 人民文學出版社, 1995, 1~228쪽.
9 주인공 '나'와 '그녀'는 어려서부터 한 동네에 살았고, 서로를 좋아했지만 표현할 기회가 없었다. 그 후 '그녀'는 집안이 몰락했고, '나'는 남양(南洋)에 가게 되어 두 사람의 인연은 스쳐 지나가게 된다. 그 후에 '나'는 귀국하여 '그녀'가 기녀로 전락한 모습을 보게 된다. '나'는 후회와 그리움으로 그녀와 다시 합쳐지기를 바랬지만 '그녀'의 마음을 되돌릴 수는 없었고, '그녀'는 결국 자살을 선택하게 된다. 老舍, 「微神」, 『老舍文集』(8), 人民文學出版社, 1995, 64~71쪽.

하지 못하고 자살을 하거나 감옥에 가는 것으로 작품이 끝을 맺는다. 주요섭의 작품 「살인」의 주인공 우뽀가 포주 할멈을 칼로 찔러 죽인다는 것과 비교된다. 그뿐 아니라 우뽀는 무거운 철문을 '초자연적 힘으로' 열어 젖히고 밖으로 나와 쉴 새 없이 내달린다. 자기를 억압해 온 굴레를 부수고 탈주하고 싶은 욕망을 표현한 이 작품의 후반부는 동일 제재 작품들에서 유례를 찾아볼 수 없을 만큼 파격적이다.

바로 그 점에서 주요섭의 「살인」을 풀어내는 가장 중요한 키워드로는 '탈주'를 들어야 할 것이다. 「인력거꾼」과 마찬가지로, 이 작품 역시 상하이라는 대도시에 대한 디테일한 세부 묘사가 특징이라 할 수 있는데, 당시 상하이 매춘부들의 동선動線에 대한 묘사를 잠시 보기로 한다.

> 처음에는 영계 사마로英界 四馬路에서 밤마다 뚱뚱할미와 함께 사마로 아래위를 오르내리면서 헙수룩한 인력거꾼들을 끌어들이고 있었으나 재작년 영계 공무국公務局에서 밀매를 금한 이후로는 지금 있는 이 법계 대세계法界 大世界 앞 거리에 와 있었다. 그러나 여기서도 마음 놓고 사는 것이 아니었다. 하비로霞飛路로부터 영계, 법계가 갈리는 에드워드로愛多亞路까지 즉, 서문에서 북정거장으로 다니는 전찻길 좌우편이 모두 이 갈보 무리의 횡행지였다.[10]

상하이 조계租界 시절, 와이탄과 난징로, 그리고 지금은 푸저우로福州路로 불리는 쓰마로四馬路는 모던 상하이를 대표하는 장소였다. 푸저우로에는 청 말부터 극장, 서점, 유곽, 차관, 요리집, 상점이 즐비하던 곳이었으며, 출판사와 신문사도 있었다. 이처럼 종합적인 문화 공간이 매춘의 호객 장소로만 묘사되고 있는 것은 창녀 우뽀의 시선을 잘 확보하고 있는

---

10 주요섭, 장영우편, 앞의 책, 40쪽.

것으로 이해된다.

우뽀는 대략 밤 7시부터 새벽까지 6시간 동안 서너 명의 남자를 상대했는데, 매일 밤의 수입은 주인할미가 가져갔고, 그녀에게는 비단 옷과 값싼 분과 머릿기름 그리고 담배와 식사만이 제공됐다. 이러한 일상이 3년 동안 반복되면서, 우뽀는 몸과 마음이 망가져갔다. 어느 날 우뽀는 전차를 기다리던 어떤 미남자를 먼발치에서 보게 되는데, 그 후로도 같은 시간대에 우연히 여러 차례 그가 그녀의 시야에 들어오게 되자, 그에 대한 사랑의 마음이 생겨나게 된다. 말을 나누어 본 적도 없고, 상대방이 그녀의 존재를 의식하고 있는지도 알지 못한 채 우뽀는 마음속으로 상상을 키워가면서 혼자 흥분하기도 하고 울부짖기도 했다.

> 그 남자는 깨끗한 옷을 입은 깨끗한 청년이었다. 왼손에는 책을 들고 지금 늦은 봄 남들은 모두 맥고를 쓰는 때에 아직 겨울 중절모를 쓰고 있었다. 그는 저편으로 가서 에드워드로 저쪽까지 가서는 가던 걸음을 멈추고 우두커니 서있는 것을 우뽀는 보았다. …… 그는 아마 어느 학교 교사일 것이다. 그래서 점심 때마다 집으로 돌아가는데 전차를 타고 이 길거리 어귀까지 와서는 이 교차점에서 내려서 다시 법계法界 쪽에서 전차를 타면 한 백여 보 밖에 안 되는 요 거리에 동전 너 푼을 주고 그러고는 저편 영계英界에 가서 또 표를 사야 하는 고로, 그는 경제절약 하려고 이 교차점에서 저편 영계 어귀까지는 걸어간다.[11]

우연히 어떤 남성을 보고, 우뽀는 사랑에 대한 상상을 하게 된 것인데, 이 대목은 소설의 모티브 전개에 있어 매우 중요한 의미를 지닌다. 우뽀는 '사랑'이라는 보편적 감정을 떠올리면서 '인간의 조건'을 생각하게 되었

---

11 주요섭, 장영우편, 앞의 책, 43~44쪽.

고, 문득 그 남자를 사랑하기에는 자기 몸이 이미 더럽혀졌다고 느낀다.

'에드워드로'라는 길 이름이 등장하는데, 이는 공동 조계와 프랑스 조계를 가르는 경계가 되는 길이다. 애초에는 중국어로 양징방로洋涇浜路, 불어로 Quai du Yang King Pang라 했으나, 1915년 영국 국왕 에드워드 7세의 이름을 따 중국어로 아이둬야로愛多亞路, 영어로는 Edward Ⅶ Avenue 라고 불렀다.[12] 우뽀가 짝사랑한 남자가 늘 이 에드워드로를 건너 영국 조계와 프랑스 조계를 오간다는 것은 무얼 의미하는가. 우뽀에게 있어, '남자'는 자기와는 다른 세계에서 살아가는 존재라고 하는 의식이 표현되고 있는 것은 아닐까.

자기가 더럽혀진 이유가 무엇인지를 골똘히 생각하던 우뽀는 마침내 주인 할미의 뚱뚱한 몸집을 눈앞에 떠올린다. 그녀는 "아, 3년 동안이나 내 살 내 피를 빨아 먹은 미운 저것!"이라 하면서, 부엌으로 가서 식칼을 들고 나와 주인할미를 찔러 죽인다. 소설의 마지막 장면을 보기로 한다.

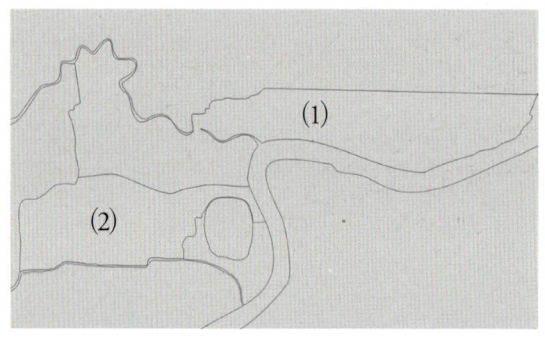

1930년대 상하이 조계 구획도. (1)은 공동 조계, (2)는 프랑스 조계이며, 그 경계선이 바로 에드워드로(愛多亞路)이다.

---

12 吳志偉, 『上海租界硏究』, 學林出版社, 2012, 46쪽.

장사보다도 더 억센 초자연적 힘으로 우뽀는 쇠대문을 떠밀어 열었다. 그리고 그는 생전 처음으로 제 맘대로 문밖으로 내달았다. 거리는 어두컴컴하고 좌우의 집들은 모두 시커먼 상판으로 '나는 모른다'하는 듯이 내대고 있었다. 우뽀는 에드워드로 전등이 있는 쪽을 향해 줄달음질 쳤다. 그는 잔돌 깐 길 밖에 나와 아웨씨가 늘 서서 전차를 기다리던 곳을 지나 시멘트 깐 반들한 길 위로 미끄러질 듯이 내달았다. …… 조롱을 벗어난 종달새가 파란 하늘 위로 노래하며 춤추듯 울듯이 …… 영원히 영원히 우뽀는 달음질했다.[13]

초반부와 중반부에서는 사실적인 톤을 유지하던 소설은 후반부에 가서는 상징적인 단계로 돌입한다. 우뽀가 초자연적 힘으로 열어젖혔던 쇠대문은 매춘하는 집의 대문이 아니라, 우뽀를 착취적 공간에 가둬놓고 있던 사회적 굴레를 말하는 것이고, 우뽀의 사정을 '나는 모른다'하고 있던 집들은 하류 여성에 대한 사회의 냉랭한 시선을 의미하는 것이다.[14]

작품 후반부 우뽀의 '살인'이 갖는 사회적 맥락을 좀 더 구체적으로 설명하기 위해 들뢰즈Gilles Deleuze의 '탈주선'Lines of Flight이라는 개념을 잠시 빌려보기로 한다. 들뢰즈는 신체, 사회 집단, 유기체, 개념과 같은 삶의 어떤 형태도 모두 '접속'들로 이루어진다고 했는데, 이는 유전자가 접속해서 신체를 이루고 신체들이 접속해서 부족을 형성하는 것과도 같다. 하지만 어떤 '접속'도 '탈주선'을 허용한다. 유전적 돌연변이는 언제든 발생할 수 있고, 어떤 규정, 영토, 신체도 그것을 다른 어떤 것으로 변형시키는 탈주선을 향해 열릴 수 있는 것이다.

삼년 전 큰 기근이 나던 해 부모에 의해 보리 서 말에 팔려간 후 매춘

---

[13] 주요섭, 장영우편, 앞의 책, 49쪽.
[14] 클레어 콜브룩, 한정헌 역, 『들뢰즈 이해하기』, 그린비, 2008, 44쪽.

부가 된 '우뽀'는 들뢰즈 식으로 말하자면 '재영토화' Reterritorialization된 것이다. 창녀 '우뽀'는 포주 '뚱뚱할미'와 경제적 관계로 '접속'되어 있으며, 그녀는 "착취와 과도한 생식기 노동"으로 인해 비인간적인 삶을 살아가고 있다. 이름 모를 미남자를 짝사랑하게 된 우뽀는 정상적 삶을 살고 싶다는 '욕망'을 갖게 되지만, 그녀의 이런 욕망은 '뚱뚱할미'에 의해 여전히 억압되고 통제되는 '코드화' encoding의 과정에 놓이게 된다. 착취의 질서를 벗어나고자 하는 '탈코드' decoding적 욕망이 증폭된 것이 바로 탈주선이다. 탈주선은 탈영토화 deterritorialization의 통로로 기능하며, 새로운 욕망을 따라 새로운 세상을 창조해가는 역동적인 힘이다.

이 시기에 매춘부를 그린 문학작품은 매우 많지만, 비참한 운명을 극복하지 못하고 스스로 자멸하는 것으로 작품을 맺는 경우가 대부분인데 반해, 이 작품에서는 비애로만 그치는 것이 아니라 포주를 '죽인다'고 하는 점이 매우 중요하다. '실천'을 그려내고 있는 것이다. 뚱보 할미는 우뽀를 둘러싼 착취 구조를 상징하고 있으며, '사랑'이 계기가 되어 깨달음을 얻게 된 우뽀는 살인이라는 행위를 통해 그 착취적 관계를 깨고 있는 것이다.

「첫사랑 값」이라는 소설

주요섭의 소설 중 많이 알려지지는 않았지만, 1925년 9~11월, 그리고 1927년 2~3월『조선문단』에 발표된 중편소설 「첫사랑 값」 역시 상하이가 잘 표현된 작품이다. 소설은 화자 '나'의 가장 가까운 친구인 유경이의 일기를 통해 전개되는데, 미완성작이어서 온전한 액자의 형식을 갖추고 있지는 못하다.

소설은 유경이의 죽음에서 시작된다. 유경이는 7~8년 동안 해외에 나가 살고 있었고, 얼마 전 귀국하여 약을 마시고 자살했다. 유경이의 일기는 종이로 꽁꽁 싸여 있었는데, '나' 말고 다른 사람은 열어보지 말라고 씌어 있었다. 나는 일기장을 열고 그의 비밀을 읽어 내려간다. 일기는 1924년 8월 28일부터 시작된다.

상하이에서 유학하고 있는 유경은 어느 날 어떤 여학생과 눈이 마주치게 되는데, 그날 이후로 그 눈길이 그의 온 마음을 사로잡게 된다. 그녀는 N이라고 하는 중국 여학생으로, 유경은 이후로 캠퍼스에서 그녀와 자주 마주치게 되면서 흥분과 상상을 이어간다. 작품의 전반부는 두 사람의 우연한 만남과 잠깐씩 나누는 대화, 그리고 유경의 마음 속 갈등이 많은 부분을 차지한다.

갈등의 원인은 몇 가지가 있는데, 첫째, 유경은 자존심이 강해서 N에게 고백을 하지 못한다. 둘째, 국제결혼을 하여 중국인 며느리가 조선인 시부모를 모시고 살게 할 자신이 없다. 셋째, 유경은 앞으로 민족계몽운동을 하려하고 있으며 이를 위해 조선이나 서북간도로 가려하고 있는데, 도시에서 자란 N을 데려갈 자신이 없다. 마음 속 갈등을 이기지 못한 유경은 어느 날 우연히 만난 N에게 "I do not love you"라고 말하고는 도망치듯 그 자리를 피해버린다.

5월 1일의 일기에는 메이데이 기념 대회에 대한 기록이 있고, 5월 30일에는 상하이 5.30운동 관련 시위와 유혈 진압에 관한 내용이 기록되어 있다. 6월 1일 이후로는 대학 내에서 동맹 수업 거부를 하는 내용이 전개되어 가는데, 유경은 학생자치회에서 회계부장을 맡게 된다. 6월 3일 일기에는 이렇게 씌어있다.

어제 우리 학교 학생 선전대의 노력으로 학교 바로 옆 일본인 공장과 강건너 포동에서 노동자 만여 명이 오늘 아침부터 파공했다는 보고가 들어왔다. 회계부에서는 종일 노동자들 생활료 지불할 예산을 꾸미느라고 분주하였다. 오후에 오늘 또 강연하러 나갔던 학생들이 총에 맞아 피를 흘리는 학생 하나를 떠메고 모두 황황히 뛰어 들어왔다. 조계 근처까지 가다가 모르는 동안에 조계 안에까지 들어가게 되어서 고만 영국 순사의 총에 맞아 넘어진 것이다.[15]

유경은 회계 일을 맡게 되면서 업무적으로도 계속 N을 만나게 되고, 사랑과 운동 사이에서 갈등하던 어느 날 충동적으로 N과 입맞춤을 하게 되지만, 이내 다시금 후회하게 된다. 개인적 행복과 민중의 등불이 되고자 하는 바람 사이에서 갈등하던 유경은 평양에 있는 자기 집으로 돌아가기로 결심하고 6월 20일에 상하이를 떠난다.

평양에 돌아온 유경은 가족과 반갑게 조우하고 친지들을 만났지만, 불과 며칠도 지나지 않아 고향의 답답한 분위기에 실망하고 만다. 노부모는 계속해서 그에게 장가들 것을 권하고, 유경은 자포자기 하는 심정으로 K라는 여성과 약혼을 하지만 다시금 자책에 빠지게 되는 것으로 소설은 끝난다.

제목인 「첫사랑의 값」은 사랑의 대가로서 고통과 번민을 말하는 것이고, 주요섭의 후장대학 후배인 피천득1910~2007은 「여심」餘心이라는 제목의 수필에서, 유학시절 주요섭이 실제로 중국 여학생과 사랑했던 적이 있었음을 밝힌 바 있다.[16] 이 소설의 애정 모티브가 사실에 기반하고 있다는 것도 작가를 이해하는데 있어 중요하지만, 사회적 맥락으로 볼 때는 소설 속 또 하나의 모티브인 5.30운동 역시 매우 중요하다.

---

15 장영우편, 앞의 책, 111쪽.
16 구체적인 내용은 다음과 같다. "형(주요섭,인용자)은 한 중국 여동학(女同學)과 이루지 못할 사랑을 하였습니다. 그리고 여심(餘心)이라는 아호를 지었습니다. 타고 남은 마음이라고." 피천득, 『인연』, 샘터, 2012, 174쪽.

주요섭이 현장에서 경험한 5.30사건

중국 현대사에 있어 노동운동의 본격화를 알리는 구체적 사건이 된 5.30운동은 1925년 2월 상하이 일본계 공장 노동자들이 일으킨 파업이 발단이 되었다. 파업은 5월에 다시 일어났고, 15일에 일본계 면직공장에서 중국인 노동자가 일본인에 의해 사살되는 사건이 발생한다. 중국 공산당의 영향이 강했던 상하이학생연합은 항의 시위에 돌입했고, 30일에 학생과 시민이 조계 경찰과 충돌하면서 13명이 사살되었다. 5월 30일의 이 사건에 대한 항의로 학생들은 수업 거부를 실시했고, 조계 내의 상점은 철시했으며, 노동자들은 파업에 돌입하여, 6월 중순이 되면 15만 6천 명이 참가하는 노동운동으로 발전하게 된다. 시위 참가자들은 조계 내 언론, 출판, 집회의 자유, 조계 내 참정권의 확대 등을 요구했고, 운동은 베이징北京, 티엔진天津, 우한武漢, 창사長沙, 충칭重慶, 난징南京, 그리고 광저우廣州와 홍콩으로까지 확산되었다.[17]

주요섭은 「내가 배운 호강대학」이라는 글에서 5.30운동 당시를 회고한 바 있는데, 1925년 5월 그는 필리핀 마닐라에서 열린 제7회 극동선수권대회[18]에 중국 대표로 참가했다. 평소에 비해 컨디션이 좋지 않았던 그는 1만 미터 경주에서 간신히 동메달을 땄는데, 이는 당시 중국 팀에서 획득한 메달의 전부였다. 유일한 메달리스트였기에 상하이로 돌아가면 성대한 환영이 있으리라 예상했지만, 막상 부두에 도착하자 삼엄한 상하이의 분위기에 놀라고 만다. 이미 유혈사태가 벌어졌던 것이었다. 당시의 상황을 묘사한 대목을 잠시 보기로 하자.

---

17 이상 5.30운동 관련 내용은 『岩波現代中國事典』(1999) 354쪽에서 정리.
18 대회는 1925.5.16~5.23에 개최되었고, 일본, 필리핀, 중국(중화민국)의 세 나라만 참가했다. 위 글에는 '극동 올림픽대회'라 표기되어 있으나, 대회의 정식 명칭은 '극동선수권대회'였고, 제1회 대회만 동양올림픽경기대회(Oriental Olympics)라 불렸다.

일본인 순경과 영국인 순경이 발포하여 학생 수십 명이 죽고 부상당했다. 학생이 주동된 배일排日·배영排英 운동이 봉기되었다. 일본인이나 영국인이 경영하는 공장 직공은 전부 동맹파업을 하고 쟝완江灣 경마장으로 집합하였다. 남녀 학생들은 소매를 걷어부치고 주먹밥을 그들에게 나눠주었다. …… 그리고 각 대학에서는 국민계몽대를 조직하여 근방 촌락으로 돌아다니며 「타도 일본제국주의」, 「타도 영국제국주의」를 울부짖었다. 나도 십 명 단위로 조직된 계몽대의 일원이 되어 빈 사과상자를 들고 인근 촌락들을 순회했다.[19]

주요섭이 중국 대표로 국제 마라톤대회에 참가했었다는 사실도 매우 흥미롭지만, 한국 작가에 의해 5.30운동의 실상이 생생하게 포착된 글이 쓰여졌다는 사실 역시 매우 중요하다.

동시대 한국 작가 작품에 반영된 올드 상하이는 대부분 관념 속의 상하이를 표현한 것이거나 제재 면에서도 한인 커뮤니티를 크게 벗어나지 못한 것이었다. 이는 당시 상하이에서 거주하던 한국인 작가들이 중국인 세계 속으로 들어가지 못했다는 의미이기도 한데, 주요섭의 경우는 그렇지 않았다. 중국에서 학교를 다녔던 탓에 중국인들과도 활발하게 교류했고, 실천적 의지를 갖고 사회운동에도 적극적으로 참여했다. 무엇보다도 당시 중국의 거리 풍경을 마치 동영상처럼 생생하게 담아냈기에 그의 상하이 시절 작품들은 소중한 기록 자료이기도 한 것이다.

---

19 『思潮』, 1958년 11월호.

[필드워크 ❸]

상하이 교회와 댄스홀과 사찰

　인민광장 부근에서 무언탕沐恩堂이라는 교회 건물 하나가 눈길을 사로잡았다. 교회는 크리켓 경기장과 마찬가지로 서양인 거주 지역에서는 필수적인 요소이다. 매우 오래된 듯 보여 가까이 가보기로 했다. 안내문에 의하면, 이곳은 1887년 미국 감리교에서 세운 교회였으나, 1900년 캔자스 지방 무어Moore라는 신도로부터 기부를 받아 건물을 새로 지으면서 기부자의 이름을 따라 영어로는 Moore's Memorial Church라고 하였고, 중국어로는 무얼탕慕爾堂이라 했다. 1941년 12월 태평양전쟁이 발발한 후 무얼탕은 일본군 점령 하에서 마굿간으로 쓰이기도 했다. 1958년 '주의 은혜로 목욕한다'는 의미의 '무언탕'沐恩堂으로 개명되었다. 문화대혁명 기간 중에는 종교 활동이 금지되어 문이 닫혀 있었다가 1979년에 예배를 다시 시작했다. 120년이 넘

트리니티처치의 붉은벽돌 건물

는 큰 교회인 만큼 역사의 흔적이 고스란히 남아 있는 것이다.

한커우로漢口路에도 트리니티 처치Holy Trinity Church·聖三一堂라는 기독교 교회가 있는데, 이곳은 1847년에 준공된 상하이 최초의 프로테스탄트 교회이다. 붉은 색 벽돌이 인상적이어서 예전부터 붉은 예배당紅禮拜堂으로 불렸다고 하며, 교회의 문양紋樣이 지금도 선명하고 아름답게 남아있었다. 이곳 역시 일본군 점령 하에서는 이른바 '적성외국인'의 수용소로 사용되었다. 애초에는 종루에 첨탑이 있었는데, 이 첨탑은 문화대혁명 때 홍위병에 의해 파괴되었다. 이곳 역시 무언탕 못지않은 세월의 깊이가 느껴졌다.

인민광장에서 서쪽으로 눈을 돌리니, 상하이 아르데코 마천루의 대표라 할 만한 파크호텔이 시야에 들어온다. 사행저축회四行儲蓄會의 투자로 1933년에 준공되었고, 그랜드시어터를 설계한 헝가리 설계사 후데크L.E. Hudec, 1893~1958가 설계했다. 지상 22층, 지하 2층에 83.8미터의 높이는 완공 이래 1960년대 중반까지 극동제일이라 했었다 한다. 3층까지는 외벽에 흑색 화강암을 사용했고, 중상층에는 갈색 화장 타일을 붙였으며, 상층부는 첨탑형으로 설계되었다. 호텔의 각 방은 자동 소화 장치를 갖추고 있고, 음용수는 지하 200미터에서 공급된다고 한다.

무엇보다 이 호텔은 류나어우劉吶鷗, 1900~1940가 괴한에게 암살 당해 죽던 그날 리샹란李香蘭, 山口淑子, 1920~2014과 만나기로 했던 곳으로 유명하다. 류나어우는 타이완 출신 작가로, 어린시절 일본에서 자랐고 게이오대를 졸업했으며, 상하이에서 '신감각파'로 활동했다. 1940년 9월 3일 오후 2시 무렵 일본인과의 약속을 마친 후 징화지우쟈京華酒家의 2층에서 계단을 내려가던 중 저격당해, 가슴에 두 발의 총탄을 맞고 사망했다. 그는 당시 왕징웨이汪精衛 정권의 통제 하에 있던 원후이바오文匯報의 사장을 지내고 있었는데, 국민당 충칭重慶 정부측으로부터의 테러였다고 한다. 파크호텔 로비에서 오지않는 류나어우를 오래도록 기다렸다는 리샹란

인민광장 옆 파크호텔의 모습

그들의 로맨스가 떠올라 가슴이 찡했다.[1]

난징시로南京西路를 걷다보니 왕년의 그 유명한 댄스홀 바이러먼百樂門이 나왔다. 1932년에 개장한 이 댄스홀의 원래 이름은 Paramount Hall이었고, '백가지 즐거움으로 이르는 문'이라는 뜻의 바이러먼百樂門은 파라마운트의 음역어이다. 필자가 바이러먼이라는 댄스홀의 이름을 처음 들어본 것은 대학원 시절에 읽은 타이완 작가 바이셴용白先勇의 단편집『타이베이사람들』臺北人에 실린 단편「김 마담의 마지막 밤」을 통해서였다. 타이베이의 댄스홀 '빠리의 밤'夜巴黎의 간판스타 김 마담은 대륙에서 내려온 외성인外省人이다. 그녀는 왕년에 자기가 바이러먼에서 주름잡던 댄서였다고 하는 '옛 영화'를 자부심으로 살아왔지만, 이제는 나이가 많아 은퇴를 앞두고 있다. 그녀는 지배인과 마찰이 생기면 내가 왕년에 놀던 바이러먼의 화장실이 이 타이베이 댄스홀보다 넓었다거나, 네 낯짝 같으면 바이러먼 화장실 청소도 맡기 힘들 것이라고 욕을 해대곤 했다. 필자는 타이완의

바이러먼(百樂門)

어느 원로 교수로부터 1980년대 후반 냉전구조가 해체되어 타이완 사람들이 상하이로 여행 갔을 때 본인도 말로만 들

---

1 田村志津枝,『李香蘭的戀人』, 臺灣書房, 2010.

던 바이러먼에 가보았다고 하는 이야기를 들은 적이 있다. 바이셴용白先勇의 『타이베이사람들』은 많이 읽혔고, 냉전시대 타이완의 독자들에게 '상하이 상상'을 심어주었던 것이다. 예전에 들었던 그 타이완 교수의 이야기가 생각나서 나도 한 번 바이러먼의 내부에 들어가 보았다. 바이러먼은 지금도 댄스홀 영업을 하고 있는 것 같았다. 낮에 간 탓에 내부는 컴컴했으며, 안에는 직원들 몇몇이 농담하며 영업 준비를 하고 있었다. 김 마담은 없었다.

바이러먼을 나와서 난징시로南京西路를 걷다보면 삼국시대247년 무렵에 세워졌다고 하는 징안쓰靜安寺라는 유명한 절이 나온다. 이곳은 난징시로가 끝나는 곳이다. 입장료를 내고 사찰 안으로 들어가 보았다. 입장료를 받아 관리하는 덕인지, 중심가에 있는 때문인지, 경내는 비교적 깨끗하게 정리되어 있었다. '난징시로'라 불리기 전, 이곳은 중국어로는 징안쓰로靜安寺路라 했고, 영어로는 버블링웰로드Bubbling Well Road라 불리었다. 버

상하이 시내에 위치한 징안쓰

블링웰이란 탄산수가 솟아오르는 샘물을 뜻하는 말일진대, 그러면 그 샘물은 어디에 있는가. 기록에 의하면 오래전 이 절에 샘물이 있었다고 하는데, 도로의 영문명Bubbling Well Road이 거기에서 유래된 것은 틀림없는 듯하다. 나는 경내에서 우물을 발견했다. 얼핏 보니, 지금은 우물에 물은 없는 듯했고, 중국 사람들이 그곳에 동전을 던지며 소원을 빌고 있었다. 중국에서 가장 번화한 도시 상하이 시내 한가운데. 그곳에는 얼마나 많은 욕망들이 존재하고 있을 것이며, 또 얼마나 많은 성공담success story과 실

패담failure story이 지금도 또 생겨나고 있는 것일까. 시내에 위치한 덕에 많은 사람들이 편리하게 찾아와 소원을 빌고 있는 것이다. 시내의 고층 건물과 사찰의 처마가 독특한 풍경을 형성하고 있었다.

06

라디오 일기예보에 문득 떠오른 상하이 유학시절

― 피천득의 「황포탄의 추석」

●

피천득의 문학세계에 대한 평가

춘원의 권유로 상하이 유학을 떠나다

상하이 시절의 주변 사람들 -안창호, 주요섭과의 관계

금아가 경험한 상하이

금아가 상하이를 기억하는 방식으로서의 '그리움'

피천득의 문학세계에 대한 평가

   피천득은 수필 「인연」으로 유명한 작가이다. 고등학교 교과서에도 실렸던 걸로 기억한다. 내용은 '나'와 일본 여성 아사코朝子의 평생 세 번에 걸친 만남의 이야기이다. 첫 번째는 1927년 무렵, '나'는 당시 열일곱 살이었고 아사코는 일곱 살 정도의 초등학교 1학년이었다. 어린 아사코는 '나'를 몹시 따랐고, 헤어질 때는 몹시 아쉬워했다. 두 번째는 1940~1941년 무렵으로 '나'는 서른 살 전후였고, 아사코는 이미 대학교 3학년으로 어엿한 숙녀여서 예전의 오누이 같은 애틋한 감정은 생겨나지 않았다. 세 번째는 1954년으로 '나'는 마흔 넷이었고, 아사코는 30대 중반의 기혼 여성으로 맥아더 사령부에서 번역 일을 하고 있었다.

   '나'는 시들어가는 백합 같은 아사코의 얼굴을 보고 세 번째의 만남은 차라리 이루어지지 않았으면 더 좋았을 것이라고 생각한다. '나'는 일본 성심聖心여학원 소학교와 대학교를 다니던 아사코의 옛 모습을 기억하며 한국의 성심여대가 있는 춘천을 다녀오겠다고 마음먹는다. 기억 속 이미지와 현실의 모습은 왜 괴리를 보일 수밖에 없는가. 결국 사람을 변하게 한 것은 시간이고, 변함없이 아름답게 존재하는 것은 기억 속의 옛 모습뿐이다. 지난 시절에 대한 그리움과 시간을 거스를 수 없는 인간의 한계, 그리고 그에 대한 아쉬움 같은 것들이 그려져 있었던 것으로 기억한다. 이것이 피천득 문학 속 기억의 의미이다.

   피천득의 작품을 좋아하는 사람이라면, 그의 문학이 '순수한 동심과 맑고 고매한 서정성 그리고 위대한 정신세계'를 지향한다는 그의 표현에 공감할 것이다. 피천득은 1910년부터 2007년까지 100세 가까이 살면서 한국 현대사의 굵직한 사건들을 모두 체험했지만, 그에 대한 문학사적 평가는 확정되지 않았다. 그 이유는 식민지배와 군부독재 등 정치적 압제에 저항하는 리얼리즘 문학이 커다란 세력을 형성하고 있는 한국문학사에서 순수함과 서정성을 특징으로 하는 피천득의 문학은 합당한 위치를 부여받지 못했기 때문이다. 최근 피천득의 문학전집과 평전 등을 출판한 정정호는 『피천득 다시 읽기』에서 피천득의 문학을 "지혜 문학(wisdom literature)"으로 평가했다. 지혜 문학이란 '삶에 대한 사유를 다룬 문학'을 말하는데, 이른바 거대서사에 포괄되지 않는 독자적 영역에 피천득 문학의 위상을 정립하고자 하는 취지로 보인다.

춘원의 권유로 상하이 유학을 떠나다

피천득은 만 16세이던 1926년부터 1937년까지 10여 년의 시간을 상하이에서 보냈다. 1910년 서울에서 태어난 피천득은 일곱 살에 아버지를 잃고 열 살에 어머니를 여의어 천애天涯의 고아가 된다. 검정고시로 2년을 월반하여 경성고보에 입학한 피천득은 1923년 당시 동아일보 편집국장이었던 이광수의 눈에 들어 그의 집에서 3년간 유숙을 하게 된다. 1913년과 1919년 두 차례 상하이 체류를 경험한 이광수는 피천득의 상하이 유학에 결정적인 조언을 하게 된다. 이광수의 상하이행에 대해서는 앞에서도 기술했지만, 당시 상하이에서 허영숙에게 보낸 편지를 보면 그가 상하이를 어떻게 생각하고 있었는지 잘 알 수 있다.

> 상해는 적어도 내게 있어서 가장 적당하고 마음에 드는 곳으로 생각됩니다. 귀찮은 일이 없고, 하찮은 친구가 없고, 언제나 혼자 있을 수 있어, 실로 상해는 은둔을 중히 여기는 사람, 자유를 중히 여기는 사람, 돈벌이를 중히 여기는 사람에게 있어서는 최상의 장소일 것이외다.

피천득의 부친은 예전 종로에서 상업으로 큰 부富를 이루었는데, 부모가 모두 돌아가신 후 주위에서 그의 유산을 노리는 사람이 많았기에 유학을 갈 수밖에 없었다. 피천득은 유학지로 상하이를 선택하게 된 이유를 석경징과의 대담에서 다음과 같이 밝혔다.

> 그때 대개 일본으로 공부하러 떠나지 않았습니까. 물론 그 생각도 했죠. 그런데 춘원이 일본으로 간 사람들은 많으니 앞으로는 다른 교육을 받는 것이 좋을 수도 있다고 했죠. 특히 그 때는 주요한 씨가 거기 ―상해 호강대학교―를 졸업하고 와서 동아일보에 취직을 했죠. … 그런데 동생인 주요섭이 있었어요. … 주요섭이가 그 호강대학 교육학과에 재학 중이었죠. 그래서 그이를 믿고 상해에 가려고 마음먹은 것도 있죠. 그이가 나를 돌봐줄 것이라는 생각으로.[1]

주지하듯이 이광수는 다이세이大成중학과 메이지학원明治學園중학, 그리고 와세다대학에서 공부하는 등 세 차례나 일본에서 유학한 사람이다. 그런 그가 일본이 아닌 상하이를 유학지로 추천한 구체적 이유는 제시되고 있지 않다. 하지만 아마도 이광수는 두 차례 상하이를 다녀온 후 상하이가 도쿄보다도 세계화된 도시일 뿐 아니라, 일본적 근대의 프레임을 뛰어넘는 국제적 대도시로서의 면모를 갖추고 있다고 생각했던 것 같다. 이 대목에서 상하이를 여행하고 돌아온 아쿠타가와 류노스케가 요코미쓰 리이치에게 상하이를 보고 오라고 했던 에피소드가 오버랩 된다.

피천득은 훗날 상하이를 회상하면서 "인간이 꿈꾸고 상상할 수 있는 모든 일들의 가능성이 다 열려 있는 도시"라고 했는데, 그는 상하이를 당시로서는 아시아의 도시들이 따라가지 못할 코즈모폴리턴의 도시로 받아들였던 것 같다.

---

1 정정호 엮음, 『피천득 대화록』, 범우사, 2022, 60~61쪽.

상하이 시절의 주변 사람들
― 안창호, 주요섭과의 관계

1926년 피천득은 경성고보를 채 마치지 못한 상태에서 상하이로 떠나, 기독교 계통의 토마스한버리고등학교 Thomas Hansbury Public School에 다녔다. 1929년에는 후장대학 滬江大學, 현재 上海理工大學 예과에, 1931년에는 본과에 입학하였다. 상하이에서 피천득이 가장 가깝게 지낸 사람은 주요섭이었던 것 같다. 1972년 주요섭 사망 시에 피천득이 쓴 추도문 「여심」 餘心의 한 대목을 보기로 하자.

> 내가 형을 만난 것은 열일곱 살 나던 해, 내가 상해로 달아났을 때입니다. 나보다 8년 연상인 형은 호강대학에 재학 중이었습니다. 학교로 찾아간 나를 데리고 YWCA 식당에 가서 저녁을 사준 기억이 납니다. 나는 상해 시내에 방을 얻고 고등학교에 다니게 되었습니다. 형은 주말이면 기숙사에서 나와서 나하고 영화 구경을 갔습니다. … 중국 음식점에 가서 저녁도 잘 사 먹었습니다. … 형이 나보고 영화 구경하고 저녁 사 먹을 돈만 있으면 돈 걱정 안 하고 살아도 된다고 말한 것이 기억납니다.[2]

조실부모하고 천애의 고아가 된 피천득에게 상하이에서 만난 주요섭은 친형 이상의 존재였던 듯하다. 피천득은 또 이 글에서 주요섭이 대학 영자신문의 주간이었고, 대학 토론회의 학년 대표였으며, 마닐라 극동올림픽에 중국 대표로 출전했다고 적었는데, 이를 통해 주요섭은 중국의 대학에서 매우 적극적으로 활동했음을 유출할 수 있다. 피천득은 주요섭에 대해 "형은 나의 이상적 인물이요, 모든 학생의 흠모의 대상"이었다고 했다.

---

2 피천득, 「인연」, 샘터, 2012, 172~173쪽.

피천득이 상하이를 유학지로 선택하는데 이광수의 추천만이 작용했던 것은 아니다. 피천득은 상하이로 가기 이전부터 도산島山 안창호에 대한 존경심을 갖고 있었다. 「도산」이라는 수필의 한 구절을 보기로 하자.

내가 상해로 유학을 간 동기 중 하나는 그분을 뵐 수 있으리라는 기대였었다. 가졌던 큰 기대에 대하여 환멸을 느끼지 않은 경험이 내게 두 번 있다. 한 번은 금강산을 처음 바라보았을 때요, 또 한 번은 도산을 처음 만나 뵌 순간이었다. 용모, 풍채, 음성 이 모든 것이 고아하였다. 그는 학문을 많이 하신 분은 아니었지만, 예리한 관찰력과 명철한 판단력을 가지고 계셨다. 그는 숭고하다기에는 너무나 친근감을 주고 근엄하기에는 너무 인자하였다. 그의 인격은 위엄으로 나를 억압하지 아니하고 정성으로 나를 품안에 안아버렸다.

국내에서 도산의 강연을 들으면서 그의 용모, 풍채, 음성 등에 매료된 피천득은 상하이에서 도산을 직접 만난 후 그의 인품에 대해 존경심을 갖게 되었고, 1928년부터는 흥사단의 단우團友가 되어 매주 두 번씩 도산을 만나 가르침을 받았다고 한다. 피천득은 이 밖에도 여러 글에서 도산에 대한 존경심을 표현한 바 있는데, 「반사적 광영反射的光榮」에서는 도산이 짚던 것과 비슷한 단장을 구입해서는 친구에게 도산이 준 것이라고 자랑했다는 유머러스한 에피소드도 소개되어 있다.

「도산」의 마지막 대목에서 피천득은 도산에 대한 마음의 빚을 털어놓는다.

1932년 6월, 그가 일본 경찰에 체포되어 고국으로 압송된 후에도 그의 작은 화단에는 그가 가꾸던 여름꽃들이 주인의 비운도 모르고 피어 있었다. 내가 병이 나서 누웠을 때 선생은 나를 실어다 상해 요양원에 입원시키고, 겨울 아침 일찍이 문병을 오시고는 했다. 그런데 나는 선생님 장례에도 참례치 못하였다. 일경日警의 감시가 무서웠던 것이다. 예수를 모른다고 한 베드로 보다도 부끄러운 일이다.[3]

도산이 일본 경찰에 체포된 것은 1932년 4월 29일 상하이 홍커우공원에서 개최된 일본 전승 축하 기념식에서 윤봉길이 폭탄을 투척한 사건과 관련이 있다. 일제는 폭탄 투척 사건의 배후를 밝히려 임시정부 인물들을 샅샅이 조사했고, 도산은 당시 체포되어 4년형을 선고받았다. 그 후 1937년 수양동우회 사건으로 다시 체포되었다가 병보석으로 풀려났으나, 이듬해 3월에 사망했다. 일경의 감시가 무서워 장례식에 참석 못했고, 그것을 예수를 세 번 부인한 베드로에 비유한 것은 피천득의 인간적 솔직함이 잘 드러나는 대목이다.

금아가 경험한 상하이

상하이가 반영된 피천득의 글은 대략 12편 가량 되는데, 그중 「그날」, 「토요일」, 「낙서」에는 상하이의 기억이 글 중간에 매우 단편적으로 삽입되어 있다. 「그날」은 작가가 어느 날 우연히 루쉰의 산문 「아버지의 병」을 읽다가 어머니가 돌아가시던 '그날'의 안타까운 기억을 떠올리는 이야기이다. 작품에는 루쉰이 주위 사람들의 성화에 못 이겨 의식을 잃어가는 아버지에게 '아버지! 아버지!'하고 불러드렸고, 그 때는 그것이 효도인 줄 알았지만, 나중에 생각해보니 그 행동이야말로 '아버지에 대한 최대의 잘못이었다.'고 하는 회한이 담겨있다. 이에 대하여 피천득은 「그날」

---

3 피천득, 앞의 책, 146쪽.

에서 임종을 지키지 못한 탓에 불효조차 하지 못한 것을 후회했다. 피천득이 1926년부터 1937년까지 상하이에서 체류한 기간은 루쉰이 1927년부터 1936년까지 생애의 마지막 10년을 상하이에서 보낸 시간과 겹친다. 왜 루쉰과는 교류가 없었을까. 이 점에 대해 피천득은 석경징과 나눈 대담에서 "내가 상해에 있었던 일 중에 몹시 안타까운 일 가운데 하나는 왜 그때 루쉰을 만나보지 않았나 하는 거예요"라고 말했다. 아마도 그 안타까움이 수필 「그날」에서 루쉰을 소환했을지도 모른다.

「토요일」에서는 상하이에서 4년간 기숙사 생활을 하는 동안 늘 주말이 되면 시내에 놀러나갔던 기억을 떠올렸고, 「낙서」에서는 상하이에서 처음으로 양복을 맞춰 입었던 일을 적었다. 이 외에 「도산」, 「도산선생께」, 「반사적 광영」, 「춘원」, 「여심」은 안창호, 이광수, 주요섭에 대한 회상적 성격의 글이다. 「황포탄의 추석」, 「은전 한 닢」, 「유순이」, 「서영이 대학에 가다」는 상하이의 기억이 비교적 온전히 반영된 글이다.

「황포탄의 추석」은 편폭은 짧지만 올드 상하이의 분위기가 잘 담긴 글로, 피천득의 상하이 관련 글 중에서 대표작이라 할 만하다.

월병月餠과 노주老酒, 호금胡琴을 배에 싣고 황포강黃浦江 달놀이를 떠난 그룹도 있고, 파크 호텔이나 일품향一品香에서 중추절 파티를 연 학생들도 있었다. 도무장跳舞場으로 몰려간 패도 있었다. 텅 빈 식당에서 저녁을 먹고 방에 돌아와 책을 읽으려 하였으나, 마음이 가라앉지 않았다. 어디를 가겠다는 계획도 없이 버스를 탄 것은 밤 아홉 시가 지나서였다. 가든 브리지 앞에서 내려서는 영화 구경이라도 갈까 하다가 황포탄공원으로 발을 옮겼다. 빈 벤치가 별로 없었으나 공원은 고요하였다. 명절이라서 그런지 중국 사람들은 눈에 띄지 않았다. 이 밤뿐 아니라 이 공원에 많이 오는 사람들은 유대인 백계白系 러시아 사람, 서반아 사람, 인도인들이다. 실직자, 망명객 같은 대개가 불우한 사람들이다. 갑갑한 정자

간亭子間에서 나온 사람들이다.[4]

학생들 중에도 전통 중화문화를 좋아하는 그룹, 서구적 분위기의 파티를 선호하는 그룹, 그보다 상업적이고 감각적인 대중문화를 좋아하는 그룹이 있었지만, 작가는 어느 그룹에도 속하지 못하고 있다. 평소 같으면 사람이 넘쳤을 구내식당이었지만, 명절이라 구내식당에서 식사하는 사람은 별로 없다. 심란한 마음에 버스를 타고 가든 브리지Garden Bridge 앞에서 내렸다.

가든 브리지는 피천득이 다닌 후장대학이 있던 홍커우虹口 지역과 서양인 거주 지역인 공동 조계 사이에 있는 다리이다. 작가는 버스를 타고 시내에 나왔지만, 쓸쓸하게 황포공원으로 발걸음을 옮긴다. "빈 벤치가 별로 없었지만 공원은 고요하였다."는 표현은 매우 함축적이다. 빈 벤치가 없을 정도로 공원에 사람이 많았는데, 왜 조용했을까? 그들은 각자가 모두 타인이었기에, 옆 사람과 대화를 나누지 않은 채 홀로 앉아 고향 생각을 하고 있었기 때문이다. 나치의 박해를 피해온 유대인, 볼셰비키 혁명 후 러시아를 떠나온 백러시아인, 서양인이지만 영국, 미국과 같은 주류에 들지 못하던 스페인인, 영국 식민지 인도인, 그리고 작가는 일본 식민지 조선인. 이들은 실직자, 망명객처럼 대도시 상하이의 주변부에서 살아가던 사람들이었다. 작가는 벤치에 앉은 사람들을 보면서 "친구와 작별하던 가을 짙은 카페, 달밤을 달리던 마차, 목숨을 걸고 몰래 넘던 국경, 그리고 나 같은 사람이 또 하나 있었다면 영창에 비친 소나무 그림자를 회상하였을 것이다."라고 상상의 나래를 펼치고 있다.

「은전 한 닢」은 수필이라기보다 소설에 가깝다는 느낌이다. 수필로 분류되는 다른 글들이 작가의 자기 고백적 성격이 강한데 비해 이 글은 서

---

[4] 피천득, 앞의 책, 81쪽.

사적敍事的 구도 하에 인물을 형상화해내고 있다. 「은전 한 닢」은 '내'가 예전 상하이에서 본 일을 서술하고 있다. 상하이에서 어느 늙은 거지 하나가 전장錢莊에 가서 대양大洋 은전 한 닢을 내놓으면서 주인에게 이 돈이 진짜 돈인지를 물어보았다. 주인은 진짜가 맞다고 확인해주었고, 거지는 기쁘게 전장을 나와 다른 전장에 가서 또 물어보았다. 이번 전장 주인은 다짜고짜 이 돈을 어디서 훔쳤느냐고 다그쳤다. 거지는 당황하여 훔치지 않았다고 하면서 달아난다. 어느 골목 담벼락에 서서 홀로 은전을 꺼내 보며 흐뭇해하고 있는 거지에게 '내'가 다가가서 어디서 난 것이냐 묻자, 거지는 한 푼 한 푼 모은 돈을 바꾼 것이라 한다. '내'가 그 돈으로 무엇을 할 것인가 물으니, 거지는 그냥 이 돈 한 개가 갖고 싶었을 뿐이라 대답하며 작품은 끝난다.[5]

피천득이 유학하던 당시 중화민국 화폐 유통의 상황과 관련해서 조금 덧붙여 보기로 한다. 20세기 전반까지만 해도 중국의 화폐 상황은 매우 복잡했다. 민간에서는 주로 동전이 사용되었는데, 주조 시기가 서로 다른 동전이 섞여 있던 데다가, 관제官制와 사제私製가 혼용되었으며, 지역별 품목별로 통화가 나뉘어 있었다. 예컨대 어떤 지역에서는 청淸이 발행한 강희통보康熙通寶를 쓰면 다른 지역에서는 명明의 홍무통보洪武通寶를 쓴다던가, 사오싱주紹興酒를 사려면 사오싱紹興 지역의 통화를 바꿔가야 하고 생사生絲를 사려면 광저우廣州에서 유통되는 통화를 준비해야 하는 식이었다. 이런 상황이다 보니 아무리 작은 시장이라도 반드시 환전상이 있어 다종다양한 화폐를 환전해주었는데, 위에서 말한 '전장'이란 환전소를 말한다. 동전은 현지 통화로만 쓰였던데 반해서 은전은 지역 간 결제 통화의 역할을 담당했다. 그러다보니 거지에게 있어 이 귀한 은전이 수중에 들어왔다는 것은 신기한 일로 여겨질 수도 있다.

---

5 피천득, 앞의 책, 220~223쪽.

작품의 맨 마지막 '그냥 이 돈 한 개가 갖고 싶었을 뿐'이라는 말은 다양하게 해석될 수 있을 것 같다. 거지가 이 신기한 대양 은전을 물건을 사는데 쓸 것 같지는 않다. 그는 그것을 언제까지고 품속에 고이 간직하고 살 것 같이 보인다. 거지에게 있어 대양 은전은 교환의 도구로서의 화폐가 아니라, 이를테면 십자가와도 같은 신앙적 심벌이 되었을 것이다. 신앙적 체계를 갖게 된 자본주의의 물신숭배에 대한 풍자, 혹은 비판을 이 작품에 대한 첫 번째 해석이라 한다면, 두 번째 해석은 거지가 그 대양 은전을 소유함으로써 자기도 상하이라는 이 도시의 일원임을 느끼게 된다고 하는 것이다.

만약 거지가 노동이 아닌 구걸로만 살아간다면, 그에게는 돈이 필요 없을 것이다. 노동과 자본이 엮어가는 권력적 관계망으로 얽혀있는 대도시에서 거지는 시스템 밖의 사람이다. 장아이링의 「봉쇄」에는 전시戰時의 봉쇄로 도시 전체가 일시정지 상태에 처하게 된 상하이의 모습이 나온다. 운행을 멈춘 전차는 근대적 도시 시스템의 정지를 의미한다. 이때도 거지가 등장한다. 그는 산동 억양으로 노래를 부른다. "불쌍하다. 불쌍해~ 사람이, 이 사람이 돈이 없구나." 바쁜 도시인들에게 있어 평소 같으면 눈길이 가지 않았겠지만, 봉쇄 상황이 되어 할 일이 없어지니 거지의 존재가 주인공의 눈에 들어온 것이다. 생활 방식은 다르지만 거지 역시 엄연한 도시의 일원인 것이다. 도시인의 아이덴티티라는 각도에서 보자면, 「은전 한 닢」은 시스템의 외부에서 시민의 위치를 부러워하던 거지가 아이덴티티 상상을 통해 시민으로서의 자부심을 갖게 되는 것으로 읽을 수도 있다.

「유순이」는 『신동아』 1933년 2월호에 「상해대전 회상기」라는 제목으로 실렸던 글로, 1차 상하이 사변 당시 시가전이 벌어지고 있는 상하이 시내를 통과하여 조선인 간호사를 구하러간 작가의 모습을 그리고 있다. 1차 상하이 사변이란 1931년 9.18만주사변으로 인한 국제적 비난의 화살을 돌리기 위해 1932년 1월 28일 상하이에서 일본이 획책한 침략전쟁을 말한다. 작가는 한때 자기에게 잘해주었던 연상의 조선인 간호사를 구한 뒤 안전한 공공조계로 데려가기 위해 포화를 뚫고 쉬자후이 徐家匯의 병원을 찾아가지만, 그녀는 간호사로서의 의무감을 저버릴 수 없다하여 거절한다.

이 글은 상하이 사변을 배경으로 한 애잔한 러브스토리라 할 수도 있겠지만, 러브스토리 보다는 상하이사변의 실제 현장을 잘 그려낸 르포 같은 느낌이다.

길에는 차차로 사람이 많아졌다. 사람이 황포강 물결같이 흐른다. 푸른 옷 입은 사람들의 푸른 물결! 나는 그들 속에 섞여서 가는 동안에 공포를 느끼기 시작하였다. 만약 불행히 그 중에서 한 사람이라도 나를 일본 사람으로 본다면 나는 그 자리에서 맞아 죽을 것이다. 이런 생각을 하고 나도 모르게 몸서리쳤다. 아무 거라도 얼른 잡아타려고 하였으나 전차도 버스도 불통이었다. 가든 브리지에 다다르니 다릿목에 철망으로 만든 방색 防塞이 두 겹으로 막혀 있고, 그 뒤에는 흙을 담은 전대를 쌓아 놓았다. 그리고 공공조계 미국 군인들이 총창 銃槍을 낀 총대를 겨누고 있다. … 북사천로를 내려다보니 그곳이야말로 수라장이다. 가는 사람은 한 사람도 없고 몰려오는 사람들로만 가득 찬 그 길을 내려다보며 나는 한참이나 우두커니 섰었다. 밀물같이 밀려오는 그 군중과 정면충돌을 하면서 목적지까지 갈 수는 도저히 없을 것 같았다.[6]

1932년 1.28 상하이사변이라는 역사의 현장이 너무도 생생히 그려져 있다. 일반적으로 한국인에게 윤봉길 의사의 홍커우 의거는 너무나 유명하지만, 그 배경이 되는 상하이사변이나 9.18 만주사변 등을 구체적으로

---

6 피천득, 앞의 책, 140~141쪽.

구별해서 이해하고 있는 사람은 많지 않다. 피천득의 이 글은 상하이 사변에 대한 한국인의 현장 기록이라는 측면에서도 중요한 사료적 의미를 지니는 것이라 할 수 있을 것이다.

금아가 상하이를 기억하는 방식으로서의 '그리움'

「서영이 대학에 가다」는 대학생이 되어 자유를 추구하는 딸에 대한 작가의 뿌듯함과 허전함이 뒤섞인 복잡한 감정이 잘 표현된 글인데, 후반부에는 작가의 상하이 유학시절 여성 동창생들의 이야기를 적고 있다.

> 30년 전 내가 상해에서 공부하던 시절 내 주위에는 서영이 같이 소녀라기에는 좀 지났고 젊다고 하기에는 아직 이른 코에드coed들이 있었다. 춤 잘 추는 M은 춤뿐이 아니라 아름다운 다리로 이름이 높았다. 모두들 그를 백만 달러 다리라고 불렀었다. … 그는 지금 싱가포르에서 살고 있는데, 남편은 말레이시아에서 제일 큰 고무 플랜테이션의 소유자라고 한다. 그녀는 학생 때 어떤 가난한 화가를 죽도록 사랑하다가 죽지는 않은 일이 있다. S라는 코에드, 아이 낳기 싫어서 독신으로 살겠다더니 홍콩에서 산부인과 의사와 결혼하여 딸이 다섯이라고 한다. … 눈이 맑고 시원한 '메리 루'는 상해에서 탈출하지 못했다고 전해 들었다. 살아 있는지, 살아 있다면 얼마나 고생을 하고 있을까?[7]

동창생들의 이야기를 간명하면서도 재미있게 정리하고 있다. 그가 상하이에서 공부하던 당시의 캠퍼스 분위기가 그대로 전해져 오는 듯하다.

---

[7] 피천득, 앞의 책, 121쪽.

다만 동창생 중에서도 대륙에 남은 '메리 루'를 생각하면 작가의 마음은 편치 않았던 모양이다. 그리고는 "문득 라디오에서 '상해 북서풍 4미터. 비가 내리고 천이백 밀리바, 기온은 20도'하는 기상 개황이 들려올 때면 20년 전 그를 생각하게 된다."라는 문장이 이어지는데, 몹시 세련된 마무리이다.

여기서 피천득 수필의 중요한 미학적 포인트 중 하나인 '그리움'이 만들어지고 있다. 그리움이란 마음 속에 있지만 현실에서는 잡히지 않는 이미지가 만들어내는 아쉬운 감정이다. 그리움이라는 감정에는, 늘 주체와 대상 간의 좁혀지지 않는 거리감이 기본적인 구조로 되어 있다. 앞서 말한 '기억'과도 통하는 정서라 할 수 있을 것이다. 그의 대표작「인연」이 바로 그러한 전형적인 경우라 할 수 있겠는데, 작가는 현실 속에서 무감각해진 아사코와 어린시절 귀엽고 천진난만한 아사코를 대비시키고, 시간을 거슬러 옛날의 그 시절로 돌아갈 수 없는 상황에서 독자로 하여금 '그리움'을 느끼게 하는 것이다.「서영이 대학에 가다」역시 마찬가지이다. 상하이는 예전 작가가 유학하면서 10년 넘게 살았던 곳이지만 지금은 갈수 없다. 글을 쓰던 당시로서는 냉전의 장벽이 가로막고 있었던 것이다. 무심코 라디오에서 흘러나오는 일기예보를 통해 '상하이'라는 지명이 귓가에 들려오면, 갈 수 없는 그 곳에 대한 그리움의 감정이 생겨난다. 이것이 피천득과 올드 상하이가 마주하고 있는 스탠스stance인 것이다.

07

3.1운동 이후 새로운 길을 찾아 나선 한국의 젊은이들과 상하이

-심훈의 「동방의 애인」

- 심훈 문학의 재평가와 소설 『동방의 애인』

  박헌영과 심훈의 관계

  상하이에 온 에스페란토주의자 예로센코

  심훈의 상하이행 —소설과 현실의 차이

  『아리랑』의 김산金山과 프랑스공원法國公園

심훈 문학의 재평가와 소설 『동방의 애인』

한국 현대문학사에는 훗날 '재평가'가 이루어지는 인물이 종종 있다. 아마도 20세기 이후의 식민지배와 그에 대한 저항, 독립국가 수립과 내전, 그리고 냉전 질서 하의 개발독재와 민주화운동 등으로 이어지는 한국 사회의 이데올로기적 변동성이 한 인물에 대한 정당한 평가를 막았기 때문일 것이다. 심훈沈熏, 1901~1936 역시 재평가가 이루어지고 있는 인물 중 하나이다.

심훈의 『상록수』는 너무도 유명하지만 그의 활동 범위를 농촌 계몽소설을 쓴 작가로만 제한하는 것은 너무 편파적이다. 그는 시와 소설 뿐 아니라 영화 대본도 쓰고, 감독도 했으며, 배우로 활동할 정도로 전방위적인 예술가였고, 작품 수도 많았다. 심훈 연구가 특정 작품에만 치우쳐있다고 하는 지적은 한국문학 연구자들 사이에서 줄기차게 제기되어 왔다. 새로운 학문적 요구에 맞추어 최근에는 관련 심포지엄도 열렸고, 전 8권 분량의 새로운 전집도 출판되었다.[1]

『동방의 애인』은 심훈이 1930년 〈조선일보〉에 연재하다가 검열로 중단된 미완의 장편소설이다. 소설 속 두 주인공 동렬과 박진은 기미년 3월 1일 만세운동에 참가했다가 투옥되었던 것으로 나온다. 그들은 1년이 넘는 형기를 마치고 석방된 후, "넓은 무대를 찾아" 중국 상하이로 떠난다. 두 사람은 상하이에 도착하여 하늘을 찌를 듯한 마천루와 백화점이 즐비한 화려한 중심가를 지나 조선 사람이 많이 거주하고 있는 프랑스 조계의 보강리寶康里에 거처를 정한다.

젊은 혈기만으로 상하이에 온 동렬과 박진은 민족운동 지도자 ×씨를

---

1 심훈선생 기념사업회 주최 「심훈의 역사적 의의와 문학사적 위상」, 「심훈 연구 어디까지 왔나」, 「심훈과 동아시아」 등 심포지엄 진행, 『심훈 전집』(전 8권, 글누림) 출판.

알게 되었고, 자신들의 구체적인 진로를 상의하는 과정에서 그에게 여러 가지로 의지하게 된다. 그러던 중 동렬이 3.1운동 당시 호송되는 과정에서 알게 된 연인 세정마저 상하이로 와서, 그들은 함께 미래를 계획하게 된다. 상하이에서 재회한 동렬과 세정의 대화를 잠시 보도록 하자.

"여기 형편이 그렇도록 한심한 줄은 몰랐어요. 무슨 파 무슨 파를 갈라 가지고 싸움질을 하는 심사도 알 수 없지만, 북도 사람이고 남도 사람이고 간에 우리의 목표는 꼭 한 가지가 아니야요? 왜들 그럴까요" …
"나는 그들이 하는 일은 듣기만 해두 속이 상합니다. 가공적架空的 ×× 주의! 환멸거리지요. 우리는 다른 길을 밟아야 할 것입니다…." …
"그 다른 길이라니요?" …
"이 자리에선 말씀할 수 없습니다. 앞으로 기회가 있는대로 토론합시다."[2]

세정의 말은 상하이 민족운동 진영 내의 분파주의를 지적하고 있는 듯하다. 이에 대해 동렬은 "가공적 ××주의"가 아닌 "다른 길"을 밟아야 한다고 표현하고 있는데, 여기서 "다른 길"이란 소설 전개의 문맥상 "사회주의"를 말하고 있는 듯하다.

한편 소설에는 영숙이라는 여성이 등장하는데, 서울의 여유있는 기독교 장로의 무남독녀로 아버지를 따라 상하이에 왔다가, 이제는 홀로 남아서 음악학교 입학을 준비하고 있는 중이었다. 유복한 집안 출신인 그녀는 정치적 지향성이 강한 세정과는 스타일이 매우 달랐지만, 두 사람은 서로 사이좋게 잘 지냈다.

동렬은 세정에게 말한 "다른 길"을 밟기 위한 준비를 해나갔다. ×씨를

---

[2] 『심훈문학전집』(2), 탐구당, 1967, 568쪽.

중심으로 동렬과 박진 등은 지난날의 모든 관념과 "삼천 리 강토"니 "이천만 동포"니 하는 민족에 대한 전통적 애착심까지도 버리고 새로운 문제를 내걸었다. 동렬과 박진과 세정은 ×씨가 모든 책임을 지고 있는 ○○당 ××부에 입당하였으며, 호칭도 "동지"라고 바꾸었다. 그 후로 세정은 동렬이 지시하는 대로 무산계급 운동이나 세계 약소민족에 관한 자료를 수집하고 정리하는 일을 맡아했다. 구체적인 작업을 해나가면서 두 사람 간에 동지적 애정이 날로 깊어가던 어느 날 ×씨도 두 사람의 관계를 알게 된다. 동렬과 세정의 다정한 모습을 보자 ×씨는 감정이 북받쳐, 비명횡사한 자기 아내와 딸의 슬픈 운명을 이야기했고, 그 자리에서 ×씨와 세정은 부녀관계를 맺게 된다.

그 사이에 박진은 ×씨의 소개로 ○○군관학교에 입학했고, 잠시 휴가를 나와 영숙을 만난다. 박진과 영숙은 와이탄外灘의 황포공원을 거쳐 베이쓰촨로北四川路의 음식점에서 식사를 하고, 함께 영화를 본다. 두 사람의 사이에도 사랑의 감정이 싹트지만, 박진은 영숙의 기독교 휴머니즘을 싫어한다. 아쉬움을 남기며 박진은 귀대한다. 얼마 후 동렬과 세정은 ×씨의 주례로 결혼식을 치렀고, 하객들은 '인터내셔널'을 부르고, 모두 음악에 맞춰 왈츠를 췄다. 이 때 박진도 때마침 휴가를 나와서 결혼식에 참석했는데, 식이 끝난 후에는 영숙에게 프러포즈를 해 이들 두 사람도 결혼을 한다.

그 후 3년이라는 시간이 지나갔다. 박진은 군관학교에서 신임을 얻게 되었고, 영숙은 음악가가 되겠다는 꿈을 접고 세정 등과 함께 일한다. 동렬은 국제당 청년대회에 조선인 대표로 참석하기 위해 모스크바로 떠난다. 그들은 자동차로 고비사막을 뚫고 몽골을 지나서 치타에서 기차를 바꿔 타고 바이칼호수와 시베리아를 거쳐 갔다. 일행은 레닌 묘에 참배했고, 볼쇼이 극장 등 모스크바 시내를 여기저기 돌아다녔고, 크렘린 궁에서 개최된 대회에 참석했다. 동렬 일행이 일주일 간의 대회 일정을 마치고 다시 상하이로 돌아오는데서 소설은 끝난다.

박헌영과 심훈의 관계

『동방의 애인』에 나오는 동렬의 형상이 박헌영을 모델로 한 것이라는 설이 있다.[3] 이미지 면에서 확연하게 서로 다른 심훈과 박헌영이 서로 연결되어 있었다는 말인가. 조선공산당 및 남로당의 당수를 지낸 박헌영이 심훈 소설의 주인공으로 등장한다고 하는 것은, 심훈을 부르주아적 농촌 계몽 소설 『상록수』의 저자로만 알고 있던 독자라면, 실로 충격이 아닐 수 없다. 역사적 문맥을 좀 더 살펴보도록 하자.

2004년 역사문제연구소에서 출판된 『이정 박헌영 전집』 제4권의 「기타 자료」장에 실린 작품 『동방의 애인』의 해제에 다음과 같은 내용이 있다.

『동방의 애인』에 나오는 김동렬은 박헌영을 모델로 한 것이다. 다변이고 건장한 체구의 박진이 심훈 자신이라면 과묵하고 이지적인 인물인 김동렬의 행적은 박헌영의 그것과 일치한다. … 심훈과 박헌영은 1915년 경성제일고보에 같이 입학하고 4년 동안 같이 공부한 동창생이었다. 심훈은 박헌영의 무슨 일이든지 의지적이요 침착하여 함부로 덤비지 아니하는 점에 끌렸으며, 박헌영은 불덩이 같은 정열과 모험이 있는 점에서 심훈과 친하게 된다. 그들은 1919년 3.1운동에도 같이 참가한다. … 박헌영이 동경東京으로 유학을 떠난 것은 1920년 9월이었다. 심훈도 동경으로 유학을 떠나려 했으나 집안의 반대에 부딪쳐 실패하고 만다. 박헌영

---

3 한국현대사 연구자 임경석의 주장이 실린 〈경향신문〉 2004년 4월 11일자 기사 「심훈 '동방의 애인' 모델은 박헌영」

이 동경에서 상해로 떠난 것은 그해 11월 말, 심훈도 12월에 가장假裝, 변명變名을 하고 북경을 거쳐 상해에 도달한다.[4]

두 사람의 생애에 관한 기술과 대조해보면, 『동방의 애인』의 로맨스가 박헌영을 모델로 한 것이라는 주장은 타당한 것으로 보인다.[5] 그 주장에 의하면 소설 속 남주인공 김동렬은 박헌영을 모델로 한 것이고, 여주인공 세정은 주세죽朱世竹, 1901~미상을 모델로 한 것이다. 주세죽의 생애를 간단하게 살펴보기로 한다.

주세죽은 함경남도 함흥 출신으로, 함흥 영생여학교 고등과에서 2년 동안 수학했다. 1919년 함흥에서 3.1운동에 참가했다가 일제 경찰에 체포되어, 1개월 동안 유치장에 감금되었다. 감옥에서 석방된 뒤 함흥의 한 병원에서 근무하기 시작했고, 1921년까지 그곳에서 일했다. 1921년 4월 상해上海로 가서 안정씨여학교晏鼎氏女學校에 입학해 영어와 피아노를 배운 뒤 1922년 5월 귀국했다. 이 해에 박헌영과 결혼했다. 1924년 5월 한국 최초의 사회주의 여성단체인 조선여성동우회朝鮮女性同友會를 발기하고 집행위원이 되었다. …[6]

박헌영과 주세죽이 상하이에서 실제로 만나고 결혼한 시기 등이 모두 소설 속 상황과 부합한다. 다만 두 사람이 3.1운동 때 호송차에 같이 실린 것을 계기로 처음 알게 되었다는 것은 작가가 상상을 통해 구성해낸

---

4 『이정 박헌영전집』(4), 역사비평사, 2004, 661쪽.
5 박헌영이 소설 『동방의 애인』의 모델이 되었다고 하는 주장은 안재성의 『박헌영 평전』 (인문서원, 2020, 80쪽)에서도 찾아볼 수 있다. 안재성은 소설 속 ×씨가 여운형이라는 주장도 했다.
6 『한국민족문화대백과사전』 참고.

이야기인 것 같다. 두 사람은 서로 다른 지역에서 3.1운동에 참가했고, 상하이에서 처음으로 만났기 때문이다.

   심훈과 박헌영이 같은 시기에 상하이에 있었던 점은 분명해 보인다. 박헌영이 상하이로 가던 당시의 행적을 좀 더 자세히 보기로 하자. 소설 속에서는 동렬과 박진이 모두 3.1운동에 가담했다가 옥고를 치른 것으로 나와 있으나, 실제로 심훈이 4개월 여 투옥되었던 것과 다르게 박헌영은 체포되지 않았고, 1919년 3월 23일에 경성고등보통학교를 졸업한다. 박헌영은 1920년 9월에 조선 에스페란토협회 창립대회에 참가하고 일본 도쿄로 가지만, 학교에 입학하지는 않는다.[7] 1920년 11월에는 도쿄를 출발하여, 나가사키를 거쳐 상하이로 가게 된다.

   1920년 말에서 1921년 초 상하이에서 고려공산당 조직에 참가한 박헌영은 다른 조선인 공산주의자들과 함께 1921년 10월 16일 상하이 베이쓰촨로北四川路에 있는 에스페란토학교 내에서 일본인 공산주의자이자 에스페란토 연구자인 아오야마青山의 환영회를 개최했다.[8] 그들은 또한 사흘 뒤인 10월 19일 상하이 프랑스 조계 애인리愛仁里 52호에서 러시아의 맹인시인 예로센코의 강연회를 개최했다. 박헌영 등이 상하이에서 예로센코 강연회를 개최한 것은 매우 재미있는 사실인데, 이 부분을 좀 더 보기로 하자.

상하이에 온 에스페란토주의자 예로센코

예로센코Vasilli Yakovlevich Eroshenko, 1890~1952는 러시아 벨고로드에서

---

7 임경석, 『이정 박헌영 일대기』, 63쪽.
8 임경석, 앞의 책, 74쪽.

태어난 시인이자 아나키스트이며, 에스페란토주의자였다. 앞서 인용한 『이정 박헌영 전집』에는 당시 일본 경찰의 첩보 기록을 인용하여 예로센코를 "러시아 혁명시인" 혹은 "러시아 시인이자 혁명당원인 에레젠코"라고 기술되어 있는데, 여기서는 당시 일본 경찰이 기록한 "혁명"이라는 단어가 오해를 불러일으키기 쉽다. 예로센코는 러시아 10월 혁명을 지지한 인물이 아니라 오히려 볼셰비키의 위험성을 지적한, 차라리 반국가주의자라고 해야 할 인물인 것이다. 1914년 일본에 가서 진보적 지식인들과 교유하며 국가주의를 반대하는 강연을 했던 예로센코는 그 후 태국, 미얀마 등지를 다니며 에스페란토 운동을 하다가, 캘커타에서 영국 관리들에 의해 추방당하고, 1919년 다시 일본으로 돌아온다[9]. 1921년 예로센코가 도쿄 간다神田에 있는 청년회관YMCA에서 했던 '재앙의 잔'禍の杯이라는 제목의 일본어 강연은 당시의 조선인들에게는 각별한 의미가 있었을 것이다.

예로센코는 이 강연에서 일본 군국주의를 비판했는데, 당시 중국과 시베리아에서 일어나고 있던 배일운동은 모두 일본 군벌이 야기한 직접적 결과이며, 일본이 조선의 독립을 빼앗았기 때문에 조선독립의 절규가 나온 것은 너무도 당연한 것인데, 역으로 일본은 조선인을 압박하고 있다고 말했다[10]. 조선에서 3.1운동이 일어난 지도 얼마 안 된 때인데다가, 그가 강연했던 간다神田의 청년회관YMCA은 3.1운동의 기폭제가 된 2.8독립선언이 거행된 장소이기도 하다. 예로센코는 1921년 4월 18일에 이 강연을 했고, 6월 1일에 일본 정부로부터 추방되어, 블라디보스톡으로 갔다가 소련으로부터 입국을 거절당하고, 이만, 치타 등의 소련 도시, 그리고

---

9 예로센코의 행적은 바실리 예로센코 지음, 길정행 옮김, 『사랑하는 것을 얻지 못하는 슬픔』, 하늘아래, 2007, 280~287쪽의 「예로센코 연보」를 참조함.
10 '재앙의 잔'의 내용은 藤井省三, 『エロシェンコの都市物語』, みすず書房, 1989, 32~33쪽 참고.

하얼빈을 거쳐 10월 7일 상하이로 오게 된다.

10월 19일 프랑스 조계 애인리愛仁里 52호에서 열린 강연회에서 예로센코가 어떤 말을 했는지 구체적으로 알 수 없지만, 적어도 조선독립의 대의와 관련된 내용이 포함되어 있지 않았을까 짐작된다. 1922년 2월 루쉰의 소개로 베이징대학에서 에스페란토를 가르치게된 예로센코는 루쉰의 집에서 기거하면서 자주 환담을 나누었으며, 1922년 7월 예로센코가 핀란드의 에스페란토 대회 참석차 일시 베이징을 떠났을 때 루쉰은 「오리의 희극」이라는 작품을 써서 예로센코를 그리워하는 감정을 표현하기도 했다.

독립운동가이자 아나키스트였던 이우관이 쓴 『우관문존』이라는 책에는 그가 중국에 체류하던 1922년 우당 이회영, 단재 신채호, 루쉰 형제, 러시아 맹인시인 바실리 예로센코, 타이완의 판번량范本梁 등과 만나 교유했다는 내용이 있다. 이우관이 루쉰과 교유했던 사실은 루쉰 일기에도 기록되어 있다. 또, 최근에는 공초 오상순이 중국에 가서 루쉰, 저우쭈어런 형제를 만나 신촌운동과 아나키즘에 대해 논의했다는 자료도 나와 있다.[11]

심훈의 상하이행 ―소설과 현실의 차이

1920년 심훈은 왜 상하이로 떠났을까. 해외 유학과 관련된 심훈 자신의 직접적 언급을 보면, 1920년 3월 9일의 일기에서 그는 "오랫동안 동경하던 나의 일본 유학을 몇 해 동안 중지하거나, 아주 유람으로 가거나 하

---

11 박윤희, 「오상순의 문학과 사상—1920년대, 동아시아의 지적 교류」, 『문학사상』, 2009년 8월호.

기 외에는 안 가기로 결정하였다.[12]"고 적은 바 있다. 자전적 수필 「무전여행기」의 내용에 의하면, 1920년 말 베이징으로 떠난 심훈은 본래 "북경대학의 문과를 다니며 극문학을 전공하려했다."고 한다. 하지만 막상 와 본 후에는 베이징의 분위기에 실망했고, 1921년 2월 프랑스 정부에서 중국 유학생을 환영한다는 모집 공모를 보자 프랑스 유학을 꿈꾸게 된다. "아무튼 배가 상해에서 떠난다니 그곳까지 가자!"[13]는 생각을 품고 심훈은 상하이에 오게 된다.

아마도 당시 심훈이 보았을 프랑스 유학생 모집 공고는 근공검학勤工儉學과 관련이 있었을 것 같은데, 근공검학은 현지에서 아르바이트를 하면서 공부를 하는 제도이다. 1915년 6월 우위장吳玉章, 차이위엔페이蔡元培 등이 근공검학학회를 조직하고, 1916년 3월에는 중국 프랑스교육회를 창립하여 프랑스 유학의 길을 텄다. 1919년부터 실제로 유학생이 파견되기 시작하였는데, 1920년에는 저우언라이周恩來와 덩샤오핑鄧小平이 근공검학을 이용하여 프랑스 유학길에 올랐다. 만약 당시 심훈이 프랑스로 유학을 갔었다면, 중국의 정치가 저우언라이나 덩샤오핑과도 친교를 맺었을지도 모른다. 한편, 소설『동방의 애인』의 「작자의 말」을 잠시 보기로 하자.

> 남녀 간에 맺어지는 연애의 결과는 조그만 보금자리를 얽어놓는데 지나지 못하고 어버이와 자녀 간의 사랑은 핏줄을 이어 나아가는 한낱 정실 관계에 그치고 마는 것입니다. 우리는 보다 더 크고 깊고 변함이 없는 사랑 가운데 살아야 하겠습니다. 그러려면 우리 민족과 같은 계급에 처한 남녀노소가 사랑에 겨워 껴안고 몸부림칠만한 새로운 공통된 애인을

---

12 정종진 편,『그날이 오면(외)』, 범우, 2005, 365쪽.
13 정종진 편, 앞의 책, 201쪽.

발견치 않고는 견디지 못할 것입니다.[14]

심훈은 남녀 간의 사랑, 부모 자식 간의 사랑을 뛰어넘는 "더 크고 변함이 없는 사랑"을 강조하고 있는데, 작가의 말과 소설 속 모티브를 결합하면 심훈과 박헌영은 사회주의 운동을 하기 위해 함께 상하이로 간 것이 아닐까하는 추정은 가능하다. 하지만 심훈이 상하이에 가서 사회주의운동을 했다는 자료는 찾아볼 수가 없다.

한국 현대사 연구가 임경석은 심훈이 1923년 중국에서 귀국하자마자 당시 급진적 문예조직이던 '염군사'와 '카프' KAPF · 조선프롤레타리아예술동맹에 가입한 것으로 보아 중국 유학시절 사회주의 사상에 어느 정도 영향을 받았다고 해석할 수 있다는 주장을 했지만, 상하이의 사회주의 조직과 심훈의 구체적인 활동을 통해 근거를 제시하지는 못했다.[15]

심훈이 1922년 염군사 결성에 참가했고, 1925년 카프 결성에 참여했다는 기록은 거의 그의 연보年譜마다 나온다. 다만, 문학과 지성사 판『상록수』2005의「연보」에는 "1926년 12월 24일 개최된 카프 임시 총회 명부에서 심훈의 이름이 보이지 않는 것으로 미루어 이 시기 이전에 카프와의 관계는 정리된 것으로 보임"[16]이라는 구절이 있다. 이 내용으로 보면 카프에 가입한 것까지는 사실이나 주류파와의 불화로 인해 도중에 활동을 그만둔 것으로 보인다.

심훈은 1927년 일본에 가서 영화 공부를 하고 귀국한 후 〈먼동이 틀 때〉를 제작하여 단성사에서 개봉했고, 흥행에도 성공한다. 1928년에는 〈먼동이 틀 때〉를 둘러싸고 심훈과 한설야, 임화 간에 논쟁이 벌어진

---

14 『심훈문학전집』(2), 537쪽.
15 전게(前揭)〈경향신문〉2004.04.11. 기사.
16 문학과 지성사 판『상록수』, 2005, 460쪽, 박헌호 작성.

다.[17] 논쟁의 과정에서 심훈이 쓴 글 「우리 민중은 어떠한 영화를 요구하는가」에는 카프 주류파와 심훈 사이의 대립각이 잘 표현되어 있다. 심훈은 1930년대 이후에도 「1932년의 문단 전망」 등의 글을 통해 1931년도 카프의 "제2차 방향 전환"의 문제점들을 지적하고, 카프의 배타적 편협성을 비판한다.

심훈이 상하이로 간 1920년을 전후한 행적에서는 사회주의에 대한 강한 목적성을 찾아보기 어려우나, 그가 1930년에 쓴 소설 『동방의 애인』에는 사회주의에 대한 열망이 강하게 표현되어 있다. 이 점을 어떻게 보아야 할 것인가. 이에 대해서 필자는 대략 다음과 같이 추정한다. 우선, 『동방의 애인』의 사회주의 서사는 1920년대 식민지 독립을 향한 심훈의 열정이 문학적으로 형상화되는 과정에서 박헌영이라는 이상적 주변 인물을 모델로 하여 표현된 것이다. 다음으로, 소설의 무대가 상하이로 설정된 것은 한국 프로문학 진영 내의 갈등과 관련이 있다고 본다. 당시 한국의 좌익문학운동을 주도했던 카프는 주로 일본 유학 출신들을 중심으로 구성되어 있었고, 일본 프로문학 운동의 영향을 강하게 받고 있었다. 임화, 한설야 등 당시 카프의 주류 문인들의 종파주의에 대한 심훈의 반감이 일본 이외의 다른 경로의 모색으로 이어졌고, 그것이 『동방의 애인』을 통해 '중국' 상하이에서 사회주의의 길을 찾는 주인공으로 표현되었던 것이 아닐까.

---

[17] 논쟁의 발단은 한설야가 『매일신문』 1928년 7월 1일~9일 「예술영화에 대한 관견」이라는 글을 8회 연재하면서 시작되었고, 이에 대해 심훈이 같은 지면에 「우리 민중은 어떠한 영화를 요구하는가」를 7월 11일~27일 13회 연재하여 반박하자, 이번에는 임화가 동 지면 7월 28일~8월 4일 8회에 걸쳐 「조선 영화가 가진 반동적 소시민성의 말살-심훈 등의 도량에 향하여」를 연재하여 재반박했고, 심훈은 이에 더 이상 대응하지 않았다. 논쟁의 글이 거의 쉬지 않고 한 달 동안 이어졌다.

『아리랑』의 김산金山과 프랑스공원法國公園

심훈의 소설『동방의 애인』에는 상하이의 프랑스공원이 등장한다. 3.1운동에 참가한 후, 젊은 혈기 하나만으로 상하이에 온 동렬이 연인 세정과 프랑스공원에 들어가 대화를 나누는 아래의 대목을 잠시 보자.

첫 겨울 오후의 뉘엿뉘엿 넘는 햇발이 불란서공원의 무성한 숲 사이로 부채살같이 퍼졌다가 연당蓮塘의 잔잔한 물결 위에 눈이 부시도록 편편이 금비늘을 굴리고는 전기불과 교대하여 지평선을 넘었다. "여기 형편이 그렇도록 한심한 줄은 몰랐어요. 무슨 파 무슨 파를 갈라 가지고 싸움질을 하는 심사도 알 수 없지만, 북도 사람이고 남도 사람이고 간에 우리의 목표는 꼭 한 가지가 아니야요? 왜들 그럴까요." …… [18]

지금은 푸싱공원復興公園이라 불리는 이곳을 20세기 초에는 프랑스공원法國公園이라 했다. 애초에 구顧 씨 집안의 화원이라는 의미에서 구쟈자이화위엔顧家宅花園이라 불리던 이곳에 프랑스공원이라는 이름이 붙게 된 것은 19세기 프랑스의 중국 진출과 관련이 있다. 1899년 의화단의 난이 일어나고 1900년 8개국 연합군이 베이징을 점령한 후, 협상의 과정에서 프랑스는 청淸 조정에 구쟈자이화위엔을 군대의 주둔지로 사용할 수 있도록 해줄 것을 요구한다. 1908년에 이곳에 공원을 조성했고, 1909년에 완성되었다. 공원은 프랑스 스타일로 지어졌고 프랑스인들에 의해 관리되었으며, 여러 차례 개보수와 확장의 과정을 거쳤다. 이곳도 와이탄外灘의 황푸공원黃浦公園과 마찬가지로 애초에는 중국인의 출입이 금지되었으나, 반발이 생겨나자 나중에는 중국인의 출입도 허용하게 된다.

---

[18] 『심훈문학전집』(2), 탐구당, 1967, 568쪽.

프랑스공원에 대한 기록은 님 웨일즈의 『아리랑』 Song of Ariran 에 나온다. 김산 金山·張志樂, 1905~1938 은 3.1운동에 참가한 후 일본에 갔다가, 1920년 무렵 만주로 건너가 신흥무관학교에서 군사학을 배우고 상하이로 가서 임시정부 기관지인 〈독립신문〉의 한국어 교정원 겸 식자공으로 일하게 된다. 상하이에 온 김산은 한국 인성학교 仁成學校 에서 영어를 배우고 에스페란토와 아나키즘 공부도 하면서 상하이 주재 한국인들과 두루 친하게 지냈고, 전차를 타고 시내 곳곳을 둘러보기도 했다. 그러면서 김산은 풍요로움과 비참함이 공존하며 여러 나라의 언어가 동시에 사용되고 있는 상하이에 매료되었다.

내가 상하이에서 만난 사람 중 가장 독특한 인물은 내 어린시절의 우상이었던 이동휘 장군이었다. 장군은 1900년 이전부터 민족적 영웅이었던 사람이며 이때는 이미 쉰 살이 넘은 때였다. 장군은 키가 크고 힘이 장사였으며 가슴이 떡 벌어졌는데 군인다운 콧수염을 기르고 있어서 마치 프랑스 원수같이 보였다. 나는 때때로 장군과 다른 친구들과 같이 조페거리 Avenue Joffre·霞飛路 근처에 있는 프랑스공원에 갔다. 그곳에서 장군은 우리들에게 자기가 살아온 이야기와 수많은 모험담을 들려주었으며, 우리들한테 자기가 오래 전부터 종사해온 자유와 독립을 위한 훌륭한 싸움을 우리들이 계속 이어받겠다는 맹세를 받아내었다.[19]

상하이에서 김산은 여러 사람을 만나게 되는데, 그가 가장 영향을 많이 받았다고 한 사람은 김충창과 안창호, 중국인 펑빠이 彭湃, 그리고 이광수였다. 김산은 금강산 승려 출신의 공산주의자 김충창에게서 마르크스주의 이론을 배웠고, 안창호로부터는 실제 정치를 배웠으며, 해륙풍 海陸豐

---

[19] 님 웨일즈, 김산 지음, 송영인 옮김, 『아리랑』, 동녘, 2017, 143~144쪽.

7 3.1운동 이후 새로운 길을 찾아 나선 한국의 젊은이들과 상하이   173

소비에트의 지도자 펑빠이에게서는 야전에서의 혁명전술을 배웠다고 했다. 의열단원들을 기술한 대목에도 프랑스공원에 관한 내용이 나온다.

> 의열단원들은 언제나 멋진 스포츠형의 양복을 입었고, 머리를 잘 손질하였으며 어떤 경우에도 결벽할 정도로 아주 깨끗이 차려입었다. 그들은 사진 찍기를 아주 좋아하였으며 — 언제나 이번이 죽기 전에 마지막으로 찍는 것이라 생각했다. 그들은 프랑스공원을 산책하기 좋아하였다. 모든 한국소녀들은 의열단원들을 동경하였으므로 수많은 연애사건이 있었다.[20]

프랑스공원은 1926년부터 1932년까지 대한민국임시정부가 있던 마당로馬當路에서 매우 가깝다. 짐작컨대 임시정부 건물 부근에 한인들이 많이 거주하고 있었을 것이고, 그 부근에 있는 프랑스공원은 산책하기에 적합한 곳이었을 것이다.

심훈의 소설 『동방의 애인』에 나오는 ×씨의 외모 묘사를 다시 한 번 찾아서 보기로 하자.

> 육척도 넘을 듯한 키와 떡 벌어진 가슴이며 가로 찢어진 눈에다가 수염이 카이젤식으로 뻗친 품이 과연 누구나 그 앞에서는 위압을 당할 듯한 풍채의 주인공이었다. (동양사람에게도 저렇게 훌륭한 체격을 가진 사람이 있었나?) 하면서도 바로 쳐다보기가 어려운 듯이 두 사람은 황급히 일어서서 집안 부형을 대할 때처럼 손길을 마주 비비며 어쩔 줄을 몰랐다.[21]

---

20 님 웨일즈, 김산, 앞의 책 165쪽.
21 『심훈문학전집』(2), 탐구당, 1967, 552쪽.

상하이 푸싱공원 맑스엥겔스 동상

 앞서 인용한 김산의 『아리랑』에 묘사된 이동휘 장군의 외모와 매우 유사한 느낌이다. 두 사람이 동일 인물인지에 대해서는 물론 세밀한 고증이 따라야 할 것이다.[22]

---

[22] 소설 『동방의 애인』 속 사회주의 서사와 현실의 조응관계를 따진다고 할 때, 다루어져야 할 또 다른 문제는 '소설 속 ×씨가 누구인가'라는 부분이다. 여기에는 이동휘설과 여운형설이 존재한다. 이동휘설을 주장하는 하상일은 당시 고려공산당 내 상하이파와 이르쿠츠크파의 갈등이 매우 첨예했고, 각기 다른 노선을 걷고 있던(고려공산당 상하이파의 이동휘와 이르쿠츠크파의 박헌영) 이동휘와 박헌영이 거의 동지적으로 결합하고 있는 것은 상당히 문제적이라는 점을 지적한 바 있다. 하상일은 실제로 같이 어울릴 수가 없는 두 인물이 작품 속에서 이토록 가깝게 나오고 있는 것은 노선 갈등이 해소되고 통합되기를 바라는 작가의 희망이 반영되었을 것이라고 말한다.(하상일, 「심훈의 상해시절과 『동방의 애인』」) 이와 관련해서 한기형은 "심훈은 박헌영의 행적을 서사적인 골격으로 삼으면서도 혁명운동의 방향은 이동휘의 민족적 사회주의 노선을 지지했던 것"이라 주장했다.(한기형, 「서사의 로컬리티, 소실된 동아시아」) 이와 다르게 천춘화는 심훈과 여운형의 친밀한 관계를 근거로 소설 속 ×씨가 여운형일 것이라 주장한다.(천춘화, 「심훈 문학의 전환」) 필자가 확인한 바 여운형의 평전 자료에 나오는 회고록(1936)의 내용에 의하면, 당시 여운형의 모스크바행 경로가 작품 후반부 동렬이 국제당 청년대회에 조선인 대표로 참석하기 위해 모스크바로 떠나는 대목과 매우 유사한데, 특히 일행이 자동차로 고비사막을 뚫고 몽골을 지나서 치타에서 기차를 바꿔 타고 바이칼호수와 시베리아를 거쳐 가는 과정은 놀랍도록 일치한다. 다만 소설 속에 묘사된 ×씨는 키가 크다는 면이 강조되고 있는데, 실제로 여운형은 키가 그리 크지 않았던 듯하여, 외모 묘사 면에 있어서는 여운형과 부합되지 않는 면이 있다. 하상일과

프랑스공원은 후에 푸싱공원復興公園으로 이름이 바뀌었고, 1985년 마르크스와 엥겔스의 대형 석상이 건립되어 지금은 이 공원의 명물이 되어 있다. 물론 김산과 이동휘 장군, 의열단원들과 『동방의 애인』 속 젊은이들이 이 공원을 드나들 때는 마르크스, 엥겔스 석상은 없었겠지만.

천춘화의 글은 모두 하상일외, 『심훈문학의 전환』, 아시아, 2021에 수록. 여운형 회고록은 강덕상, 김광일 역, 『여운형평전』(1), 역사비평사, 2007 참고.

08

상하이 임시정부, 김구와 루쉰의 기억
– 김광주의 「상하이 시절 회상기」

●

상하이 프랑스 조계지 36명 한인의 이야기

김광주의 중국내 활동과 루쉰 소개

해방공간에서 씌어진 김광균의 시 「노신」

김훈의 글 「광야를 달리는 말」 속의 김광주 모습

상하이 프랑스 조계지
36명 한인의 이야기

문학가로서 김광주金光洲, 1910~1973라는 이름을 기억하는 사람이 있다면, 그에게서 무협소설 작가 혹은 중국소설 번역가의 이미지를 떠올리는 경우가 많을 것이다. 특히 전후 세대의 기억 속에서는 더욱 그러할텐데, 이 점은 그에 대한 소개가 충분치 못했던 탓이다. 다시 말하자면 김광주는 무협지 작가이기 이전에 상하이를 배경으로 한 작품을 쓴 소설가였고, 당대 중국 문단의 실제적인 상황을 구체적으로 전달한 평론가였으며, 그런 면에서 일제강점기 한국문학과 중국문학의 관계에 있어 중요하게 다루어져야할 인물 중 하나이다. 김광주가 1960년대에 쓴 「상해시절 회상기」(상·하)[1]에는 상하이 체류 당시의 상황이 자세히 기록되어 있다.

「회상기」의 내용에 의하면 경기중학을 다니던 김광주는 누이 김진배의 도움으로 만주에서 병원을 운영하고 있던 맏형 김동주에게로 가게 된다. 김광주는 형의 권유로 상하이 난양南洋의과대학에 입학하지만, 그는 애초부터 의학에는 큰 관심이 없었고 프랑스 조계지역 한인들과 어울려 민족의 암울한 장래를 걱정하고 예술을 논하면서 자유롭게 살아간다. 김광주가 프랑스 조계 한인 커뮤니티에서 만난 사람들은 매우 다양하다.

「회상기」에는 김명수金明水와 같은 작가나 김구金九, 안창호安昌浩 등의 독립운동가, 그리고 전창근全昌根, 이경손李慶孫, 이규환李圭煥 등 망명 영화인들과의 관계가 잘 그려져 있으며, 그가 유학하던 시기를 전후하여 상하이의 대학에 적을 걸어두고 있던 주요한朱耀翰을 위시한 36명의 한국인 이름도 거명되고 있다.

도산島山의 인물평을 보면 "그 풍채, 그 언변, 그리고 신의감, 정의감,

---

[1] 『世代』 1965년 12월호와 1966년 1월호에 각각 실림. 이하 「회상기」로 약칭함.

젠틀한 인품에 있어서 누구에게나 존경을 받을 만한 인물"이라 했고, 백범白凡에 대해서는 "백범은 늘 바람처럼 내 주변에 얼굴을 퍼뜩 나타냈다가 또한 바람처럼 씽긋 웃고 어디론지 사라져 버리곤 했다."라고 기록되어 있다.

「회상기」에는 당시 프랑스 조계 한인 자제들이 다녔던 인성仁成학교에 대한 언급도 있다. 인성학교는 학교라 이름붙이기도 곤란한 매우 초라한 교육기관으로, 고작해야 한글을 깨우쳐주고 중국어와 영어의 기초를 가르치는데 불과한 정도였다. 당시의 많은 한국인처럼 이곳에서 무보수로 학생들을 가르쳤던 김광주는 어느 날 김명수와 함께 인성학교의 등사판을 이용해 동인지를 발간하게 된다. 『습작』이라는 제목의 이 동인지에는 문학청년들의 시, 꽁트, 수필 등이 실렸고, 이 잡지의 독자는 주로 상하이의 한인들이었다.

당시 프랑스 조계에서는 한인 거주 지역은 비록 물질적으로는 매우 열악한 분위기였지만 당시 그곳의 한인들은 독립운동을 음으로 양으로 도와가면서 자신들의 꿈을 일구어 갔고, 이런 분위기들이 「회상기」에 잘 묘사되어 있다. 김광주는 프랑스 조계의 한인 커뮤니티를 중심으로 활동했는데, 재즈바가 밀집되어 있던 홍커우虹口 지역은 그들의 활동 권역이 아니었던 셈이다. 「회상기」의 내용에 의하면 당시 상하이 임시정부 계열 인사들에게 친일적인 분위기의 홍커우 지역은 경계의 대상이기도 했던 듯하다. 관련 내용을 잠시 보기로 하자.

나는 그(백범)에게서 귀여움을 받았다면 받았다고도 할 수 있는 청년의 한 사람이지만, 꾸지람도 꽤 많이 들었다. 그것은 내가 아무도 모르게 가든 브리지garden bridge를 넘어서 베이쓰촨로北四川路 일본인 촌으로 건너가서 일본 서적을 사다가 읽곤 했기 때문이다. "광주! 왜 요즘 베이쓰촨로에는 자주 드나들지? 조심해! 사내자식이 땐스방 출입이나 하고 어

통비통 해서는 못쓰느니!"²

　재즈바나 댄스홀과 같은 향락적인 공간은 김광주가 살던 프랑스 조계 지역에도 있었지만, 홍커우 지역은 임정 계열의 '지사志士'들에게 있어서는 향락적이고 친일적인 공간으로 대상화되고 있었던 듯하다. 상하이에는 여러 다양한 이데올로기와 공간성이 존재하고 있었고, 김광주에게 있어 '지사'와 '댄스홀'의 사이에는 거리가 생길 수밖에 없었다. '김광주 문학에 있어서 공간감각'이라는 점에 대해서는 작품론 부분에서 다시 상세히 논하기로 한다.

　1933년 무렵부터 김광주는 전창근全昌根, 김명수金明水, 안우생安偶生 등 당시의 문학청년들과 함께 '보헤미안'이라는 동인활동을 하는데, 그들의 분위기는 당시 상하이 한인청년들의 멘털리티를 잘 보여준다. 「회상기」에 나오는 관련 언급을 인용해보기로 한다.

　그러나 나는 외롭지 않았다. 많은 보헤미안들이 나의 주변에 있었기 때문이었다. 상하이로 떠돌아 들어온 그 당시의 청년치고 보헤미안 아닌 사람이 없었겠지만 나는 내 자신을 집시 같은 보헤미안이라고 불러서 자위를 삼아보기도 했다. 국적도 없고, 또 누가 국적을 인정해주지도 않는 청년들이 허줄구레한 모습으로 국제도시 뒷골목을 어깨가 축 처져서 돌아다니는 모습은 집시보다 뭣이 달랐으랴! …… '조국'이란 것이 우리에게는 그리 매력있는 존재도 아니었다. 허울 좋은 애국자니 혁명투사니 하는 위선과 독선도 우리는 보기 싫었다. …… 으스러지도록 부둥켜 안아보고 싶고, 그 품에 안기워보고 싶은 '조국'이면서도, 우리들에게 몸

---

2 『세대(世代)』 1965년 12월호, 256쪽. 맞춤법 등은 현재의 언어적 관습을 기준으로 인용자가 최소한으로 조정함.

부림만 치게하고 들볶기만 하고 일경日警의 칼자루 밑에 깩소리도 못하는 '조국'.³

'보헤미안'이라는 이름의 의미와 구체적인 명명의 배경이 상세하게 기술되어 있다. 『보헤미안』은 한두 달에 한 번씩 출간되었으며, 김광주는 그 시절이 자신의 상하이 시절에서 가장 보람을 느끼던 때였다고 술회한 바 있다.

이 시기부터 김광주는 『신보』晨報의 영화 코너 「매일전영」每日電影 등 중국 신문에 영화평론을 게재했는데, 김염金焰⁴과 전창근全昌根이 상하이 영화계에서 두각을 나타내고 베이징에 머물던 정래동丁來東이 활발하게 중국문학과 작가들을 한국의 지면에 소개하던 것도 모두 같은 시기였다. 1932년 1월 28일 상하이사변이 일어난 후 상하이의 분위기는 몹시 어수선해져 신변의 위협을 느낀 나머지 상하이를 떠나는 사람이 점점 많아졌고, 「회상기」는 김광주가 왕쉬에펀王學芬이라는 중국 여성과 헤어진 후 1937년 중일전쟁 발발 무렵에 상하이를 떠나는 것으로 끝을 맺고 있다.

김광주의 중국 내 활동과 루쉰 소개

연변대학교 조선문학연구소에서 편찬한 김광주 선집의 「연표」를 보면, 김광주는 1937년 중일전쟁 발발 후 해방될 때까지 중국의 화남華南, 화북華北 각지로 전전하며 방랑생활을 했다고 되어 있다. 1945년에 귀국하여

---

3 『세대(世代)』1965년 12월호, 266~267쪽.
4 광주(光洲)라는 필명으로 김염이 출연한 영화〈대로(大路)〉에 대해 쓴 영화 평론도 있으나, 배우 김염에 대한 특별한 언급은 없다. 김염과 김광주 사이에 교류가 있었는지에 대해서도 잘 밝혀져 있지 않다.

1947년에는 경향신문 문화부장으로 취임했고, 이후로 줄곧 작품 창작과 번역 일을 하다가 1973년 폐암으로 사망한 것으로 나와 있다.[5]

김광주는 1929년부터 1945년까지 16년간 중국에 머물면서 흥사단과 남화한인연맹 등의 단체에서 활동했고, 1933년 『신동아』에 「밤이 깊어갈 때」를 발표하면서 등단한 이래 1935년에 「北平서 온 영감」, 「南京路의 창공」 등 상하이를 무대로 한 소설을 발표했다. 김광주는 중국에서의 체류 기간도 길었고 한인 사회 내에서의 접촉면도 넓었으며, 중국어를 잘하여 중국 문예계의 내부에 대해서도 잘 알고 있었던 듯하다.

김광주는 중국에 체류하는 동안 소설 창작 외에 중국 현대문학의 동향을 국내에 알리는 작업을 계속했다. 그 중 대표적인 글로는 「중국 프로문예 운동의 과거와 현재」[1931.8.4]와 번역 평론인 「중국 신문예운동 개론」[1931.5.21], 「중국문단의 현세 일별」[1935.2.5~8] 등이 있다. 내용은 대체로 1930년대 이래 중국 문단의 새로운 조류라 할 수 있는 프로문학의 대두 상황을 상세히 소개하고 '좌련'이라는 단체 및 좌익 계열 작가와 그들의 작품세계를 소개한 것이다.

이외에도 루쉰의 「문예와 선전」[1931]이라는 글을 번역 소개한 것[6]을 보면, 김광주는 루쉰에 대해 각별한 관심을 갖고 있었던 것 같다. 김광주는 루쉰 소설을 번역하여 1946년 서울출판사에서 『루쉰 단편소설집』이라는 제목으로 출판했는데, 역자 서문에는 다음과 같은 내용이 있다.

> 루쉰 단편소설집 제1집의 번역을 마치고 이 붓을 들고 앉으니 1936년 10월 20일 장례 전에 시체를 안치해 두었던 상하이 만국빈의관萬國殯儀館 일우一隅에 고요히 눈감고 누웠던 루쉰의 창백한 얼굴이 내 눈앞에

---

5 김동훈 외, 『중국조선민족문학대계 13-김학철·김광주 외』, 보고사, 2007, 336쪽.
6 〈중앙일보〉, 1932년 3월말~4월말.

너무도 또렷이 떠오른다. 고독한 시대의 수난자로 56세의 일생을 마치고 상하이 교외 만국묘지에 누워있는 루쉰!

1936년 루쉰 사망 당시 김광주는 장례 장면을 직접 목도한 듯한데, 실제로 두 사람 간에 교류가 있었는지는 잘 밝혀져 있지 않다.

해방공간에서 씌어진 김광균의 시「노신」

1950년부터 1953년에 걸친 한국전쟁과 그 후의 어수선한 사회적 분위기에서 루쉰의 소설이 한국의 독자들에게 그다지 큰 반향을 이끌어내지는 못했을 것 같지만, 김광주와 이용규가 번역한 『루쉰 단편소설집』은 1940~1950년대 한국에서 유통되던 한글본 루쉰 소설의 번역본으로는 유일한 판본이었다. 이 책에는 분명히 그러한 역사적 의미가 있다. 동시기에 나온 이와 매우 유사한 분위기의 시 한 편이 있다.

시를 믿고 어떻게 살어가나
서른 먹은 사내가 하나 잠을 못잔다.
먼—기적 소리 처마를 스쳐가고
잠들은 아내와 어린 것의 벼개 맡에
밤눈이 내려 쌓이나 보다.
무수한 손에 뺨을 얻어맞으며
항시 곤두박질해온 생활의 노래
지나는 돌팔매에도 이제는 피곤하다.
먹고 산다는 것.
너는 언제까지 나를 쫓아오느냐.

등불을 켜고 일어나 앉는다.
담배를 피워 문다.
쓸쓸한 것이 오장을 씻어내린다.
魯迅이여
이런 밤이면 그대가 생각난다.
온—세계가 눈물에 젖어 있는 밤
上海 胡馬路 어느 뒷골목에서
쓸쓸히 앉아 지키던 등불
등불이 나에게 속삭어린다.
여기 하나의 상심한 사람이 있다.
여기 하나의 굳세게 살아온 인생이 있다.[7]

　김광균이 1947년에 발표한 「노신」이라는 시다. 이미지즘 시인으로 유명한 김광균의 시로서는 다소 예외적인 작품이다. 김광균이 어떻게 이 시를 쓰게 되었는지에 대해서는 구체적으로 알려져 있지 않다. 다만 이 시를 썼을 무렵, 이른바 '해방 공간'에서 김광균은 이용악 등과 함께 좌익적 성향의 '조선 문학가 동맹'에 속해 있었는데, 단체의 내부에서도 이념 대립을 지양하는 '제3문학론'을 내세운 것으로 전해진다. 권력에 맞서서 싸웠던 루쉰의 실천적 문학인으로서의 굳건한 형상이 김광주와 김광균에게 모두 하나의 이상처럼 자리 잡고 있다. 한 때는 식민지 지식인들의 정신적 지주였던 루쉰이 사망한 지도 이미 10년이 지난 1946년 혹은 1947년이라는 시점, 일본의 식민지에서 해방된 한반도가 새로운 정치질서에 편입되어가는 상황에서, '상하이의 루쉰'이라는 멀어져가는 대상에 대한 그리움이 두 사람의 글에 각기 잘 반영되어 있는 것이다.

---

7 『김광균전집』, 국학자료원, 2002, 105~106쪽.

김훈의 글 「광야를 달리는 말」 속의
김광주 모습

1950년대 이후 김광주의 모습에 대해서는 그의 아들인 소설가 김훈의 글 「광야를 달리는 말」에서 이어진다.

내 아버지는 공회전과 원점회귀를 거듭하는 한국현대사의 황무지에 맨몸을 갈았다. 그는 비명을 지르며 좌충우돌하면서 그 황무지를 건너갔다. 건너가지 못하고, 그 돌밭에 몸을 갈면서 세상을 떠났다. 그의 생업은 신문기자이거나 소설가였는데, 밥을 온전히 먹을 수 있는 노동은 아니었다. 그는 장강대하와도 같은 억겁의 술을 마셨다. 그는 1940년대의 상해와 중경에서 마셨고, 1950년대의 서울과 피난지 부산에서 마셨다. 그는 만주에서 마셨고, 식민지의 국경선에서 마셨고, 전쟁으로 잿더미가 된 명동에서 마셨다. 그는 이승만 정권, 장면 정권, 윤보선 정권을 향해 활화산과도 같은 저주를 품어냈다.

중국 대륙을 떠돌던 자유로운 영혼이 냉전 체제와 분단의 현실이 더욱 공고해지는 한국 사회에 제대로 적응하지 못하는 안타까운 모습이 생생하게 그려져 있다. 그야말로 '말은 달리고 싶어하나 광야가 없어져버린 상황'이 되어버린 것이다. 물론 모두가 독립운동을 하기 위해 상하이에 간 것은 아니었겠지만, 프랑스 조계에 모여 살던 한인들에게 있어 대한민국 임시정부가 상징적 존재였을 것은 분명하다. 상하이 한인들은 귀국 후에도 임정 계열이 중심이 되어 국가가 운영되기를 바랐을 것이고, 그런 바람을 가졌을 김광주에게 있어 김구金九 암살은 너무나 큰 충격이었을 것이다. 김훈의 「광야를 달리는 말」은 계속 이어진다.

상하이 임시정부에서 김구의 수발을 들면서 한 생애를 보낸 아버지는, 그의 스승이며 등대였던 김구의 기일이 되면 효창공원 묘소에 가서 술을 마셨다. 아버지는 땅에 쓰러져 "선생님, 선생님"하고 부르며 새벽까지 울었다.

화려한 국제도시 상하이 프랑스 조계의 어두운 골목에서 해방의 꿈을 꾸며 모여 살았을 한인들. 그들은 귀국 후 미국의 세력권 하에 놓이게 된 분단 조국을 살아가며, 오히려 상하이 시절의 정신적 자유를 그리워하지 않았을까. 그 때는 광야를 달리는 말을 꿈꿀 수 있는 형편이라도 되었지만, 이제는 그 꿈조차 꿀 수 없게 되었다는 가혹한 현실을 저주하면서.

09

김광주 소설 속 상하이 한인들

― 김광주의 「장발노인」 외

●

「장발노인」(1933)

「난징로南京路의 창공」(1935)

「예지」野鷄(1936)

「베이핑北平서 온 '영감'」(1936)

「장발노인」

김광주1910~1973는 1929년부터 1945년까지 약 15년간 중국에서 생활하면서 한국어와 중국어로 꾸준히 문필활동을 했다. 그는 소설, 평론, 산문, 시를 쓰고, 중국 문학작품을 번역해서 조선일보, 동아일보, 조선문단, 신동아, 신가정 등의 국내 신문에 발표하는 한편, 중국어로 쓴 문학평론과 영화평론을 상하이의 신보晨報, 민보民報, 대미만보大美晚報, 대만보大晚報와 중국 내 다른 지역의 무한일보武漢日報, 양춘소보陽春小報, 익세보益世報 등의 신문, 그리고 서북풍西北風, 문예전영文藝電影, 제일선第一線과 같은 잡지에 발표했다. 중국 체험을 기반으로 쓴 작품을 국내의 지면에 투고하는 경우는 다른 작가들에게서도 볼 수 있었지만, 중국어로 쓴 평론을 중국 국내의 신문, 잡지에 기고한 것은 매우 드문 경우이다.[1] 여기서는 김광주의 작품 중 「장발노인」1933, 「난징로南京路의 창공」1935, 「예지」野鶏, 1936, 「베이핑北平서 온 '영감'」1936을 살펴보기로 한다.

「장발노인」1933의 주인공 '나'는 가난한 문학청년 박 군과 함께 상하이 정자간亭子間의 이층 좁은 방에 세를 얻어 살고 있는데, 방세가 밀려 중국인 주인 할멈으로부터 '조선놈들은 할 수 없다'는 비난을 받고도 어쩔 수가 없는 상황이다. '장발노인'은 오십이 훨씬 넘은 노인으로, 그 나이에도 희끗희끗한 머리를 문학청년처럼 기르고 다닌다 하여 한인들은 그를 '장발노인' 혹은 '몬스터'라 불렀다. 가끔씩 그들의 자취방에 놀러오던 '장발노인'이 하루는 갑자기 삭발을 하고 그들 앞에 나타났다.

'장발노인'이 두 사람과 인연을 맺게 된 것은 어느 해 가을 박 군이 주

---

1 김광주의 상하이 제재 문학 작품은 김동훈·허경진·허휘훈 주편, 『중국조선민족문학대계』 제13권 『김학철·김광주 외』, 보고사, 2007과 김경남 편, 『김광주 작품집』(한글편), 안나푸르나, 2020에 수록되어 있고, 중국어 평론은 김철·장경도·김교령 공편, 『김광주 문예평론집』(중문편), 경인문화사, 2020에 실려 있다.

도하여 상연한 연극이 프랑스 조계 한인들 사이에서 문제를 일으키면서부터였다. 박 군은 신진 극작가로 이미 이름이 알려져 있었고, 그가 쓴 희곡은 지사志士라는 명예욕에 사로잡혀 모든 아름다운 인간성을 저버린 얼치기 혁명 청년을 주인공으로 상하이 한인 사회 일각에 존재하는 위선적 사회상을 풍자한 작품이었다. 연극은 큰 성황을 이루었으나, 박 군에게는 오히려 그것이 화가 된다. 박 군이 창작한 희곡이 '망명지사'들을 욕하고 애국심을 무시했다는 이유로 박 군은 무지한 군중에게 매를 맞고 병원으로 옮겨지게 된 것이다.

'장발노인'이 이튿날 박 군이 입원한 병실에 문병을 오면서 '그'와 '우리'의 관계는 시작된다.

> 박! 맞은 것은 우리에게는 큰 자랑이요! 박의 희곡은 명작이었소! 무지한 그들은 자기네들의 부끄러운 생활과 영웅 심리의 야비한 것을 눈앞에 보고는 제골에 못이겨 사람을 치는 것이요! 박의 생각하는 것이 그들에게 이해받기는 아직도 때가 일러. 조금도 낙심 말고 젊은이의 피끓는 의지를 굽혀서는 안 되오.[2]

이 일을 계기로 '우리'는 '장발노인'과 가까워지게 되었다. 그는 스물다섯 살 때 고국을 떠나 10여 년간 북만주를 헤매다시피 했는데 한창 시절에는 총부리를 두려워하지 않고 모험을 한 일도 있었고 거기서 불만을 품고 상하이로 흘러온 것도 20여 년 전의 일이었다. '장발노인'은 불굴의 의지로 역경을 헤쳐 온 사람으로 독립운동 진영 내에서도 특정 당파나 주의와는 거리를 둔 사람이었다. 그는 늘 "내 총부리로 내 민족을 죽이는 놈들과 무슨 일을 한단 말이요!"라고 말하곤 했다.

---

2 김동훈 외, 앞의 책, 248쪽. 맞춤법은 인용자가 조정.

김광주가 1933년 당시 문학동인의 이름을 '보헤미안'이라 명명하고 "허울 좋은 애국자니 혁명투사니 하는 위선과 독선도 보기 싫었다."고 했던 것을 떠올린다면, 독립운동 진영 내의 종파주의에 대한 혐오가 '장발노인'이라는 형상을 만들어낸 것이 아닐까 하는 생각을 해볼 수 있다. 노인은 늘 "사람이란 남을 지배하고 싶은 마음을 버려야 합니다."라고 말하곤 했다. "남을 지배한다."는 말은 일차적으로는 우리 민족에 대한 일제의 강점을 가리키는 것으로 이해할 수 있지만, 민족주의운동 진영 내에서도 주의나 이념을 내세워 우위를 점하려는 경향을 가리키는 것이기도 하다.

소설 속에는 두 개의 공간이 나온다. 그 중 하나는 '나'와 박 군이 거주하고 있는 '정자간'亭子間으로 국제적인 대도시 상하이의 주변부에 위치한 초라하고 옹색한 주거 공간이다. '우리'는 여기서 방세조차 제대로 내지 못하는 한심한 존재들이다. 다른 하나는 '바-코리아'라고 하는, 상하이의 조선사람 전용 댄스홀이다. 이 역시 상하이의 프랑스 조계에 위치해 있었지만, '정자간'에 비해서는 상대적으로 큰 길가에 있었다.

이곳은 "운동가, 망명객, 문학청년, 예술 지망생, 그리고 번화한 상하이의 바람을 쏘이고 싶어서 부모의 허락도 없이 조선을 뛰쳐나온 젊은 친구들"이 밤새도록 술 마시고 춤을 추는 환락장이었다. 박 군과 '나'는 공연히 마음이 침울할 때면 한 달에 두서너 번씩 시끌벅적한 분위기를 구경하고 싶어 '바-코리아'에 들르곤 했다. 「상해 시절 회상기」의 내용 중 가끔씩 가든 브리지를 넘어 홍커우 지역에 놀러갔던 김광주가 백범에게 혼나던 장면을 연상시키는 대목이다. 상하이의 '정자간'과 '댄스홀'은 작가 김광주에게 있어 두 개의 대립적 세계였던 셈이다.

'바-코리아'에 들어가려던 '나'와 박 군은 문 앞에 '장발노인'이 피를 흘리며 쓰러져 있는 모습을 보고 깜짝 놀란다. 두 사람은 '장발노인'을 급히 병원으로 옮겼지만, 그는 끝내 숨을 거두고 만다. '장발노인'은 상하이 조선인 커뮤니티 내의 종파주의에 의해서 살해된 것이다. 노인의 장발은 보헤미안적 스타일의 상징인 셈이고, 그런 장발노인이 작품의 초반부에서 갑자기 삭발을 하고 나온 것은 절대자유의 정신세계에 대한 그의 지향이 지속될 수 없게 되었음을 의미하는 복선이었던 것이다. '나'는 노인이 평소에 흥분하여 부르짖던 말을 잊을 수가 없다. '사람이란 남을 지배하고 싶어하면 불행하다' 하던 그의 말을.

「난징로南京路의 창공」

「난징로南京路의 창공」1935은 타락한 현실과 고귀한 이상 사이에서 갈등하는 청년의 모습을 그린 소설이다. P시의 K대학에서 문과를 마치고 상하이로 돌아온 주인공 명수는 어젯밤 오랜만에 만난 친구들과의 술자리를 떠올리자 불쾌한 감정을 지울 수가 없다. 친구들은 겉으로는 그의 앞날을 축하한다고 했지만, 속으로는 그가 재력과 학력을 갖추고 문학을 여업으로 생각한다고 오해하고 있는 것 같았다. 그는 친구들의 찬사 속에 숨은 칼날같은 비웃음을 느꼈다. 명수는 아편 밀수입자의 아들이라고 하는 자신의 처지를 떠올리고 자책에 빠진다. 명수는 참된 문학의 길을 가고 싶지만, 직언해주는 친구는 없고 비웃는 친구만 있는 것이다.

한때 가족 부양하느라 고생하면서도 지사志士로서의 높은 뜻을 잃지 않았던 그의 아버지는 돈을 벌자 타락해서 음주와 오입으로 소일했고, 물질적으로 풍요로워지자 어머니는 마작에 빠졌으며, 멋만 부리는 누이동생은 아무 생각 없는 나날을 보내고 있었다. 과거와 현재, 고귀했던 이상과 비루해진 현실 사이에서 괴로워하던 명수는 중학시절 은사 A선생을 찾아가지만, 그 은사는 순수했던 과거는 뒤로 한 채 소위 '상하이안 라이프'에 빠져 댄서 출신의 젊은 아내 소니아와 함께 살고 있다. 주인공의 의식과 존재의 주변에 혼재하는 과거와 현재의 서로 다른 이데올로기적 공간들이 어지럽게 나열되고 있다. 명수明洙라는 주인공 이름이 작가의 실제 친구 이름(김명수金明水)과 매우 유사하게 작명된 것으로 보면, 소설 속 모티브들에 상당 부분 현실이 반영되었을 것으로 보인다.

상하이에 거주하던 한인들은 영국, 미국, 일본, 러시아와 유대인에 비해 수적으로도 적었고, 망국민이었기 때문에 존재감도 크지 않았다. 그들 중 비교적 높은 수입을 올리던 계층은 일부 자영업자, 공무원, 그리고 불법 영업에 종사하는 사람들이었다. 작품 속 명수의 부친이 하던 아편 밀매업의 경우, 위험도가 매우 높은 일이었지만 다른 일과는 비교도 안될 정도로 이윤이 높았다. 바로 그런 점 때문에 황진룽黃金榮, 두위에성杜月笙 등 청방靑帮 두목들이 아편 밀매에 개입하여 부를 축적했고, 아편 밀매에 종사한 한인들도 많은 이윤을 얻었다.

비록 베이징을 무대로 한 소설이지만, 김사량의 『향수』1940에도 한때는 독립운동가였으나 지금은 아편 밀매업을 하면서 살아가는 인물이 등장하는 것을 보면, 지사志士와 아편 밀매업자는 중국 거주 한인사회에 있어 정신적 고결함과 물질적 타락이라는 양극단을 상징하는 일종의 서사적 메타포로 이해할 수 있을 것 같다.

「예지」野鷄

「예지」野鷄, 1936는 상하이에 와서 매춘부를 하고 있는 조선 여성을 그린 작품이다. 제목인 예지는 예전 상하이에서 '거리의 여자'를 지칭하던 말이다. 상하이의 매춘부는 1920년에 6만 명, 1935년에는 10만 명 이상이었다고 한다. 그 중에도 여러 계층으로 나뉘어졌다고 하는데, 최고급 매춘부인 장싼長三은 명함을 소지했고, 호궁胡弓에 맞춰 노래도 부를 줄 알았으며, 오갈 때는 늘 차를 타고 다녔다고 한다. 러시아인을 위시한 외국인 매춘부도 있었는데, 이러한 상황은 요코미쓰 리이치의 『상하이』에도 나온다. 예지는 비교적 나이가 많은 그룹이었으며, 그들은 단속이 비교적 느슨한 프랑스 조계에서 활동하는 경우가 많았다.³

소설은 식민지 조선에서 상하이로 와서 '예지'가 된 이쁜이가 고향 친구 명숙이에게 보내는 편지 형식으로 되어 있다. 이쁜이는 상하이의 어느 여자대학에서 영문학을 전공하고 있는 것으로 고향에 소문이 났고, 상하이로 신혼여행 계획을 세우고 있는 명숙이는 이참에 꼭 이쁜이를 만나고 싶어서 편지를 보냈던 것이다. 한 사람은 여류 성악가로 미국에서 공부한 젊은 피아니스트와 결혼해서 상하이로 신혼여행을 가려하고 있고, 다른 한 사람은 상하이 뒷골목에서 호객하는 예지가 되었다. 고향 친구인 두 사람은 너무나 대조적인 인생 항로를 거쳐 공교롭게도 상하이에서 만날 운명에 놓이게 된 것이다. 이쁜이는 명숙이의 편지를 받고 이 커다란 인생의 공교로움을 어떻게 해석해야 좋을지 몰라서 밤새 울었다.

이쁜이와 명숙이는 어려서부터 친형제처럼 가까운 친구 사이였다. 두 사람은 고향에서 보통학교를 졸업하고 함께 서울로 진학했지만, 명숙이는 집안 생계를 꾸려가던 오빠가 갑자기 세상을 뜨게 되면서 학교를 중도에 그만두어야 했다. 어느 날 이쁜이는 만주에 있는 외삼촌에게서 연락을 받고 어머니와 함께 만주로 간다. 모녀는 만주에서 새로운 삶을 개척해보고자 희망을 걸었지만, 결국 외삼촌의 교묘한 속임수에 의해 중국인에게 팔려가게 되었고, 전쟁 통에 이쁜이는 국민당군에게 강간당하게 되고 어머니는 돌아가시고 만다. 자포자기하는 심정이 된 이쁜이는 만주 바닥을 구르고 굴러 상하이까지 오게 된다.

이 소설이 「장발 노인」이나 「남경로의 창공」과 다른 점은 앞의 두 소설이 상하이만을 무대로 하고 있는데 반해 「예지」는 식민지 시대 조선과 만

---

3 和田博文 外, 『言語都市·上海』, 藤原書店, 1999, 214쪽.

주로까지 소설적 공간을 넓히고 있다는 것이다. 조선→만주→상하이라고 하는 소설 속 이쁜이의 이동 경로는 단순히 공간적 이동을 의미하는 것이 아니라 전근대적 사회에서 살던 인간이 자본주의적 사회로 진입하는 경로를 보여주는 것이기도 하다. 소설 속 이쁜이의 라이프 스토리는 작위적인데 반해서 소설의 전반적인 울림은 매우 강렬하다.

「베이핑北平서 온 '영감'」

「베이핑北平서 온 '영감'」1936의 주인공 '영감'은 나이는 사십도 채 안되었지만, 말투나 걸음걸이 등의 스타일이 늙은이 같아서 사람들은 그를 '영감'이라 불렀다. 부모도 없이 자란 '영감'은 어릴적부터 남의 집 머슴으로 일했다. 세월이 흘러 그는 장가를 들게 되었고, 자식도 하나 낳았으나 아내는 바람이 나서 집을 나갔고, 머지않아 갓난아이도 죽고 만다. 달콤한 꼬임에 빠져 만주로 농사품을 팔러간 '영감'은 만주 바닥 여기저기를 헤매고 다니면서도 한 번 맛보았던 가족의 따스함을 잊지 못한다. 한인들이 모여 살던 용정龍井에서 아는 사람의 소개를 받아 베이핑으로 가게 되는데, 그가 간 곳은 아편 장사를 하는 집이었다. 그는 아편 배달을 하던 어느 날 갑자기 공안국에 잡혀가서 2년간 꼼짝없이 구금되었고, 풀려나자 또 무작정 상하이로 오게 되었다. '영감'의 눈에 들어온 상하이는 어떤 모습이었는가.

그렇지 않아도 얄미울 만치 반드러운 '페이브먼트'는 이슬비에 젖어서 물독에서 나온 생쥐 모양으로 자르르 흘렀다. 이때나 그때나 '상하이는 나를 위해 생겼소' 하는 듯이 이 반드러운 거리 양옆으로 코큰 서방님, 눈 파란 아가씨들이 이렇다는 일도 없건만 어데서 금방에 큰 수나 나는

것처럼 활갯짓을 하고 갈팡질팡 헤매였다.⁴

상하이를 제재로 한 김광주의 소설에서 유독 두드러지는 단어 중 하나가 바로 '포장도로'라는 뜻의 페이브먼트 Pavement 인데, 예컨대 「포도鋪道의 우울」같은 작품에서는 제목에서부터 등장하고 있다. 아마도 당시로서는 포장도로라고 하는 것이 근대성의 상징으로 비쳤기 때문일 것이다. 난징로南京路와 같은 큰 길이 연상되는데, 대로를 활개 치는 서양인의 모습, 이것이 바로 '영감'의 눈에 들어온 상하이의 첫 인상이었다. '영감'은 그 서양인들이 자기를 흘낏흘낏 쳐다보는 것이 불쾌하다고 말한다. 그렇다면 '영감'의 모습은 남의 눈에 어떻게 비쳤을까.

무슨 잡된 짓을 해서 살아가던지 그런 것은 둘째요 거죽으로만 보면 그림같이 말쑥하고 깨끗한 키 크신 서방님들과 아가씨네들 – 그들의 향수 냄새에 젖은 사람의 물결을 헤치고 걸어오던 '영감'과 나, 그리고 그의 등에 짊어진 괴나리봇짐 – 밥은 굶어도 구질구질한 것은 쳐다보는 것만도 수치라고 여기는 그들에게 두 '코리맨'의 초라한 모양이 유달리 눈에 띄는 것이 무엇 이상한 일이랴.⁵

상하이 번화가에서 초라한 두 '코리안'이 서양인들의 구경거리가 되고 있다. 그 거리에서 고운 아가씨님네들과 서방님네들에게 웃음거리가 된 '영감'의 괴나리봇짐에는 무엇이 들었을까. 거기에는 "뚫어진 곳을 깁고 또 기운 양말이 서너 켤레, 중복 겨울 두루마기가 한 벌, 그리고 겉장이 다 해진 『심청전』이 한 권"⁶ 들어있었다. "뚫어진 곳을 깁고 또 기운 양말"

---

4 김동훈 외, 앞의 책, 316쪽.
5 김동훈 외, 앞의 책, 317쪽.
6 위와 같음.

이라는 묘사는 '영감'의 경제적 상태를 나타내는 것이라 하겠지만, "겉장이 다 해진 『심청전』이 한 권"이라는 표현을 통해 '영감'이 살아가는 시간대는 근대가 아니라는 것을 알 수 있다.

소설 속에는 프랑스 파리에서 나체 무도단이 왔다고 '상하이' 천지가 떠들썩하던 어느 토요일에 인스펙터[7]를 하고 있던 안安이 월급날이라고 사오싱주紹興酒 한 병을 옆구리에 차고 조선서 누가 부쳐줬다는 고추장을 들고 '나'를 찾아와 좁은 방에서 '영감'과 셋이 술판을 벌이는 장면이 있는데, 인종적으로 혹은 문화적으로 융합하지 못하는 '서양'과 '조선'의 모습을 대비시키는 것이라기보다 차라리 '근대'와 '전근대'라는 두 역사 시기의 대비라고 하는 것이 나을 것 같다. '근대'의 세계에 진입하지 못하는 사람들의 모습을 보여주고 있다는 점에서는 앞서 '괴나리봇짐'이 서양인들의 구경거리가 된 장면과 마찬가지이다.

그 후로 '영감'은 매일같이 20리나 떨어진 훙커우虹口에 가서 소고기를 받아와 한인들에게 파는 일을 했고, 거기서 나오는 적은 이문을 먹고 살았다. 그러던 어느 날 '영감'은 예전에 헤어진 '순이 에미'와 꼭 닮은 사람을 보았다고 말한다. 그의 말을 종합해보니, 그가 보았다는 여자는 한인 사회의 명사 B씨의 맏딸 '메리'인 것 같았다. '메리'는 하와이가 고향으로 영어는 매우 유창했지만 한글은 전혀 모르는 아가씨였다. 인물은 크게 내놓을 것이 없었지만, 그래도 국제도시에서 양풍洋風을 마실대로 마시고 자란 귀한 아가씨였다. 주변 사람들은 모두 그 말을 듣고 '영감'같은 사람이 이런 귀한 아가씨를 넘본다는 건 당치도 않을 소리라고 비웃었지만, '영감'은 돈만 있으면 색시를 얻을 수 있다고 하면서 그날부터 매일같이 저금을 했다. 그러던 어느 날 '메리'가 돈 많은 사람과 결혼을 하게 되었

---

[7] inspector 전차 검표원을 가리키는데, 당시 상하이에는 이 일에 종사하는 한인들이 많았으며, 당시의 글 중에는 '인스펙터'라는 표현이 많이 있어, 여기서도 그 표현을 그대로 사용함.

다. 웬일인지 그날은 '영감'이 하루종일 보이지 않았고, 저금통이 깨져 있었다. 경찰이 문을 두드리는 소리에 잠에서 깬 '나'의 앞에 경찰들이 식칼을 보여주면서 이 칼이 누구 것인가 물었다. '영감'은 자기 것이라 하면서 그들을 따라 나갔다. '영감'은 '메리'의 신방新房에 침입했다가 무엇에 놀랐는지 칼을 집어 던진 채 달아난 것이다.

'영감'은 왜 '메리'에게 그토록 집착했던 것일까. '영감'의 정신착란은 어떻게 이해해야 하는 것일까. '영감'과 '메리'는 서로 다른 두 세계의 사람이었다. '메리'와 전처의 인상착의가 비슷했다는 점이 '영감'을 착각하도록 했다. 다른 사람은 다 볼 수 있었던 두 세계 사이의 '유리 벽'이 유독 영감에게는 보이지 않았던 것이다. 건너갈 수 있을 것으로 착각했던 영감은 유리벽에 부딪쳐 쓰러지고 말았다. 그가 입버릇처럼 하던 "그런 괘씸한 년이 있더란 말이요."라는 말은 누구를 두고 한 것이었을까.

김광주는 중국에 체류했던 기간도 길었고, 한인 사회 내에서의 접촉면도 넓었으며, 중국인과의 언어적 소통도 잘 되어 문예계의 인사들과도 일정한 교유가 있었던 듯하다. 하지만 그의 소설 작품들을 보면 역시 상하이 프랑스 조계의 한인 커뮤니티가 배경이 되고 있다. 앞서 살펴본 「장발노인」, 「난징로의 창공」, 「예지」, 「베이펑에서 온 영감」 등의 작품에 나타난 한인들은 식민지 현실을 박차고 만주로 가거나 대륙을 전전하다가 상하이로 들어온 경우가 대부분이었는데, 주변부에서 빈한한 삶을 꾸려가는 경우가 많았다.

김광주 소설 속 한인들의 모습은 한국인에게 있어 '상하이'라고 하면 곧바로 임시정부를 떠올리는 하나의 도식으로부터 독자들을 일깨우고 있다. 그의 소설 속 한인들이 모두 나라 잃은 슬픔과 애국적 열정에만 사로잡힌 사람들은 아니었다. 반도의 답답한 현실을 박차고 대륙으로 나온 사람 중에는 애국지사도 있었지만 변절자도 있었고, 투기꾼도 있었고, 극빈자도 있었다. 동포들 간에 서로 속이고 싸우고 미워하는 아수라장이 전개되고 있었고, 이는 1932년 상하이사변 이후 친일적인 한인들이 대거 상하이로 이주하고 나서 흔들리는 한인사회의 모습을 리얼하게 반영한 것이기도 하다.

서구적 근대문화의 중심지 상하이에서 한인들이 주변부 인생을 살아가는 모습에 대해서는 언어적, 인종적, 경제적 등등 여러 각도에서 분석이 가능하겠지만, '근대도시 상하이'와 '근대를 경험해보지 못한 한인' 간의 거리감이라고 하는 시각도 가능하다. 그리고 이런 시각에서 보자면 소설 속 상하이의 일부 한인들은 '시골 사람'들이었을 뿐 아니라 '옛날 사람'이기도 했던 것이다.

상하이를 제재로 한 김광주의 작품에는 지나친 우연성, 작위적 모티브 등의 소설적 단점에도 불구하고 강렬한 정감情感이 있다. 그리고 직접 체험해 본 사람이 아니면 표현해낼 수 없는 주변부 인생 특유의 멘털리티가 있다. 그것은 대체로 국제도시 상하이에서의 서구·비서구, 비서구 내에서 중국인·한인, 한인 내에서 물질주의자·정신주의자, 민족운동 진영 내에서 정치적인 그룹·비정치적 그룹으로 계속 나뉘는 중에 있어서의 마이너리티적 감각을 말하는 것이다.

[필드워크 ❹]

밤의 상하이를 지배한
두위에성杜月笙과
그의 별장 동후빈관

화이하이중로淮海中路의 동후빈관은 과거 두위에성杜月笙, 1988~1951 별장이었다. 세도가의 집다운 훌륭한 3층 건물이 위엄을 자랑하고 있었다. 두위에성을 암흑가 보스로 알고 있는 사람도 많지만, 당시 상하이에서 그의 영향력은 각계각층에 두루 미쳤었다. 그는 알면 알수록 신비한 인물이기도 하다. 일본의 중국사 연구자 후루야마 타다오古廐忠夫는 그를 '혼성적 공간'인 상하이의 도시적 특징과 결부지어 매우 독창적으로 분석한 바 있다. 두위에성의 생애와 그가 중국인 사회에서 갖고 있던 독특한 위상을 정리해보기로 하자.

두위에성은 혼성적mixed 공간 상하이를 상징하는 인물이다. 고아로 출발해서 최고 권력자 쟝제스蔣介石에게 직언할 수 있는 위치에까지 오른 인물인 두위에성은 지상地上 사회와 지하 사회, 서구 근대와 중화적 전통, 상류 사회와 류망流氓의 세계, 제도적·경제적 합리성을 추구하는 사회와 네트워크 사회, 법치 사회와 실력행사Gewalt의 세계라고 하는 양면적 세계에 걸쳐있었다.

두위에성의 이름은 용鏞으로, 그는 1888년 푸동浦東 까오챠오진高橋鎭에서 출생했고, 조실부모 후 거리의 아이가 된다. 그는 13세 때 과일가게 점원으로 시작해서 도박장, 아편굴, 유곽 등을 전전하다가 애초에는 청방靑幇 두목 천스창陳世昌의 문하에 들어갔고, 나중에는 당시 프랑스 조계의 관할하고 있던 지하세계의 1인자 황진롱黃金榮의 문하에 들어가게 된다. 두위에성은 빠른 두뇌회전과 의협심으로 황진롱 부부의 신임을 얻어 프랑스 조계의 3대 도박장 중 하나인 공싱公興구락부의 관리를 맡게 된다.

두위에성 전기의 책 표지

두위에성보다 20살 연상인 황진롱은 1868년 쑤저우 출생으로, 12세에 상하이로 나와 난스南市 일대의 뒷골목에서 두각을 나타냈다. 그러던 그는 어느 날 천재일우의 기회를 잡게 된다. 1892년 프랑스 조계의 공동국公董局에서 중국인 경관을 모집한 것이다. 당시 프랑스 조계의 인구는 약 5만 명 가량이었으며 대부분이 중국인이었는데 급증하는 중국인 범죄를 베트남 경찰만으로는 감당할 수 없었던 것이다. 황진롱은 프랑스 조계의 삼등 형사三等華捕로 시작해서 여러 사건을 통해 공로를 인정받고 중국인으로서는 유일하게 독찰장督察長으로 발탁된다. 당시 조계의 상황은 복잡해서, 영국과 프랑스 조계의 당국자가 직접 아편 판매로 폭리를 취하고 있는 상황이었다. 황진롱은 아편 운반을 맡기로 하고, 1918년 두위에성을 지배인으로, 장샤오린張嘯林을 부지배인으로 아편 운반의 안전을 보장하는 싼신꽁쓰三鑫公司를 만들었다. 아편 판매자로부터 10%의 보험료를 받는 조건이었다. 싼신꽁쓰는 나날이 번창해갔고, 이는 조계租界-군벌軍閥-청방靑幇 세력이라는 삼위일체 아래에 있었기에 가능했다.

청방은 300년의 역사를 가진 비밀결사로, 19세기 말 상하이에서 발전했다. 횡橫으로 의형제 관계를 맺는 홍방紅幇에 비해 가부장적 종縱의 관계를 축으로 하는 청방이 발전하게 되는데, 당시에는 가난한 사람들도 청방에 들어가면 굶어죽지 않는다는 말이 있었다. 종래의 복잡한 입방 의식을 간소화 했고, 상하이 유입자들을 흡수하여 사염私鹽·아편·도박·유괴 등을 했으며, 특히 4.12쿠데타 때 크게 활약했다. 일반적으로 비밀결사는 봉건적, 전통적 조직이었지만, 청방은 근대적이고 도시적인 조직으로, 마피아나 야쿠자와 유사했다.

청방은 지하 조직이었지만 간부들은 지상의 공식적인formal 조직에서 활동했다. 어떻게 그런 일이 가능했을까? 그것은 중국에서 국가와 사회 간의 괴리가 있었기 때문이다. 사회에 기반을 둔 지상의 사회조직 뿐 아니라 지하 세력인 청방의 힘도 있어야 사회를 장악할 수 있었던 것이다. 그것이 바로 중국 근대화의 특징이고, 그러한 관계를 상징적으로 보여준 사건이 바로 4.12쿠데타이다. 4.12 이후 두위에성은 더욱 적극적으로 정치에 참여하게 되어, 난징南京의 육·해·공군 소장참의少將參議가 되었다. 두위에성은 정계·금융계에도 진출해서 부동의 지위를 굳혔으며, 노조에도 영향력을 행사하고 있었다.

두위에성은 문화계·언론계에도 영향력을 넓혀가고 있었는데, 1934년 스량차이史量才 암살을 계기로 상하이 최대의 신문 〈선바오〉申報를 입수하였고, 이어 〈신원바오〉新聞報·〈스스신바오〉時事新報·〈상바오〉商報를 합쳐 4개 신문사 연합운영처申新時商四社連營處를 설립하고, 총지배인이 된다. 〈시바오〉錫報에서 송츠핑宋痴萍이 두위에성을 모함하는 기사를 쓴 뒤 죽게 되자, 그 후로 언론계에서 두위에성에 대한 비판은 '금기'가 된다. 두위에성은 상하이의 각계 명사들로 구성된 상하이시 지방협회地方協會 회장에 취임하여 재해구원에 의연금을 내는 등 사회적 명사로서의 지위를 굳혀 간다. 애초에 글을 몰랐던 두위에성은 평생 열심히 습자 연습을 했으며, 신사로서의 이미지를 유지하기 위해 여름에도 사람들 앞에서는 두루마기

長袍를 입었다고 한다.

1931년에 행해진 두가선묘낙성기념식전杜家祖先廟落成記念式典은 권력의 절정을 보여준다. 두가杜家를 향한 행렬에는 국민정부의 군악대는 말할 것도 없고, 영국, 프랑스 조계의 경관대警官隊까지 참가했다. 묘廟에는 장빙린章炳麟이 편집한 가보家譜가 올려져 있었고, 쟝졔스蔣介石, 송쯔원宋子文, 쿵샹시孔祥熙, 허잉친何應欽 등 군·정계의 고관들이 보내온 편액이 걸렸다. 여흥에는 경극의 1인자 메이란팡梅蘭芳이 출연했고, 3일간의 연회에 참석한 사람은 총 8만 명이었다. 국민당 난징南京정부 10년간의 신체제 형성기에 두위에성은 정치·경제·노동·문화계, 그리고 상류 사회와 하류 사회, 지하 사회와 지상 사회에 절대적인 영향력을 갖고 있었고, 그에 따른 상승 효과를 통해 엄청난 권력을 형성하게 되었다.

1932년 두위에성은 사교클럽 '항사'恒社를 조직하여, 자신이 명예 이사장 자리에 오른다. 항사의 멤버 324명 중 상공업계 종사자가 144명으로 약 45%, 국민당·군·정 등 당黨과 국가요인이 약 30%가 되었다고 한다. 청방青幇이 내부inner society의 두위에성을 상징하는 것이라면, 항사恒社는 상류사회high society에서 부동의 지위를 굳힌 두위에성의 외부outer society

동후빈관(東湖賓館) 본관의 모습. 두위에성 별장은 현재 별관으로 사용되고 있다.

지위를 상징한다. 중일전쟁 시기 두위에성은 기본적으로 항일 진영에 속해 있으면서, 넓은 인맥을 이용해 복잡한 활동을 했다. 태평양전쟁이 시작되자 충칭重慶으로 탈출했는데, 그 후로 그는 점차 쇠락해 갔다. 1949년 5월 상하이를 탈출해서 홍콩으로 간 두위에성은 거기서 2년 후에 사망한다. 두위에성의 유체는 장제스蔣介石에 의해 타이완 지룽基隆에 묻힌다. 반면에 예전 그의 보스였던 황진롱黃金榮은 대륙에 남아 1951년 원후이바오文匯報에 「자백서」自白書를 발표하며 자아비판을 했고, 1953년 86세로 생애를 마감한다.

두위에성杜月笙이 출세하게 된 데에는 직관적 통찰력이 있었다. 황진롱黃金榮으로의 패트론 교체, 4.12쿠데타, 국민정부에의 기생, 항일진영으로의 귀속 등 양자택일의 상황 속에서 그는 항상 정확한 직관력을 발휘했던 것이다. 그렇다면 그가 담당해낸 역할이란 무엇이었던가. 그것은 '국민당 난징정부 체제의 형성 = 중국적 근대화'에 있어 괴리되어 있던 국가와 사회를 연결시켜주는 역할이었다.[1]

조계가 사라지고 혼성적mixed 공간으로서의 상하이가 사라져가던 시점에 그는 대륙도 타이완도 아닌 홍콩을 선택했다. 그는 양서류적인 두위에성 스타일이 통용되던 시대가 민국民國과 함께 종말을 고하고 있었다는 것을, 직감을 통해 파악하고 있었을 것이다. 중국친구에게 들은 이야기인데, 베이징에서 활동하는 유명작가 왕수오王朔가 상하이에 오면 반드시 이 동후빈관에 묵는다고 한다. 호텔에는 두위에성 관련된 아무런 표시도 없었다.

---

1 이상 두위에성의 생애 관련 내용은 日本上海史硏究會『上海人物誌』, 東方書店, 1997, 116~125의 古廐忠夫, 「杜月笙 – 상하이의 근대를 체현해낸 인물」 참고.

10

식민지 수재 유진오와 사라져버린 '인터내셔널'의 노래

—유진오의 「상해의 기억」

- 의외의 소설 「상해의 기억」

「상해의 기억」의 두 가지 판본

소설 속 중국 친구의 처형 일자 1월 17일은 현실 속 '좌련오열사' 처형 일자와 일치

유진오의 좌파적 측면

연대의식을 그린 「마적」과 「귀향」

현실에의 좌절감을 그린 「신경」

의외의 소설 「상해의 기억」

「김강사와 T교수」라는 소설로 잘 알려진 현민 유진오. 경성제대 제1회 수석 입학생이자 수석 졸업생이던 그는 과거 보성전문의 교수를 지냈고, 1940년대에는 대동아문학자대회에 참석했었으며, 해방 후에는 대한민국 헌법의 기초를 다졌던 인물이었고, 야당 총재와 대학 총장을 지내기도 했다. 일견 꽃길만 걸었을 법한 경력 상의 외관과는 다르게 문학사에서는 늘 '동반자 작가'로 분류되어온 그에게 「상해의 기억」이라는 작품이 있었다는 사실은 중국 현대문학을 연구하는 필자로서는 다소 뜻밖이었다.

소설은 20세기 초 상하이 최대의 오락장이었던 따스제大世界[1]에서 시작된다. 상하이에 처음 가본 주인공 '나'는 친구 박 군과 말로만 듣던 따스제를 구경하러 들어갔다가, 서커스와 차력 시범 등 각종 향락 문화의 종합 공세에 머리가 어지러워 밖으로 나가려는 순간, 거기서 예전 동경 유학시절 친구인 서영상 군을 만난다. 중국인인 서군은 유학을 마치고 귀국 후 '신흥극작가동맹'의 지도자 중 한 사람으로 활동하고 있었다. 잠시 후 그를 뚜이추都盒處라는 음식점에서 만나기로 약속하고, '나'와 박 군은 먼저 그곳에 가서 기다렸다. 잠시 후, 서군과 재회하여 그 동안 지낸 이야기와 최근 중국의 정치적 상황 등에 대한 이야기를 나누었다. 그냥 헤어지기가 아쉬워 두 사람은 이틀 후 난징로南京路의 ××려사旅社에서 다시 한 번 만나기로 하고 헤어진다.

정해진 시간과 장소에 서군을 만나러간 '나'는 느닷없이 봉변을 당하게 된다. 갑자기 누군가 '나'에게 총을 겨누고 결박하여 자동차에 태우고

---

[1] 따스제(大世界)는 1917년 황추쥬(黃楚九)라는 의사가 만들었고, 나중에는 당시 상하이 암흑가의 '3대 보스[三大亨]'로 꼽히던 황진롱(黃金榮)이 인계하면서, 동양 최대의 향락백화점이라 불렸다. 문화대혁명 때 폐쇄되었다가, 1987년 다시 '따스제(大世界)'라는 이름으로 개장하여 현재까지 이어오고 있다.

어딘가로 데려간 것이다. 그곳은 감옥인 것 같았다. 지옥같은 중국 감옥에서 며칠을 보낸 '나'는 일본영사관으로 인도되었고, 석방되어 귀국하게 된다. 귀국 후 '나'는 미국에 있는 친구가 보내준 잡지를 넘기다가 우연히 서군과 관련된 기사를 보게 되는데, 기사의 내용에 의하면 난징로에서 '나'를 만나기로한 날 서군은 국민정부에 의해 체포되었고, 며칠 후 감옥에서 처형당했던 것이었다. '나'는 잡지를 덮고 눈을 감고 그날 밤의 광경을 머리에 그려보았다.[2]

「상해의 기억」의 두 가지 판본

유진오의 소설 「상하이의 기억」은 두 가지 판본이 존재한다. 하나는 1931년 11월 『문예월간』 1권 1호에 발표한 것이고, 다른 하나는 1939년 학예사에서 출간된 『유진오 단편선』에 수록된 것인데, 그 과정에서 내용상 일부 수정이 있었다. 우선 두 판본 사이에 어떤 차이가 있는지를 알아보기로 한다. 수정된 곳은 주요하게 세 군데이다.

첫째, 1931년 판본에는 서영상 군이 중국에서 활동하던 문화 단체의 명칭이 '중국 좌익극작가동맹'이었으나, 1939년 판본에서는 '신흥 극작가동맹'으로 바뀌었다. 사회주의적인 요소가 문제될까 염려되어 '좌익'이라는 단어를 '신흥'이라는 보다 일반적인 개념으로 바꾸었을 것은 미루어 짐작할 수 있다. '신흥극작가동맹'은 어느 나라에나 있을 수 있는 일반적인 조직 명칭이지만, '중국좌익극작가동맹'은 당시 상하이에 실존했던 문화운동 단체였다는 점에서 매우 주목할 만한데, 유진오는 중국 문화운동계

---

2 『유진오 단편집』, 학예사, 1939(윤대석 엮음, 『김강사와 T교수』, 현대문학, 2011, 277~291쪽에 재수록).

의 동향을 잘 파악하고 있었던 것이다.

둘째, 1931년 판본에서는 서영상을 만나러 갔다가 괴한들에게 끌려간 '나'가 감옥에서 '인터내셔널' 노래를 듣게 되는 대목이 있는데, 1939년 판본에서는 '인터내셔널'이라는 단어가 삭제되었다. 해당 부분을 잠시 비교해보기로 한다.

【1931년 판본】오! 저 곡조! 말은 모르지만 그것은 분명히 인터내셔널의 노래였다. 나는 내 귀를 의심하였다. 혹시 헛소리를 들은 것이나 아닌가 하였다. 그러나 노래는 여전히 계속되었다. 저 장엄한 인터내셔널의 노래! 노래는 분명히 군인들의 발자취 나는 곳으로부터 들려왔다. '군인이, 국민정부의 군인이 이 노래를 불러?'

【1939년 판본】나는 내 귀를 의심하였다. 혹시 헛소리를 들은 것이나 아닌가 하였다. 그러나 노래는 여전히 계속되었다. 노래는 분명히 군인들의 발자취 나는 곳으로부터 들려오는 것이었다. '군인이 국민정부의 군인이 이 노래를 불러?'[3]

주지하듯이 '인터내셔널'은 파리코뮌 이후 사회주의 전통을 상징하는 노래로 존재해 왔다. 1931년 판본에서 '말은 알아듣지 못해도 곡조는 분명히 인터내셔널이었다'고 했던 부분은 중국 좌익작가들과 비록 언어적으로는 소통을 하지 못해도 코뮤니즘이라는 이념면에서는 공감하고 있었다고 하는, 이 작품에서 가장 핵심적인 부분이었음에도 불구하고 1939년 판본에서는 삭제되고 말았던 것이다.

셋째, 조선에 귀국한 '나'는 미국에 있는 친구가 보내준 잡지를 넘기

---

[3] 1931년 판본은 『문예월간』에 실린 애초의 형태에서 맞춤법이 현대식으로 바뀐 것이며, 인용부 외에도 약간씩의 차이는 있다. 위 두 예문은 모두 윤대석 엮음, 앞의 책, 288~289쪽에서 인용.

다가 중국 예술가 단체에서 전 세계로 보낸 호소장을 발견하게 되는데, 1931년 판본에는 '좌익예술가동맹'[4]이라 되어 있던 단체명이 39년 판본에는 '중국예술가동맹'으로 바뀌어 '좌익'이라는 단어가 탈락되어 있다. 아마도 이 역시 이데올로기적인 이유 때문이었을 것이다.

소설 속 중국 친구의 처형 일자 1월 17일은 현실 속 '좌련오열사' 처형 일자와 일치

여기까지 보면 중국 좌익 문학운동에 대한 유진오의 관심이 소설 속 '나'와 '서 군'이 만나는 상황을 만들어냈고, 국민당에 대한 반감이 납치와 처형의 상황을 만들어냈을 것이라는 추정이 가능하다. 다만 여기서 제기하고 싶은 한 가지 중요한 문제는 이 소설의 서사적 구성과 당대 중국의 현실 간의 거리는 어느 정도였는가 하는 것, 다시 말하자면 작품 속 무대인 상하이는 단지 이국적 제재에 불과한 것이었는가, 아니면 작가의 정치적 이상을 문학적으로 표현해내는데 있어 모종의 필연성을 지니는 것이었는가 하는 점이다.

소설 속에는 1월 17일이라고 하는 날짜가 등장한다. 주인공 '나'가 서영상을 난징로南京路의 ××려시旅社에서 다시 한 번 만나기로 한 날이다. 그 날 '나'는 괴한들에 의해 결박당한 채 모처로 끌려가고, 밤에는 처형의 총성을 듣게 된다. 이 소설 속 인물, 시건, 장소 등은 모두 필연성을 지니고 있지 않다. 상하이 최대의 번화가 난징로에서 옛 친구를 만나고, 그와 약속했다가 전혀 예상치 못한 뜻밖의 상황 속으로 끌려 들어간다고 하는 것은 모두 이 '모험가의 낙원'인 상하이의 어느 구석에선가 '일어났음직

---

[4] 이 명칭 역시 '중국좌익작가연맹'이라는 당시 중국에 실존했던 조직과 매우 유사하다.

한 사건'들인 것이다. 그런데 유독 주인공이 누군가에게 붙잡혀가고 총소리를 들었던 그 날만은 1월 17일이라고 분명히 명기되어 있다. 왜 이렇게 구체적으로 명기되어 있는 것일까.

중국 현대문학사의 세계로 들어가 보면, 1931년 1월 17일은 중국공산당 계열의 젊은 작가 다섯 사람이 국민당에 의해 체포된 날이라는 것을 알 수 있다. 그들은 2월 7일에 처형되었고, 문학사에 이 젊은 다섯 작가는 '좌련오열사'라 기술되어 있다. 소설 속 '나'는 '좌련오열사' 중 한 사람과 친구 관계로 설정되어 있는 것이다. 작가는 이 관계를 통해서 조선인 주인공과 중국 좌익작가 간의 이념적 연대를 상상하고 있는 것이며, 국가와 언어를 초월한 이상에 대한 열정을 '1월 17일'이라는 날짜를 통해 하나로 결합시키고 있는 것이다.

자료에 의하면 1931년 1월 17일 중국좌익작가연맹좌련 소속 리웨이썬 李偉森, 러우스柔石, 후예핀胡也頻, 펑껑馮鏗, 인푸殷夫 등 다섯 작가가 체포된 곳은 상하이 싼마루三馬路[5] 동팡뤼서東方旅社였다고 하는데[6], 작품에서 '나'와 서군이 만나기로 한 장소가 '난징로의 ××려사'로 표기되어 있는 것은 분명히 원 지점을 염두에 두었던 것으로 이해할 수 있다.

「김강사와 T교수」를 위시한 유진오의 단편들은 대부분 경성京城을 무대로 하고 있는데, 그의 소설의 특징 중의 하나는 도시 공간이 매우 구체적으로 표시되어 있다는데 있다. 이 점에 있어서는 「상해의 기억」 역시 예외가 아니어서, 작품의 초반부에 등장하는 따스제 역시 구체적 위치나 건축의 외양, 그리고 내부에 이르기까지 매우 세밀하게 묘사되어 있다.

---

5 싼마루(三馬路)는 한커우루(漢口路)의 구칭인데, 당시 따마루(大馬路)라 불리던 난징로(南京路)에서 두 블록 떨어진 위치로 매우 가깝다고 할 수 있다.
6 姚辛編著, 『左聯畵史』, 光明日報出版社, 1999, 317쪽.

유진오의 좌파적 측면

유진오의 문학세계에서 「상해의 기억」이라는 작품이 차지하는 비중은 어느 정도일까. 1924년 경성제국대학 예과를 수석으로 입학한 유진오는 학교 성적이 좋아 교수들에게 총애를 받는 한편, 문학 창작에 대한 꿈과 마르크스주의에 대한 관심을 키워 나간다. 회고록의 내용에 의하면, 유진오는 예과를 마치고 법학과에 입학하던 1926년 마르크스주의 저작을 윤독하는 '경제연구회'라는 단체를 교내에 만들었다. 이 모임은 일제시대 조선에서는 유일한 대학 내 마르크스주의 연구 단체였는데, 이강국, 최용달, 박문규 등 해방 후 남로당의 거물 간부가 된 학생들도 여기에 가입했다. 유진오는 대학을 졸업하던 1929년에 이 모임을 '조선사회연구소'라는 교외 단체로 발전시킨다.[7]

아마도 이때가 정치의식 면에서 성장해가던 시기였던 것 같은데, 1932년 유진오는 정치적 탄압을 경험하게 된다. 조선사회연구소가 수색당하며 자료를 압수당했고, 유진오도 경찰에 연행됐다. 그는 곧 풀려났지만, 그 후로 조선사회연구소는 비밀결사 혐의로 폐문됐다. 그 후로 약 2년 동안 유진오는 작품을 발표하지 않는다. 1934년 「행로」를 발표한 후, 1935년에는 대표작 「김강사와 T교수」를 발표했지만, 조선사회연구소 사건 이전과 이후의 작품은 사뭇 달라져 있었다. 사회문제, 노동문제에 대한 비판적 시각이 누그러졌고, 회상류의 작품으로 변화했다.

조선사회연구소 사건이 일어나기 직전에 발표된 「상해의 기억」1931은 마르크스주의에 대한 관심이 최고조에 달했던 시점에 쓰여진 작품이라고 할 수 있을 것이다. 연보에 따르면 유진오는 1930년 만주를 여행하고 돌아와 「마적」과 「귀향」을 썼다고 되어 있는데,[8] 이 두 작품은 대부분의 선

---

7 유진오, 『젊은 날의 자화상』, 박영사, 1976, 34~35쪽.

집에서 빠져있다. 하지만 필자가 옛날 간행물들을 뒤져서 확인해 본 결과, 집필 시기나 내용 면에 있어 이 두 작품은 모두 「상해의 기억」과 공통점이 매우 많다.

연대의식을 그린 「마적」과 「귀향」

「마적」[1930]은 '영하 50도'의 압록강변 안동현에서 펼쳐지는 이야기이다. 이 마을에는 마적이 가끔씩 출몰하여 총격전을 벌이곤 하는데, 마적과의 전쟁을 벌인 후에 경비대원들은 늘 마을의 부자인 김 주사 집에 모여 사랑에서 술판을 벌이곤 했다. 안동현 채목 공사에 소속되어 있는 초부樵夫 명환은 어느 날 산에 나무하러 갔다가 낯선 사람을 발견한다. 여러 정황으로 보아 마적임에 틀림없는 것으로 보이는 젊은이에 대해 명환은 '이렇게 양순해 보이는 사람이 어떻게 마적일 수 있겠는가' 하며 자기 눈을 의심한다. 명환은 무리에서 고립된 채 산에서 숨어 지내는 젊은 마적을 위해 자기 몫의 주먹밥을 나눠주는데, 며칠 계속 만나는 동안 그들은 서로 가까워진다. 젊은 마적은 명환에게 '마적은 가난한 사람은 건드리지 않는다.'고 말한다. 그러던 어느 날 마적이 하산하면서 명환과 옷을 바꿔 입는데, 명환의 낡은 옷을 자신의 따뜻한 솜옷과 바꾼 것이다. 마을에 마적이 습격해오고 그 와중에 마을 부자 김 주사가 죽음을 당한다[9]. 나무꾼과 마적 간의 감정의 교류를 그린 이 작품은 '가난한 사람들 간의 연대'를 이야기하고 있다.

「귀향」[1930]의 주인공은 일본에 살고 있는 조선인이다. 소설은 1923년

---

8 유진오·이효석, 앞의 책, 559쪽.
9 『조선지광』, 1930년 6월.

일본 도쿄에서 일어난 '관동대지진'으로부터 이야기를 시작하고 있다. 관동대지진 발생 후 일본 사회 내에 사회적 불안감이 일시적으로 급팽창했고, 제대로 된 출로를 찾지 못한 군중심리가 사회주의자와 재일조선인을 집단적 분노의 희생양으로 삼았던 것은 이미 잘 알려진 일이다. 사회운동을 하고 있던 조선인 김택은 '사회주의자'이자 '조선인'이라는 이중의 위험에 처하게 되자 동지 아사노의 도움으로 시골에 내려가 숨어 지내게 된다. 에시마라는 가명으로 아사노의 시골집에서 지내던 김택은 순박한 시골사람들과 가까워진다. 아사노의 여동생 사다코는 김택을 따라 도쿄로 가기를 간절히 원했고, 결국 두 사람은 도쿄로 오지만 동지 아사노는 이에 대해 불만을 표현한다. 김택은 공장 노동자가 되어 노동운동을 계속하지만, 사다코는 도시의 물질적 유혹에 넘어가 나날이 순박함을 잃어간다. 결국 두 사람은 헤어지게 되고, 김택은 아사노와의 오해를 말끔히 풀지 못한다. 귀국한 김택은 감옥에 갇혀서도 사다코와의 일을 생각한다[10]. 이 소설은 운동가들 간의 국제적 연대가 그려지고 있는데, 주인공을 일본 유학생으로 설정하고 있는 점 역시 「상해의 기억」의 상황과 겹쳐진다.

「상해의 기억」에는 도쿄에서 '나'와 같은 하숙에 있던 서영상 군의 문학적 소양이나 정치적 성향 등에 대해서는 서술하고 있지만, 정작 서술 주체인 '나'에 대한 이야기는 빠져있는데 반해 「귀향」 속의 김택은 일본 친구들과 '학습'을 하고, 잡지를 출간할 계획을 세우고, 공장에 취업해 노조운동을 하고, 조선에 있는 동무들과도 '연대'를 이어가고 있다. 1년 사이에 씌어진 「귀향」과 「상해의 기억」을 연결하면, 작품 속 조선인 주인공은 한·중·일 노동운동의 연대를 꿈꾸고 있었던 것이며, 이는 「상해의 기억」에서 '인터내셔널'이라는 노래로 표상되고 있었던 것이다.

만주의 '마적'에 대해 동정을 보내고 있는 작품 「마적」도 매우 인상적이

---

10 『별건곤』 제15권 4호, 1930년 5월.

다. 일반적으로 '무법자'라는 인상이 강한 마적을 프레임 안으로 끌어들여 '마적도 사람이다'라는 이야기를 하고 있는 것인데, 재학시절 경성제대 법학과 교수들로부터 총애를 받았고 대학에서 법학 교수를 지냈으며, 해방 후 대한민국 헌법 제정에 일정한 역할을 한 유진오가 '법질서 외부에 있는' 마적을 작품에 등장시켰다는 점은 놀랍다.

현실에의 좌절감을 그린 「신경」

이처럼 고조되었던 정치의식이 1932년 '조선사회연구소' 사건을 거치면서는 하강 곡선을 그리게 된다는 점에 대해서는 앞에서도 이미 말했지만, 바로 그러한 현실에의 좌절감을 역시 또 하나의 '동아시아적 시각'에서 풀어내고 있는 작품이 바로 「신경」1942이다.

「신경」1942은 작가 유진오를 연상케 하는 대학교수 철哲이 졸업생 취직 문제를 부탁하기 위해 신경新京에 다녀오는 행로를 그리고 있다. 철은 전날 밤 평양에서 절친한 벗 욱郁의 병문안을 했지만, 이미 욱은 거의 인사불성의 상태였다. 착잡한 심경으로 신경에 가서 기업의 총재를 만나 취직 말을 꺼내 보지만, 거의 잡상인 취급을 받고 모욕감을 느낀다. 신경에 체류하는 동안 욱의 사망소식을 접하고 그 충격이 뇌리를 떠나지 않은 상태에서, 우연히 예전에 알던 여자 삼주三珠를 만난다. 삼주는 철과 욱이 문학의 꿈을 키우던 시절, 대학 도서관의 타이피스트로 근무하면서 두 사람과 잘 아는 사이였고, 그 후로 연락은 끊겼지만 두 사람의 활동을 지켜보고 있었던 것이다. 철은 삼주와 옛날이야기를 하고 헤어진다.

작중 인물 욱이 작가 이효석을 모델로 했다는 것은 잘 알려져 있는 사실이다. 작품 속에서 유진오는 요절한 작가 이효석을 그리워하고 있지만, 이는 '타락한' 현재와 비교의 시점에서 순수했던 지난 시절을 상대화하고 있는 것이기도 하다. '과거'와 '현재'가 '욱'과 '철'을 통해 표현되고 있지만, 이 두 인물은 '철'의 '순수했던 과거'와 '세파에 물든 현재'를 비교한 것일 수도 있고, 더욱 크게 보면 '옛날의 만주'와 '새로운 도시 신경'에 대한 비교이기도 한 것이다. 작품에 묘사된바 '신경으로 가는 여정'이 철에게는 '과거와 현재를 오버랩하는 행위'였다고 하는 것은 작품의 첫 구절인 다음 인용에서 그대로 드러난다.

> 벌써 몇 번째 다니는 길이라 노고구老古溝니 장가보張家堡니 하는 이국적인 역 이름도, 철교나 터널 같은 곳 양편 가에 볼품사납게 서 있는 토치카도, 아니 그보다도 더 차창으로 내다보이는 만인들의 반듯반듯한 지붕 모양과 푸르둥둥한 옷 빛깔까지도 인제는 철哲에게 아무런 감동도 주지 못했다.[11]

이국적인 풍경이 왜 철에게 감동을 주지 못했던 것일까. 그 사이에 세상이 바뀐 것이다. 1930년 만주를 여행하면서 유진오는 법法에 길들여지지 않은 사람들로부터 오히려 제국의 질서를 뒤엎을 만한 야만의 힘을 보았던 것이고, 그것이 작품 「마적」을 통해 표현되었을 것이다. 1931년 9.18만주사변이 일어났고, 1932년 일본은 만주국을 만들었다. 작품 「신경」이 발표된 1942년은 이미 만주국이 세워진지 10년이 지난 상황이고, 제국 질서는 더욱 공고해지고 확장되어 '신경新京'이라는 낯선 지명이 조선인의 삶의 권역으로 아무렇지도 않게 들어와 있다. 철이 다시 찾은 '카페 임페리얼'의 더 없이 초라한 모습을 통해 작가는 '동아시아 권력 질서의 재편'이라고 하는 메시지를 전하고 있는 것이다.

「신경」에는 더 이상 30년대 초반의 그러한 운동적 욕구가 존재하지 않

---

11 윤대석 엮음, 앞의 책, 451쪽.

는다. 이념적으로만 퇴색했을 뿐 아니라, 젊은 날의 문학에 대한 열정까지 모두 추억으로 묻어버리고 있는 것이다. 「신경」을 발표한 1942년 유진오는 일본 도쿄에서 열린 제1회 대동아문학자대회에 참석한다.

[필드워크 ❺]

상하이의 극장(1)
−루쉰이 즐겨가던 그랜드시어터

난징로는 한국 작가들의 작품 속에 어떻게 묘사되어 있는가. 심훈의 『동방의 애인』에서 상하이로 떠난 동렬과 박진이 제일 먼저 도착한 곳이 난징로였다.

아무 소개도 없이 떠난 동렬이와 진이는 동양의 런던이라는 상해에도 하늘을 찌를 듯한 고루거각이 즐비하게 솟은 가장 번화한 영대마로英大馬路·南京路로 찾아들었다. 그야말로 촌계관청이라 두리번거리며 정처없이 오르내리다가 선시공사先施公司 진열장 앞에서 뜻밖에 미결감에서 같이 고초를 겪던 사람과 마주쳤다. 지옥에서 구세주나 만난 듯 어찌나 반가웠던지 껑충껑충 뛰듯하며 악수를 하였다.[1]

당시의 한국 작가들에게 난징로의 첫인상이라 하면 일단 마천루가 즐비한 거리로 각인되어 있었던 듯하다. 대도시의 번화가에 와서 어리둥절해하던 소설 속 주인공이 뜻밖에 아는 사람을 만나게 된다는 모티브는 유

---

1 『심훈문학전집』(2), 탐구당, 1967, 551쪽.

진오의 「상해의 기억」에서도 재현된다. 「상해의 기억」의 주인공 현玄이 서군徐君과 만나기로 한 곳도 난징로였다.

> 죄악의 도시, 공포의 도시라는 상해의 거리를 밤에 혼자 돌아다닌다는 것은 위험한 일이었으나 그 위험한 것이 도리어 일종의 호기심을 끌기도 하였다. 나는 남경로를 향해 천천히 걷다가 택시를 잡아탔다. …… 남경로라면 영안공사, 선시공사, 신신공사 등 중국 사람의 굉장한 백화점이 즐비하게 들어선 곳이다. 낮보다 더 밝은 전등불이 자동차 속을 낮같이 밝게 비추었다. 내가 탄 자동차는 이 가장 번화한 구역을 지나더니 얼마 안 가서 별안간 급커브를 돌아 캄캄한 옆길로 들어서서 정거하였다.[2]

주인공이 찾아간 곳은 번화한 난징로와 지척의 거리에 있으면서도 어둡고 우중충한 골목에 있는 한 여관이었고, 주인공은 거기서 육혈포에 겁박당해 공부국 경관대로 잡혀가게 된다. 유진오에게 있어 난징로의 화려함은 정체를 알 수 없는 공포가 내장되어 있는 곳이기도 했던 것이다.

이곳을 걷다보니 역시 와이탄과 난징로가 가장 상하이다운 곳이라는 생각이 들었다. 예전 같으면 미·영 공동 조계였을 난징동로南京東路를 걸어 경마장이 있던 자리인 인민광장까지 나가면 신스제新世界가 나온다. 아마 지금도 쇼핑센터로 영업 중인 것 같았다. 신스제를 지나 난징시로南京西路 쪽으로 가면 조계시절 상하이 영화관을 대표하는 그랜드시어터Grand Theater·大光明大戲院가 나온다. 그랜드시어터는 1928년 개장하여 영업해 오다가 1930년 상영한 '부파쓰不怕死'라는 미국 영화의 내용 중 중국인을 모욕하는 내용이 중국 관객의 항의를 불러 일으켜, 결국에는 휴업 사태에까지 이르게 된다. 1933년 헝가리 건축가 라슬로 후데크L.E. Hudec, 1893~1958

---

2 김남천, 유진오 단편선, 『김강사와 T교수』, 현대문학, 2011, 283~284쪽.

그랜드시어터 전경과 설계사 및 투자자의 모습. 극장 내 갤러리에서 필자 촬영

의 설계로 중건되어 영업을 재개하게 되었다. 그랜드시어터는 그 독특한 건물 모양을 유지하면서 그 후로도 줄곧 중국의 대표적인 극장으로 존재해 왔고, 지금도 영업을 계속하고 있다. 워낙 유서 깊은 극장이다 보니 내부에 갤러리를 꾸며놓고 이 극장의 역사를 회고하는 사진을 전시해놓고 있다. 1930년대 상하이 영화의 전성기, 일본의 상하이 침략 시기, 사회주의 건설기, 문화대혁명과 개혁개방 등 각 시기를 대표하는 이 극장의 사진들을 보니 마치 중국 영화사를 축약해 놓은 것 같았다. 일본의 유명한 재즈뮤지션 하토리 요이치服部良, 1907~1993도 한때 상하이에 와서 음악활동을 했던 적이 있는데, 기록에 보니 1945년 5월 하토리가 기획한 리샹란李香蘭의 「예라이샹 환상곡」夜來香幻想曲 리사이틀이 바로 이곳 그랜드시어터에서 열렸었다 한다. 덩리쥔鄧麗君의 「예라이샹」夜來香을 떠올리며 전시戰時의 그 로맨틱한 리사이틀 분위기를 상상해보았다.

극장을 나와 걷다보니 공더린功德林이라는 식당이 있어 점심식사를 하러 들어갔다. 공더린은 1922년에 생긴 유명한 채식 식당이다. 공더린이라는 이름은 불교경전에 나오는 '공덕여림功德如林·숲속의 나무처럼 공덕을 세우라는 뜻'이라는 말에서 유래되었다 한다. 채식 식당인 것은 알고 있었지만, 불교와도 관련이 있었던 것이다. 설명을 보니 루쉰도 가끔 이곳에 왔었다고 하고, 류야즈柳亞子, 우치야마 간조內山完造가 여기서 손님을 초대했었다는 내용도 적혀있었다. 채식 식당이라 소박할 것 같았지만, 내부는 의외로 약간 고급스런 분위기였고 가격도 저렴하지는 않았다.

11

상하이 시절 루쉰이 쓴 가장 어두운 글

— 루쉰의 「망각을 위한 기억」, 「나는 사람을 속이고 싶다」

●

루쉰의 자취가 남아있는 홍커우 옛 거리 산책

루쉰과 중국좌익작가연맹, 그리고 아그네스 스메들리

러우스柔石의 죽음, 판화운동과 캐테콜비츠

「나는 사람을 속이고 싶다」

루쉰의 자취가 남아있는
홍커우 옛 거리 산책

쓰촨베이로四川北路를 따라 올라오다가 톈아이로甜愛路와 만나는 곳에 옛날 우치야마 서점內山書店 자리가 있다. 일본에서 소학교를 3학년까지 마치고, 세일즈맨 등 여러 직업을 전전하던 우치야마 간조內山完造, 1885~1959가 상하이 베이쓰촨로北四川路, 쓰촨베이로의 옛 이름에 우치야마 서점內山書店을 열었던 것은 1917년 그의 나이 32세 때의 일이다. 그로부터 10년 후인 1927년 10월 상하이에 온 루쉰은 도착 후 이틀 째 되는 날 우연히 우치야마 서점에 들렀고, 그로부터 두 사람의 교류가 시작된다.

일본 유학을 통해 서구 근대를 받아들인 루쉰에게 우치야마 서점은 지식 창구의 역할을 했을 뿐 아니라, 루쉰의 대외 활동에 있어 근거지가 되기도 했다. 루쉰은 이곳을 사람들과 만나는 공간으로 활용하며 생전에 500회 이상 방문했고, 1000권 이상의 서적을 구입했다고 한다. 쓰촨베이로와 톈아이로가 만나는 곳에 위치한 우치야마 서점은 잘 보이는 곳에 위치해 아주 목이 좋다. 우치야마 서점 부근은 루쉰과 인연이 있는 장소가 많다.

1927년 광저우廣州에서 장제스蔣介石의 4.12쿠데타를 맞은 루쉰은 9월 27일 광저우를 떠나 10월 3일 상하이에 도착한다. 루쉰이 상하이에 와서 처음으로 정한 임시 숙소는 공화여관共和旅館으로, 지금은 남아있지 않다. 1927년 10월 8일 루쉰은 징윈리景云里 23호로 입주하여, 그곳에서 2년 7개월간 생활하게 된다. 마오뚠茅盾, 펑쉬에펑馮雪峰, 러우스柔石 등의 문인들의 집과도 아주 가까웠다. 이곳은 그가 젊은 좌익작가 러우스와 함께 『조화주간』朝花周刊을 편집했던 곳이기도 했고, 미국 출신의 진보적 기자 아그네스 스메들리와 교류를 시작한 곳이기도 했지만, 무엇보다 이곳에 살던 시기 그는 '혁명문학논쟁'에 뛰어들어 좌우익 모두를 대상으로 일생

루쉰이 마지막으로 살았던 집

일대의 비장한 투쟁을 벌이기도 했다.

　루쉰이 상하이에서 두 번째로 살게 된 집은 라모스 아파트拉摩斯公寓였다. 그는 이곳에 1930년 5월 12일에 입주했다가 1933년 4월 11일에 퇴거하게 되는데, 이 시기는 '혁명문학논쟁'이 종결되고 '좌련'이 결성되어, 그도 좌련의 성원으로 활동하던 시기이다. 이곳에 살던 시절 루쉰은 1932년 1.28 상하이사변을 맞게 된다. 당시 친구인 쉬서우창許壽裳에게 보낸 편지에서 "총알이 방까지 날아든다."고 표현했던 바로 그 집이다. 상하이사변 후 '백색공포白色恐怖'의 경색 국면에서 루쉰은 지명수배通緝의 대상이 되기도 한다. 루쉰의 글 중「제삼종인을 논한다」,「망각을 위한 기념」,「중국 무산계급혁명 문학과 선구자들의 피」등은 모두 이 집에서 쓴 것으로 그는 여기에 3년 가까이 살면서 번역을 포함하여 170여 편의 글을 썼다.

　루쉰은 1933년 4월 11일 산인로山陰路·Scott Road의 대륙신촌大陸新村 아파트로 이사하고 1936년 10월 19일 사망 시까지 여기서 살았다. 이 아파트는 대륙은행 상하이신탁부에서 투자하여 1932년에 완공된 것으로, 유럽에서 수입된 자재를 사용하여 당시로서는 건축비가 많이 들었다고 한

좌련 결성 장소였던 중화예술대학

다. 이곳에서 인생의 마지막 3년을 보내면서 280여 편의 글을 쓴 루쉰은 마지막까지 고골리의 『죽은 혼』 번역 원고를 붙들고 있었다.

루쉰이 처음으로 입주해 살았던 징윈리景雲里 부근에 뒤룬로多倫路라는 곳이 있다. 이곳은 최근 상하이시에서 문화 명소로 가꾸어 가고 있는 듯하다. 이 뒤룬로多倫路의 입구에 위치한 공페이公啡 커피숍은 1929년 루쉰이 좌익작가들과 좌련左聯 결성을 준비하면서 회의를 하고 커피를 마셨다는 곳이다. 안으로 쭉 들어가면 홍더탕鴻德堂, 1928이라는 옛날 교회가 있고, 안으로 더 들어가면 시장이 나오는데, 그 시장 안에 징윈리景雲里가 있다. 골목을 나와 좀 큰길로 조금 걸으니 '중화예술대학'이 나온다. 이곳은 1930년 3월 2일 "중국좌익작가연맹" 성립대회가 열렸던 곳이다. 당시 루쉰은 「좌익작가연맹에 대한 의견」이라는 제목의 강연을 했다.

"오늘날 '좌익' 작가는 매우 간단히 '우익' 작가로 변할 수 있습니다. 왜냐하면 만약 실제로 사회투쟁에 접촉함이 없이 유리창 속에 틀어박혀 문장을 쓰거나 문제를 연구할 뿐이라면 아무리 과격한 것이라도, '좌익적'인 것이라도 손쉽게 할 수 있기 때문입니다."

'살롱식 사회주의자'를 비판하던 루쉰의 비타협적 음성이 들려오는 듯했다. 어느 단체이건 결성식을 하는 자리에서는 대체로 덕담이 오가는 것이 일반적이다. 하지만 창립대회장에서 카랑카랑한 저장浙江 사투리로 좌익 진영의 아픈 구석을 조목조목 찔러가며 쓴 소리를 해대는 이 중늙은이로 인해 좌중에서는 웅성웅성했었다고 한다. 나는 대학원생 시절 1927년 ~1928년 사이에 상하이 문단에서 벌어진 '혁명문학논쟁'을 테마로 석사논문을 썼다. 루쉰, 창조사, 태양사, 좌련 등 논문을 쓰던 당시에는 문장으로만 접했던 논쟁 주체들이 당대에 활동했던 장소, 그 역사의 현장들을 직접 와보았다는 생각에 감개가 무량했다. 논쟁 시 루쉰과 대립했던 태양사가 설립된 곳도 바로 쓰촨베이로에 있었다.

루쉰과 중국좌익작가연맹, 그리고 아그네스 스메들리

루쉰은 좌익 문단의 기수가 되었지만, 가까운 제자 후펑胡風이 국민당 정부와 관계가 있다는 의혹 때문에 좌련 서기에서 해직된 1934년 가을 이후로는 좌련과 소원해진다. 그리고 좌련이 뒤에서 자신을 공격하고 있다는 불신감마저 갖고 있었다.[1] 중국공산당과 거리를 유지하던 루쉰은 좌련에 가입하여 그의 생애에서 마지막 10년을 상하이에서 보내게 되는데, 이 시기 루쉰의 내면 풍경에 있어 앞서 말한 '불신'과는 별도로 좌익에 대한 강한 슬픔과 연민의 감정을 형성한 것이 바로 '좌련오열사' 사건이다.

---

1 후지이쇼조, 백계문 역, 『루쉰—동아시아에 살아 있는 문학』, 한울아카데미, 2014, 174쪽.

당시 루쉰은 독일 신문의 특파원으로 상하이에 와있던 미국인 아그네스 스메들리와 가깝게 지냈는데, 사건 직후 스메들리는 루쉰의 모습을 매우 핍진하게 스케치한 바 있다. 당시 루쉰의 심경을 최대한 구체적으로 살펴보기 위해 스메들리의 글을 인용해 보기로 한다.

나는 루쉰의 집으로 달려갔다. 그는 서재에 있었는데 수염도 깎지 않은 어두운 얼굴에 머리는 헝클어졌고 볼은 푹 패였으며, 열 때문에 눈은 충혈되어 있었다. 그의 음성은 깊은 증오에 싸여 있었다. "이것은 그날 밤 내가 쓴 글이예요." 그 특유의 에칭etching과 같은 서체로 쓰여진 원고를 내게 내밀면서 그는

캐테 콜비츠의 「희생」

말했다. "나는 이 글 제목을 「심야에 쓰다」로 붙였습니다. 영어로 번역해서 외국에서 발표해 주십시오." ……
일어서기 전에 나는 그와 함께 이들 작가 및 미술가들의 참혹한 학살에 관해서 구미 지식인에게 호소하는 선언문 초고를 썼다. 나는 이것을 마오뚠茅盾에게 가지고 갔다. 마오뚠은 그것을 수정하여 내가 그것을 영어로 번역하는 것을 도왔다. 그 결과 50명 이상의 미국의 지도적 작가들로부터 중국 작가의 학살에 대한 외국인 최초의 항의가 왔다. 국민당은 구미가 비판하고 있는 것을 알자 크게 낭패했다. 루쉰의 글 「심야에 쓰다」는 외국에서도 끝내 발표되지 않기 때문에 나는 지금까지 그것을 간직하고 있다.[2] 그것은 내가 중국에서 읽은 모든 것 가운데 내게 가장 깊

---

2 글의 원제는 「寫于深夜里」로, 애초에는 상하이에서 출간되던 영문잡지 『The Voice of

은 감명을 주었다. 그것은 중국 역사의 가장 어두웠던 밤에 쓰여진 열정적인 부르짖음이었다. 그 글의 머리는 다음과 같다.

"황량한 들판에 있는 지폐를 태운 재의 산이며 무너진 옛 벽에 새겨져 있는 낙서 곁을 지나면서도 사람들은 거의 눈여겨보려 하지 않는다. 그러나 그곳에서는 인간이 부르짖는 소리가, 전하는 것보다 훨씬 더 강력한 사랑과 슬픔과 분노가 들려온다."

"황량한 들판에 있는 지폐를 태운 재의 산"이란 중국에선 장례식 때 죽은 이의 혼을 위해서 지폐를 태우는 습관이 있다는 것을 말하는 것이다. 그리고 루쉰은 캐테 콜비츠의 목판화「희생」에 대해서 쓰고 있는데, 그것은 죽어가고 있는 아기 — 죽음에 바치는 서민의 공물 — 를 내주고 있는 바짝 여윈 어머니를 그린 판화로서, 루쉰은 그 아기 속에서 살해당한 24명의 상징을 읽고 있는 것이다.[3]

아그네스 스메들리는 루쉰이 기초한 선언문을 영작하여 미국의 좌익계열 잡지『뉴 메시즈』[4]에 투고했으며『뉴 메시즈』1931년 6월호에는 좌련오열사 사건을 소개하는 기사가 실렸다. 다섯 작가 외에 종후이宗暉라는 극작가를 포함해서 여섯 사람의 사진과 이름 및 약력이 영어로 소개되었다.

China』1권 6호(1936.6.1)에 기고했고, 중국어로는『夜鶯』1권 3호(1936. 5)에 발표되었다.『魯迅全集』중에는『且介亭雜文末編』에 수록.

3 아그네스 스메들리, 신경림 역,『중국혁명의 노래』, 사사연, 1985, 89~90쪽.

4 New Masses, 1926년부터 1948년까지 활동한 미국 잡지. 루쉰은 1931년 이 잡지에「어두운 중국의 문예계 현상(黑暗中國的文藝界的現狀)」을 투고했다. 이 글은 1931년 4~5월 무렵에 집필되었으나 당시 중국의 지면에는 발표되지 않았으며,『二心集』(1932, 上海合衆書店)에 수록됨.

러우스^{柔石}의 죽음, 판화운동과 캐테콜비츠

좌련오열사 사건이 루쉰에게 주었을 충격을 좀 더 보기로 하자. 스메들리의 앞의 글에서 언급된 바 있는 캐테 콜비츠^{Käthe Kollwitz, 1867~1945}는 독일의 여류 화가로, 노동자들의 고통스런 삶의 모습을 그렸고 두 차례의 세계대전을 겪으면서는 반전 평화운동에 앞장섰다. 루쉰은 캐테 콜비츠의 판화에 감동하여 콜비츠의 판화를 포함해서 독일, 러시아, 체코, 네덜란드, 헝가리, 프랑스 등 여러 나라 판화 작품 전시회를 총 4회에 걸쳐 개최한 바 있다.

또 1931년 8월 일본의 판화예술가 우치야마 카키츠^{內山嘉吉}를 초청하여 판화 강습회를 열었다. 우치야마 카키츠는 상하이의 서점주인 우치야마 간죠^{內山完造}의 동생으로, 당시 일본 세이조학원^{成城學園} 소학부의 미술 담당 교원이었다. 형이 중국에서 거주하고 있던 관계로, 우치야마 카키츠도 가끔씩 중국을 다녀갔던 것 같은데, 1928년에도 상하이에 와서 루쉰을 만난 적이 있다. 소학교 교사였던 우치야마 카키츠는 학생들에게 상하이 우치야마 서점^{內山書店}의 주소를 알려주었고, 학생들이 방학 중 그에게 보낸 안부 엽서에 그려진 판화가 루쉰의 시야에 들어오면서 목각강습회가 기획되었다.[5]

스메들리가 언급한 판화 작품 「희생」은 루쉰이 사랑했던 젊은 작가 러우스^{柔石}의 죽음을 애도하여 『북두』^{北斗}라는 잡지에 제공하고, 이로서 러우스에 대한 자신의 무언의 추도 기념으로 삼았다고 하는 작품이다.

루쉰은 1933년 「망각을 위한 기념」^{爲了忘却的記念}을 썼는데, 서두에서 그는 좌련오열사 사건 이후 2년간 마음을 엄습해오는 '비분' 때문에 글을 쓰

---

5 薛綏之,「內山嘉吉回憶魯迅和木刻講習會」,『魯迅生平史料彙編』第五輯(下), 天津人民出版社, 1986, 768~770쪽.

는 것이며, 글을 씀으로 해서 이제는 그들의 일을 잊고 싶다고 했다. 이 글은 주로 다섯 작가와의 만남을 회상하는 형식으로 되어 있으며, 그 중 특히 러우스에 관한 대목에서 루쉰의 슬픔은 고조에 달하고 있다.

> 나는 북신서국과 주고받았던 계약서 일부를 베껴서 그(러우스)에게 주었다. 그는 그것을 주머니에 넣고 총총히 떠났다. 그것이 1931년 1월 16일 밤이었다. 그리고 그것이 뜻밖에도 나와 그와의 마지막 만남이 되었다. 우리들의 영원한 이별이 되었던 것이다. … 추위는 더욱 더 심해졌다. 러우스가 있는 곳엔 이부자리가 있을까? 우리들에겐 있지만. 양철 밥공기는 전달되었을까? … 하지만, 갑자기 확실한 뉴스가 전해졌다. 러우스는 다른 23인과 더불어 이미 2월 7일 밤 혹은 8일 아침 룽화龍華의 경비사령부에서 총살되었다는 것이었다. 그는 몸에 10발을 맞았다. 그랬었구나…
> 어느 깊은 밤, 나는 여관의 뜰에 서 있었다. 주위엔 잡동사니가 겹쳐 쌓여져 있었다. 사람들은 모두 잠들어 고요했다. 내 아내와 자식들까지도. 나는 내가 좋은 벗을 잃었다는 것, 중국이 좋은 청년을 잃었다는 것을 통감하고 비분 속으로 침잠했지만, 그러면서도 여러 해 쌓인 버릇은 이 침잠의 밑바닥에서 머리를 쳐들고 다음 몇 구절을 짓게 했다.[6]

러우스의 죽음은 루쉰의 문학세계와도 복잡하게 얽혀있다. 루쉰은 「약」藥이나 「축복」祝福, 또는 「내일」明日 등의 작품에서 죽은 사람의 혼을 많이 그려냈는데, 더 이상 소설을 쓰지 않게 된 30년대에 와서 러우스의 죽음을 마주하자, 억울하게 죽은 그의 영혼이 루쉰의 뇌리를 떠나지 않았다. 루쉰은 러우스의 죽음에 죄책감을 느끼고 속죄와 참회의 마음으로 자

---

6 한무희역, 『魯迅文集』(4), 일월서각, 1987, 90~92쪽.

기 앞에 놓인 길을 걸어가게 되는 것이다. 「망각을 위한 기념」은 상하이 시기 루쉰이 쓴 가장 어두운 글이다.

「나는 사람을 속이고 싶다」

상하이 시절 루쉰이 쓴 글 한 편을 더 보기로 한다. 1936년에 쓴 「나는 사람을 속이고 싶다」인데, 우선 글의 내용을 간략하게 소개해보기로 하자. 1935년 가을 상하이의 자베이閘北지역에서 일본군이 살해당하자, 전쟁이 재발할 것을 두려워한 중국인들이 이사를 가기 시작했다. 외국인들에게는 중국인들의 이사 행렬이 구경거리였지만, 국민정부와 언론은 민심이 동요되지 않도록 그들 중국인에게 '우민愚民'이라는 딱지를 붙였다. '어디를 가나 위험한 건 마찬가지'라는 생각에 이사를 가지 않은 루쉰은 착잡한 마음에 영화구경을 갔다가 극장 앞에서 수재의연금 박스를 들고 있는 어린 소녀를 만나게 된다.

1위엔을 기부한 루쉰은 소녀의 만족해 하는 모습을 보고 기분이 좋아졌지만, 이내 다시 언짢아졌다. 의연금이 수해 복구에 쓰이지 않는다는데 생각이 미쳤기 때문이었다. 그걸 알면서도 소녀가 기뻐하는 걸 보기 위해 기부금을 낸 루쉰은 소녀를 속인 것이다. 일단 여기서 속고 속이는 관계를 일차적으로 정리해보자. 속이는 자는 수재의연금을 걷는 관청, 그리고 중일친선中日親善을 선전하는 언론이고, 속는 자는 소녀를 포함한 중국 민중이다. '나'는 그것을 보고 있는 자이다. '나'는 언제까지 참으며 보고만 있어야 하는 것인가. '나도 사람을 속이고 싶다고 생각하고 있는 중에 일본 가이조사改造社로부터 원고 청탁을 받고 이 글을 쓰게 되었다. 진실을 밝히지 못하는 '나'는 결국 남을 속이는 문장을 쓰게 된 것이다.

이런 것을 쓰는 데도 결코 좋은 기분은 아니다. 하고 싶은 말은 매우 많았지만 중일친선이 좀 더 증진된 날까지 기다리지 않으면 안 된다.' 머지않아서 중국에서는 배일이 곧 국적國賊으로 규정될 것이며, 공산당이 배일의 구호를 이용하여 나라를 망치게 한다고 하여 도처에 있는 단두대에도 일장기가 펄럭일 테지만, 이렇게 된다 해도 아직은 진심을 보일 때가 아니다.[7]

특히 이 부분은 루쉰의 본의가 오해되기 쉬운 대목이기에 조금 풀어서 설명해보기로 한다. 루쉰이 이 글을 쓴 1936년은 중일전쟁 발발 1년 전으로, 일본의 중국 침략의 그림자가 서서히 드리워지고 있었다. 이미 일본은 1931년 9.18만주사변으로 동북삼성을 침략했고 1932년 1.28 상하이사변으로 상하이를 침략한 바 있었지만, 당시 국민정부는 선안내先安內·후양외後攘外라고 해서 공산당 토벌을 항일보다 우선적 과제로 설정하고 있었다. 루쉰이 글에서 말하고 있는 '중일친선'이라는 표현이 바로 국민정부의 입장이었던 것이다. 중요한 것은 루쉰은 야유와 조롱의 차원에서 이 말을 사용하고 있다는 점이다. 루쉰이 '중일친선'이 기만이라는 말을 해보았자 그 말을 믿어줄 사람이 별로 없는 상황이다. 그래서 그는 '중일친선'이 좀 더 진전되어 사람들 사이에서 정세政勢에 대한 자각自覺과 회의懷疑가 생겨나도록 기다려야 한다고 한 것이다. 배일排日을 외치는 공산당원이 국민정부에 의해 단두대에서 처형되고, 그 단두대에 일장기가 휘날릴 때 정도나 되어야 중국인들도 국민정부의 본색을 알아차리게 되고, 그 상황이 되어야 진실이 받아들여지게 될 것이라는 의미이다.

루쉰의 이 글, 특히 그 중에서도 후반부는 야유와 역설로 가득 차있기 때문에 자칫하면 오해하기 쉽다. 다른 한 편으로 보자면 오해의 소지를

---

7 한무희 역, 『魯迅文集』(6), 일월서각, 1987, 181쪽

안고 있음에도 불구하고, 마음에 있는 말을 여과 없이 그대로 내뱉고 있는 이 글은 에세이라기보다 차라리 절규에 가깝다고 생각된다. 어린 소녀의 순진한 얼굴과 교활한 관리의 노회한 얼굴이 눈앞에서 겹쳐지면서 루쉰은 미칠 것 같은 심정이 되어버린 것이다. 이 글은 어쩌면 루쉰이 그의 문학 활동 전반에 대해 내리는 자기 평가일수도 있다. 「광인일기」에서 아직 사람을 먹어본 아이를 구하는 것을 문학적 사명으로 했던 루쉰. 착한 소녀가 사악한 관리에게 속는 모습을 보면서 그는 절규하고 있는 것이다. 루쉰이 애초에 뜻을 두었던 인간개조와 사회개혁이 모두 허사가 되어버린 것이다. 1936년은 루쉰이 죽던 해이다. 그 해에 쓴 글들은 유난히 더 어둡다.

12

코뮤니즘 신앙의 순교자 오자키 호츠미

― 오자키 호츠미의 「진술서」

- 오자키 호츠미는 누구인가
- 상하이에 도착한 오자키
- 중국 좌익작가들과의 교류
- 아그네스 스메들리와의 만남
- 조르게를 소개받고 스파이전에 말려들다
- 귀국 후 오자키의 활동, 그리고 처형

오자키 호츠미는 누구인가

오자키 호츠미1901~1944는 1928년부터 1931년까지 일본 아사히신문사 상하이특파원을 지내면서 루쉰 등 중국 좌익작가 및 아그네스 스메들리 등의 외국 저널리스트들과 폭넓게 교유했고, 귀국 후에는 고노에 후미마로近衛文麿 내각의 참의 및 만철조사부의 도쿄특약연구원을 지냈던 인물이다. 오자키 호츠미는 당대의 중국 문제 전문가로서도 유명한 인물이었지만, 2차 세계대전 당시 소련과 일본 사이에서 활동한 스파이 '조르게 사건'에 연루되어 결국 처형되고 말았다. 드라마틱한 그의 인생역정은 일본 내에서도 드라마나 소설 등으로 각색되어 잘 알려져 있다.

나치 당원이자 소련 공산당원이기도 했던 조르게Richard Sorge, 1895~1944는 프로페셔널한 스파이였지만, 그에 비해 소련 공산당원도 아니고 일본 공산당원도 아니었던 오자키 호츠미는 왜 일본의 군사기밀을 조르게에게 착실하게 제공했던 것일까. 그것은 아마도 그가 코뮤니즘을 순수하게 자신의 신앙으로 받아들였기 때문이 아니었을까. 이제는 역사의 뒤안길로 사라졌지만 치열한 이념 대립의 세기였던 20세기의 역사 앨범에서 다시금 발견된 오자키 호츠미라는 이 인물. 그의 인간적 순수함이 기능주의적 삶을 반복하고 있는 21세기의 우리에게 던지고 있는 질문은 무엇인가.

오자키는 1901년 도쿄 시바이사라고마치芝伊皿子町에서 태어났다. 그가 생후 6개월이 되던 해, 당시 지역신문 기자로 일하던 그의 부친 오자키 슈우타로尾崎秀太郎가 타이완 총독부 민정장관 고토 신페이後藤新平의 초청으로 〈타이완 일일신보〉 한문부 주필로 부임하게 되자 가족이 타이완으로 건너갔다. 이후 오자키는 타이완에서 소학小學 5년과 중학中學 5년의 과정을 다녔고, 도쿄의 제일고등학교에 입학하기까지 18년 동안을 당시 일본의 식민지였던 타이완에서 지냈다. 타이완에서의 체험을 통해 그는 식민지 타이완인에 대해 안타까움을 갖게 되었던 듯하다. 이 점에 대해 오자키는 훗날 스스로 "이것이 종래의 민족의식에 대한 비상한 관심을 불러일으키는 요인이 되었고 또한 지나 문제에 대한 이해의 계기가 된 것 같다."라고 썼다.

1919년 3월 타이베이중학을 졸업한 오자키는 그 해 9월 도쿄의 제일고등학교 문과 을류(독일어 위주의 외국어 전공) 시험에 합격했고, 1922년에는 도쿄제대 법학부 독일법학과에 입학했으며, 이듬해 4월에는 정치학과로 전과했다. 오자키는 학부 시절부터 마르크스주의 저작을 탐독했고, 대학원에 진학해서는 노동법을 전공했다.

오자키는 1926년 5월 도쿄 아사히朝日신문사에 입사했고, 나중에는 오사카 아사히신문사의 지나부支那部로 옮겨간다. 1928년 11월 말 오자키는 아사히신문사 상하이 특파원으로 나갈 기회를 얻게 되는데, 그는 당시의 감회를 「진술서」에서 다음과 같이 말한 바 있다.

> 저는 이 해(1928년) 11월 말에 오랫동안 갈망해오던 아사히신문사 지나 특파원으로 가게 되어, 벅차오르는 감정으로 상하이로 가는 뱃길에 올랐습니다. 저로 말하자면 지나 문제는 타이완에서 자란 이래로 줄곧 저와 연관되어 있어, 끊을 수가 없었습니다. 특히 1925년 이후 이른바 대혁명 시대에 중대한 사건들이 연이어 발생하고 있었는데, 이 점은 깊숙한 곳으로부터 저를 끌어당겼습니다. 제게 있어서는 마르크스주의 연구가 지나 문제에 대한 관심을 불러일으킨 것이 아니라, 지나 문제의 현실적 전개가 저를 마르크스주의 이론에 더욱 깊이 천착하도록 한 것입니다.[1]

마르크스주의로 인해 중국 문제에 관심을 갖게 된 것이 아니라 중국

---

1 尾崎秀實, 「上申書」(一), 『尾崎秀實著作集』(第四卷), 東京 : 勁草書房, 1978, 296쪽.

문제에 대한 올바른 해석의 필요에 의해 마르크스주의를 받아들이게 된 것이라는 오자키의 말은 실천가로서의 진실한 자기고백으로 받아들일 수 있을 것이다. 중국혁명의 전개 과정에 따라 새로운 길을 찾아 상하이에 모여든 중국인, 그리고 식민지 현실을 극복할 대안을 찾아서 상하이에 온 한국인들과 비교할 때, 일본인으로서 중국 혁명에 큰 관심과 기대를 걸고 있던 오자키의 스탠스stance는 매우 특이하다.

상하이에 도착한 오자키

1928년 11월 말 오자키는 막 결혼한 부인과 함께 일본 코베神戶를 출발해서 사흘 째가 되던 날 오후에 상하이에 도착했다. 당시 황푸강黃埔江 입구에서 시야에 들어온 상하이의 풍경과 당시의 감회를 오자키는 16년이 지난 1944년 3월 가족에게 보낸 옥중서신을 통해 다음과 같이 말하고 있다.

『33년의 꿈』은 정말 기쁨을 주는 책이었다. 문장이 그리 훌륭하지는 않지만, 아무튼 재미있었다. 옛날 그 시절 사람들은 비록 좀 단순하고 거친 면이 있었지만, 그래도 꿈과 열정으로 가득 차 있었다. 이 점은 역시 감동적이지. 도덴滔天이 처음 양쯔강을 거슬러 상하이로 들어가려니까 왠지 모르게 감격해서 눈물이 나왔다고 썼더구나. 나도 똑같은 감정을 느꼈다. 처음 상하이로 들어갈 때 느꼈던 감동은 내가 태어난 이래 느껴본 가장 큰 감동이었다.[2]

---

2 尾崎秀實, 『愛情は降る星のごとく』(下卷), 東京: 靑木書店, 1998, 50쪽

오자키가 말한 『33년의 꿈』을 쓴 미야자키 도덴宮崎滔天, 1871~1922은 중국혁명을 적극 지지한 인물이다. 도덴은 쑨원孫文을 비롯한 혁명파 인사들과 가깝게 지냈고, 평생을 신해혁명에 투신했다. 일본인으로서 중국혁명에 투신했다는 면에 있어서 미야자키 도덴과 오자키의 아이덴티티적 방향성은 일치하고 있는 셈이다.

오자키가 근무한 아사히신문사 상하이지국은 하스켈로드Haskell Road · 赫司克而에 있었다. 오자키는 처음 상하이에 와서는 쿤산로昆山路 이펑리義豊里 210호에 살다가 1930년에는 스코트로드Scott Road · 一施高塔路 로 이사했다. 이 일대는 홍커우虹口의 일본인 거주 지역이었다. 오자키가 새로 이사 와서 살던 집은 스코트로드를 사이에 두고 루쉰魯迅의 집과 마주하고 있었는데, 이 스코트로드는 홍커우의 메인스트리트인 베이쓰촨로北四川路와 연결되어 있었다.

중국 좌익작가들과의 교류

뉴스 취재활동 외에 오자키는 상하이의 좌익 문학운동에 관심이 많았다. 옥중 「진술서」를 보면 오자키는 당시 상하이를 "제국주의 각종 모순의 거대한 결절점"으로 파악[3]하고 있었고, 그 모순을 풀어가는 방식에 있어 좌익 문학단체 창조사創造社에 주목했으며, 자신도 중국인들의 실천적 문화운동에 참여했다. 창조사와의 관계에 대해서는 오자키가 훗날 도쿄 구류소에서 검찰관의 심문에 답변한 내용에 상세하게 나와 있다.

저는 상하이에 도착한지 얼마 되지 않은 1928년 12월 무렵부터 베이쓰

---

3 尾崎秀實, 『上申書』(一), 『尾崎秀實著作集』(第四卷), 東京 : 勁草書房, 1978, 296쪽.

찬로 부근의 '창조사'를 출입하기 시작했습니다. 창조사는 궈모루어郭沫若가 창립한 좌익문화운동 기관으로, 중국에서 좌익문예인사라 불리던 사람들은 모두 여기에 모였습니다. 저는 창조사를 드나들면서 예천葉沈을 알게 되었고, 그가 속한 좌익단체를 알게 되었습니다. 당시에 주로 교류하던 좌익문예 인사는 정보치鄭伯奇, 펑나이차오馮乃超, 톈한田漢, 위다푸郁達夫, 왕두칭王獨淸, 청팡우成仿吾 등이었고, 그들이 발행하던 잡지『대중문예』에서 주관한 좌담회에도 출석했습니다. 그리고 시라카와白川次郎 혹은 어우쭈어치歐佐起라는 필명으로 이 잡지에 글도 몇 편 썼습니다.[4]

당시 중국 문단의 상황을 보면 1924년의 제1차 국공 합작과 25년의 북벌전쟁, 그리고 1927년의 4.12반공쿠데타를 거치면서 5.4신문학운동 진영은 분화를 거듭하고 있었다. 오자키가 상하이에 온 것은 바로 이 때, '혁명문학논쟁'이 일단락된 후 진보진영이 국민당의 권력에 맞서 대오를 갖추고 문학실천의 새로운 방안을 모색하기 시작한 시점이었다. 오자키가 글을 발표한 지면은 바로 1930년 5월 1일에 발간된『대중문예』제2권 4기의 '신흥문학 특집호'였다. 오자키는 '각국의 신흥문학'이라는 세션에 어우쭈어치歐佐起라는 필명으로「영국은 왜 낙후되었는가?」英國爲何落後了라는 글을 써서 영국 사회주의 운동을 소개했고, 또 같은 지면에 시라카와白川次郎라는 필명으로「일본 좌익 문단을 일별함」日本左翼文壇之一瞥이라는 글을 써서 일본 좌익 문단의 개황을 소개했다.

중국의 좌익계 문인 중에는 일본에서 유학한 인물들이 많았고, 서구의 문예이론이 일본을 거쳐서 소개된 경우가 많았다. 1920년대 후반이라는 시점에서 일본의 좌익문학운동은 쇠퇴해 가고 있는 상황이었지만, 프로 문학운동 초기의 경험에 있어서는 일본이 대체로 중국보다 앞서가고 있

4『現代史資料・ゾルゲ事件』, 東京: みすず書房, 1962.

었기 때문에, 오자키의 소개는 중국의 좌익문학 진영으로서는 타산지석이 되었을 것이다.

오자키와 중국 좌익작가들이 깊은 관련을 맺게 되는 또 다른 예는 '좌련오열사 사건'이다. 이른바 '좌련오열사 사건'이란 1931년 2월 러우스柔石 등 다섯 명의 좌익 작가가 국민당 상하이 경비사령부에 의해 참혹하게 총살당한 사건을 말한다. 국민당의 잔학한 폭거에 대해 루쉰을 위시한 좌익 작가들의 항의가 이어졌다. 그리고 그에 대한 성원으로 오자키는 야마카미 마사요시山上正義, 1896~1938와 함께 루쉰의 「아큐정전」을 일본어로 번역하여 『지나소설집·아큐정전』이라는 제목으로 출판한다. 이 작품집에는 루쉰의 「아큐정전」을 위시하여 후예빈胡也頻의 「검은 뼈」黑骨頭, 러우스柔石의 「위대한 인상」偉大的印象, 펑겅馮鏗의 「여성동지 마잉의 일기」女同志馬英的日記, 그리고 다이핑완戴平萬의 「시골마을의 여명」村庄的黎明 등이 실렸다.

아그네스 스메들리와의 만남

미국 출신의 국제적 언론인 아그네스 스메들리Agnes Smedley는 1928년 12월 독일 『프랑크푸르트 자이퉁』지 중국특파원 신분으로 중국으로 들어왔다. 스메들리는 1892년 미국 미주리주 벽촌의 극빈 가정에서 태어났는데, 혼자 독립적으로 생활하면서 대학을 나온 후 사회주의에 눈을 떠갔다. 그녀는 "미국의 번영과 데모크라시는 원주민과 노예 위에 가부좌를 튼 사회의 환상이다."라고 말한 바 있는데 그녀의 친할머니가 아메리카 인디언이었다.

시간적으로 보자면 오자키가 스메들리에 비해 조금 먼저 상하이에 왔다. 오자키는 주로 대외적인 업무를 맡고 있었기 때문에 외국 언론인들과 연락할 일이 많았고, 그는 자신의 영어와 독일어 능력을 통해 많은 유럽 언론인들과 교분을 쌓아가고 있었다. 이런 상황 하에서 스메들리는 오자키의 관심을 끌기에 충분했다. 오자키는 지인의 소개로 난징로南京路 팰리스호텔에서 스메들리를 처음 만났고, 그 후로 종종 만나서 대화를 나누게 된다.

오자키는 스메들리에게서 서양 여성 특유의 대담하고 독립적인 스타일과 사회현상을 바라보는데 있어서의 탁월한 예지능력, 사회적 약자에 대한 이해심과 사랑, 그리고 악한 세력에 대한 불굴의 투쟁의지 등을 보고 그녀를 좋아하게 된 것 같다. 1929년 스메들리는 자전체 소설『대지의 딸』을 독일어판과 영어판으로 출판했는데, 이 책은 세계적으로 엄청난 반향을 일으키며 12개국 언어로 번역되었다. 일본어판은 오자키의 번역에 의해 1934년 8월 카이조사改造社에서 출판되었다. 오자키는 역자 서문에서 이 책은 여성의 입장에서 성과 혼인제도가 안고 있는 문제점들을 지적했고, 미 대륙의 광야에서 가부장적 근대 자본주의를 향해 외치는 함성과도 같이 인성의 내면과 사회의 죄악을 적나라하게 폭로한 책이라고 했다.

조르게를 소개받고 스파이전에 말려들다

오자키는 스메들리를 통해 조르게를 소개받게 되는데, 코민테른이 파견한 스파이였던 조르게와의 관계로 인해 후일 오자키는 일본 정부에 체포되어 처형당하게 된다. 조르게는 어떤 인물이었는가. 리하르트 조르게 Richard Sorge, 1895~1944는 러시아 남부 카프카즈 지방현재 아제르바이잔 공화국의 바쿠에서 태어났다. 석유관련 엔지니어였던 부친 아돌프는 독일인이었고, 모친 니마는 러시아인이었다. 1941년 체포 당시 나치 당원이자 소련 공산당 당원이었던 조르게에게 있어 소련과 독일이라는 두 아이덴티티적 요소는 그의 혈통과도 관련이 있다.

  1차 세계대전 발발 당시 고등학생이던 조르게는 졸업시험을 치르지 않고 육군에 지원하여 전선에 배치되었다. 세 차례 부상을 치르면서 그는 전쟁의 참상을 직접 겪었고 무의미한 전쟁의 원인에 대해 의문을 제기하게 된다. 특히 그가 세 번째 부상을 당했을 때 그를 치료해준 의사는 독일 사회민주당의 소수파와 깊게 관련을 맺고 있는 사람이었다. 조르게는 그로부터 독일의 혁명운동과 국제적 연대에 대해 깊은 감화를 받고 사회주의에 눈뜨게 된다. 조르게는 『옥중수기』에서 1914년부터 1918년에 걸친 1차 세계대전은 자신의 전 생애에 깊은 영향을 주었고, 자신은 이 전쟁을 통해서 진정한 공산주의자가 되었다고 술회한 바 있다. 제대 후 키르대학 재학 중 독립사회민주당에 입당한 그는 나중에 함부르크대학으로 옮겨 사회학 박사학위를 취득한다. 20대를 전쟁과 혁명의 격동 속에서 보낸 조르게는 1924년 도이치공산당 제9회 대회에서 코민테른 본부 요원으로 발탁되고, 당적을 소비에트로 옮기게 된다. 조르게는 1928년 『신 도이치 제국주의』라는 책을 함부르크에서 출판했고, 이 책은 1929년 일본에서도 번역되었다.[5]

  코민테른 간부를 따라 모스크바로 온 그는 거기서 본격적으로 스파이 활동의 훈련을 받은 후 상하이로 파견되었다. 그렇다면 상하이에서 조르게는 무엇을 보려고 했던 것일까. 그는 훗날 일본과 장제스 국민당의 움직임을 살피려 한 이유를 묻는 일본 경시청과 도쿄 지법의 취조에서 "나는 장차 세계 공산주의 혁명이 실현될 것이라는 기대를 배신당하기도 했고, 그래서 코민테른에게는 실망했습니다. 그 결과, 오히려 제국주의와 파시즘의 대두에 관심을 갖게 되었습니다."라고 진술한 바 있다.

---

5 이상 조르게의 성장 배경에 관한 내용은 尾崎秀樹, 『上海1930年』, 東京: 岩波書房, 1989, 152~163쪽에서 정리.

1930년 1월 30일 미국 신문기자의 신분으로 상하이에 들어온 조르게는 얼마 지나지 않아 스메들리를 찾아간다. 이후 스메들리는 조르게를 오자키에게 소개해주게 되는데, 오자키는 만나자마자 곧바로 조르게의 인간적인 매력과 해박한 지식에 푹 빠져버린다. 오자키와 조르게의 관계는 상하이에서 시작되었고, 오자키가 일본으로 돌아간 1932년 이후 일본에서 다시 이어지게 되지만, 상하이 시절 오자키가 조르게의 구체적인 소속 등에 대해 정확하게 알고 있었는지에 대해서는 잘 알려져 있지 않다.

이리하여 조르게와 스메들리, 그리고 오자키 트리오의 멤버십이 갖추어졌다. 조르게는 파시즘에 대항하는 소비에트 연방에 봉사할 것을 당면 과제로 삼았고 오자키는 공산주의의 최종적 이상인 세계 공산주의 혁명을 꿈꾸고 있었으며, 스메들리는 시종일관 억압당한 민족, 특히 자신의 눈앞에 있는 가난한 중국인의 편이 되고자 했다. 이 세 사람의 그룹에 나중에 가와이 데이키치川合貞吉가 가세한다. 오자키의 눈에 들어온 가와이川合는 일지日支 투쟁 동맹의 유력 멤버로, 상하이 동아동문서원東亞同文書院의 일본인 유학생이나 중국 공산당의 젊은이들과 함께 '일본 제국주의 타도'를 슬로건으로 항일 운동을 하고 있던 인물이다.

네 사람은 난징로의 중화요리점 싱화로우杏花樓에서 주기적으로 모임을 했는데, 1931년 9월 18일에 만주사변이 발발하자, 조르게는 이때를 놓치지 않고 즉각 가와이에게 현지 정보 수집 지시를 내린다. 만주는 소련과 국경을 접하고 있으므로 만주 전체가 일본의 손에 떨어지면 심각한 상황이 전개되는 것이었다. 게다가 소련은 경제 5개년 계획이 한창 진행 중이었기에 극동의 위기에까지 대처할 수 없는 상태였다.

가와이는 상하이를 떠나 다롄의 만철 본사, 봉천, 창춘長春 등 만주의 여러 지역으로 달려간다. 하얼빈의 만철 지사에서 그는 오자키가 파견한 아사히朝日 신문 기자 행세를 했다. 취재라는 명목으로 오자키의 친구들로부터 정보를 모으는 한편 현지 관동군의 움직임을 두 눈으로 직접 보면서

민중의 움직임을 살폈다.

상사商社를 겸하고 있던 만철은 관동군의 물자 조달을 담당하고 있었기 때문에 중국 내 물류의 흐름을 손바닥 보듯 알 수 있었다. 서민 시장에서는 곡물이나 방한용 면포, 모피 가격의 상태를 알 수 있었고, 말 시장에서는 군마용 몽고 말의 수요와 가격의 상승 곡선을 통해 육군 부대의 증파 상황을 계산해낼 수 있었다.

한편, 아사히신문 특파원인 오자키는 신문사 보도국을 통해 알 수 있는 정보 외에 자신의 개인적 친분에 의지하여 군에 징용된 일본 우편선의 선단이 무엇을 얼마나, 어느 항구에 하역했는지를 조사하고 있었다. 이렇게 상하이로 결집된 정보는 그때마다 조르게를 중심으로 스메들리와 오자키가 모여서 분석했다. 모임 장소는 사람들 눈에 띄지 않도록 외국인 손님이 많은 퍼시픽 호텔이나 가든 브릿지 근처의 브로드웨이 맨션 등 일류 호텔의 바를 택했다. 때로는 프랑스 조계에 있던 스메들리의 아파트나 상하이 경마장, 혹은 당구장인 경우도 있었다.

만날 때마다 용건이 끝나면 그들은 늘 큰 소리로 잡담을 했고, 큰 맥주잔을 몇 번이고 부딪히면서 야단스럽게 포복절도를 하는 등 위장偽裝을 했다. 세 사람의 공통 언어는 독일어였다. 오자키는 학창 시절부터 독일어를 잘했고 스메들리도 베를린에 8년 동안 머무르며 독일 공산당원들과 정보를 교환했던 적이 있었기 때문이다.[6] 조르게는 『옥중수기』에서 당시를 다음과 같이 회고하고 있다.

> 오자키는 이러한 여러 가지 문제중국에 관한에 있어 나의 스승으로, 그의 취급 범위는 아주 광범위했다. 그는 과거 수년간 일본의 대 만주정책과

---

6 이상 네 사람의 교류 및 활동에 관한 내용은 佐野眞一他, 『上海時間旅行』, 山川出版社, 2010, 155~156쪽 참고.

앞으로의 계획 같은 것을 설명해주었다. 나는 그에게 북만주 및 시베리아 국경지대에 대한 일본의 계획에 관한 보고서를 제출해줄 것을 요구했고, 장차 일본이 중국 및 시베리아를 침략할 의도를 갖고 있는지를 판단할 만한 자료를 모아달라고 부탁하기도 했다.[7]

오자키는 그 정보가 구체적으로 어디로 흘러가게 될 것인지는 정확하게 알지 못한 채, 자기가 알고 있는 정보를 충실하게 조르게에게 전달했다.

일본은 1931년 9.18 만주사변을 일으켜 동북삼성을 점령했고, 1932년에는 1.28사변을 일으켜 상하이의 민간인 밀집지대에 무차별 폭격을 가했다. 아사히신문사의 상하이지국은 격전지의 바로 옆에 위치하고 있어 취재하기가 용이했고, 오자키는 훙커우虹口지역을 돌아다니며 전쟁의 참상을 취재했다. 취재에 열을 올리고 있던 와중에 오자키는 갑자기 일본의 본사로부터 귀국 명령을 받게 된다. 사변이 한창이던 그해 2월 말, 5명밖에 없는 아사히신문사 상하이지국은 일손이 딸려 힘든 상황이었음에도 오자키가 별안간 본사로부터 귀국 명령을 받게 된 것이었다.

표면적으로는 통상적인 정기 이동이라고 되어 있으나, 실제로는 일본 상하이영사관 경찰이 오자키를 조사하기 시작했다는 사실이 본사에 알려지게 되자 급거 귀국시킨 것이었다. 스위스 여권을 가진 눌랑 부부가 장제스 국민당 정부의 경찰에 체포되었는데, 취조 결과 모스크바에서 파견된 비밀 첩보원이었음이 밝혀졌다. 이른바 '눌랑 사건'으로, 사건을 알게 된 영사관 경찰은 프랑스 조계의 스메들리가 살던 아파트에 오자키가 빈번하게 출입하고 있다는 사실을 알아냈다. 당시 조르게는 눌랑과 관련이 없었기 때문에 경찰의 손길이 뻗치지 않았으나, 스메들리는 눌랑 부부

---

7 尾崎秀樹, 앞의 책, 168~169쪽.

와 아는 사이였기에 경찰은 그녀에게 주목하고 있었다.

이리하여 오자키가 일본으로 돌아가자 중요한 정보원을 잃은 조르게는 낙담했고 그해 말에 귀환 희망이 받아들여져 상하이에서 모스크바로 돌아갔다. 한편 스메들리는 옌인延安과 상하이를 바쁘게 오가고 있었다.

귀국 후 오자키의 활동, 그리고 처형

일본으로 돌아온 후 오자키는 중국 연구에 있어 예민한 관찰력과 예리한 분석력을 기반으로 해서 『폭풍우 속의 지나 -전환기 지나의 외교,정치,경제』1937, 『국제관계에서 바라본 지나』1937, 『현대지나 비판』1938, 『현대지나론』1939, 『최근 일지日支 관계사』1940, 『지나사회경제론』1940 등 6권의 전문 저작과 많은 논문을 썼으며, 고노에 후미마로近衞文麿 내각의 참의 및 만철조사부의 도쿄특약 연구원을 지냈다.

한편 조르게 역시 1932년 12월 모스크바로 소환되어 돌아갔다. 소련 정보 당국은 조르게를 나치즘 신봉자로 위장시켜 일본으로 투입시켰다. 1933년 9월 요코하마에 도착한 조르게는 일본에서 다시금 첩보망을 조직하였다. 오자키와도 다시 만났고, 고노에 후미마로의 정책보좌역을 맡게된 오자키의 새로운 정보가 다시금 조르게에게 넘어갔다. 나치당원으로 위장한 조르게는 당시 주일본 독일대사였던 오토Eugen Otto와도 가깝게 지내면서, 그를 통해 고급 정보를 빼냈다. 조르게는 일본의 외교가에서 제2차 세계대전의 전황과 관련된 많은 정보들을 빼냈다.

정보 제공의 대표적 사례로는 독일의 소련 침공 계획인 바르바로사 작전의 정확한 개시 일자를 빼내어 소련에 전달한 것을 들 수 있는데, 스탈린이 이를 무시하여 소련군은 전쟁에서 대패하게 된다. 서쪽을 침략당한 소련은 독일의 동맹국 일본으로부터 아시아쪽에서 협공을 당할 것을 우려했다. 1941년 9월 14일 조르게는 이 상황과 관련된 일본군의 동향을 전달했는데, 그것은 일본군이 소련을 공격하지 않고 자원 확보를 위해 동남아쪽으로 향한다고 하는 것이었다. 이 첩보에 근거하여 소련군은 극동의 병력을 빼내 서부로 돌렸고 결국 독일군을 패퇴시키게 되는데, 이로써 소련은 2차 세계대전에서 매우 중요한 승기를 잡게 된다. 스탈린은 일본이 소련을 치는 북진이 아닌 남진할 것이라는 사실을 파악한 후 대 일본용으로 시베리아와 만주국 경계를 따라 주둔시키고 있었던 강력한 적군赤軍 기갑화 부대를 대 독일 방향인 서쪽으로 이동시켰고, 이것이 대독전 승리를 가져다주는 결과가 되었다. 조르게의 정보가 2차 세계대전의 향방을 바꾼 것이다.[8]

그러나 조르게 첩보단은 미일 개전을 눈앞에 두고 도쿄에서 일망타진되었고, 조르게와 오자키는 모두 처형되었다. 일본의 방첩기관은 이들의 첩보 행위를 인지하고 있었고, 오자키는 1941년 10월 14일에, 조르게는 10월 18일에 체포되었다. 일본은 조르게를 소련에서 붙잡힌 일본 간첩과 맞교환하려고 하였으나 소련이 조르게의 존재를 인정하지 않았다. 1944년 11월 7일 오자키와 조르게 두 사람 모두 처형당했다. 그 날은 27번째 러시아혁명 기념일이었다. 조르게는 "전쟁을 방지하는 것이 스파이의 최대 임무인데 실현하지 못한 것이 애석하다."라는 유언을, 오자키는 "일본 군벌의 붕괴를 두 눈으로 보지 못한 것이 원통하다."라는 유언을 남겼다.

소련은 조르게의 첩보로 인해 독일과의 전쟁에서 승리했지만, 조르게는 조국으로부터 배신당한 것이다. 그들은 무엇을 위해 싸웠는가. 오자키는 개인적으로 당시 코민테른이 내세우고 있는 세계 공산주의 혁명을 믿고 있었으나, 조르게는 세계 공산주의 혁명 따위는 몽상에 불과하다는 것을 일찍부터 깨닫고 있었다.

---

8 佐野眞一他, 앞의 책, 161쪽.

따라서 유럽에 파시즘의 위협과 2차 세계대전 발발의 위기가 보이자, 조르게는 소비에트 연방을 지키겠다는 현실적인 목표로 방향을 전환했다. 조르게는 동란 속에 농락당한 중국 민중에게 동정은 하고 있었으나 그의 역할은 어디까지나 '조국을 지키는 지혜의 전사'였다. 그랬기 때문에 스메들리나 오자키와 달리 중국, 특히 상하이라는 도시는 조르게에게 있어서 그저 정보 수집의 장소에 불과했던 것이다. 하지만 마지막까지 그것을 눈치 채지 못했다는 점에서 오자키의 희생은 안타까움을 자아낸다.

미국으로 귀국했던 스메들리는 2차 대전 후 이른바 '적색분자 숙청'의 슬로건을 내건 매카시 선풍을 피해 런던으로 망명했으나, 위궤양 악화로 인해 1950년 5월 5일 옥스퍼드 대학병원에서 사망했다. 이 대목에서 조르게라고 하는 위험한 인물을 오자키에게 소개해준 스메들리에게는 과연 아무런 정치적 배경이 없었는가 하는 의문이 생겨나는 것도 가능하다. 미 연방조사국에서는 1946년부터 스메들리가 소련의 첩보망과 관련 있는 인물이었는가를 조사했고, 1948~1949년 사이에 미국에서는 스메들리가 공산당의 정보계통을 위해 일했다고 하는 주장들이 잇달아 나왔지만, 결국 결정적인 증거는 나오지 않았다.

오자키가 현실적 이해관계를 떠나 자신의 정치적 신념에 따라 행동한 숭고한 영혼의 소유자였다면, 스메들리와 조르게와 오자키의 그런 관계를 실현시켜 주었던 곳은 바로 '자유의 공간'인 올드 상하이였던 것이다.

13

장아이링과 버나드 쇼, 그리고 루쉰과 린위탕의 우여곡절의 관계

― 루쉰의 「쇼와 쇼를 보러 온 사람들을 본 기록」

●

장아이링과 버나드 쇼

『하트브레이크 하우스』와 「경성지련」, 「심경」

버나드 쇼의 상하이 방문과 송칭링 집에서의 환영 오찬

루쉰과 버나드쇼는 만나서도 거의 대화를 나누지 않았다

루쉰과 린위탕, 그 우여곡절의 관계

그 날 버나드쇼 환영 오찬 파티의 숨겨진 뒷이야기

장아이링과 버나드 쇼

장아이링의 자전적 에세이 「사적인 이야기」^{私語, 1944}에는 버나드 쇼에 관한 언급이 나온다.

버나드 쇼의 희곡집 『하트브레이크 하우스』가 있었는데, 그것은 애당초 우리 아빠가 산 것이었다. 표지 뒷장의 백지에 아빠가 영어로 다음과 같이 적어놓으셨다. 티엔진, 화베이. 1926. 32호로 61호. 티모시·C·장^張. 나는 이제껏 책 위에 이니셜이나 구입 연월일, 혹은 주소를 정성스레 써두는 것을 따분함과 무료함에 가까운 행위라 생각하고 있었다. 하지만 이 책 위에 쓰인 글자 몇 줄을 새로 발견하고 나니 몹시 기뻤다.[1]

버나드 쇼^{George Bernard Shaw, 1856~1950}는 아일랜드 출신의 극작가, 비평가이자 온건파 사회주의 단체 페비안^{Fabian} 협회 설립에 참가했고, 1925년 노벨문학상을 수상한 바 있다. 그의 대표작 『피그말리온』¹⁹¹³이 뮤지컬 '마이 페어 레이디'로 개작된 것은 유명하다. 버나드 쇼는 1933년 세계 일주에 나서 1월 12일에 홍콩에 도착했고, 1월 17일에 상하이에 도착했다. 본고에서 살펴보려는 것이 바로 이 버나드 쇼의 상하이 방문인데, 그에 앞서 버나드 쇼의 『하트 브레이크 하우스』와 장아이링의 관계를 짚고 넘어가기로 하자. 먼저 『하트 브레이크 하우스』의 내용을 간략하게 보기로 한다.

런던 교외 서섹스에 살고 있는 쇼토버 선장이라는 88세 된 노인은 배^船 모양의 집에서 선장복을 입고 살아간다. 그에게는 젊은 시절 잠깐 살다가 헤어진 흑인 부인과의 사이에서 낳은 두 딸 허셔바이와 어터우드가 있다.

---

1 張愛玲, 『流言』, 湖南文藝出版社, 2003, 143쪽.

허셔바이는 용감한 미남 헥토와 결혼하여 아버지 쇼토버 선장의 집에서 함께 산다. 어터우드는 보헤미안 스타일의 본가를 싫어하여 20년 전 식민지의 젊은 관리에게 시집가서 지금은 총독 부인이 되어 있다.

허셔바이의 친구인 젊고 예쁜 인텔리 아가씨 엘리 던은 부친 사업의 투자자로 돈 많은 망간과 결혼하려 하고 있다. 하지만 두 사람은 나이 차이도 많이 날 뿐 아니라 엘리가 망간을 사랑하지 않는다는 것을 알고 있는 허셔바이는 엘리를 자기 집으로 초대하여 망간과의 결혼을 포기하게끔 설득하려고 한다. 그녀는 당일 엘리의 부친 마찌니 던과 망간도 함께 초대한 후 자신의 미모를 이용해 망간과 엘리 모두 결혼을 단념하게끔 하려는 기발한 계획을 세워놓고 있었다.

엘리가 허셔바이의 집을 방문하던 날, 집을 나간 후 처음 집에 돌아온 어터우드와 만나게 된다. 이 때 망간도 왔고 허셔바이는 망간을 유혹하려 한다. 어터우드는 처음 만난 형부 헥토에게 마음이 흔들린다. 엘리는 허셔바이로부터 망간과 결혼하지 말라는 말을 들으면서, 그 동안 비밀로 해두었던 자신의 로맨스를 입 밖에 내고 마는데 그 상대는 허셔바이의 남편 헥토였다. 엘리는 놀라고 실망했지만 허셔바이는 오히려 사태의 경위에 쾌재를 부르게 된다.

상심한 엘리는 허셔바이에게 망간과의 결혼에 대해 진지하게 상의를 하는데, 상의 도중 망간은 엘리의 최면술에 빠져 잠에 들게 된다. 허셔바이와 엘리는 자본가를 비판하고 조롱하는데, 잠이 든 줄 알았던 망간은 최면에 걸렸어도 정신은 멀쩡해서 그녀들이 하는 말을 모두 듣고 있었고, 실연의 비애로 눈물을 흘린다. 곤혹스러운 엘리는 마지막 선후책을 쇼토버 선장에게 의뢰하는데, 노인의 예지력에 대해 존경심을 넘어 이상야릇한 애정까지 느끼게 되자, 상황이 급전하여 두 사람은 몰래 결혼을 하게 된다.

당시는 1차 세계대전의 와중이었으므로, 이 때 독일군의 비행선에 의

한 공습이 시작된다. 두려움을 느낀 망간은 정원의 지하실로 피신했으나, 때마침 적기의 폭탄이 그곳에 명중하는 바람에 죽고 만다. 하지만 허셔바이와 엘리는 "이 얼마나 놀라운 경험인가요! 난 그들이 내일 밤 다시 오길 바래요."라고 절규하면서 막이 내린다.[2]

『하트브레이크 하우스』와 「경성지련」, 「심경」

배船 모양을 한 쇼토버 선장의 집이 영국이라는 국가, 혹은 위기에 빠진 근대 문명을 의미한다는 것은 어렵지 않게 감지된다. 붕괴되어 가는 중국 명문가로서의 장아이링의 본가는 '하트브레이크 하우스'와 좋은 비교의 대상이 된다. 만약 이 점을 염두에 둔다면 우리는 애초에 장아이링의 아빠가 이 책을 구입한 것, 또 훗날 장아이링이 아빠가 사둔 그 책을 보고 반가워했다는 것에서 부녀의 공감共感 구조를 이해할 수 있다.

장아이링의 부친 장즈이張志沂, 1896~1953는 청조 명문가의 후예로 중국 고전에 정통했을 뿐 아니라 영문학 원서를 직접 읽을 정도의 교양인이었다. 하지만 그는 축첩과 도박, 아편 등으로 방탕한 생활을 하며 인생을 허송했다. 장아이링의 모친 황쑤총黃素瓊, 1896~1957도 명문 출신으로 풍부한 고전 교양과 유럽 예술에 대한 깊은 관심을 갖고 있었다. 1924년 딸과 아들을 두고 남편의 여동생 장마오위엔張茂淵, 1901~1991과 함께 유럽에서 유학했으며, 1930년 남편과 이혼한 후 1932년에 다시 유럽으로 갔다. 장아이링 역시 영국 유학을 희망했으나 태평양 전쟁 발발로 인해 이루지 못했고, 폭력적인 아빠에 의해 집안에 감금되었으나 나중에 탈출하여 엄마 집으로 간 적이 있다.

---

2 『하트브레이크하우스』, 동인, 2014.

일단 '붕괴되어 가는 가정'과 그곳으로부터의 '가출'이라는 모티브는 '하트 브레이크 하우스'와 장아이링의 가정사에서 공통으로 찾아볼 수 있다. 『하트브레이크 하우스』에서 엘리가 "결혼은 여성의 사업"Well, Woman's business is a marriage이라고 말하는 대목은 「경성지련」에서 배수의 진을 치고 맞선 장소에 나간 바이류쑤를 연상시키며, 남녀 간 '경박한 연애'가 이 두 작품의 많은 편폭을 차지하고 있는 점 역시 매우 유사하다. 하지만 『하트브레이크 하우스』가 '국가는 누가 구할 것인가'라는 주제를 분명히 내세우고 있는데 반해, 「경성지련」에서의 국가는 애초부터 별로 존재감이 없다. 두 작품 모두 후반부에 폭격 장면이 나오는데, 『하트브레이크 하우스』의 경우는 당시가 전쟁 중이었음을 환기시켜주는 역할을 하지만, 「경성지련」에서 일본군의 홍콩 폭격은 바이류쑤와 판류위엔의 사랑을 이어주는 매개의 역할 밖에는 하지 못한다.

「경성지련」의 마지막에 "전쟁이 끝났다"는 기술이 나오지만, 독자들은 여주인공 류쑤의 행복에만 관심이 있지 일본과 영국 누가 전쟁에 승리했는 지에는 관심이 없다. 「경성지련」은 개인의 행복을 국가의 안위보다 높은 차원에서 이야기하고 있고, 『하트브레이크 하우스』는 일견 전시 영국인들의 도덕적 해이에 경각심을 주고 있는 듯이 보이기도 하지만, 그 역시 진정성 있는 계몽인가라는 측면에서 다소 애매한 면이 있다. 젊고 예쁜 엘리가 88세의 쇼토버 선장과 결혼한다고 하는 결말이 과연 '국가를 구한다'는 주제와 진정성 있게 연결될 수 있을까. 장아이링의 「심경」心經도 모티브 면에서는 「하트브레이크 하우스」와 유사하다. 「심경」은 상하이 한 중산층 가정의 아빠와 엄마, 그들의 딸과 그녀의 친구가 감정적으로 얽히면서 전개되는 이야기이다. 재력도 있고 사회적 지위도 있는 쉬펑이許峰儀는 부인과 애정 없는 결혼생활을 유지해가고 있다. 딸 쉬샤오한許小寒은 아빠에 대해 일반적인 부녀의 감정을 넘어서서 남녀사이의 사랑의 감정을 갖고 있다. 딸은 우연히 자기 친구 돤링칭段綾卿과 아빠가 사귀고 있으며, 두 사람이 동거까지 계획하고 있다는 사실을 알게 된다. 딸 샤오한은 잔꾀가 많은 친구 돤링칭이 아빠를 이용하려한다고 폭로했고, 그녀가 그들의 관계를 극구 말리려는 상황에서 가족 간에 충돌이 일어난다. 엄마는 샤오한을 셋째 숙모에게 맡기기로 했고, 딸을 떠나보내면서 소설은 끝이 난다.

「심경」은 놀라울 정도로 특이하고 대담한 소설이다. 아빠를 이성적으로 사랑하는 딸 샤오한. 아빠 뻘되는 남자를 만나 자기의 불우한 환경을 벗어나려는 스무살 소녀 링칭. 애정없는 아내와 부담스러운 딸을 벗어나 딸의 친구와 동거를 하려는 아빠 펑이. 형식적인 혼인관계를 감내하며 아내의 위치를 지키는 엄마 쉬타이타이. 소설에는 이들의 복잡한 인간관계와 갑작스러운 상황 전개가 이어진다.[3] 스타일 면에서 분명 「하트브레이크 하우스」의 유머러스하고 발랄한 분위기와 차이는 있으나, '붕괴되어 가는 가정'이라는 모티브 면에서는 두 작품이 비슷하다. 특히 딸의 친구와 아빠가 이성적異性的으로 결합한다는 대담한 설정은 두 작품에 공통적으로 등장한다. 이 부분은 「하트브레이크 하우스」가 「심경」에 영향을 미친게 아닐까 생각한다. 한때 영국 유학을 염두에 두었던 장아이링에 있어 버나드 쇼는 매우 관심 있는 작가 중 하나였을 것이다.

버나드 쇼의 상하이 방문과 송칭링 집에서의 환영 오찬

지금은 화이하이중로淮海中路라 불리는 예전 샤페이로霞飛路는 프랑스 조계에서 제일 큰 길이었다. 나는 상하이에서 이 샤페이로를 자주 걸어다

---

[3] 김순진 역, 『첫번째 향로』, 문학과 지성사, 2005, 212~261쪽.

녔다. 메인스트리트에서 약간 들어온 곳에 예전에 모리아이로 莫利愛路·Rue Moliere라 불리던 길이 있었다. 원어 표기로 보아 아마도 프랑스의 극작가 몰리에르와 관련이 있지 않은가 하는 생각이다. 거기에 쑨중산 孫中山 고거라고 표기된 곳이 있었는데, 이는 쑨원이 사망한 후 미망인 송칭링 宋慶齡이 살던 집이기도 하다.

이곳이 바로 1933년 2월 17일에 버나드 쇼와 루쉰이 만난 장소이며, 버나드 쇼를 만난 후에 루쉰이 쓴 글이 바로 「쇼와 쇼를 보러 온 사람들을 본 기록」看蕭和'看蕭的人們'記이라는 글이다. 제목이 상당히 독특한데, 루쉰이 본 것은 두 가지라는 것이다. 그 중 하나는 작가 버나드 쇼이고, 다른 하나는 버나드 쇼를 보기 위해 모여든 사람들이라는 것. 이 글은 루쉰이 일본의 가이조샤 改造社로부터 「문호 쇼를 만나다」라는 기획의 일환으로 원고 청탁을 받고, 일본어로 써서 『改造』가이조 1933년 4월호에 발표했다. 왜 루쉰에게 일본 잡지에서 원고 청탁을 했는지에 대해서, 유명한 루쉰 연구자 다케우치 요시미 竹內好는 "당시 저널리즘에서 루쉰을 '중국의 쇼'라 일컬을 자가 있었으므로, 양자의 회견이 기획되었을 것이다"라고 말했다.

글의 서두에서 루쉰은 자신이 버나드 쇼를 좋아한다는 사실을 밝히고

송칭링 옛집 입구

있다. 그것은 쇼가 풍자를 통해 서구 부르주아 사회의 허위를 벗겨내기를 좋아한다고 들었기 때문이라고 했다. 이 점은 중국 지식인을 상대로 신랄한 비판의 예봉을 휘둘러왔던 루쉰의 스타일에도 잘 들어맞는다. 당시 버나드 쇼는 세계 일주를 하고 있는 중이었고, 홍콩을 거쳐 상하이로 왔다.

루쉰은 차이위엔페이蔡元培로부터 송칭링宋慶齡의 집에서 쇼와 함께 점심을 먹고 있으니 와달라는 연락을 받고 홍커우虹口의 자택에서 샤페이로로 간다. 이미 식사는 절반 쯤 진행 중이었고, 루쉰은 중간에 참석하게 된 셈이었다. 오찬을 함께 하던 중 루쉰의 눈에 비친 버나드 쇼의 모습을 잠시 보기로 한다.

> 새하얀 수염과 머리카락, 복숭아 빛 피부, 부드러운 얼굴 모습 때문에 초상화를 만들면 대단히 훌륭한 작품이 될 것이라는 생각이 들었다. … 식사할 때의 S는 그가 풍자가라는 것을 내게 조금도 느끼게 하질 않았다. 이야기도 보통이었는데, 이를테면 친구는 모든 것 중에서 가장 좋고 오랫동안 교제할 수 있지만, 어버이나 형제는 자기가 자유롭게 선택한 것이 아니므로 헤어지지 않으면 안 된다고 하는 따위였다.[4]

루쉰은 이 글에서 우선 쇼의 외모를 묘사하고, 다음으로는 쇼의 서툰 젓가락질을 묘사한 뒤에 쇼가 사람들과 나눈 대화 내용을 간단하게 적고 있다. 일행은 식사를 마치고 함께 사진을 찍었다. 버나드 쇼의 옆에 섰던 루쉰은 불현 듯 자기 키가 작다고 느끼고, 속으로 "30년만 젊었다면 몸을 늘이는 체조라도 하련만"이라고 생각한다. 함께 찍은 사진을 보면 루쉰이 키가 커보이도록 몸을 쭉 펴고 있는 듯 느낌도 든다. 촬영 후 일행은 펜클럽에서 주최하는 버나드 쇼 환영회로 자리를 옮긴다.

---

4 『魯迅文集』, 일월서각, 1987, 79~80쪽.

그 자리에 모인 50여 명의 사람들이 쇼에게 여러 가지 질문을 해대자 쇼는 "오늘 나는 그저 동물원의 동물과 같은 셈인데, 여러분은 이제 이미 나를 보았으니 그것으로 족할 것입니다"라고 풍자로 답한다. 루쉰은 글에서 버나드 쇼를 보러 온 사람들이 그에게 각종 다양한 질문들을 해대는 것이 마치 『엔사이클로피디어 브리태니커』라도 찾아보는 것 같았다고 적었다. 루쉰은 글에서 다음날 버나드 쇼를 다룬 신문기사의 내용까지 분석해서 글에 적고 있다. 같은 날, 같은 장소에서, 같은 말을 듣고 쓴 기사가 각각 다르게 보도된 것이다. 기자들은 버나드 쇼 자체를 보려 한 것이 아니라, 그의 말을 자기가 좋아하는 방향으로만 해석해서 자의적으로 기사를 쓴 것이다. 그런 면에서 버나드 쇼는 "풍자가가 아니라 거울이다."라고 루쉰은 적었다.

루쉰과 버나드쇼는 만나서도 거의 대화를 나누지 않았다

이상이 「쇼와 쇼를 보러 온 사람들을 본 기록」의 내용이다. 이 글은 제목도 그렇고 내용도 뭔가 부자연스럽다. 만약 누군가 이 글 자체만을 두고 그 의의를 말해보라 한다면 어떻게 정리될 수 있을까. 서양의 명사 버나드 쇼가 어떻게 상하이의 매스컴에 의해 '만들어져 가고 있는가', 혹은 '왜곡되고 있는가' 정도의 문제를 제기한 것이라 할 수 있을까. 물론 루쉰은 당시 상하이 언론의 문제점들을 심각하게 느끼고 있었고, 이 문제들은 롼링위阮玲玉 자살 사건을 다룬 「"세상 사람들 말이 무섭다"를 논함」論'人言可畏' 같은 글에서 제기된 바 있다. 언론의 문제점을 비판한 글이라고 정리한다면, 일단 그 부분은 타당하다고 인정된다. 하지만 그보다 일본 잡지 『가이조』改造로부터 버나드 쇼의 상하이 방문에 맞춰 원고 청탁을 받은

루쉰, 버나드쇼, 차이위엔페이(蔡元培)

상황인데, 왜 두 사람 간의 대화는 거의 없었던 것일까.

  1930년대 루쉰은 동아시아에서는 상당히 인정받는 작가였고, 그의 소설 「아큐정전」도 이미 1926년에 영어와 불어로 번역되었기 때문에, 버나드 쇼도 루쉰의 존재를 충분히 알고 있었을 것이다. 1926년 프랑스에서 유학하던 징인위敬隱漁가 불어로 「아큐정전」을 번역했고, 바로 그 불역본을 읽은 로망롤랑이 큰 감동을 받았다고 했던 것을 상기해보면, 1933년이라고 하는 시점에서 루쉰의 존재는 서구의 지식사회에도 어느 정도 알려졌을 것이다. 서로 상대방의 존재를 모르지는 않았을 것이고, 그렇다면 당일의 어수선한 상황 속에서 루쉰과 버나드 쇼는 서로 대화할 기회를 잡지 못한 것으로 생각할 수밖에 없다. 추측해보건대 루쉰은 그날 두 사람이 나눈 대화에 대해서는 쓸 것이 없었기 때문에, 쇼의 식사 장면을 스케치한 후 쇼를 보기 위해 몰려든 사람들의 이야기를 덧붙여서 원고지 매수를 채우는 수밖에 없었을 것이다. 그리고 그냥 글의 내용에 맞추다 보니 「쇼와 쇼를 보러 온 사람들을 본 기록」이라는 특이한 제목이 나오게 되었을 것이다.

그래도 루쉰은 쇼를 만나기 위해 일부러 그 자리에 갔을 텐데, 왜 두 사람은 서로 대화를 하지 않았는가 하는 의문은 그 뒤로도 오래도록 내게 남아 있었다. 하지만 나는 최근에 송칭링宋慶齡의 회고록을 보고서야 그 의문을 풀게 되었다. 회고록에 의하면 당일 점심식사 자리에는 루쉰과 버나드쇼 외에 송칭링, 차이위엔페이, 린위탕林語堂과 아그네스 스메들리, 그리고 당시 상하이에서 활동하던 미국인 저널리스트 아이삭Harold Robert Isaacs·伊羅生, 1910~1986 등 총 7명이 있었다고 한다. 하지만 "당시 린위탕이 그와 쉬지않고 이야기를 했기 때문에, 루쉰 등 다른 사람은 버나드 쇼와 이야기할 기회가 없었다"[5]고 송칭링은 적었다.

루쉰과 린위탕, 그 우여곡절의 관계

송칭링 회고록의 위 대목을 읽는 순간, 나는 루쉰과 린위탕의 묘한 인연이 떠올라서 실소를 금할 수가 없었다. 루쉰과 린위탕의 인연은 베이징여자사범대학에서 동료가 되면서 시작되었다.[6] 베이징여사대 사건은 루쉰과 『현대평론』파 사이에서 격렬한 논쟁이 벌어졌던 것으로 유명하다. 당시 린위탕과 루쉰은 함께 『어사』語絲 그룹에 속해서 자주 왕래하고 있었고, 『현대평론』에 맞서는 동일 보조를 취하고 있었다. 린위탕은 「'어사'의 문제 참견하기 ―온건함, 욕설, 그리고 페어플레이」라는 글에서 페어플레이를 제기했고, 루쉰은 린위탕의 의견에 대체로 동조했지만 그가 말하는 페어플레이 정신은 동조하지 않았다. 이때 나온 글이 '물에 빠진 개는

---

[5] 宋慶齡, 「루쉰선생을 회상한다」, 『魯迅回憶錄』 제1輯.
[6] 이하 루쉰과 린위탕의 관계에 대해서는 주지·문성재 역, 『루쉰의 사람들』, 도서출판 선, 2007, 209~275쪽에서 정리.

패야 한다.'는 유명한 구절이 등장하는 「페어플레이'에 대한 논의는 천천히 이루어져야 한다」이다.

문학사류의 기술을 보면 '물에 빠진 개'가 마치 린위탕에 대한 반박적 표현인 것처럼 나와 있어 오해하기 쉬운데, 정확하게 말하자면 린위탕은 "우물에 빠진 사람에게 돌을 던지지 말라."고 했다. 그에 대해 루쉰은 "페어플레이는 시기상조"라는 뜻으로 말한 것이다. 린위탕은 '물에 빠진 개'라는 표현을 한 적이 없고, 이 표현은 저우쭤런周作人이 「제목을 잃어버린 글失題」에서 한 것이다. 루쉰이 '물에 빠진 개는 두들겨 패야 한다.'는 구절을 쓰면서 떠올렸을 대상은 일차적으로는 『현대평론』 그룹이었겠지만, 저우쭤런의 얼굴이 스쳐 지나갔을 수도 있다. 당시 루쉰과 저우쭤런 형제는 이미 의절한 사이였다.

1926년의 3.18 참안에 대해 반정부적인 글을 쓴 루쉰이 블랙리스트에 올랐을 때, 린위탕도 같이 리스트에 올랐었다. 그 해 5월 린위탕은 고향 푸젠福建으로 돌아가 샤먼廈門대학 문과대 학장을 맡게 되었다. 이때 베이징을 떠나는 린위탕의 환송회를 해준 루쉰은 그 자리에서 자신도 샤먼대학에 가고 싶다는 의사를 표명한다. 린위탕의 도움으로 루쉰은 1926년 9월 4일 샤먼대학에 도착했고, 학생들로부터 환영을 받았다. 하지만 이과 주임이자 비서였던 류수지와의 불화로 인해 곧바로 그 학교를 떠나게 된다. 루쉰은 1927년 광저우를 거쳐 상하이로 들어갔고, 린위탕도 상하이에서 활동하며 두 사람은 다시 만나게 된다. 그 무렵 루쉰은 베이신서국北新書局 사장 리샤오펑李小峰과의 사이에 잡지 편집 및 인세 미지급으로 인한 문제로 소송을 벌일 지경까지 이르게 된다. 결국 리샤오펑이 양보를 할 수밖에 없었고, 1929년 8월 28일 리샤오펑은 루쉰과 린위탕을 식사에 초대하고 화해하기로 했다. 하지만 그 자리에서 생각지도 않게 루쉰과 린위탕이 언쟁을 하게 되고, 그 결과 두 사람은 향후 3~4년간 절교를 하게 된다.

그 날 버나드 쇼 환영 오찬 파티의 숨겨진 뒷이야기

1932년 12월 중국민권보장동맹이 창립되고, 루쉰과 린위탕 두 사람은 여기서 다시 만나게 된다. 그리고 그 뒤에 이어진 것이 1933년 2월 17일 송칭링 자택에서의 버나드 쇼 환영회였다. 상하이의 명문 세인트 죤스Saint Jones대학 출신인 린위탕은 영어에 매우 능했을 것이다. 린위탕은 1932년부터 『논어』論語라고 하는 상당히 서구적 스타일의 잡지를 내고 있었고, 1935년부터는 『My Country and My People』과 같은 영문 저서를 출판하면서 본격적으로 영어 글쓰기를 시작하게 된다. 린위탕이 그 날 버나드 쇼를 독점한데는 그런 배경이 있었던 것이다. 이 상황을 루쉰은 글에서 "나는 쇼에게 아무 것도 묻지 않았고, 쇼도 나에게 아무 것도 묻지 않았다"고 적었다.

그런데 그 날 송칭링의 집에서 버나드 쇼가 말을 많이 하지 않았던 데에는 또 하나의 '비화'가 숨겨져 있었다. 송칭링은 1976년 7월 7일 천한성에게 쓴 편지에서 당시 버나드 쇼와의 오찬을 다시 언급하면서 그동안 알려지지 않았던 비화까지 자세하게 공개하였다.

> 버나드 쇼가 잠시 체류할 때 내 집에 마련한 오찬회에 참가했는데 자리에 있었던 손님으로는 루쉰, 차이위엔페이, 린위탕, 이뤄성, 아그네스 스메들리가 있었다. 이 모임은 본래 매우 의미 있는 대화가 이루어졌어야 옳았다. 그런데 아그네스 스메들리가 이뤄성에게 "그를 노발대발하게 한번 만들어봐요!" 하고 큰 소리로 내뱉은 '귓속말'을 그 자리에 있던 사람들 모두가 듣고 말았다. 특히 버나드 쇼는 그래서 그녀를 한 번 쳐다보기까지 하였다. 린위탕이 되는 대로 몇 마디 한담을 나눈 걸 빼고는 이날의 오찬회는 아무 성과도 없었다.[7]

버나드 쇼 역시 비판적 작가였지만, 그보다 정치적으로 더욱 래디컬한 입장에 있던 아그네스 스메들리는 그를 부르주아 작가라고 적대시하고 있었던 듯하다. 아무튼 당시 오찬장에서는 전혀 생각지도 못한 상황이 벌어지고 말았던 것이다. 당일 루쉰은 오찬장에 늦게 왔다고 했는데, 그런 일이 있었던 것이 루쉰이 오기 전이었는지 오고 난 후였는지는 알 수 없다.

루쉰과의 관계를 회복한 린위탕은 루쉰에게 『논어』의 원고 청탁을 하였다. 루쉰은 『논어』에 몇 편의 글을 투고하였고, 창간 1주년을 기념하여 「논어 1년」이라는 글을 쓰기도 했다. 하지만 글의 논조를 보면 루쉰은 린위탕의 한가함에 동조하고 싶지않아 했다는 것을 알 수 있다. 1934년에는 『인간세』의 청탁을 거절했고, 이후로는 여러 글에서 린위탕을 비판했다. 1936년 미국 뉴욕에서 루쉰의 부음을 전해들은 린위탕은 「루쉰을 애도하며悼魯迅」라는 글을 써서, 루쉰과 가까워진 것이 두 번 멀어진 것이 두 번이었지만, 시종일관 그를 존경했노라고 고백했다.

---

7 주정저, 문성재 역, 앞의 책, 249쪽에서 재인용.

[필드워크 ❻]

유럽풍의 거리 샤페이로霞飛路와
대작가 빠진巴金의 옛집

  샤페이로霞飛路는 화이하이중로淮海中路의 옛 이름으로, 프랑스 조계를 동서로 가로지르던 4km에 달하는 메인 스트리트이다. 조계지 시절 샤페이로는 이국적 분위기 속 유행의 거리이기도 했고, 예술가, 문화인들이 그 부근에 많이 살기도 했다. 샤페이로를 산책하는 비교적 간단한 방법은 지하철 창수로常熟路역에서 시작해 동쪽으로 쭉 뻗은 길화이하이중로을 지도를 확인해가며 걷는 것이다. 필자가 그 길에서 먼저 간 곳은 타이완 작가 바이셴용白先勇의 대륙 옛집이었다. 지하철 창수로常熟路역에서 바오칭로寶慶路라는 작은 길을 따라 조금 남쪽으로 오면 푸싱중로復興中路라는 큰 길을 만나는데, 그 안쪽에 있다. 집은 상상했던 것 이상으로 크고도 훌륭한 저택이었는데, 이는 국민당 장군이었던 그의 부친 바이충시白崇禧의 지위와도 관련이 있었을 것이다. 작가 바이셴용과 그의 대륙 노스텔지어에 대해서도 더욱 구체적인 느낌이 왔다.
  어디선가 바이셴용을 '디아스포라 작가'라 규정한 것을 보았는데, 그러한 일괄적인 평가에는 좀 문제가 있는 것이 아닌가 하는 생각이 들었다. 고향을 떠난 이주 작가라고 해서 모두 '디아스포라'라고 할 수 있을까. '디아스포라'라는 말에는 세계대전의 와중에 나치의 박해를 피해 남부여대男

負女戴 해서 이곳저곳을 떠돌아다닌 유태인들의 고난이 들어가 있는 것이다. 막상 바이셴용의 상하이집을 보니, 그는 대륙에서도 잘 살았고 타이완에 와서도 역시 문단의 중심에 있었구나, 하는 생각이 들었다. 현재 바이白 씨네 저택은 웨딩숍과 레스토랑으로 사용되고 있었다. 그 옆에 있는 일본대사관저도 스페인식의 훌륭한 건축이었고, 음식점으로 사용되고 있었다. 좀 비싼 듯했는데, 제일 잘하는 요리가 무엇인가 물으니 '푸아그라'라는 답변이 돌아왔다.

다음에는 동후빈관東湖賓館으로 향했다. 동후빈관은 과거 두위에성杜月笙 별장이었다고 하는데, 세도가의 집다운 훌륭한 3층 건물이 위엄을 자랑하고 있었다. 루쉰 고거故居와는 너무 대조적이었다. 두위에성은 상하이를 이해하는데 있어 매우 중요한 인물이다. 당연히 그에 대해서도 언급을 해야 하나, 내용이 다소 길어질 수 있으므로 별도의 장에서 다시 논하기로 한다. 동후빈관에서 아주 가까운 거리, 샹양베이로襄陽北路와 신러로新樂路가 만나는 지점에 러시아정교회의 돔형 지붕을 한 교회 동정쟈오탕東正敎堂이 있다. 1917년 볼셰비키혁명 때 정든 고향을 떠나 상하이로 옮겨왔을 그들과 그들의 고단한 삶에 위로가 되어주었을 교회 건물을 바라보니 애잔한 마음이 들었다. 플라타너스 잎이 지는 늦가을 상하이의 분위기와 이 이국적인 교회 건물이 무척 잘 어울린다.

지하철 산시난루陝西南路 부근에 빠진巴金 고거와 쉬광핑許廣平 고거가 있었다. 아마도 쉬광핑은 1936년 루쉰이 사망한 후 이리로 옮겨왔던 듯하고, 빠진도 1937년 이후에 이곳에서 살았던 듯한데, 두 집 모두 매우 평범한 중국 서민들이 사는 곳이었다. 빠진과 쉬광핑이 같은 골목에 살았던 것을 보고, 루쉰과 빠진이 얼마나 가까운 사이였는지를 생각해 보았다. 나오는 길에 보니 저명한 현대 화가 쉬베이홍徐悲鴻의 고거도 멀지 않은 곳에 있었다. 골목을 나와 다시 메인스트리트로 오니 멀지않은 곳에 캐세이극장國泰電影院·Cathay Theater이 눈에 들어왔다. 캐세이극장은 1930년에 건립되어 난징루의 그랜드시어터와 함께 상하이를 대표하는 영화관으로 군림해왔다. 1940년대 상하이 최고의 인기 작가 장아이링의 소설「경성지련」이 연극으로 각색되어 공연된 곳도 이 극장이었다.

조금 떨어진 곳, 마오밍난로茂名南路와 창러로長樂路가 만나는 곳, 옛날 프랑스 클럽法國俱樂部 자리에 들어선 화위엔판디엔花園飯店이 아주 멋진 경관을 자랑하고 있었다. 옛 프랑스 클럽의 가든과 옛 건물은 그대로 살리고 뒤에 큰 건물을 하나 새로 지었다. 내부에는 미츠코시 백화점이 입점해 있어, 고급스런 물건들을 진열해 놓고 있었다. 건너편에는 여성 실업가 동주쥔董竹君과 관련 있는 진쟝판디엔錦江飯店, 그리고 1929년 유태인 삿슨이 지은 화모꽁위華懋公寓·Cathay Mansions도 있었다.

화이하이중로의 메인스트리트에서 옛날 김신부로金神父路, 현재는 瑞金二路라는 길을 따라 조금만 내려오면 예전 모리아이로莫利愛路·Rue Moliere라 불리던 길을 만나게 된다. 거기에 쑨원 사망 후 미망인 송칭링宋慶齡이 살던 집이 있고, 그곳에서 1933년 2월 17일에 아일랜드 출신 작가 버나드쇼

캐세이극장(國泰電影院)

George Bernard Shaw, 1856~1950와 루쉰, 린위탕이 만난 이야기는 이 책의 다른 대목에서 이야기했으므로 생략하기로 한다.

화이하이중로는 서쪽 끝에서 창수로常熟路와 만나고, 그 지점에서 다시 안푸로安福路, 우위엔로五原路 등의 작고 아담한 동서 방향의 길로 이어지는데, 이 길은 다시 우캉로武康路라는 남북 방향의 길과 만나게 된다. 이 우캉로는 비록 오래되었지만, 고급 주택가 같은 느낌이 있다. 이 길의 끝에 빠진巴金이 살던 집이 있다. 앞서 지하철 산시난로陝西南路 부근의 빠진 집을 소개한 바 있는데, 자료를 보면 1955년 이후 우캉로의 이 집으로 옮겨왔다고 되어있다. 두 집은 규모 면에서 상당히 차이가 난다. 간단하게 말하면 1949년 신중국 설립 후 정부로부터 큰 집을 분배받은 것이다. 빠진 집을 찾아가던 중에 1930년대 상하이 영화계의 대표적 스타 자오단趙丹, 1915~1980의 집도 우연히 발견했다. 『거리의 천사』1937에 나왔던 미남 배우의 집을 여기서 만나게 될 줄이야. 사회주의 시절 명사들의 집이 모여 있던 동네가 아니었을까 하는 생각도 들었다. 사실은 빠진의 집 규모를 보고 좀 놀랐다. 빠진은 문화혁명 시기 혹독하게 비판당한 것으로 유명하지만, 비판당하기 이전에는 중화인민공화국 정부로부터 상당히 대접받고 살아왔던 것이 아닐까 하는 생각이 들었다. 한국의 많은 독자들, 혹은 연구자들이 빠진에 대해 일반적으로 갖고 있는 인상이라 하면, 구질서에 반항하는, 그의 대표작 『가』家의 주인공 쥐에후이覺慧와 같은 모습을 떠올릴 것이다. 하지만 막상 1950년대 이후에 그가 정부로부터 분배받은 훌륭한 집을 보자 내게는 오히려 『가』의 큰형 쥐에신覺新의 모습이 떠올랐다. 그렇다면 빠진은 1930년대에는 반항적 막내 쥐에후이에서 시작해서 1950년대에는 순종적 장남 쥐에신으로 변해갔고, 문화혁명을 거치고 난 후에 그 전 과정의 참회를 담아 『수상록』을 쓰게 되었다는 도식이 성립되는 것인가.

나는 우캉로라는 이 길을 좋아했고, 매번 상하이 옛길을 산책할 때면,

우캉로에 있는 빠진의 옛집 앞에서

꼭 이 길을 산책 코스에 넣어서 빠진의 집 앞을 와보곤 했다. 2010년인가 2011년인가 처음 왔을 때는 문이 잠겨있었다. 한참 벨을 눌렀더니 안에 있던 사람이 문 앞으로는 왔지만 외부인은 들어올 수 없다고 말했다. 그 뒤로 2017년 무렵 다시 찾았을 때는 외부인 입장이 가능한 것으로 바뀌어 있었다. 들어가 보니 100평 쯤 되는 널찍한 정원이 있는 3층집이었는데, 넓기도 했지만 실내의 공간 배치도 매우 짜임새가 있었다. 공간별로 사진과 함께 장서와 유품 등이 가지런히 전시되어 있었고, 그의 작품집이나 그림엽서를 파는 작은 서점도 들어와 있어, 일반적인 작가 기념관과 별반 다를 바가 없었다. 무엇보다 이 집의 가장 큰 특징은 환하게 볕이 잘 드는 널찍한 정원에 있었다. 예전에 어느 글에선가 빠진이 집에서 개를 키웠다는 내용을 본 적이 있는데, 햇살 가득한 정원에 안락의자를 내놓고 책을 읽거나 개를 데리고 노는 빠진의 모습을 상상해보았다. 빠진은 상하이시 작가협회 주석을 지낸 바 있는데, 당시 그는 집에서 작가협회까지 걸어서

우캉로의 거리 풍경

출퇴근을 했다고 한다. 작가협회는 쥐루로巨鹿路와 산시난로陝西南路가 만나는 곳에 있다. 상하이 작가협회도 들어가 보았는데, 1930년대에 성냥공장을 하던 갑부가 그의 젊은 애인에게 선물했다는 스토리가 있는 멋진 저택이다. 그곳은 빠진의 집보다 더 큰 정원과 실내 공간을 갖추고 있었고, 멋진 조각상들로 장식되어 있었다. 그 두 지점 사이를 걸어서 출퇴근했을 빠진의 모습을 떠올려보았다. 걷기에는 꽤 먼 길이었다.

14

1930년대 상하이 영화계의 톱스타 롼링위

– 루쉰의 「'사람들의 말이 두렵다'를 논함」

●

동양의 헐리웃 상하이

영화배우를 꿈꾸던 여류작가 딩링丁玲

영화 <신여성>의 주인공 웨이밍과 그녀를 연기한 배우 롼링위의 운명

상업주의 언론, 스타의 염문을 소비하는 대중, 그리고 롼링위의 자살

동양의 헐리웃 상하이

상하이 영화계의 이야기를 하기 위해서 중국 영화의 초기 상황을 보기로 하자. 1905년 베이징에서는 최초로 중국인이 촬영한 영화 〈정군산〉定軍山이 제작되었고, 1908년에는 상하이의 홍커우虹口에 홍커우 잉시위엔虹口影戲院이라는 최초의 영화관이 세워졌다[1]. 1913년에는 정정치우鄭正秋, 장스촨張石川이 단편 극영화 〈난부난처〉難夫難妻를 제작 상영하였는데, 이 때는 미국 헐리우드가 영화의 중심지가 되어가던 시기이기도 했다. 1922년 정정치우鄭正秋, 장스촨張石川은 밍싱明星영화사를 설립하였고, 1923년에 제작한 〈고아가 할아버지를 구한 이야기〉孤兒救祖記가 흥행에 성공을 거둠에 따라 상하이의 밍싱영화사는 중국 최대의 영화회사가 되었으며, 중일전쟁까지의 16년간 중국 영화계의 중심적 위치에 군림하게 된다.

1926년에는 창조사의 일원이던 티엔한田漢이 남국전영극사를 설립하고, 그해 소련감독 에이젠슈테인의 명작 〈전함 포쳄킨〉의 시사회를 열었다. 1927년 1월에 출판된 『중국 영화산업影業 연감』에 의하면 1922부터 5년간 제작된 무성영화는 모두 144편이고, 이 시기에 설립된 영화회사는 179개사였다. 또 1926년 기준으로 중국 내 영화관은, 상하이 39개, 베이징 14개, 하얼빈 12개, 홍콩 9개, 한커우漢口 11개, 티엔진 10개 등으로, 전국에 153개소가 있었다. 1928년에는 밍싱이 제작한 무협영화 〈화소홍련사〉火燒紅蓮寺가 흥행에 성공을 거두자 그 시리즈물이 18편까지 제작되었으며, 그 후로 1931년까지 50개의 영화사에서 400편 가량의 무협영화가 제작되었다[2].

---

[1] 스페인인 라모스에 의해 설립. 라모스는 1903년 상하이에 라모스엔터테인먼트회사를 설립하고 영화를 상영했다.
[2] 『中國影業年鑑』 내 통계 내용을 포함, 이상의 중국영화계 상황에 대해서는 石子順, 『中國映畵の散步』, 日中出版, 1982에 수록된 「中國映畵年表」와 中國研究所編, 『現代中國事

영화배우를 꿈꾸던 여류작가 딩링丁玲

1930년대 상하이 최고의 여배우 롼링위 이야기를 하기에 앞서 여류 작가 딩링의 경우를 보기로 한다. 딩링丁玲, 1904~1986에게는 늘 '파란만장한 생애'라는 수식어가 따라다닌다. 시골의 몰락한 지주 가정에서 출생한 그녀는 대도시 상하이로 진출한 후 모던 걸modern girl에서 좌익 작가로 변신했고, 국민당과 공산당으로부터 각각 탄압 당했을 뿐 아니라, 유형流刑의 세월 속에서도 작가로서의 본분을 잃지 않으려했던 인물이다.

독자들에게 가장 많이 언급되는 작품이라면 젊은 여성의 성적 감정을 솔직하게 묘사한 「사페이 여사의 일기」, '혁명성지' 옌안延安의 어두운 현실을 비판한 「내가 샤촌霞村에 있었을 때」, 토지개혁을 그려 스탈린문학상을 수상한 『태양은 상건하를 비춘다』 같은 소설이 있겠지만, 젊은 시절 그녀가 한 때 영화배우가 되기를 꿈꾸었다는 사실은 상대적으로 덜 알려져 있다.

좌익 작가 후예빈胡也頻, 1903~1931은 딩링의 첫 번째 남편이자, 그녀가 인생 항로를 바꾸는 결정적인 계기가 된 인물이기도 하다. 1920년대 중반 베이징에서 그들과 가깝게 어울렸던 선총원沈從文의 회상에 두 사람의 당시 상황이 잘 나와 있다. 열정적 문학청년 선총원과 후예빈이 기존 출판사의 영향권에서 벗어나 자신들이 스스로 책을 출판하려 계획하고 있을 때, 딩링은 애초 두 사람을 돕겠다고 했으나, 나중에는 갑자기 상하이에 가서 영화배우가 되겠다고 생각을 바꾸었다. "빈頻, 당신의 작품은 성공하지 못했어요. 당신의 책을 출판하려는 서점이 나타났을 때, 나는 이미 스타가 되어 있을 겁니다."沈從文, 「記丁玲」 '좌련오열사' 중 한 사람인 후예빈이 국민당에 체포되어 처형된 후 딩링은 국민당 정보원에게 납치되

典』, 岩崎書店, 1959, 25~26쪽 '映畵'條를 참고로 기술.

딩링이 국민당 정보원에게 납치된 곳 쿤산화위엔로(昆山花園路)

었으나, 탈출하여 옌안延安으로 간다. 딩링이 국민당 정보원에게 납치된 사건은 당시 한국에서도 관심을 끌어, 동아일보 편집국장 주요한朱耀翰의 지시를 받은 기자 신언준申彦俊이 1933년 5월 취재차 상하이에 왔다가 루쉰魯迅을 만나고 인터뷰하게 되는 상황이 전개되기도 했다.

결국 딩링은 영화배우가 되지는 못했지만, 그녀의 초기작품 「멍커夢珂, 1927」에는 스타를 꿈꾸던 그녀의 욕망의 흔적이 남아있다. 소설의 주인공 멍커는 퇴직한 태수太守의 딸로, 유양酉陽에서 상하이로 와서 혼자 살면서 서양화 모델을 했지만, 대도시에서 적응하는 것이 쉽지 않아 고모네 집에 들어가서 살게 된다. 고모네 집에서 멍커는 사촌오빠 샤오쑹曉凇과 미술교사 단밍澹明을 알게 되면서, 초반에는 차츰 생활적으로 안정을 찾아가는 듯했다. 하지만 날이 갈수록 멍커는 서구적이고 물질주의적인 도시 중산층 젊은이들과는 끝내 어울리지 못했고, 결정적으로는 그녀가 믿고 따르던 사촌오빠가 호색한이라는 걸 알게 되면서 고모네 집을 나오게 된다. 집을 나온 멍커는 연극 극단을 찾아가서 자신이 영화배우가 되고 싶다고 말한다.

특히 이 마지막 대목에는 주인공의 복잡한 심경이 잘 그려져 있다. 소설의 중간에 멍커가 사촌오빠와 극장에 가는 장면이 나온다. 영화를 보고 나온 그녀는 영화 속 세계에 빠져 그날 잠을 이루지 못한다. 소설 속에는 멍커의 고향 유양酉陽과 학교, 고모네 집, 신스제新世界, 칼튼극장 등 상하이의 여러 공간이 등장하는데, 그 중 그녀가 가장 공감하는 장소는 극장이다. 아마도 고모네 집을 나온 멍커가 느닷없이 극단을 찾아간 것은, 그녀가 영화 속 세계를 꿈꾸고 있었기 때문일 것이다.

극단을 찾아간 후로 멍커는 모순적 심리에 휩싸인다. 집에 돌아와서는 거울을 보고 온갖 다양한 표정을 지어보이며 연기 연습을 했지만, 다음날 극단에 가서는 마치 자기가 '기녀妓女'가 된 듯한 자괴감에 빠지고 만다.

> 그녀는 큰 거울 앞으로 다가가 분장된 모습을 보았다. 정말 4번가의 매춘부들과 다를 게 하나도 없었다. 그러나 그녀는 왜 자신이 아직도 그 전선생인가 뭔가 하는 작자가 이끄는 대로 참고 견디어야 하는지 알 수 없었다. … 전선생이 그녀에게 다시 할 수 있겠는지 물었다. 속이 상해서라도 이 강압적인 요구를 거절할 수는 있었지만, 그녀는 하겠다고 대답했다. 그녀는 왜 자신이 몸과 영혼을 팔듯이 스스로를 욕보이게 하는지 이해할 수 없었다. 전선생이 다시 '액션'을 외치고, 카메라도 돌기 시작했다. 그녀는 꾹 참았다.[3]

결말 부분에서 주인공 멍커는 싫다고 하면서도 점점 상업세계에 빠져들고 있다. 일반적으로 작가의 처녀작에는 그의 자아적自我的 무게감이 실리는 경우가 많다. 시골에서 도시로, 모던걸에서 좌익 작가로, 좌익 진영

---

3 김은희·최은정 역, 『현대중국여성소설명작선』, 어문학사, 2005, 256~257쪽.

내에서도 중앙의 권력을 비판하는 저항적 작가로 변신을 거듭한 딩링의 일생과 연관 지어보면, 계속해서 새로운 세계로 진입해 가면서도 곧바로 그 세계의 부정적 측면을 거부하는 일종의 '저항적 자아'가 처녀작인 이 작품에 이미 담겨있었던 것이 아닐까.

영화 〈신여성〉의 주인공 웨이밍과 그녀를 연기한 배우 롼링위의 운명

어쩌면 딩링은 소설 「멍커」에서 비극적 예감을 통해 신여성의 운명을 그렸는지도 모른다. 20세기 전반 중국 사회의 고독한 존재로서 신여성을 그린 작품들이 적지 않다. 대표적인 예로 차이추성蔡楚生, 1906~1968 감독, 롼링위 주연의 1934년작 〈신여성〉을 잠시 보기로 하자.

웨이밍衛明은 고등교육을 받은 신여성이다. 그녀는 집안의 반대로 결혼하지 못하고, 딸만 하나 낳은 채 상하이에서 음악교사를 하며 살아간다. 그녀는 출판사 직원 위하이타오余海濤 및 여공 리아잉李阿英과 가까운 사이이다. 웨이밍이 근무하는 학교의 이사장 왕王박사는 웨이밍을 흠모하여 추파를 던지지만 그녀는 냉담하게 대한다. 웨이밍의 언니가 그녀의 어린 딸을 데리고 시골에서 상하이로 오던 도중 딸이 감기에 걸렸고 폐렴으로 번져 위험한 상황이 되었다. 웨이밍은 딸의 입원비를 마련하기 위해 자기가 쓰고 있는 소설의 원고료를 가불해 보고자 했지만 거절당한다. 점점 위독해져가는 딸을 살리기 위한 마지막 수단으로 그녀는

롼링위(阮玲玉)

'거리의 여자'가 되기로 하는데, 이때 마침 왕박사가 '손님'으로 들어오는 바람에 그와 싸우면서 한바탕 난리가 난다. 결국 딸은 죽고, 슬픔을 이기지 못한 웨이밍은 음독자살을 시도하고 병원으로 옮겨진다. 이때 웨이밍의 소설이 출판되었고, 웨이밍의 뒤를 따라다니던 기자가 왕박사와 짜고 웨이밍의 사생활을 신문에 크게 보도한다. 이때 깨어난 웨이밍은 자신을 중상모략하는 신문기사를 보고 크게 분노하며, "나는 살아야 해, 나는 복수해야 해!"라고 외쳤지만, 한을 안고 그대로 숨을 거두고 만다.

이 영화는 아이샤艾霞라는 여배우의 자살사건을 영화화한 것이라고 하는데, 영화 속에서 웨이밍역을 맡았던 여배우 롼링위阮玲玉, 1910~1935도 영화가 개봉된 지 1년 후에 자살을 하게 되면서, '여배우 자살사건'은 서로 다른 세 개의 프레임을 갖게 된다. 무성영화 시절 중국의 대표적인 여배우였던 롼링위는 당대 '4대 미녀'라 불릴 정도로 인기가 있었다. 아버지를 일찍 여의고 홀로 된 롼링위의 어머니는 남의 집 일을 하면서 그녀를 키웠고, 롼링위는 1926년 밍싱明星영화사에 들어가 배우가 된다. 〈야초한화〉野草閑花, 〈신녀〉神女, 〈신여성〉新女性 등의 영화가 히트하면서 그녀는 일약 스타가 되었지만, 장다민張達民과 탕지산唐季珊 두 남자와의 사이에서 명예훼손 소송에 휘말리면서 허위사실이 신문에 여러 차례 보도되었고, 악성루머에 시달리다가 수면제를 먹고 자살하고 만다.

아이샤艾霞와 웨이밍衛明, 그리고 롼링위阮玲玉라는 세 여배우의 자살의 배경에는 모두 '미디어'가 있다. 세 여배우는 모두 유명인이었고, 황색 언론의 제물이 되었다는 공통점을 갖고 있다. 롼링위는 상하이 난징로의 유명 백화점 용안공쓰永安公司의 남성 사무직 월급이 50위엔이던 시절, 월수입 700위엔에 편당 수 백위엔의 출연료를 합치면 연수입이 1만위엔에 달하는 고소득자가 되었지만, 대부분 사회적 차별로 고통 받는 신여성들을 그린 사회파 영화에 출연했다.

상업주의 언론, 스타의 염문을 소비하는 대중, 그리고 롼링위의 자살

롼링위는 1935년 3월 8일 '여성의 날' 유언 중에 "사람들 말이 두렵다" 人言可畏는 말을 남기고 자살했다. 그녀의 자살을 둘러싸고 좌익 문예계에서는 상업주의 언론의 문제점을 지적했고, 루쉰도 그 해 5월 5일 「'뭇사람들 말이 두렵다'를 논함」이라는 글을 썼다. 루쉰은 이 글에서 신문의 독자로서의 대중, 기사를 써서 여론을 만들어내는 언론, 기사의 대상이 되는 여배우라고 하는 세 가지 주체에 대해서 각각 논하고 있다. 우선 남의 사생활을 엿보고 품평하기 좋아하는 대중의 저급한 호기심에 대하여 루쉰은 "그녀들의 죽음은 끝없는 인간의 바다에 소금을 뿌린 것과 같이 뜬소문을 말하기 좋아하는 사람들의 입술에 오르자마자 벌써 그 짠 맛이 옅어져 버리는 것이다."라고 했다. 대중을 '우매한 존재'로 보는 루쉰의 시각은 「약」1919을 위시한 초기 소설들에서 잘 표현된 바 있고, 이것이 일본

신자루(新閘路) 1124농(弄) '롼링위 고거'라고 표시되어 있다.

유학시절에 읽은 니체를 통해 수용된 것이라는데 대해서는 이미 일정한 연구가 진행된 바 있다. 그러한 그의 우중관愚衆觀이 말년까지도 지속되고 있는 것이다. 다음으로 루쉰은 언론이 비겁한 존재라는 점을 분명하게 지적하고 있다.

> 그러나 신문이 뿌리째 무력해진 것은 아니다. 갑에 대해서는 무력하지만 을에 대해서는 가해자가 될 수 있다. 강자에 대해서 신문은 약자지만 그 이하의 약자에 대해서는 신문은 강자이다. 따라서 때로는 엄살을 떨지만 때로는 무용을 발휘할 때도 있다. 그리고 상대가 롼링위와 같이 유명하기는 하나 무력한 존재가 되면 좋은 봉이 되어 버린다. … 롼링위는 스크린을 통해서 많은 사람들이 알고 있기 때문에 특히 지면을 장식할 수 있는 좋은 읽을거리가 되었던 것이며 적어도 판매 부수를 늘리는 좋은 재료가 되었던 것이다. … 롼링위같은 무력한 자만이 실컷 괴로움을 당하고 온갖 누명을 쓰게 되어 씻을 수도 없게 될 뿐이다. 그녀가 이에 대항할 수 있을까? 자기 신문이 없이 어떻게 대항한단 말인가.[4]

루쉰은 예전에 중국 사회를 고대 로마의 검투사들과 그들의 싸움을 구경하는 콜로세움의 구경꾼의 관계로 설명한 바 있다. 그의 유명한 소설 「광인일기」나 「아큐정전」의 구조도 모두 '구경꾼'과 '구경거리' 사이의 '보는 것'看과 '보여지는 것'被看의 관계로 이루어져 있다. 그런 틀에서 보자면, 사회적으로는 유명하지만 힘없는 존재였던 아이샤, 롼링위, 그리고 영화 속 인물 웨이밍은 모두 본인의 의사와는 상관없이 결투장으로 끌려나온 존재들이었고, 남의 비극을 보고 즐기는 중국인들은 경기장의 관객이었으며, 남의 인생을 파멸시키며 돈을 벌고 있는 신문사는 이 잔인한

---

4 한무희 역, 『魯迅文集』, 일월서각, 1987, 140쪽.

경기를 주관한 프로모터였다고 해야 할 것이다.

  루쉰의 글에서는 대체로 '세상의 냉정함'이 느껴지는 경우가 많은데, 이 글 역시 그러하다. 롼링위가 마지막까지 살았던 집은 신자로新閘路에 위치하고 있었다. 신자로는 난징시로南京西路에서 북쪽으로 두 블록 올라간 곳에 있었고, 롼링위 고거故居는 비교적 조용한 주택가에 있었다. 내부가 넓어보이지는 않았지만 중심가에서 멀지 않으면서도 조용한 분위기였고, 채광을 위한 서양식 발코니가 매우 독특했는데 당시로서는 상당히 신식 주택이었을 것 같다는 생각이 들었다.

롼링위(阮玲玉)가 마지막에 살았던 집

[필드워크 ❼]

상하이의 극장(2)
-금성대희원金城大戲院 극장

　1896년 8월, 상하이는 중국에서 가장 먼저 영화가 상영된 곳이다. 중국에서 가장 먼저 영화가 상영된 곳이다. 프랑스의 뤼미에르형제가 파리에서 시네마토그라프를 최초로 상영한 것이 1895년 12월이었음을 감안해 보면, 시기적으로 상당히 빨랐다는 것을 알 수 있다. 1908년에 홍커우따시위엔虹口大戲院이라는 상하이 최초의 전용 영화관이 생기면서 영화는 점차 성행했다. 1920년대 상하이에는 약 30개의 영화관이 있었고, 1930년대에는 40여 개가 있었다고 한다. 1930년대 상하이는 '동양의 헐리웃'이라 불릴 만큼 영화산업이 번창하여, 당시 40여 개의 중국 자본 영화회사가 있었고, 1928년부터 1931년 사이에 400편의 영화가 만들어졌다. 1930년대에 들어오면서 중국적 현실에 주목하는 '사회파 영화'들이 많이 만들어졌고, 일본의 중국침략 위기가 고조되어 가면서 '항일영화'들이 많이 생겨난다. 나는 당시 상하이에서 '어광곡'漁光曲, '대로'大路, '풍운아녀', '신여성' 등의 영화가 개봉되었던 금성대희원金城大戲院 극장을 찾아 나섰다.
　금성대희원은 베이징동로北京東路와 구이저우로貴州路가 만나는 곳에 있었다. 베이징동로는 난징동로의 위 블록으로, 사실상 난징동로의 옛날 신신꽁쓰新新公司, 현재는 第一食品商店 옆길로 10분 정도 곧바로 올라가면 찾

황푸쥐창(黃浦劇場)의 내부

을 수 있다. 지금은 황푸극장黃浦劇場으로 이름이 바뀌어 있었지만, 안으로 들어가면 이곳이 예전에 금성대희원이었다는 안내와 함께 "국가國歌가 여기서 불려졌습니다(國歌由此唱出 1935년 5월 24일)"라는 문구가 적혀 있었다. 중국의 국가가 이 극장에서 불려졌다는 말은 무슨 뜻인가. 이는 이 극장에서 1935년 5월 24일 상영된 영화〈풍운아녀〉風雲兒女의 주제곡「의용군행진곡」을 말하는 것이다.

〈풍운아녀〉는 1935년 쉬싱즈許幸之 감독이 만든 영화로, 내용은 이렇다. 신바이화辛白華와 량즈푸梁質夫는 동북東北지방 출신의 청년들로, 9.18 만주사변 발발 후 고향을 떠나 유랑전전 하다가 상하이까지 흘러들어왔다. 그들이 사는 집의 2층에는 가난한 소녀 아펑阿鳳이 엄마와 함께 살고 있다. 나중에 량즈푸는 혁명운동을 하는 사람과의 관계로 인해 감옥에 가고, 신바이화는 젊은 과부와 사랑에 빠지게 된다. 아펑의 모친이 사망하자, 바이화는 아펑의 처지를 동정하여 그녀가 학교를 다닐 수 있도록 도와준다. 일본이 화북지방을 침략하자 량즈푸는 혁명에 참가하여 싸우지만, 신바이화는 과부의 집에 숨어 있다가 두 사람은 칭따오靑島로 가게 된다. 아펑은 자기가 소속된 가무단을 따라 칭따오에 공연하러 갔다가 거기서 우연히 신바이화를 만나게 된다. 아펑의 공연을 본 신바이화는 크게 감동해서 실천적 열정에 휩싸인다. 나중에 량즈푸가 전사하자, 이 소식을 들은 신바이화는 이전의 향락적인 생활을 정리하고 항일 전선에 싸우러 나간다.

신바이화가 항일의 길로 나아가는 대목에서 「의용군행진곡」이 나오는데, 톈한田漢이 작사하고 니에얼聶耳이 작곡한 「의용군행진곡」은 1949년 중화인민공화국 수립시 '국가'國歌가 되었다.

한편 이 금성대희원은 한국출신 배우 김염金焰, 1910~1983이 출연한 영화『대로』大路가 상영된 곳이기도 하다. 김염은 한국 독립운동가의 후손으로, 서울에서 태어났으나 부모를 따라 중국으로 가서 자랐으며, 가족이 뿔뿔이 흩어지게 되자 혈혈단신으로 상하이 영화계에 투신하여 배우로 성공한 인물이다. 1930년대는 그의 전성기로, 그는 10여 년간 22편의 영화를 찍었고 1932년 『뎬성르바오』電聲日報가 주관한 영화배우 인기투표에서 '영화황제'影帝로 선정되기도 했다. 김염은 1950년대 이후 중국에서도 '국가 1급 배우'가 되어 승승장구했지만, 냉전체제하에서 그의 존재는 한국에 거의 알려지지 않았다. 1992년 '한중수교'후 양국간의 교류가 많아지면서 '상하이 영화황제'의 신화는 한국에 알려지게 되었고, '독립운동가의 후손'이라는 가문적 배경과 함께 그는 한국에서 내셔널리즘적 각도에서 재조명되기 시작했다. 필자는 이 문제와 관련하여 영화배우로서의 김염의 아이덴티티적 중심은 중국에 있고, 그가 영화에서 표현한 항일적 내셔널리즘 역시 중국적인 것으로 보아야 한다고 생각하며, 이 내용은 다른 글에서 언급한 바 있다.[1] 쑨위孫瑜 감독의『대로』1935는 일본의 침략에 맞서

---

[1] 「상하이의 조선인 영화황제' 신화에 대한 비판적 성찰 ─ 김염(金焰)과 내셔널리즘」, 『중

황푸쥐창(黃浦劇場)의 외관

군사도로를 닦는 남성 노동자들의 이야기를 그리고 있다. 영화에서 김염은 노동자 그룹의 리더격인 진꺼金哥 역을 맡았고, 진보적이고 낙천적 성격의 소유자인 그는 늘 주변사람들을 독려한다. 도로 노동자들은 일본군의 공격을 받아가면서도 공사를 진행했고, 거의 다 되어가는 찰나 기총소사의 공격을 받아 죽게 되지만, 영화의 결말은 그들이 닦아 놓은 '큰 길'을 따라 항일투쟁이 이어질 것을 예고하고 있다.

　1934년 6월 이 극장에서 상영된 차이추성蔡楚生감독의『어광곡』漁光曲도 중국영화사에 길이 남을 대작이다.『어광곡』은 1935년 2월 모스크바영화제에서 영예상을 수상했으며, 이는 중국 영화가 국제영화제에서 처음으로 수상한 기록이다.『어광곡』은 현지로케를 하여 실감나는 화면을 살렸고 국산장비로 녹음을 했다고 하여 화제가 되었고, 관객들의 인기를 얻어 18개월 동안 상영되는 기록을 세우기도 했다.

『국문학연구』58집, 2015.

앞에서 언급한 롼링위의 『신여성』도 이 극장에서 1935년 2월 3일에 개봉되었다.

15

'중국 인민의 벗'을 자처한 미국의 혁명 작가

—아그네스 스메들리의 『중국혁명의 노래』

- 아그네스 스메들리가 살던 아파트
- 루쉰의 50회 생일 기념 파티
- 스메들리와 루쉰과 캐테 콜비츠
- 중국혁명의 승리와 스메들리의 사망

아그네스 스메들리가 살던 아파트

루쉰이 50회 생일을 맞아 파티를 했다던 프랑스 조계의 네덜란드 레스토랑 和蘭菜館 자리는 애초부터 가보려 마음먹었던 곳이었다. 나는 이미 그 나이를 훌쩍 뛰어넘어 버렸지만, 그 옛날 50회 생일을 맞은 루쉰의 마음가짐은 어떤 결단을 염두에 두고 있었던 것일까 하는 생각에서였다. 상하이 지하철 신티엔디新天地역에 하차해서 푸싱공원復興公園을 향해 걸었다. 중간에 딩링丁玲과 후예빈胡也頻이 1928년부터 1929년까지 살던 집도 발견했다. 당시 두 사람은 건물의 2층에 살고, 선총원沈從文은 같은 건물 3층에 살았다.

푸싱공원 조금 못 미친 사거리에서 충칭공위重慶公寓라는 옛날 아파트를 발견했다. 이곳은 예전에 뤼반공위呂班公寓라 불리던 곳으로, 루쉰과 가깝게 지내던 미국 저널리스트 아그네스 스메들리Agnes Smedley·艾格尼絲史沫特萊, 1892~1950가 1929년부터 1931년까지 살던 곳이다. 아파트 앞에

아그네스 스메들리가 살던 아파트

는 '아그네스 스메들리가 살던 곳'이라는 안내판이 붙어 있었다. 스메들리는 당시 2층에 살았다고 하는데, 계단이나 복도 등이 마치 상하이를 배경으로 한 느와르 영화에 나올 법한 분위기였다. 지금도 사람이 살고 있는 듯 했는데, 이렇게 오래된 아파트가 지금도 멀쩡하다는 사실이 놀라울 뿐이었다.

1894년 미국 미주리주 소작농의 딸로 태어나, 일하면서 뉴욕대학을 다녔던 스메들리는 1928년 독일 〈프랑크푸르트 자이퉁〉지의 특파원으로 중국 동북지방에 온 뒤, 다롄大連, 톈진天津, 베이징北京, 난징南京을 거쳐, 상하이로 오게 되었다. 그녀는 상하이에서 루쉰을 위시한 좌익계 예술가들과 가깝게 지냈고, 중국혁명을 이해하고 보도하는 일을 하면서『중국의 운명』1933,『중국 홍군은 전진한다』1934,『중국은 저항한다』1938,『중국혁명의 노래』1943,『위대한 길』1946 등의 책을 썼다.

루쉰의 50회 생일 기념 파티

루쉰의 일기에 스메들리가 제일 처음 등장하는 것은 1929년 12월 25일로, "오전에 스메들리 여사의 편지를 받고, 오후에 답장함"이라 쓰여 있다. 12월 27일 일기에는 루쉰 집을 방문했다는 기록이 있는데, 아마도 이때 처음 만났던 것 같다. 그 후로 1930년의 일기에도 스메들리의 이름은 계속 등장한다. 루쉰의 50회 생일을 맞아 상하이 좌익문화계 인사들이 파티를 열어주었던 것은 1930년 9월 17일이고, 이때 스메들리는 지인으로부터 파티 장소를 섭외해달라는 부탁을 받게 된다. 아마도 루쉰의 50회 생일을 계기로 당시 좌익작가들 간에 화합을 다지는 모임을 하려고 했던 것 같은데, 당시 좌익작가들은 국민당의 감시를 받고 있었기 때문에 고급스러운 '네덜란드 레스토랑'을 모임 장소로 물색하고, 외국인인 스메들리가 예약을 진행했던 것으로 보인다.

스메들리의 회고에 의하면, 당일에는 100여 명의 하객이 왔으며 루쉰과 그의 부인은 아이를 안고 시종일관 즐거운 표정으로 정원에서 손님을 맞았다고 한다. 스메들리의 글을 통해 당시의 분위기를 잠시 보기로 하자.

"연설이 다 끝나자 루쉰이 일어나 조용히 이야기하기 시작했다. 그의 평생인 반세기에 걸친 지적知的 혼미의 이야기 ―뿌리가 끊어진 중국의 이야기였다. … 그 후 그는 프롤레타리아 문학운동에 참여해 달라는 부탁을 받았다. 그의 젊은 친구들 중에는 루쉰에게 프롤레타리아 작가가 되라고 권고하는 사람도 있었다. 그러나 그가 프롤레타리아 작가를 하는 것은 낯간지러운 것이었다. 그의 뿌리는 시골에, 또한 민중이나 학자의 생활에 있었다. 더욱이 중국의 인텔리 청년이 인생의 경험도 없이, 노동자 농민의 고통도 모른 채 프롤레타리아 문학을 생산해낼 수 있다고 루쉰은 생각하지 않았다.[1]

루쉰은 그 해 3월 좌련 결성회장에서 한 연설「좌익작가연맹에 대한 의견」에서와 마찬가지의 좌익 작가에 대한 쓴 소리를 그날도 또 되풀이 한 것 같았다. 당시 참석한 젊은 비평가가 그녀에게 "루쉰의 연설에 실망하지 않으셨는지" 물었고, 스메들리는 "쌍수를 들어 루쉰에게 동감한다."라고 대답했다. 아마 당일 모였던 좌익 청년 중에는 루쉰에 대해 비판적인 견해를 갖고 있는 사람도 꽤 있었던 것 같다.

---

[1] 아그네스 스메들리, 신경림 역, 『중국혁명의 노래』, 사사연, 1985, 86쪽.

스메들리와 루쉰과 캐테 콜비츠

스메들리와 루쉰의 교류는 1931년 1월에 발생한 '좌련오열사' 사건으로 이어진다. 루쉰은 러우스柔石를 위시한 젊은 좌익작가들의 죽음을 비통해 했다. 그는 「어두운 중국 문예계의 현 상황」이라는 글을 썼고 스메들리에게 영작을 부탁하여 『뉴 메시즈』라는 저널에 투고하도록 했다. 스메들리는 영어구사 능력과 외국인이라는 신분으로 상하이 시절 루쉰을 성심성의껏 도왔다.

루쉰이 1930년대 이후 판화 보급에 매진한 것은 잘 알려져 있는데, 루쉰은 상하이에서 총 네 차례의 판화 전시회를 했다. 그 중 첫 번째는 1930년 10월 베이쓰촨로北四川路 '구매조합' 제일점루에서 우치야마 간조內山完造와 함께 개최한 것이고, 두 번째는 1932년 잉환瀛寰도서공사에서 독일 판화를 전시한 것이다. 이 두 차례의 전시회에 모두 독일 판화가 캐테 콜비츠의 판화가 전시되었고, 루쉰은 1936년 캐테 콜비츠의 판화집의

『뉴메시즈』에 실린 좌련오열사 관련 기사

자비 출판을 계획하고 있었다. 그만큼 루쉰은 캐테 콜비츠의 판화를 좋아했는데, 캐테 콜비츠와 루쉰을 연결해준 것이 바로 스메들리였다. 루쉰은 「죽음」死, 1936이라는 글에서 '자신이 캐테 콜비츠 판화선집의 서문을 스메들리에게 부탁했고, 두 사람은 본래부터 매우 친한 사이였으므로, 그것은 매우 잘된 결정이었다고 생각한다'는 말을 한 적이 있다.

캐테 콜비츠는 전쟁에서 아들을 잃었고, 동일한 슬픔을 안고 살아가는 유럽 엄마들의 모습을 화폭에 담은 바 있다. 루쉰이 캐테 콜비츠의 판화를 가슴 깊이 받아들이게 된 계기는 좌련오열사 러우스의 죽음이었다. 루쉰은 러우스의 처형 소식에 곧바로 그의 어머니를 떠올렸고, 러우스의 죽음을 기념하기 위해 "한 어머니가 슬픔에 눈을 감고 그녀의 애를 밀어내고 있는 목판화 「희생」"을 잡지사에 보냈으며, 1936년에 쓴 글 「깊은 밤에 쓰다」에서도 "다만 애처롭게도 두 눈이 실명인 그의 어머니만은 사랑하는 아들이 지금도 상하이에서 책을 번역하며 교정하고 있으리라고 생각하고 있을 것이다"라고 썼었다.

'자식의 죽음을 슬퍼하는 엄마'. 그것이 바로 루쉰이 러우스의 죽음을 받아들인 방식이었다. 어린 아들 빠오를 잃고 관 뚜껑을 덮는 대목에서 산쓰單四부인의 슬픔이 극대화 되는 「내일」, 어린 아들을 늑대에게 잡아먹히고 거의 실성한 상태가 되어 똑같은 말만 반복하는 샹린싸오의 「축복」, 그리고 폐병으로 아들을 잃은 엄마와 정치범으로 처형당한 사형수의 엄마를 무덤에서 만나도록 배치한 「약」에 이르기까지, '자식의 죽음을 슬퍼하는 엄마'는 이미 루쉰 소설의 비극성을 구성하는 모티브로 존재하고 있었던 것이다. 루쉰의 그 문학적 이미지는 캐테 콜비츠의 그림 이미지와 딱 맞아 떨어진다. 상하이 시절 루쉰의 가장 슬픈 기억이던 러우스의 죽음, 그 지점에서 캐테 콜비츠와 조우하는데 있어 스메들리는 결정적 매개의 역할을 해주었던 것이다.

1932년 1.28 상하이사변이 발생하자 루쉰은 "총알이 방까지 날아드는"

긴박한 상황을 피해 우치야마 서점으로 피신했지만², 그 사실을 알지 못하는 스메들리는 줄곧 루쉰의 안위安危를 걱정했다고 한다. 전쟁이 격화되어 민간인 희생자가 늘어나자 피난민들이 빠져나갈 수 있도록 중·일 양국은 하루 동안 휴전을 하는데, 그날 스메들리는 미국『상하이 이브닝 포스트』Shanghai Evening Post·上海大美晩報 편집장의 차를 타고 베이쓰촨로 루쉰의 집을 찾아간다. 당시는 루쉰이 라모스 아파트에 살던 시절이다. 하지만 집들은 이미 무너져버렸고, 모두 피난을 떠나 텅 빈 거리에서 스메들리는 여기저기 문을 두드리고 영어와 독일어로 외쳐보았지만 결국 루쉰을 찾지 못한 채 일본군의 삼엄한 봉쇄선을 뚫고 다시 돌아갈 수밖에 없었다. 그녀는 나중에 가서야 당시 루쉰이 우치야마 서점에 숨어있었다는 걸 알게 된다.

1935년 말 루쉰의 건강이 악화되자 스메들리는 외국에 나가 치료받을 것을 권유하지만, 루쉰은 거부한다. 루쉰의 병세가 지속되자 1936년 5월 스메들리는 당시 상하이의 유일한 폐병 전문의에게 부탁하여 루쉰에게 왕진토록 하였다. 이 상황은 루쉰의 글 「죽음」死, 1936에 나와 있다. 1936년 10월 루쉰 사망 시 스메들리는 시안西安에 있던 관계로 장례식에 참석하지는 못했지만 루쉰 선생 치상위원회治喪委員會 명단에는 그녀의 이름이 들어있었다.³

---

2 상하이 시기 루쉰은 국민당과 일본의 압박으로 인해 여러 차례 신변에 위협을 당했고, 그 때마다 우치야마 간조內山完造는 그를 도운 바 있다. 1930년 자유운동대동맹과 중국좌익작가연맹에 가입한 루쉰은 당시 상당한 정치적 압박에 직면하고 있었고, 동년 3월 19일-4월 1일, 그리고 4월 6일~4월 19일 우치야마內山의 집에 몸을 피했다. 또 1931년 1월 17일 러우스柔石 등이 체포되고서는 우치야마의 도움을 받아, 당시 일본인이 경영하던 화원장여관花園莊旅館에 숨어 지냈고, 1932년 1.28 상하이사변이 발발하고서는 우치야마 서점內山書店으로 피난하였다. 이상은『루쉰일기』의 기록에 의함.
3 1936년 10월 19일 上海『大晩報』에 실린 장례위원 명단은 蔡元培·內山完造·沈鈞儒·蕭三·曹靖華·許季茀·宋慶齡·A.스메들리·茅盾·胡愈之·胡風·周作人·周建人의 13명이었으나, 10월 21일 上海『申報』, 『大公報』등에 발표된 장례위원 명단은 蔡元培·馬相伯·宋慶齡·內山完造·A.스메들리·沈鈞儒·茅盾·蕭三의 8인이었다.

네덜란드 레스토랑이 있던 자리

스메들리가 살던 아파트를 발견한 것은 행운이었으나, 네덜란드 레스토랑은 건물이 없어져 찾느라 꽤 헤맸다. 현재 군인 병원이 되어 있는 자리에 가서 물어보니, 그곳은 예전의 해군구락부였다고 한다. 아마 위치로 보나 부지로 보나, 그곳이 레스토랑 자리였을 것 같다. 당시의 기록에는 정원이 있는 멋진 레스토랑이었다고 하는데, 지금의 시멘트 바닥 위로 잔디 깔린 정원의 멋진 모습을 상상해 보았다. 스메들리의 집에서 아주 가까운 거리였다.

중국혁명의 승리와 스메들리의 사망

스메들리는 1929년 이래 송칭링과 긴밀한 관계를 유지해왔으나, 1936년 상하이에서 『차이나 포럼』을 대신할 잡지를 출간하는 문제를 둘러싸고 불화가 생긴다. 정치적으로는 비슷한 입장에 있었던 두 사람이었지만, 스

1945년 무렵의 아그네스 스메들리

메들리가 다소 거칠고 격렬하며 직선적이었던 데 비해 송칭링은 늘 품위를 유지했고 감정 자제력이 강하며 과묵한 편이었다고 한다. 예전에 가깝게 지내던 독일인 친구들도 모두 중국을 떠나 고독해진 스메들리는 1936년 여름 상하이를 떠나 시안西安으로 간다.

그 후 팔로군八路軍이 있는 곳에 가서 여러 지역을 다니며 중국혁명의 현장을 취재한 그녀는 1941년 중국을 떠나 미국으로 돌아갔고, 1950년 5월 6일 런던에서 사망한다. 그로부터 만 1년이 지난 1951년 5월 6일 스메들리의 유골은 중국으로 이송되어 바바오산八寶山 혁명묘지에 묻혔다. 그녀가 쓴 『위대한 길』Great Road이라는 평전의 주인공 주더朱德는 비석에 자필로 "미국의 혁명적 작가이자 중국 인민의 벗 아그네스 스메들리를 추모함"이라고 썼다.

죽기 직전에 스메들리는 한국이나 베트남에서 전쟁이 일어나 아시아를 놓고 미국과 소련이 군사대결을 벌일 거라고 예언하였다. 스메들리가 죽은 지 한 달 후 한국전쟁이 발발했을 당시, 미국은 위스콘신주 출신의 젊은 상원의원 존 매카시의 주도로 반공적 히스테리와 마녀 사냥의 일대 파동이 일어났다. 이때 스메들리는 미국 정책의 약화를 꾀하여 중국에서 공산주의자들이 권력을 잡게 만든 여성으로 번번히 언급되었다.

이에 대해 미 연방수사국은 수사를 시작했고, 1952년 6월 27일에 스메들리에 대한 수사를 종결지었다. 공산당원이라는 증거가 하나도 없음을 인정한 후에 연방 수사국 보고서는 "스메들리가 외국 정부를 위해 첩보활동을 했다는 사실은 하나도 밝혀지지 않았으며, 조르게 사건에서 미 육군성이 주장한 바 그녀가 했다는 첩보활동에 관해서도 더 이상 어떠한 사실도 찾아낼 수 없었다."라고 결론을 내렸다.[4] 스메들리의 정치적 성향 혹은 소련과의 관계 등에 대해서는 생전에도 여러 차례 문제가 된 적이 있는데, 한때 그녀와 가깝게 지냈던 송칭링은 1937년 중국공산당 지도자 왕밍王明에게 보낸 편지에서 "스메들리는 중국의 민족해방운동에 공감하는 자유파 작가이자 신문기자일 뿐"이라고 말한 바 있다.

---

4 이상 스메들리 사후의 상황에 대해서는 스티븐 매키넌 외, 태혜숙 옮김, 『아그네스 스메들리』, 실천문학사, 1995, 476~478쪽 참고.

16

동아시아를 이어주던 상하이의 문화 살롱
－홍커우의 우치야마 서점

● 우치야마 간조內山完造, 상하이에서 서점을 시작하다

우치야마 서점에서 판화 강습회를 연 루쉰

루쉰의 최후와 우치야마

태평양전쟁 발발 직후 루쉰 가족의 집을 습격한 일본 헌병대

'76호'로 끌려간 쉬광핑許廣平

돌려받지 못한 1922년 분 루쉰일기

쓸쓸하게 사라져간 우치야마, 도쿄에 남은 그의 서점

우치야마 간조內山完造, 상하이에서 서점을 시작하다

상하이 시절 루쉰과 인간적으로 가장 가깝게 지냈던 사람은 아마도 일본인 서점 주인 우치야마 간조內山完造일 것이다. 상하이의 명사이던 루쉰은 많은 외국인들과 교류하고 있었고, 그들 간의 대화는 회고록이나 잡문 등에 남아 전해지고 있다. 루쉰과 외국인과의 대화에는 중국인과의 대화에서 보이는 공적이고 긴장감 가득한 프레임과는 다

루쉰과 우치야마

른, 매우 사적이고 여유 넘치는 프레임이 있다. 바로 그런 B컷 사진이 담아낸 상하이의 시간들 속에 루쉰과 우치야마가 있다.

우치야마 간조는 일본 오카야마岡山에서 1884년에 태어났다. 루쉰과는 3살 차이이다. 우치야마는 시골의 고등소학교를 중퇴하고 12살의 나이에 오사카로 가서 도제 혹은 가게 점원 등의 일을 하며 10여 년의 세월을 보냈다. 그러던 어느 날 우치야마는 산텐도參天堂라는 제약회사의 상하이 지사에서 근무할 직원을 모집하는 광고를 보고 응모하게 된다. 당시 일본에서 인기 있던 다이가쿠 메구스리大學目藥라는 안약의 판매를 중국으로까지 확대하는데 있어 영업사원이 필요했던 것이다. 직원모집 광고를 본 우치야마는 중국 대륙을 향한 로망에 사로잡혔고, 이러한 우치야마의 의지에 감복한 사장은 중국어를 할 줄 모르는 우치야마를 채용하게 된다.

이렇게 해서 우치야마는 1912년 28세의 나이로 중국 땅을 밟게 되는데, 당시는 청일전쟁, 러일전쟁에서 승리한 일본이 중국, 조선 등 아시아 제국에 대해 일종의 우월감으로 가득 차 있던 시절이기도 했다. 그 점에

있어서 우치야마도 예외는 아니었지만, 그는 중국 각지를 돌아다니며 반일反日과 항일抗日의 장면도 많이 목도하게 된다. 중국에서 근무한지 3년이 지난 1915년 일시 귀국한 우치야마는 이노우에 미키井上美喜라는 여성을 소개받고, 이듬해 그녀와 결혼한다. 부부는 상하이에 와서 베이쓰촨로 웨이성리魏盛里에 살았다.

남편이 안약 판매를 위해 중국 각지를 돌아다니는 동안 아내가 무료함을 달래기 위해 집 앞에서 귤 상자를 쌓아놓고 그 위에 책을 진열하고 팔았던 것이 서점의 시작이었다. 우치야마 부부는 1917년에 정식으로 서점을 개업했는데, 처음에는 기독교 관련 서적을 팔았고, 나중에는 이와나미岩波의 철학서들을 팔았다. 점차 공간도 확장했고, 고객도 일본인뿐 아니라 중국인, 조선인으로 확대되었다.[1]

그로부터 10년 후인 1927년 10월 상하이에 온 루쉰은 도착 직후 우연히 우치야마 서점에 들렀고, 그로부터 우치야마와의 교류가 시작된다. 기록에 의하면 루쉰은 우치야마 서점을 500여 회 출입했고, 약 1천 권의 책을 구입했다고 한다. 루쉰은 우치야마 서점에서 사람을 만나기도 했고, 우편물 수신처로 활용하기도 했다. 또 자신이 선물 받은 음식을 우치야마 부부와 함께 나누어 먹는 등 거의 가족 같은 친분 관계를 유지하고 있었다.[2]

상하이에서 우치야마 서점은 일종의 '문화살롱'의 구실을 했던 것 같은데, 루쉰도 그곳의 고정 멤버였음은 물론이다. 우치야마는 당시의 대화들

---

1 이상 우치야마 서점을 개업하기까지의 상황은 太田尚樹, 『傳說の日中文化サロン上海·內山書店』, 平凡社, 2008, 2~17쪽 참고.
2 루쉰 일기 1936년 1월 7일자에는 "오전 타이징농(臺靜農)이 설탕에 잰 과일(蜜餞) 두 병과 국수 2홉(合), 유자(文旦) 5개를 보내와 … 유자 2개와 절인 과일 한 병은 오후에 우치야마(內山) 부인에게 드리다."라고 되어 있고, 동월 9일자에는 "어머니가 보내주신 음식을 우치야마(內山)씨와 셋째(周建人:인용자)에게 주다."라고 되어 있는데, 루쉰 일기 내에는 이와 유사한 기술은 매우 많다.

을 『지나만담』支那漫談이라는 제목으로 엮어, 1935년 일본에서 출판하였다. 이때 루쉰이 서문을 써주었다. 우치야마는 루쉰 사후에도 상하이 우치야마 서점 시절의 대화들을 엮어, 여러 권의 책으로 출판한 바 있다.[3]

우치야마 서점에서 판화 강습회를 연 루쉰

비판적 작가이자 사회운동가이기도 했던 루쉰은 상하이에서도 여러 번 위험에 처한 적이 있었고, 우치야마는 여러 차례 루쉰의 피난을 도왔다. 상하이사변 당시 혹은 수배령이 내려졌을 때 루쉰이 우치야마의 집이나 서점, 그리고 일본인이 경영하는 여관花園莊旅館에 숨어 지냈던 상황은 다른 글에서 기술한 바 있다.

루쉰은 어린시절부터 그림에 관심이 많았고, 작가가 된 후에도 작품집의 표지를 직접 디자인 하기도 했다. 상하이 시절 루쉰의 활동 중 빼놓을 수 없는 것이 판화 활동인데, 좌익 청년작가 러우스柔石의 죽음, 독일 판화가 캐테 콜비츠와의 조우 등이 그 한 축을 구성하고 있었다.

1931년 8월 루쉰은 일본인 우치야마 카키츠內山嘉吉를 초빙하여 목각 강습회를 개최한다. 우치야마 카키츠는 우치야마 간조內山完造의 동생으로, 당시 일본 세이조成城학원 소학부 미술담당 교원이었다. 형이 중국에서 거주하고 있었던 관계로 카키츠嘉吉는 가끔씩 중국에 다녀갔던 것 같은데, 1928년에도 상하이에 와서 루쉰을 만난 적이 있었다. 소학교 교사였던 카키츠는 학생들에게 상하이 우치야마 서점의 주소를 가르쳐 주었다. 학생들이 방학 중 그에게 보낸 안부 엽서에 그려진 판화가 루쉰의 시

---

3 『上海漫語』(1938), 『上海夜語』(1940), 『上海風語』(1941), 『上海霖語』(1942), 『上海汗語』(1944), 『花甲錄』(1960).

야에 들어오면서, '목각 강습회'가 기획되었던 것이다.

그렇다면 이 강습회는 누구를 대상으로 한 것이었나. 루쉰과 가까운 사이였던 작가 펑쉬에펑이 루쉰의 강습회 기획 사실을 상하이 '일팔예사 一八藝社'의 미술 청년들에게 알려주었다. 이리하여 일팔예사 성원 10명과 중화예전 학생 2명, 백아白鵝회화연구소 소속 1명으로 13명이 참가하게 되었다. 강습회 장소는 상하이 창춘로長春路의 일본어학교 교실이었다.

강습은 1931년 8월 17일부터 22일까지 오전 시간에만 진행되었다. 판화의 종류나 특징 등에서 시작해서 칼, 솔, 종이의 성능과 사용법 및 구체적 목각 실습에 이르기까지 매우 구체적으로 진행되었다. 학생들에게 실제로 제작을 해보도록 했는데, 13명 중 8명이 15점의 작품을 제작했다. 루쉰은 수업에서 통역을 맡았고, 매일 외국의 판화 작품을 강습장에 가져와 학생들에게 보여주고 설명해주었다. 강습을 마치면서 카키츠는 습작을 제출하게 했는데, 그는 당시 제출된 작품들을 임종 때까지 간직했다고 한다. 루쉰도 강습을 마치면서 카키츠에게 감사의 표시로 캐테콜비츠의 석판화 및 7폭짜리 동판화 「직공의 폭동」을 선물했다.

당시 수강생의 대다수를 차지했던 일팔예사는 1929년, 즉 민국 18년에 창립되었다고 해서 일팔一八이라는 이름이 붙게 되었다고 하는데, 중국 최초의 진보적 미술 단체였다. 당시 실기 강습회에 참가한 천티에겅陳鐵耕 · 쟝펑江豊 · 황산딩黃山定 등 일팔예사의 성원들은 이후로 중국 판화운동에서 중요한 역할을 담당하게 된다. 루쉰의 목각 실기 강습회 이후, 중국에는 판화 단체들이 우후죽순 격으로 생겨난다.[4]

---

[4] 그중 주요한 단체 및 그 활동 기간은 다음과 같다. 現代木刻硏究會(1931.9~1931.12), MK木刻硏究會(1931.9~1934.5), 春地畵會(1932.5~1932.7), 上海木刻硏究會(1932.5~1933.8), 野風畵會(1932.8~1933.2), 北平木刻硏究會(1932.9~1933.9), 野穗木刻社(1933.봄~1934.봄), 木鈴木刻硏究會(1933.2~1933.10), 未名木刻社(1933.11~1937.12), 現代版畵會(1934.6~1937.7), 平津木刻硏究會(1934.가을~1935.겨울), 鐵馬版畵會(1935.겨울~1936.겨울). 이상은 上海 · 杭州 · 北京 등의 주요단체 상황이며, 이밖에 汕頭 · 太原 · 開封 · 南昌 ·

루쉰의 최후와 우치야마

　루쉰과 우치야마의 생전 교류에 대해서는 이미 많이 알려져 있으므로, 여기서는 미망인 쉬광핑과 아들 저우하이잉, 그리고 우치야마의 관계를 중심으로 루쉰 사후의 얘기를 해보고자 한다.

　1936년은 루쉰이 상하이에서 마지막 생애를 보낸 해이다. 저우하이잉의 회고[5]에 의하면, 특히 그 한 해는 루쉰의 건강 상태의 기복이 매우 심했기 때문에 아버지의 건강 상태에 따라 집안 분위기가 달라졌다. 이 때문에 1936년 한 해를 가족들은 기쁨과 슬픔이 교차하는 가운데 보냈다고 한다. 가끔 아버지의 병세가 호전될 때면 샤오쥔蕭軍과 샤오훙蕭紅이 찾아왔는데, 샤오훙의 음식 솜씨가 뛰어나 샤오훙이 요리하는 것을 구경하고 함께 모여 즐겁게 식사하는 것은 당시의 큰 즐거움이었다. 10월의 어느 날 루쉰은 갑자기 상태가 안 좋아졌고, 그로부터 며칠이 지난 10월 19일 아침 결국 사망하게 된다.

　루쉰은 그 전날인 1936년 10월 18일 새벽 6시에 우치야마에게 편지를 썼다. 밤사이 기침이 심해져서 10시의 약속은 지키지 못할 것 같으며, 일본인 의사에게 전화를 해서 빨리 와주도록 부탁한다는 내용을 적어 보냈다. 루쉰이 마지막으로 쓴 가장 절박한 편지의 수신인이 바로 우치야마였다는 사실은 그가 루쉰과 가장 가까운 사람이었다고 하는 반증이 아니겠는가. 그런 의미에서 장례위원 명단에 우치야마의 이름이 들어가 있었던 것은 너무나 당연한 일이라 하겠다.

　루쉰 사망 후 남은 가족들은 훙커우를 떠나 이사를 갔다. 1936년 11월

　香港 등지에서도 비슷한 시기에 판화 단체들이 활동했다. 范夢, 『中國現代版畫史』, 中國青年出版社, 1997, 20~25쪽.
[5] 이하 저우하이잉의 회고는 모두 저우하이잉, 서광덕·박자영 옮김, 『나의 아버지 루쉰』, 강, 2013을 참고.

초 프랑스 조계의 샤페이팡霞飛坊 64호 지금의 淮海中路 927호 골목로 옮겼는데, 루쉰 사망 후 한 달도 채 되지 않은 때였다. 중일전쟁 전야에 사회적 분위기가 어수선해지자, 루쉰의 지인들은 루쉰의 원고가 유실되지 않도록 전집을 출판하자고 하는데 의견을 모으고, 쉬광핑과의 상의 하에 새로 이사한 집에서 편집위원회를 꾸리게 된다. 편집위원회의 희생과 노고 끝에 1938년 전 20권의 루쉰 전집이 출간되었다. 전쟁의 와중에 한 작가의 전집이 완성되었다는 사실은 우리로 하여금 중국문학에 있어 루쉰의 위상에 대해 다시금 진지하게 생각해보도록 한다.

태평양전쟁 발발 직후 루쉰 가족의 집을 습격한 일본 헌병대

1941년 12월 15일 아침 우치야마는 전화 한 통을 받는다.[6] 상대방은 루쉰의 어린 아들 하이잉海嬰이었는데, 우치야마는 그가 계속해서 울먹이는 통에 무슨 말을 하고 있는지 도통 알아들을 수가 없었다. 무슨 일이냐고 몇 번을 반복해서 물어본 후에야 "오늘 아침에 아직 잠에서 깨기도 전에 일본 헌병들이 아주 많이 들어왔어요. 그들은 집안을 구석구석 뒤지고 친구 분들이 아버지께 보내온 편지와 아버지의 책들을 싹 쓸어 담아갔고 엄마까지 잡아갔어요. 아저씨 날 좀 도와주세요!"라는 말을 간신히 알아들을 수 있었다. 전화를 끊은 우치야마는 서점 직원을 시켜 샤페이팡에 가보도록 했다. 한참 후 직원이 돌아와서 하이잉이 집에 없더라고 했다.

이 대목에서 당시의 상황에 대한 저우하이잉의 회고를 보도록 하자.

---

6 이하 쉬광핑의 일본 헌병대 연행 사건과 관련된 우치야마의 회고는 內山完造著, 何花,徐怡等譯, 『我の朋友魯迅』, 香港中和出版有限公司, 2013, 133~150쪽 참고.

1941년 12월 8일 일본은 진주만을 공습하면서 선전포고도 없이 개전했고, 바로 다음 날 조계로 진주해 들어왔다. 쉬광핑의 친구들은 대부분 "일본인들은 루쉰 선생을 매우 존경하고 있고, 당신은 어떤 일도 저지르지 않았으니 절대 아무 일도 일어나지 않을 것"이라고 말했다. 하지만 쉬광핑은 만약의 사태를 대비해서 루쉰의 서적, 잡지, 서신 등을 분류하고 문제가 될 만한 것들은 미리 소각해버렸다. 그리고 하이잉에게는 만약 엄마가 잡혀가게 되면 어디에 가서 숨어있고, 누구에게 알려야 하는지도 미리 정해놓았다. 그래서 당일 쉬광핑이 헌병대에 끌려간 날에도 하이잉은 왕 씨 아주머니네 집에 가 있었던 것이다.

'76호'로 끌려간 쉬광핑許廣平

다시 우치야마의 회고록으로 돌아와 보기로 하자. 우치야마는 연행당한 쉬광핑을 위해 일본 헌병대에 간곡하게 편지를 썼고, 걱정 말라는 답장을 받았다. 그 뒤로 담요, 베개, 부식 등을 보냈지만, 헌병대로부터는 아무런 연락이 없었다. 기다리던 우치야마에게 헌병대로부터 연락이 온 것은 2월 말이었다. 쉬광핑은 제스필드로에 있는 '76호'로 보내질 것이니, 정해진 시간에 그리로 나와 쉬광핑의 물건을 수령해 가라는 내용이었다.

'76호'는 국민당 난징南京정부에서 운영하던 특무조직으로, 당시 중국 사람들 사이에서는 '도살장'이라는 별명이 붙을 정도로 악명 높은 곳이었다. '76호'는 1939년부터 1943년까지 존재했고, 초대 국장은 리스췬李士群, 2대 국장은 딩모춘丁黙邨이었다. 쉬광핑이 잡혀가던 당시는 딩모춘이 국장을 맡아하던 시기였다. 장아이링張愛玲의 소설을 영화화한 리안李安 감독의 〈색/계〉에서 량차오웨이梁朝偉가 맡았던 역할이 바로 딩모춘이었고, 그가 일하던 곳이 '76호'였다.

16 동아시아를 이어주던 상하이의 문화 살롱 **311**

1942년 2월 27일 오후 우치야마는 '76호'에서 걸려온 전화를 받게 된다. 잠시 후에 쉬광핑의 목소리가 나오더니, 자신은 지금 76호에 있는데 당신이 보증을 해주어야 석방될 수 있다고 말했다. 이 말을 들은 우치야마는 난생 처음 '76호'에 가보게 된다. 높고 큰 철제 대문 앞에서 한참을 기다리다가 쉬광핑을 만났지만, 일이 복잡하게 꼬이는 바람에 우여곡절을 겪게 되고, 결국 쉬광핑은 3월 1일에 풀려나게 된다. 저우하이잉의 회고에 의하면 헌병대에 76일간 갇혀있는 동안 쉬광핑은 구타, 모욕, 전기고문을 당했고, 풀려난 직후에는 무릎이 아파 잘 걸을 수도 없었다고 한다.

쉬광핑은 일본 헌병대에 끌려갔던 76일 동안의 기록을 『조난전후』라는 제목으로 1947년에 출판했고, 이 책은 1955년 일본 이와나미岩波 출판사에서 『어두운 밤의 기록 暗い夜の記録』이라는 제목으로 번역되었다. 이 때 우치야마가 일본어판의 서문을 썼다.

돌려받지 못한 1922년 분 루쉰일기

헌병대에서 쉬광핑에게 집중적으로 추궁한 것은 루쉰과 중국공산당원의 관계였고, 압수해 간 책 중 1922년 분 루쉰 일기는 돌아오지 않았다. 그래서 현존하는 어떤 판본의 루쉰전집 일기권에도 이 1년 분은 빠져있는 것이다. 왜 1922년 분이었을까? 쉬광핑은 그 일기가 "책상을 닦는데 쓰였을 것"이라고 추정했는데, 만약 그렇다면 그것은 당시 일본 헌병의 관리소홀로 인한 것이고, 그렇게 본다면 1922년이라는 연도가 갖는 의미는 크지 않은 것이 된다.

이 문제에 대해서 일본의 루쉰 연구자 후지이 쇼조藤井省三는 태평양전쟁 개전 전야에 발생한 '조르게 사건'의 관련 가능성을 언급했고, 조르게 사건에 대해서는 본서 '오자키 호츠미' 부분에서 언급한 바 있다. 조르게 사건이 상하이를 배경으로 하고 있고, 1922년은 루쉰과 일본인 간의 교제가 매우 활발하던 시점이니, 비교적 합리적인 추론이라 할 수 있다. 또 1922년이라면 일본에서 추방당한 러시아의 맹인 시인 예로센코가 루쉰의 베이징 집에서 머물던 시절이니, 그 주변의 리버럴리스트들과의 관계가 조사의 대상이 되었다는 것 역시 개연성이 있다.

이 문제에 대해서는 또 다른 해석도 있다. 1953년 우치야마가 베이징을 방문해서 쉬광핑을 만났을 때도 이 '사라진 일기' 이야기가 나왔다고 한다. 당시 쉬광핑의 기억에 의하면, 일본 헌병들이 집을 수색할 때 루쉰 일기는 다른 책들과 함께 3층에 있었고, 1922년 분만 2층에 있었다는 것이다. 헌병들이 3층으로 올라가려 하자, 하녀가 기지를 발휘하여 "3층은 다른 사람에게 세를 주고 있고, 다른 사람이 살고 있다."라고 말했다. 그 하녀가 아니었다면 오늘날 루쉰 일기는 세상에 나오지 못했을 수도 있는 것이다. 저우하이잉은 쉬광핑이 루쉰 일기를 상하이 스탠다드 차타드 Standard Chartered 은행의 금고에 보관했었다고 옛날 일을 회상했었는데, 그것은 아마도 1941년 12월 15일 이후의 상황일 것 같다.

쓸쓸하게 사라져간 우치야마, 도쿄에 남은 그의 서점

그 후 쉬광핑과 저우하이잉, 그리고 우치야마는 일본군 점령지 상하이에서 각각 어렵게 살아갔다. 일본이 패망한 후 우치야마는 상하이의 새로운 주인 국민당에 의해 재산을 모두 몰수당했다. 그 때는 이미 그의 부인 우치야마 미키 內山美喜도 세상을 떠난 뒤였고, 1947년 12월에는 중국으로부터 추방당해 쓸쓸하게 귀국한다. 일본으로 돌아간 우치야마는 자신의 남은 반평생 동안 '루쉰 정신의 불씨를 점화' 하기로 결심했고, 실제로 그렇게 살았다. 우치야마는 일본 나가노현에 있는 한 소학교에서 교사들을 상대로 '중국을 말한다'라는 제목의 강연을 시작으로 일본 전역을 오가며 800여 회가 넘는 순회 강연을 했다.

1949년 이후 쉬광핑과 저우하이잉은 상하이를 떠나 베이징으로 이사 갔다. 1950년대에 우치야마와 쉬광핑은 서로 상대방의 나라를 방문할 기회가 몇 차례 있었고, 그 때마다 늘 만났다. 1959년 9월 19일 베이징을 방문한 우치야마는 도착 즉시 펑쩌위엔豊澤園에서 열린 환영 만찬에 참석했다가, 연회 진행 중 갑자기 쓰러졌다. 황급히 시에허協和병원으로 옮겨진 그는 치료를 받았지만 다음날 저녁 세상을 떠났다. 우치야마의 유골은 상하이 만국공원 내 그의 첫 번째 부인 우치야마 미키의 옆자리에 안장되었다.

상하이의 쓰촨베이로四川北路와 톈아이로䀝愛路가 만나는 지점, 우치야마 서점內山書店의 옛터에는 루쉰과 우치야마의 얼굴을 나란히 새겨 넣은 기념표지판이 남아 있다. 하지만 서점은 지금 그곳에 없다. 서점 자리에 예전에는 은행이 들어서 있었는데, 그 뒤에 또 다른 무엇으로 바뀌었는지

지금은 은행이 된 우치야마 서점 터

는 알지 못한다.

우치야마 서점內山書店이라는 상호를 내걸고 실제로 서적을 판매하는 곳은 일본 도쿄에 있다. 1935년 우치야마 간조의 동생 우치야마 카키츠內山嘉吉가 1935년 도쿄 세타가야世田谷에서 도쿄 우치야마 서점東京內山書店이라는 이름으로 중국 전문서점을 열었고, 1968년 간다神田 진보쵸神保町의 스즈란도리すずらん通り로 이전해서 현재까지 영업을 하고 있다.

우치야마 서점 개관 100주년을 맞아 자체 제작한 브로셔

나는 1999년 12월 이곳에 처음 간 이후로 도쿄에 갈 일이 있으면 매번 우치야마 서점을 들른다. 예전에는 일본 지인들과의 약속을 이곳에서 했던 적도 많다. 일본이나 중국의 지인들과 부근의 중국음식점에 가서 중국요리와 소흥주紹興酒를 마시면서 루쉰과 상하이 이야기도 하고 즐거운 시간을 보냈던 기억도 있다. 하지만 이제는 시간이 흘러 예전에 어울리던 지인 중에는 갑자기 세상을 떠나신 분, 은퇴하고 시골에 가서 농사를 지으시는 분, 등등 각각의 사정으로 이제는 모두 도쿄에 남아있지 않아, 전화로 불러낼 사람도 없다.

2019년 겨울, 오랜만에 우치야마 서점에 가서 책을 사고는 혼자 근처의 돈까스 가게에 가서 생맥주를 한 잔 마시면서 옛날 생각을 했다. 상하이의 문화살롱이던 우치야마 서점은 많은 이야기를 낳았다. 그 이야기는 많은 사람들에게 전해졌고, 전하는 사람의 이야기까지 덧붙여지면서 다시 전해지고 있다.

[필드워크 ❽]

우치야마 서점이 있던 자리

쓰촨베이로를 따라 올라가다가 톈아이로䛤愛路와 만나는 곳에 옛날 우치야마 서점內山書店 자리가 있다. 우치야마 서점은 잘 보이는 곳에 위치해 아주 목이 좋다. 우치야마 서점 부근은 루쉰과 관련되는 장소가 많다. 루쉰이 1927년 10월 상하이에 와서 처음으로 정한 거처인 징원리景云里 23호와 그가 1930년 5월부터 1933년 4월까지 살았던 라모스 아파트拉摩斯公寓, 그리고 1933년 4월부터 임종 시까지 살았던 산인로山陰路·Scott Road의 대륙신촌大陸新村 아파트가 모두 가까운 거리에 있다.

또 이곳에서 루쉰기념관도 멀지 않다. 루쉰기념관은 사오싱紹興, 광저우廣州, 상하이上海의 세 곳에 있는데, 사오싱의 기념관은 루쉰의 생가를 보존, 인접한 장소에 진열관을 설치해 놓았고, 광저우廣州에는 1927년 루쉰이 근무한 중산대학中山大學의 대종루大鐘樓가 광저우 루쉰기념관으로 보존되고 있으며, 루쉰이 생애의 마지막 10년을 보낸 상하이에는 홍커우공원虹口公園에 상하이 루쉰기념관이 설치되어 있다. 홍커우공원이라 하면 한국인들에게는 윤봉길 의사의 의거가 있었던 곳으로도 유명하다. 공원의 이름은 '루쉰공원'으로 바뀌어 있고, 1932년 당시 윤봉길 의사의 거사 지점은 '메이위엔梅園'이라는 이름의 별도 공간으로 꾸며져 있는데, 밖에는 역사적 내용에 대한 설명이 일체 없다. 상하이사변 직후이던 1932

루쉰공원 내의 루신묘

년 4월 29일, 홍커우공원에서 열린 일왕 생일축하 겸 승전축하 기념회에서 폭탄을 투척한 결과 일본 군·정계의 고위 인사들이 사망하거나 중상을 입었으며, 당시 주중 공사이던 시게미쓰 마모루重光葵라는 인물도 현장에서 다리 부상을 입게 된다. 훗날 시게미쓰는 일본 외무부장관外相이 되어 1945년 9월 2일 지팡이를 짚은 채 미군 전함 미주리호에 올라 2차 대전 종전의 항복 문서에 사인을 하게 된다. 이 장면은 당시 보는 이들에게 깊은 인상을 남겼다고 하는데, 불구가 된 그의 다리는 바로 13년 전 상하이에서 윤봉길이 날려버린 것이었다.

상하이의 루쉰기념관에는 루쉰의 친필 원고, 사진 자료 등이 잘 전시되어 있으며 서점도 있다. 밖으로 나오니 정원에 페퇴피의 동상이 있다. 페퇴피 샨도르Petőfi Sándor, 1823~1849는 헝가리의 국민 시인으로, 루쉰이 좋아하던 인물이다. 명작 「고향」1921의 맨 마지

헝가리 시인 페퇴피

막 구절, "땅 위에 본래부터 길이 있었던 것은 아니다. 걷는 사람이 많아지면서 길이 된 것이다"라는 인구에 회자되는 이 문장은 루쉰이 페퇴피의 작품에서 옮겨온 것이다.

1930년대에 출판된 『상하이 풍토잡기』上海風土雜記라는 책에는 이 쓰촨베이로가 다음과 같이 기술되어 있다.

"베이쓰촨로北四川路에는 캬바레, 중하급의 극장, 광동식 음식점과 찻집, 광동식 색시집, 일본 음식점과 목욕탕과 기생집, 유럽인을 상대로 한 호스테스 바, 미장원, 마사지샵 등이 매우 많다. 마치 하늘에 별이 뿌려진 것처럼, 상하이 전체에서도 난징로南京路, 푸저우로福州路를 제외하면 베이쓰촨로가 가장 번화할 것이다. 아침 저녁으로 차량과 행인이 넘쳐난다."

대략 이런 분위기였던 것을 염두에 둔다면, 예전 프랑스 조계에 살던 김광주가 가든브리지 넘어 몰래 베이쓰촨로를 구경하러 다니다가 백범白凡으로부터 꾸지람 듣던 에피소드(본서의 제8장, 「김광주 문학 속의 상하이」를 참고)의 문맥을 더 잘 이해할 수 있을 것이다. 타이완 출신 리안 감독의 영화 〈색/계〉2007의 후반부에 이易 선생과 왕쟈즈王佳芝가 일본요리점에서 만나는 대목이 있는데, 그 지역도 역시 이 부근이다.

별로 주목하지 않았던 쑤저우강의 네 번째 다리 허난로교河南路橋를 건너면 옛날 동화양행東和洋行 자리가 나온다. 이곳은 1894년 홍종우에 의해 김옥균이 암살당한 곳이다. 당시 김옥균의 이야기는 일본에도 많이 알려져 있었던 듯, 상하이를 방문한 일본 문인 아쿠다가와 류노스케의 「상하이유람기」上海遊記라는 글에도 김옥균의 이름이 언급되어 있다.

"그 방에 가보니 침대는 그나마 두 개씩이나 있었지만 벽은 그을린 데다

커튼은 낡았고 의자조차 만족스러운 것은 하나도 없어서 그야말로 김옥균의 유령이 아니라면 편히 쉴 수 있는 곳은 아니었다. 나는 할 수 없이 그곳에서 그다지 멀지 않은 만세관으로 옮기기로 했다."

-『지나유기』·1921

애초에 동화양행에 묵으려했던 아쿠다가와는 그 호텔의 우중충한 객실이 맘에 들지 않아 앞서 말한 창즈로長治路의 만세관으로 거처를 옮기면서 "김옥균의 유령" 운운하며 투덜댔던 것이다. 현재는 그 자리에 병원 건물과 허빈따로우河濱大樓라는 아파트가 들어서 있다.

17

올드 상하이의 아파트와 전차 이야기

― 장아이링의 「봉쇄」, 「아파트 생활의 즐거움」

●

1940년대 상하이의 인기 작가 장아이링

중국 현대문학사로부터의 소외, 그리고 재소환

장아이링과 후란청

도시의 소리를 좋아한 장아이링

문명이 단절된 공간 속의 남녀 -「봉쇄」

상하이 아파트의 풍속도

후란청과의 결혼과 이별, 그리고 긴 슬럼프의 시작

1940년대
상하이의 인기 작가 장아이링

올드 상하이를 이야기 할 때 결코 여류작가 장아이링張愛玲·Eileen Chang, 1920~1995을 빼놓을 수는 없을 것이다. 장아이링은 1940년대 일본군 점령 하의 상하이에서 문학적 성공을 거두었다. 그녀는 작품 속에서 영리하고 현실적인 상하이 소시민의 형상을 만들어냈을 뿐 아니라,「역시 상하이사람이야」到底是上海人, 1943 같은 글에서는 "나는 상하이 사람들을 좋아한다"라고 직설적으로 표현하기도 했다. 장아이링은 "상하이인들은 전통적 중국인에다가 근대의 꽉 짜인 생활에서 비롯된 트레이닝이 더해진 사람들"이며 신·구문화가 뒤섞여서 "일종의 신기한 지혜"를 형성해 내고 있다고 했다. 이 점은 루쉰이 베이징과 상하이 문인의 스타일을 비교해서 "요컨대 '경파'는 관리의 끄나풀일 뿐이고, '해파'는 상인의 조수일 뿐이다." 「경파와 해파」라고 했던 독설과는 상당히 비교된다.

중국 상하이의 명문가에서 태어난 장아이링의 조부는 청조의 명신 장페이룬張佩綸, 조모는 리훙장李鴻章의 딸이었다. 장아이링의 모친은 프랑스에서 유학했지만, 부친의 외도 등으로 거의 가정이 붕괴될 상황에 이른다. 장아이링은 1937년 성 마리아 여학교를 졸업하고, 1939년 런던대학의 입시(상하이에서 수험)에 합격했지만, 2차 세계대전이 발발하자 유학을 단념하고 대신 홍콩대학에 입학한다. 재학 중 태평양전쟁이 시작되어 당시 영국 식민지였던 홍콩이 일본의 공격을 받자, 장아이링 같은 학생들도 방공 단원으로 종군하였다.

장아이링

태평양 전쟁 이듬해 상하이로 돌아온 장아이링은 생활비를 벌기 위해 글을 쓰기 시작했다. 그녀는 참신한 에세이와 소설을 통해 일약 신진 여성작가로 주목을 끌게 된다. 특히 1944년 8월에 출판된 소설집 『전기』傳奇는 불과 발매 나흘 만에 매진되는 폭발적인 인기를 얻어, 그녀에게 확고부동한 명성을 안겨준다. 중화문명과 유럽문명, 그리고 그 '혼혈'인 조계 도시 상하이와 식민지 도시 홍콩의 문명이, 세계적 규모로 동시에 붕괴되어 가는 시대와 겹쳐지고 있었다. 이 시기 장아이링은 「도시를 뒤엎은 사랑」傾城之戀, 「봉쇄」封鎖 등의 연애소설을 써서, '문명의 본질'을 시니컬하게 반문하곤 했다. 또 이 시기에 출판한 산문집 『유언』流言도 베스트셀러가 되었다. 1952년 홍콩에 건너가 반공소설 『앙가』秧歌, 『붉은 땅의 사랑』赤地之戀을 발표한 후, 1955년에는 미국으로 건너가 번역과 평론 활동을 했고, 만년에는 로스엔젤레스에서 은둔하다가 자택에서 고독하게 사망했다.

중국 현대문학사로부터의 소외, 그리고 재소환

장아이링 문학은 1940년대 상하이라고 하는 특수한 시 공간을 배경으로 형성되었다. 1949년 이후 이른바 '혁명적 전통'을 강조하던 대륙 학계에서 이러한 '함락지구'의 문학이 철저하게 소외되자, 장아이링은 문학사에도 거의 언급되지 않는 인물이 되었으며, 점차 기억에서 사라져갔다. 반면 1950년대 중반부터 1980년대 중반까지 장아이링 문학의 주요한 독자는 홍콩, 타이완 내지 동남아시아의 화교들이었다. 특히 타이완의 경우, 단순한 인기 소설의 차원을 넘어 작가 수업의 텍스트로 사용되기도 했다. 1980년대 타이완 문단에서 장아이링의 영향력은 상당했고, 그의 작풍을 모방하는 작가들도 생겨났다. 당시 대륙에서 루쉰의 신화화가 진행되고 있던 상황과 비교될 정도로, 장아이링은 타이완에서 여성문학의 전통을 형성하게 된다.

1985년 장아이링은 상하이를 떠난 지 33년 만에 고향으로부터의 소식을 접하게 된다. 일본 점령기 상하이에서 중공 지하당원으로 문예지『만상』萬象의 편집장을 맡았던 커링柯靈은「멀리 장아이링에게 부침」이라는 편지 형식의 글을 잡지『홍콩문학』香港文學에 투고하는데, 이 글은 대륙잡지『독서』에도 실렸다. 커링은 이 글에서 장아이링과의 교류를 회상하며, 장아이링 문학의 성과를 충분히 긍정한 후 "긴 안목으로 보자면 역사는 공정하다. 장아이링 문학의 공적과 과실은 모두 객관적 존재이다."라고 했다. 커링의 이 글의 배경에는 개혁개방 후 중국인들의 위기의식이 있다. 이제껏 사회주의 중국만이 세계의 중심이자 인류의 이상사회라고 여겨오던 감각을 상실한 중국인들은 아이덴티티 위기에 빠지게 된다.

커링의 글을 계기로 중국작가협회 상하이 지부 기관지『수확』이『경성지련』을 게재했고, 그 뒤『전기』와『유언』이 상하이에서 다시 출판되었다. 40년 만에 장아이링의 문학이 고향에 돌아오게 된 것이다. 당시의 이런 현상을 두고 중국 대륙인들은 신대륙을 발견한 것처럼 "70세에 가까운 새로운 작가가 발견되었다."라고 하는 평가도 있었다. 1989년 이후에도 장아이링에 대한 관심은 지속되어, 타이완에서도 나오지 못했던 장아이링 평전이 대륙에서는 1992~1993년 사이에만 네 권

커링 만년의 모습

이나 출판되었다.

1995년 가을 장아이링이 로스엔젤레스 자택에서 사망했다는 소식이 전해지자, 대륙의 유명 신문, 잡지에서는 일제히 추도 특집호를 냈다. 타인이 결정한 삶을 살아가야 하는 여성의 입장, 윤함구의 이등시민, 조국과 이주국으로부터의 이중소외를 겪어야 했던 장아이링은 자신과 외부의 위치 관계를 재구축하면서, 장아이링 전기를 완성시킨다.

장아이링 문학은 일본군 점령하의 상하이와 홍콩에서 살아가는 중국인들의 아이덴티티적 위기와 불안감을 잘 표현했다. 장아이링, 혹은 그의 문학작품은 이미 여러 차례 영상과 인연을 맺게 되어, 리안 감독의 〈색/계〉 2007 외에도 관진평關錦鵬 감독의 〈붉은 장미와 흰 장미〉 1994, 쉬안화許鞍華 감독의 〈경성지련〉 1984, 그리고 단한장但漢章 감독의 〈원녀〉怨女, 1988가 영화로 제작 되었다. 홍콩 옌하오嚴浩 감독의 영화 〈곤곤홍진〉 1990은 장아이링의 생애를 영화화한 작품이며, 타이완 허우샤오시엔 감독의 〈해상화〉海上花·Flowers of Shanghai는 장아이링이 쓴 대본을 영화화한 것이다. 그리고 2019년에는 다시 쉬안화 감독에 의해 〈첫번째 향로〉第一爐香가 영화화 되었다.

장아이링과 후란청

소설 『색,계』가 당시 상하이에서 있었던 딩무춘丁黙邨과 정핑루鄭蘋如의 실제 이야기를 그린 것이라는 사실은 장아이링 자신도 밝혔고, 관심 있는 사람에게는 이미 웬만큼 알려진 사실이다. 하지만 장아이링의 생애를 살펴보면, 영국 유학을 꿈꾸던 문학소녀, 홍콩에서의 대학 시절에 맞이하게 된 전쟁, 친일파 남성과의 결혼 등, 오히려 작가 장아이링과 작품 속 여주인공 왕쟈즈王佳芝과 오버랩되는 요소가 있다. 장아이링의 첫 번째 남편

후란청은 어떤 인물이었나.

후란청胡蘭成은 루쉰과 동향인 저쟝성 사오싱 사람이다. 26세 때 베이징대학, 옌징燕京대학의 청강생이 되었으며, 후에는 교원을 거쳐 1937년 〈중화일보〉의 주필이 되었다. 국민당 내 반反 장제스파의 거두 왕징웨이汪精衛가 1940년 난징에서 국민정부를 수립하자, 후란청은 문필가로서의 재능을 인정받아 기관지 〈중화일보〉의 주필과 선전성宣傳省의 차관을 맡게 된다. 1944년 당시 알게 된 지 얼마 되지 않던 장아이링과 결혼한 그는 1945년 8월 일본 패전 후 충칭으로 돌아온 국민당 정권으로부터 '한간' 漢奸으로 쫓겨나 고향에 잠복했고, 인민공화국 건국 후에는 홍콩으로 탈출했다. 후에 다시 일본에 망명하여 『금생금세』今生今世라는 자서전을 남겼다.

도시의 소리를 좋아한 장아이링

1943년 장아이링은 상하이 문단에 혜성같이 등장한다. 「첫번째 향로」, 「두번째 향로」, 「경성지련」, 「금쇄기」, 「봉쇄」 등의 걸작들이 모두 이 해에 발표되었고, 이외에도 「Chinese Life and Fashions」와 같은 영문 에세이와 영화평도 썼다. 장아이링은 1943년 12월 「아파트생활의 즐거움」公寓生活記趣이라는 글을 발표했는데, 바로 이 창더공위에서의 생활을 쓴 것이다. 장아이링이 도시적 감수성을 표현해낸 대목을 보기로 하자.

난 도시의 소리를 좋아한다. 나보다 더 시적인 사람들은 베개머리에서 소나무 소리와 파도 소리를 듣는다 하는데, 난 전차 소리를 들어야 잠을 잘 수 있다. 홍콩의 산 위에서는 겨울이라야 북풍이 밤새 상록수를 스쳐 지나면서 약간 전차의 운치가 느껴진다. 오랫동안 도시에서 산 사람들은 도시를 떠나본 후에야 그가 도시와 떨어질 수 없다는 걸 알게 된다.

장아이링은 전차電車나 아파트 같은 도시적 산물을 좋아했다. 사람을 대량으로 운송하는 교통수단으로서의 전차, 그리고 집을 입체적으로 쌓아 올리는 건축 방식으로 면적 대비 주거의 효율성을 높인 아파트. 이는 많은 사람이 밀집해서 살아가야 하는 도시가 만들어낸 교통과 주거의 방식이다. 장아이링의 단편 「봉쇄」는 전차에 대한 묘사로 시작해서, '봉쇄'로 인해 전차가 운행을 중지한 상황에서 생겨난 도시인들 간의 감정적 교류의 이야기를 하고 있다. 장아이링에게 있어 전차는 근대문명의 상징이기도 했다.

문명이 단절된 공간 속의 남녀 —「봉쇄」

주인공 남녀는 '봉쇄' 상황에 걸려 운행이 잠시 중단된 전차에서 만난다. 갑자기 전차가 멈추자 승객들은 갑자기 할 일이 없어져버린 것이다.

거리는 점점 안정되기 시작했지만 절대적인 고요는 아니다. 그러나 사람들 소리는 마치 꿈속에서 듣는 갈대꽃 베갯속의 바스락거림처럼 점차 아련해졌다. 이 거대한 도시는 태양 아래서 졸고 있다. 머리를 다른 사람의 어깨 위에 무겁게 얹고 다른 사람의 옷을 따라 천천히 침을 흘렸다. 상상할 수 없는 거대한 무게가 사람들을 짓눌렀다. 상하이가 이렇게까지 조용했던 적은 없었던 것 같다. 대낮에!

빠른 도시의 흐름 속에서 전차 안 사람들은 여느 때 같으면 행선지 도착시간에만 신경을 썼겠지만, 자기 주변의 사람들에게 눈길을 돌린다. 갑자기 할 일이 없어져버린 상황에서는 너무나 자연스런 행동이다. 전차 객실 내 장삼이사張三李四의 모습을 관찰하는 것도 시들해지자 중년의 회계사 뤼쭝전은 20대의 대학 강사 우취위엔에게 말을 건다. "이 봉쇄가 언제 끝나죠? 정말 싫군요!" "당신도 답답하시죠? 우리 몇 마디 대화를 나누어도 관계없겠죠! 우리, 우리 이야기 좀 해요!" 이렇게 대화를 시작한 두 사람은 급속도로 가까워지면서 속마음을 털어놓게 된다. 뤼쭝전은 어머니가 정해준 여자와 만나서 애정도 없는 결혼생활을 이어가고 있었다. 뤼쭝전은 아주 많은 말들을 털어놓았고, 우취위엔은 그를 이해하는 마음으로 그의 말을 아주 잘 받아주었다. 두 사람은 마치 연애하는 것과 같은 감정이 되었다. 뤼쭝전은 자신이 다시 결혼하려 한다는 말을 하고, 우취위엔은 자신이 그 남자의 첩이 될 수도 있다고 생각한다. 이윽고 '봉쇄' 상황은 해제되었고, 두 사람은 헤어지면서 전화번호를 주고 받는다. 봉쇄가 해제되자 모든 일상은 다시 회복되었고, 봉쇄된 시간 속에 있었던 모든 일은 발생하지 않은 것처럼 느껴졌다. 검은 딱정벌레가 벌레 구멍으로 들어가면서 소설은 끝을 맺는다.

도시인들의 단절적 삶을 그렸다는 점에 대해서는 물론 공감이 되지만, 두 사람이 어떻게 그렇게 급속도로 가까워질 수 있을까 라고 하는 스토리의 '개연성'의 면에서는 다소 갖춰지지 않은 느낌이다. 어느 날 전차를 타고 가다가 '봉쇄'의 상황을 맞게 된 작가 장아이링이 몇 시간이나 계속되는 지루한 시간 속에서 하게 된 이러저러한 상상 중 하나가 아니었을까. 일면식도 없는 남녀가 우연히 만나서 사랑에 빠지게 된다고 하는 모티브를 바로 소설로 써서 지면에 발표해버린 것이다. 누구라도 해볼 수 있는 주관적 상상으로 충만한, 그리고 모티브 전개에 있어 우연성이 너무도 강한 이 소설을 나는 '백일몽으로서의 글쓰기'라 부르고 싶다. 봉쇄된 전차 안에 앉아있기 답답해서 밖으로 나온 작가가 노트에 사람들 모습을 되는대로 스케치하고 있다. 장삼이사의 모습이 스케치되고 있는 그 화폭을 자세히 들여다보면, 스케치에 열중하고 있는 작가의 음영陰影이 비쳐있다. 결국 이 소설은 간단하게 지어낸 이야기처럼 보이기도 하지만, 사실은 상하이라는 대도시에 살면서 사람들과 소통하지 못하는 작가의 이야기이기도 한 것이다. 그렇다면 이와 같은 '백일몽'이 생산될 수 있는 구조는 과연 무엇인가. 이 점은 바로 모자이크 조각을 이어 맞춰 이루어진 도시 상하이의 분열성, 다중성과 연결된다. 상하이는 서로 다른 국적과 인종과 계급의 사람이 모여 만든 소통 부재의 국제도시였다. 소설 속 '봉쇄'는 전시 상하이의 실제 상황이기도 했지만, 다른 한편으로는 상하이의 공간적 단절을 상징적으로 표현한 것이기도 하다. 바로 이 '단절'이라는 상황은 상하이 전체를 관통하는 키워드라 할 수 있을 것이다.

상하이 아파트의 풍속도

다시 아파트 이야기로 돌아와서, 「아파트 생활의 즐거움」을 좀 더 보기로 하자.

여름이면 집집마다 모두 대문을 열고 등나무 의자를 바람이 통하는 입구에 갖다놓고 앉는다. 이쪽 사람은 전화를 걸고 건너편 집에서는 서양 하인이 옷을 다리면서 전화에서 나오는 대화를 독일어로 통역해 그의 어린 주인에게 들려준다. 아래층에선 러시아인이 큰 소리로 일본어를 가르치고 있다. 2층의 부인은 베토벤이 무슨 불구대천의 원수라도 되는 양, 입을 꼭 다문 채 오전 내내 피아노를 친다. 피아노 위에는 자전거가 한 대 놓여있다. 도대체 이 쇠고기탕을 끓이는 냄새와 한약 달이는 냄새는 어느 집에서 나는 걸까.

각양각색의 사람들이 모여 사는 아파트의 풍속도를 재미있게 묘사하고 있는 것이 마치 알프레드 히치콕 감독의 영화 〈이창〉裏窓·Rear Window, 1954의 한 장면을 보고 있는 듯하다.

상하이는 사람들이 밀집되어 살아가는 곳이었지만, 사람 간의 교류와 소통은 잘 이루어지지 않았던 듯하다. 장아이링이 도시인들의 외로움을 그린 작품은 여러 편이 있는데, 그 중 「밤 군영의 트럼펫 소리」夜營的喇叭, 1944라는 에세이를 소개해 보기로 한다.

"어느 날 밤 '나'는 집에서 멀지 않은 군부대에서 흘러나오는 트럼펫 소리를 듣는다. 언젠가 그 소리가 또 들려오자, '나'는 고모에게 들었느냐고 묻는다. 고모는 귀담아 듣지 않아 잘 모르겠다고 대답한다. 그 뒤로도 트럼펫 소리는 들려왔지만, '나'는 더 이상 고모에게 묻지 않는다. '나'는 그 소리가 내 귀에만 들려오는 것은 아닐까 하는 생각에 두려워진 탓이다. 이때 밖에서 누군가 바로 그 트럼펫 연주곡을 휘파람으로 불며 걸어왔다. '나'는 반가운 마음에 창가로 달려갔지만, 그렇다고 그가 누구인지를 꼭 알아야 하겠다는 생각은 들지 않았다."

300자 분량의 짧은 에세이에서 장아이링은 대도시 속 사람에 대한 그리움, 그리고 누군가와 소통하고 싶어 하는 충동을 잘 표현하고 있다. 장아이링이 「색,계」와 「봉쇄」에서 묘사한 '도시인의 고독'이라는 주제가 잘 연결된다. 그 면에서 이 짧은 에세이도 매우 유명하다.

후란청과의 결혼과 이별, 그리고 긴 슬럼프의 시작

후란청胡蘭成, 1906~1981이 장아이링을 찾아왔던 곳도 바로 이 창더공위 常德公寓라는 아파트였다. 후란청은 문예지에 실린 작품을 읽고 당사자를 직접 만나기 위해 찾아갔고, 몇 차례의 밀고 당김을 거친 후, 장아이링은 결국 자신의 문학적 재능을 인정해주는 이 중년 남성에게 마음을 열게 된

지금은 창장(長江)공위로 이름이 바뀐 칼튼공위

다. 당시 후란청은 대부분의 시간을 난징南京에서 보냈고, 한 달에 일주일 정도 상하이에 올 때는 이 아파트에 와서 두 사람은 함께 시간을 보냈다. 1944년 8월 두 사람은 결혼했지만, 그들의 결혼은 오래가지 못했다.

1945년 일본이 패망하자 후란청은 홍콩을 거쳐 일본으로 망명했다. 후란청과 헤어진 후 장아이링은 슬럼프에 빠지게 된다. '일본군 점령 하의 상하이'라고 하는 한계적 공간에서 문학적으로 성공한 장아이링은 그 상하이의 공간성에 변화가 생기자 작품도 예전처럼 써지지 않았고, 1947년에는 명작의 산실 창더공위에서 그 보다 임대료가 좀 싼 칼튼공위卡尔登公寓로 이사하게 된다.

[필드워크 ❾]

장아이링이 살던 아파트

장아이링이 살던 창더공위常德公寓는 창더로常德路와 난징시로南京西路와 위위엔로愚園路가 만나는 지점에 있었다. 아파트 앞에는 예전에 장아이링이 살던 곳이었다는 내용의 표지가 붙어 있었다. 표지의 내용에 의하면 이 아파트는 1936년 이탈리아 건축업자가 지은 것이라고 한다. 80년된 아파트가 지금도 건재한 것이다. 물론 그 사이에 개보수를 했겠지만, 지금도 사람이 살고 있었으며 외관도 손색이 없어 보였다.

장아이링은 이 아파트에서 6년 가량 살았다. 어려서 부모의 이혼, 계모의 학대와 그에 대한 반항, 부친의 명령에 의한 자택 연금 등으로 불우한 나날을 보냈고, 한편으로는 연금軟禁의 경험을 쓴 「What a life, What a girl's life」라는 영어 에세이를 발표하고 영국 유학의 꿈을 키우던 장아이링이 모친, 고모와 함께 이 아파트에 살게 된 것은 1939년부터였다. 그 후 런던대학 극동지구 입학시험에서 1등으로 합격했지만, 전쟁으로 인해 유학의 꿈을 포기할 수밖에 없었던 장아이링은 홍콩대학에 입학하면서 이 아파트를 떠나게 된다.

그 때 썼던 것이 「천재의 꿈」天才夢이라는 야무진 제목의 글이다. 글에서 장아이링은 다음과 같이 말하고 있다.

'나'는 괴팍한 여자애였고, 어릴 때부터 천재로 주목받았으며, 천재성을 발전시키는 것 외에는 다른 생존 목표가 없었다. 동년의 망상이 퇴색될 무렵, 난 내가 천재의 꿈 외엔 아무 것도 가진 게 없다는 걸 발견했다. '나'는 7살 때 처음으로 소설을 썼고, 문학적 감수성은 풍부했지만, 일상생활에는 매우 둔감했다. 삶이란 화려해 보이는 외관 속에 일상적 고통과 번뇌가 섞여 있는 것. 마치 한 벌의 화려한 드레스 속으로 벼룩이 가득 기어오르는 느낌이랄까?

고등학교를 막 졸업한 나이에 이미 인생을 잘 파악하고 있었던 것으로 보인다. 홍콩에서 태평양전쟁을 맞은 장아이링은 대학이 휴교하자 구호활동에 참가한다. 홍콩 함락의 경험은 나중에 쓴 소설 「경성지련」에 잘 반영되어 있다. 1942년 상하이로 돌아온 장아이링은 고모 장마오옌張茂淵과 함께 다시 이 아파트에 살게 된다. 처음에는 8층 건물의 5층(51호)에 살았고, 1년 후에는 6층(65호)으로 이사했다[1].

---

1 상하이시 당안관 소속 후밍하오(胡明浩)의 기록에 의함.

18

연기와 진실, 그리고 상하이의 복수성複數性

— 장아이링의 소설 『색, 계』와 리안의 영화 〈색/계〉

●

텍스트 속 인물과 현실 속 원형 인물

국민당 난징정부와 국민당 충칭정부의 대립

살인마로 불리던 정보부장 딩모춘과 작품에서 젠틀하게 각색된 이모청

마작 테이블 － 여성의 공간

영화 속 연극무대의 역할 －아이덴티티 부여의 정당성

영화 <색/계>의 공간성과 인물의 양면성, 그리고 삶으로서의 연기

텍스트 속 인물과 현실 속 원형 인물

타이완 출신 리안李安·Ang Lee, 1954~ 감독의 2007년 화제작 〈색/계〉Lust, Caution라는 영화가 있다. 중일전쟁 당시 상하이를 무대로 전개된 국민당 충칭정부와 난징정부 요원간의 첩보전을 배경으로 한 이 영화는 개봉 당시 베니스영화제 황금사자상을 수상했고 흥행에도 성공했다. 중국 대륙쪽에서는 작품 속의 노골적인 성묘사와 친일적 인물을 미화한데 대한 비판도 적지 않았다. 하지만 '외설'과 '친일' 만으로 이 영화를 말할 수는 없다. 이 영화는 인간의 고독과 사랑과 연기와 진실에 관한 이야기이기도 하다. 그리고 이 영화는 작가 장아이링張愛玲과 난징정부 관료 후란청胡蘭成, 텍스트 속 주인공 왕쟈즈와 친일파 거두 이모청易黙成, 그리고 현실 속 원형 인물 정핑루鄭蘋如와 '76호' 국장 딩모춘丁黙邨이 '상호텍스트성'Intertextuality으로 얽혀있는 작품이다. 먼저 영화 속 주인공 왕쟈즈王佳芝와 원작 소설의 작가 장아이링張愛玲·Eileen Chang, 1920~1995이 가진 중간자적 위치를 '스파이'와 관련지어 풀어가 보기로 한다.

스파이spy란 무엇인가. 운노 히로시海野弘는 『스파이의 세계사』에서 스파이라는 단어의 어원에 대하여, 'spy'의 어원은 고대 프랑스어 'espire'로, 이 단어는 '멀리서 본다, 숨겨져 있는 것을 자세히 본다.'는 뜻을 담고 있었다고 한다. 말하자면 애초에는 '비밀을 캐낸다.'는 의미로 사용되지는 않았던 것인데, 그렇다면 이 단어의 의미는 언제부터 전성된 것일까. 운노 히로시에 의하면 그것은 대략 16~17세기 무렵으로, 베네치아 등 이탈리아 북부의 도시국가들을 중심으로 현대적 의미의 '외교'diplomacy 활동이 시작되면서 스파이와 외교는 한 쌍을 이루게 되었다고 한다. 관련 부분을 잠시 보기로 한다.

외교라는 뜻을 담고 있는 'diplomacy'는 정말로 재미있는 단어다. 'di

는 '2'를 나타내고 'plo'는 'pleat(접는 것, 주름을 잡다)'를 나타낸다. 결국 'diplomacy'는 '둘로 접는 것'이 된다. 그렇다면 이 둘로 접은 종이(문서)가 '외교'를 의미하게 된 이유는 무엇일까? 종이 한 장이 있고 그곳에는 문장이 적혀 있다. 이것을 둘로 접어 봉인하면 밀서가 된다. 그리고 외교관은 이 밀서를 외국의 군주에게 보낸다. 재미있는 점은 종이를 둘로 접으면 문장이 안 보여 읽을 수 없게 되는데 이를 몰래 읽으려는 사람이 나타난다는 것이다. 바로 스파이가 등장하는 순간이다. 문서를 둘로 접는다는 것은 감추고 비밀을 만드는 행위이고, 스파이는 이 내용을 훔쳐보기 위해 분주히 움직인다. 문서를 둘로 접는다는 것은 공간을 이중으로 만들어 외부와 내부를 구분하는 것이다. 그런데 '외교' 역시 외부와 내부의 교섭이다. 외교를 할 때 보이지 않는 내부가 있으니 그것을 훔쳐보는 스파이가 등장하는 것이다.[1]

장아이링 인생의 각 단계에 있어 '두 세계'는 각기 어떤 모습으로 현현하게 되는가. 상하이라는 도시는 장아이링이 태어나던 1920년에 이미 '서양과 중국'이 혼재된 복수성複數性의 공간이었다고 해야 할 것이다. 기독교 계통의 성 마리아 여학교에 다니면서, 한 때는 린위탕林語堂처럼 영어로 작품을 쓰는 유명 작가가 되길 원했던 장아이링은 불우했던 가족관계로 인해 자연스레 패밀리 로맨스를 꿈꾸게 되었고, 외부 세계에 대한 동경은 영국 유학에 대한 계획으로 표현되었다.

태평양전쟁 발발로 인해 영국 유학 계획이 무산되었지만, 장아이링이 작가로서의 명성을 얻게 된 일본군 점령 하의 상하이라는 공간에는 '일본과 중국'이라는 또 다른 '두 세계'가 형성되어 있었다. 왕징웨이 정권의 관료 후란청胡蘭成과 결혼하면서, 상하이라는 도시의 내셔널리즘적 경계는

---

1 운노 히로시, 『스파이의 세계사』(서울: 시간과 공간사, 2005), 12쪽.

장아이링의 '내부'로 들어오게 된다. 장아이링의 인생 역정에서 늘 그녀 앞에 제시되던 '두 세계'와 그 중간자로서의 '주체'가 결국 소설 속에 스파이의 형상으로 반영되었을 것이고, 작가와 텍스트의 관계에 대한 감독 리안의 해석이 영화에서 표현되었을 것이다.

장아이링의 소설『색,계』가 딩모춘丁黙邨과 정핑루鄭蘋如의 실화를 원형으로 했다는 설은 이미 많은 연구자들에 의해 제기되어 왔다. 아울러 국민당 난징정부의 문화부 차관을 지낸 바 있는 후란청胡蘭成이 좀 더 내막을 잘 알고 있었을 것이며, 그가 알고 있던 '속 이야기'가 장아이링에게 전달되어 텍스트 형성에 영향을 주었으리라고 하는 진일보한 추측 역시 작품 발표 직후부터 일정하게 제기된 것 같다.

하지만 이런 류의 추측에 대해 장아이링은 1988년『속집』續集의「자서」自序에서 "적잖은 독자들이 작가와 작품 속 인물과의 관계를 제대로 구분하지 못하고 뒤섞어 말하곤 했다……최근에도『색,계』의 여주인공은 실제 인물이라고 말하는 자가 여전히 있다……일본군이나 매국노를 상대로 특수공작 투쟁을 하던 그 당시의 내막을, 우리같은 평범한 백성이 무슨 수로 알 수 있었겠는가?²"라고 하여 부정한 바 있다.

물론『색,계』라는 텍스트가 형성되는데 있어서, 특정한 모티프만이 영향을 주었다고 할 수는 없을 것이다. 하지만 "딩丁-정鄭 원형설", 이른바 '시베리아 모피점 총격사건'³을 굳이 부인하는 장아이링의 속내는 무엇이었을까. '원原사건'으로서의 '시베리아 모피점 총격사건'을 둘러싼 중국 국

---

2 張愛玲,『惘然記』(台北: 皇冠文化出版有限公司, 2010), 213쪽.
3 영화와 소설에는 거사(擧事)의 장소가 보석가게로 되어 있지만 실제로는 시베리아 모피점이었다고 한다. 1939년 12월 21일 딩무춘과 만찬 장소로 가던 도중 정핑루가 시베리아 모피 코트를 한 벌 사달라고 해서 딩무춘을 모피점으로 데리고 들어갔지만, 킬러의 미숙함으로 암살은 미수에 그쳤다고 하는 이야기이다. 거사 직후 정핑루는 76호 요원들에게 체포되어 바로 처형당했다. 정핑루의 사망과 관련해서는 여러 가지 스토리가 있고, 위의 '시베리아 모피점' 이야기도 그 중 하나일 뿐이다.

내의 정세나 인물 관계, 혹은 딩무춘 재판 등 당시의 분위기를 살펴보기로 한다. 우선 작품 속 첩보전의 전개 상황과 관련해서는 국민당 난징정부에 대한 이해가 요구된다.

국민당 난징정부와 국민당 충칭정부의 대립

주지하듯이, 중일전쟁 발발 후 난징이 함락되자 장제스는 충칭에 국민당 임시정부를 세웠고 일본은 왕자오밍汪兆銘을 수반으로 하는 난징정부를 만든다. 일본은 난징南京정부를 이용해 '화평건국'을 선전하고 있었고, 충칭重慶의 임시정부는 '항전건국'으로 이에 맞선다. 당시 중국 공산당과 국민당은 '특무'라는 비밀조직을 운영하고 있었는데, 장제스가 이끄는 국민당의 2대 지주는 C·C단과 남의사藍衣社였다. 두 단체는 서로간의 마찰을 조정하기 위해 지휘부를 하나로 통합해 군사위원회 조사통계국약칭 군통국이라 불렀다. 충칭 측 지하공작원의 테러가 줄곧 일본군을 괴롭히자, 일본군과 난징정부도 딩모춘丁黙邨과 리스췬李士群에게 특무기관 '76호'를 조직하도록 하여 충칭에 대항했다. 충칭의 '군통국'과 난징의 '76호'가 대립하게 되었던 것인데, 문제적 인물 딩모춘은 애초에는 '군통국'의 최고 간부였으나 나중에는 '76호'를 창건하게 된 것이다[4].

정핑루는 당시 '군통국'의 지하공작원이었으며, 그녀의 부친 정보쩡鄭

---

4 특무조직 건설과 관련된 위 내용은 1939년부터 1945년까지 일본 마이니치(每日) 신문사의 중국특파원을 지낸 바 있는 마스이 야스이치(益井康一)가 당시의 체험과 취재를 바탕으로 집필한『漢奸裁判史(1946~1948)』(みすず書房, 1977)라는 책에 있음. 필자는 이 책의 한국어 번역본인 마스이 야스이치저, 정운현역,『중국·대만 친일파재판사』(서울: 한울, 1995), 175~179쪽을 참고로 정리함.

伯曾은 전직 상하이 고등법원 수석 검찰관이었다.[5] 영화 속 왕쟈즈가 속해 있던 조직은 항일 레지스탕스인 듯한 느낌을 주지만, 사실 그녀는 남의사 藍衣社 소속이었고 암살사건 역시 조직 간의 투쟁으로 보아야 할 것이다.

정핑루-왕쟈즈-장아이링이라는 세 여성에 있어 '아버지'의 형상은 각기 어떤 연계를 갖고 있는 것인가. 정핑루의 부친 정보쩡(혹은 鄭鉞)은 과거 쑨원孫文의 열렬한 지지자로, 동맹회에도 가입했으며 쑨원이 망명할 때 함께 일본에 가서 일본 여성을 아내로 맞이했다. 이 일본 여성은 중국 문화에 심취하여 이름도 중국식으로 개명하고, 남편을 따라 중국으로 와서 상하이에서 지하활동을 했다.[6] 정핑루의 부친이나 집안의 분위기를 보면, 왜 그녀가 첩보전에 투신하게 되었는지 나름 수긍이 가기도 한다. 장아이링의 소설 『색,계』에는 왕쟈즈의 아버지에 대한 언급이 일체 없지만, 리안의 영화 〈색/계〉에 나오는 아버지는 재혼한 후 영국으로 떠나버렸다. 영화 속에 설정되어 있는 왕쟈즈 아버지의 이미지는 장아이링 친부의 모습을 닮아있지 않은가. 상하이로 돌아와 친척집에 기식하며 외롭게 지내는 영화 속 왕쟈즈의 모습 역시 작가 장아이링에게 매우 가까워져 있는 것이다.

살인마로 불리던 정보부장 딩모춘과 작품에서 젠틀하게 각색된 이모청

한편 딩모춘의 재판 당시 상황을 스케치한 글을 통해 그의 모습을 살펴보기로 하자.

---

5 마스이 야스이치, 앞의 책, 226~227.
6 世遠, 「鄭蘋如: 『色,戒』原型的傳奇人生」, 『法律與生活』, 2008.1

저우포하이周佛海의 한쪽 팔이자 특무공작의 두목 딩모춘丁黙村에 대한 재판은 민국 35년 11월 19일부터 수도 고등법원에서 열렸다. '왕汪정부의 히믈러독일의 나치 친위대장'로 표현하는 신문도 있었다. 오전 10시에 개정인데 8시부터 이미 방청객들이 가득 차, 법정 안팎에는 칼을 찬 순경들이 삼엄한 경비를 폈다. …… 이 소동은 저우포하이 공판날 만큼은 아니었지만 딩모춘의 공판이 비상한 관심을 모았음을 엿볼 수 있게 했다. 그것은 무슨 이유 때문일까? 숨겨져 있던 지하특공 활약, 이미 '76호' 리스췬李士群의 사망이나 충칭重慶특무와의 혈투, 총구의 화약 냄새를 법정에서 맡을 수 있는 것은 딩모춘에게서만 가능했기 때문이다. 게다가 리스췬과의 암투, 이러한 비록은 끝없는 흥미를 불러일으켜 사람들로 하여금 공판날을 기다리게 했음이 분명하다. 피스톨왕, 암살왕, 살인마로 불리었던 딩모춘. 지금은 피고가 되어 법정에 나와 수갑을 찬 채 재판장 앞으로 나아갔다.[7]

실제로 피스톨왕, 암살왕, 살인마라 불리던 딩모춘은 소설『색,계』에서는 "그의 얼굴이 쥐를 연상케 하는 '서상鼠相"이었다고 나올 뿐, 잔인한 모습은 전혀 없고 오히려 '젠틀한' 이미지마저 추가되어 있다.

소설『색,계』가 출간된 지 반년 쯤 지난 1978년 10월 1일 〈중국시보〉의 「인간부간」에 '역외인域外人이라는 필명으로 씌어진 평론이 발표되었는데, 장아이링의『색,계』는 "한간漢奸을 찬양하는 문학으로, 설령 애매한 찬양이라 할지언정 이는 절대로 가치를 인정받을 수 없는 것이며, 이로써 문학적 명성에 흠집을 내는 일은 하지 말기를 바란다."[8]라고 했다. 이에 대해 장아이링은「양의 털은 양의 몸에서 자란다─『색,계』를 논함」羊毛出在

---

7 마스이 야스이치, 앞의 책, 220~221쪽.
8 이상 域外人의 비판에 대해서는 馬靄媛,「張愛玲色戒心結自辯手稿曝光」,『亞洲週刊』, 2007년 9월 23일 참조.

羊身上一談『色,戒』에서, "소설에서 부정적 인물을 다룰 때 그들의 내면세계로 들어가서는 안되는 것일까? 살인범이나 강도들은 스스로를 악마라고 여길까, 아니면 어쩔 수 없는 상황에 내몰려 범죄를 저지를 수밖에 없었던, 나름대로 칭송할 만하고 남에게 감동을 줄만한 영웅이라고 여길까. 사실 문학 속의 부정적 인물은 반드시 추하게 그려져야만 하는 것일까?"라고 반박했다[9]. 아무튼 딩모춘이라는 인물이 소설『색,계』에서는 신사적 이미지가 추가된 이易 선생이 되고, 영화〈색/계〉에서는 이모청易默成이라는 '후란청'胡蘭成을 연상시키는 이름을 갖게 된 것은 소설과 영화의 텍스트 형성에 있어서 각각의 새로운 이미지 부여라고 해야 할 것이다.

마작 테이블 —여성의 공간

한낮인데도 마작 테이블 위로 밝은 형광등이 켜져 있었다. 마작 패를 섞는 여인들의 손가락에서 뿜어나오는 다이아몬드 광채가 사방으로 번졌다. 사각 테이블 다리 끝에 팽팽하게 묶인 흰색 테이블보는 눈이 시리도록 하얬다. 뜨겁게 내리쬐는 형광등 불빛과 그 그림자가 지아즈佳芝의 융기된 가슴을 더욱 도드라져 보이게 했다[10].

『색,계』의 첫 대목은 마작 테이블에 대한 묘사로 시작된다. 소설 속 '마작 테이블'은 여성들의 전용공간이다. 마작놀이를 하는 사람들은 여성뿐이며, 급한 약속 때문에 자리를 떠야 하는 왕쟈즈를 대신해 판을 유지해 주느라 잠시 이易 선생이 끼어들었던 것이 유일한 예외였다. "마작 테이

---

9 張愛玲,『惘然記』(台北: 皇冠文化出版有限公司, 2010), 170쪽.
10 장아이링, 김은신 역,『색,계』(서울: 랜덤하우스, 2008), 17쪽

블이 반지 전시장을 방불케 한다."고 했던 왕쟈즈의 생각은 이 공간의 여성성을 강조해주는 표현인 것이다. 그녀들은 대부분 검은색의 소매 없는 망토를 입고 있었는데, 왕쟈즈는 이 망토가 국민당 난징정부 고위 관료의 부인들이 입고 다니는 '제복'같다는 느낌을 받게 된다.

'마작 테이블'은 철저하게 비정치적인 공간이다. 그들에게는 마작과 공연관람, 음식과 보석과 쇼핑만이 있을 뿐이다. 그들은 모두 고관의 부인으로, 중일전쟁의 전황이 그들의 운명에 상당한 영향이 주었을 테지만, 마작 테이블에서 정치적인 이야기는 상당히 자제된다. 함께 마작을 했던 인물 중 테이블을 벗어났던 왕쟈즈는 제거되었지만, 이모청의 부인은 맥麥 부인의 정체에 대해 끝내 자기가 먼저 문제를 제기하지 않고 본분을 지킨다.

필자가 영화(혹은 소설)의 내러티브 중에서 가장 흥미롭게 느꼈던 것은 '왜 왕쟈즈는 스파이가 되었는가.'하는 점이었다. 스파이는 '네이션'에 대한 충성심이 있어야 가능한 것이다. 앞서 말했던 정핑루鄭蘋如는 그녀의 아버지 정보쩡鄭伯曾이 법원의 수석 검찰관이었으므로, 국민당과 일정한 인연을 맺고 있었을 개연성이 탐지된다. 하지만 영화나 소설 속 왕쟈즈에게는 아무런 다른 실마리가 발견되지 않는다. 이 점과 관련해서는 영화와 소설 속 또 하나의 구조화된 공간인 '연극무대'에 주목해보기로 하자.

영화 속 연극무대의 역할
—아이덴티티 부여의 정당성

영화 속에는 왜 연극이라는 요소가 삽입되어 있는 것일까. 그리고 그 연극무대에는 어떤 자장磁場이 형성되어 있는 것인가. 작품 속 주인공 왕쟈즈는 이易 선생 암살계획의 전 과정을 연극으로 이해하고 있다. 전시 홍콩의 링난대학 嶺南大學에서 처음으로 연극 공연을 한 후 흥분과 격정에 사로잡혀 밤새 거리를 싸돌아다녔고, 홍콩에서 이 선생 암살계획을 세웠던 것이나, 상하이로 돌아온 후 우吳 선생의 지시에 따라 지하공작에 투신하게 되었던 것도 모두 연극하는 분위기로 진행되고 있다. 다음은 소설 속에서 보석가게에 가기 전 이 선생을 기다리고 있던 왕쟈즈의 심경을 표현한 대목이다.

클라이맥스를 향해 치닫는 기분은 남달랐다. 막이 오르기 전엔 긴장했지만 무대 위로 오르면 곧 괜찮아졌다[11].

영화 속 왕쟈즈가 출연했던 연극을 잠시 보기로 하자. 중일전쟁 시기 한 민가에 부상당한 군인이 숨어든다. 본래 그 집에도 아들이 있었으나 군대에 가서 전사했고, 가족들은 그를 마치 아들을 대하듯 보살펴주어 군인은 마침내 건강을 회복하고 다시 전장으로 나가게 된다. 이때 누이동생이 군인에게 부탁한다. "국가를 위해, 죽은 오라버니를 위해, 민족의 대대손손을 위해 중국을 지켜주세요." 연극이 절정으로 치닫자 관객들도 일어나 "중국이여 영원하라!"를 연호하며 공연장은 온통 감동의 물결을 이룬다.

왕쟈즈는 한 번 공연을 해본 이후로 계속 그 분위기에서 헤어나오지 못하고 있는데, 여기서 중요한 것은 그 연극이 바로 '항일 연극'이었다는 점이다. 왕쟈즈는 계속해서 무대에 오르고 싶은 욕망을 분출하고 있는데, 그녀의 기억 속에 있던 그 무대는 바로 국민국가적이고 애국적인 공간이다. 국민당원도 아니었고, 일본에 대해 사무치는 원한을 갖고 있지도 않았던 그녀는 왜 정조와 생명을 국가에 헌납하게 되는가? 그 관계를 이어

---

11 장아이링, 김은신 역, 앞의 책, 42쪽

주는 것이 바로 '연극무대'라는 장치인 것이다.

왕쟈즈를 처음 만난 자리에서 우吳 선생은 그녀에게 캡슐을 건네주며 보관하고 있으라고 한다. 신분이 노출되면 즉시 자결하라는 의미이다. 우 선생은 왕쟈즈에게 집과 사무실의 주소와 전화번호, 홍콩의 물건 가격, 은행 계좌번호 등 신변 정보를 철저히 암기하도록 하면서, 그녀에게 맥麥 부인이라는 새로운 정체성을 부여한다. 이른바 '전문 연출자'에 의한 본격적인 '연기'가 시작되는 것이다. 왕쟈즈는 아버지께 보낼 편지를 대신 부쳐달라고 하지만 우 선생은 그 편지를 태워버리고 마는데, 이로 인해 왕쟈즈의 현실 속 인간관계가 완전히 끊어지게 되며, 그 후로 그녀는 '연극무대'라는 다른 차원의 세계로 들어가게 되는 것이다.

연극이라는 장치는 영화 〈색/계〉의 내러티브 전개에 있어서 매우 중요한 역할을 하고 있다. 여기서 감독 리안의 인터뷰 내용을 잠시 보기로 한다.

〈색/계〉를 향한 대부분의 관심이 섹슈얼리티에 집중되고 있지만 나 역시 이 영화는 삶에 있어서의 연기와 연극에 관한 이야기라고 생각한다. 홍콩에서 오디션을 거치고 리허설을 마친 아마추어 배우들이 더 큰 무대인 상하이로 떠나는 것이다. 왕쟈즈는 자신의 연기를 극단적인 상황 속에서 실험한다. 〈색/계〉는 연기에 관한 내 자전적인 논문과 같다. 그 누가 사람의 성행위 자체가 공연이 아니라고 말할 수 있나? 상대방의 마음을 얻기 위해 쾌락도 연기해야 하고 오르가즘도 표현한다. 왕쟈즈가 겪는 혼란은 결국 처음에는 연기라고 생각하고 시작했던 일이 점점 자신의 실제가 돼가고 있음을 깨닫고 받게 되는 충격과도 같다.[12]

---

[12] 리안, 「〈색/계〉는 연기에 관한 내 자전적인 논문과 같다」, 『씨네21』, 2007.11.15.

그녀가 스파이 노릇을 하는 것은 '연극'이라는 상황 속에서였고, 다이 아반지 역시 연극의 소도구라 생각했었지만, 왕쟈즈가 "이사람 나를 진심으로 사랑하고 있구나"라고 느끼는 순간, 연극을 지탱해오던 긴장이 모두 깨져버리고 마는 것이다.

영화 〈색/계〉의 공간성과 인물의 양면성, 그리고 삶으로서의 연기

영화 〈색/계〉에는 공간이 특징적으로 구획지어져 있다. 앞서 말한 여성적 공간으로서의 '마작 테이블' 외에 이易 선생의 방 역시 매우 특이하다. 그 방에는 쑨원孫文의 초상화가 걸려있고, 청천백일기와 일장기가 걸려 있으며, '자유', '평등', '박애'라는 글씨도 걸려있다. 어느 날 밤 왕쟈즈는 몰래 그 방에 들어갔다가 서류를 태우고 있던 이 선생과 마주친다. 이 선생은 앞으로는 이 방에 들어오지 말라고 말한다. 그곳은 정치적 공간이자 충성의 공간이고, 국가 이데올로기의 공간이다. 이 영화에서 여성은 역사나 정치나 국가에 함부로 개입할 수 없도록 되어 있고, 그런 의미에서 이 방은 여성인 왕쟈즈가 들어와서는 안 되는 곳이다. 영화 속 공간의 구획은 다양한 인종과 사회계급과 정치적 성향의 사람들이 각자 자기 구역을 형성하며 살았던 근대 상하이의 도시공간적 특징을 상징적으로 반영하고 있는 것처럼 보인다. 복수성複數性의 공간 상하이.

영화 속 첩보전에 등장하는 인물들에는 모두 양면성이 숨겨져 있다. 예컨대 이 선생과 왕쟈즈가 옷을 맞추러간 양장점의 재단사 같은 인물도 겉으로는 평범해 보이지만 단순치 않은 인물이다. 왕쟈즈가 치파오를 갈아입는 동안 이 선생은 그녀가 여기에 자주 오느냐고 묻는데, 재단사는 아무렇지도 않게 "맥麥 부인은 저희 가게의 단골이십니다."라고 대답한다. 맥 부인 자체가 급조된 캐릭터인데, 어떻게 단골일 수가 있겠는가. 사무실의 장張 비서가 이미 내막을 다 파악하고 있었다는 것을 관객들은 영화의 후반부에 가서야 알게 된다. 대학생 간첩단을 일망타진했다는 보고를 하고 난 장 비서가 주섬주섬 주머니에서 다이아몬드반지를 꺼내어 이모청에게 준다. 이모청은 "그 반지 내 것 아냐."라고 말한다. 장비서는 아무 말 없이 나가고, 화면에는 화려한 다이아몬드반지만이 클로즈업된다. 그렇다면 그 반지는 무엇이란 말인가. 이모청의 그 말을 좀 더 풀어서 하자면, 그 반지는 대학생 간첩단을 잡기 위한 연극에 쓰인 소도구였고, 이제 연극이 끝났으니 조직[公]에 반납해야지 내가 간직할 것[私]은 아니라는 의미이다. 참으로 여러 개의 프레임이 존재하고 있었던 것이다. 지나고 생각해보니 운전수의 눈빛도 범상치 않았던 것 같다. 모두 자기 배역에 충실한 연극적 캐릭터였던 것이다.

결국 이 영화는 '국민국가'의 외부에 처해있던 비정치적 주인공이 '국민국가'의 세계에 진입하려다 실패하고 만다는 정치적 알레고리로 풀어갈 수 있을 것이다. 두 개의 다른 세계를 연결하고 정보를 전달하는 주체를 스파이라 한다면, 그의 행위를 '연기'라 할 수 있을 것이다. 항일 레지스탕스로서의 자신을 숨기고 맥 부인으로 행동했던 왕쟈즈의 행위를 '연기'라 한다면, 국민국가의 외부에 몸을 숨긴 채 소설 속 여주인공의 파멸적 운명을 묘사해간 장아이링의 창작 행위 역시 또 다른 '연기'라고 해야 하지 않을까.

소설에서는 마작테이블의 부인들이 이 신생에게 저녁을 사달라고 왁자지껄하는 모습으로 끝을 맺는다. 마치 연극이 끝난 뒤 긴장이 풀리고 뒷풀이를 가려하는 흥분되고 어수선한 분위기를 연상시킨다. 한편 영화는 이모청易黙成이 방을 나가며 왕쟈즈가 사용하던 침대를 바라보면서 끝을 맺는다. 시계 종소리는 10시를 알리고 있다. 처형이 이루어질 시간이다. 이모청, 그리고 관객이 바라보는 침대에는 여러 군데 주름이 잡혀있다.

이 '주름'은 무엇일까. 영화를 사랑이야기로만 풀어간다면 '주름'은 남녀 간 사랑의 기억에 대한 표상이 될 것이다. 하지만 앞서 말한 것처럼 '접고 편다고 하는 정치적 행위'가 남긴 흔적이라고 하는 의미를 부여할 수도 있지 않을까. 상대에게 마음을 읽히지 않고 임무를 완성해야 했던 스파이의 복잡한 심리와 행위들. 영국 유학을 꿈꾸던 문학소녀가 일본군 점령지 상하이에서 베스트셀러 작가가 되고 친일 관료와 결혼했다 헤어진 후, 공산중국에 적응하지 못하고 냉전의 또 다른 진영 미국으로 가야했던 운명. 국민국가의 내부와 외부를 오가며 생겨난 정신적 주름을 표현하는 것은 아닐까.

19

국민국가의 경계에 선 사람의 상하이 기억

— 장아이링의 「머나먼 여정」

-

장아이링과 중화인민공화국

소설 『색, 계』^{色戒}의 국민국가적 해석

상하이를 떠나던 배 위에서 — 「머나먼 여정」^{浮花浪蕊}

난민^{難民} 신분으로 미국에 간 장아이링

디아스포라의 시간

장아이링과 중화인민공화국

국민국가Nation State란 국경선으로 구획된 일정한 영역영토으로 이루어져 있고, 주권을 갖추고 있으며, 거기에 살고 있는 사람국민이 국민적 일체성의 의식내셔널 아이덴티티을 공유하고 있는 국가를 말한다. 19세기 후반이 되면 제국주의간의 경쟁으로 인한 지배권 획정의 과정에서 지구 표면이 온통 국경선으로 분할되기 시작한다. 그 후 1, 2차 세계대전을 거치면서 국민국가는 비약적으로 확대되는데, 여기에는 레닌과 윌슨의 민족자결주의, 파시즘의 대두와 이에 저항하는 '해방' 운동이 큰 동인이 되었다. 2차 세계대전 종전 후 냉전과 탈식민지화의 시대에 접어들면서 국민국가의 수는 비약적으로 증가한다.[1]

1949년 10월 1일은 중화인민공화국 수립이 선포된 날이다. 중국공산당의 입장에서는 분열된 중국을 통일했다는 점에서 의의를 찾을 수 있겠지만, 다른 한편으로 이는 근대적 국민국가로 변신한 중국이 세계 시스템 속에 편입되었음을 의미하는 것이기도 하다.

그렇다면 근대의 국민국가는 그 이전의 국가들과는 어떻게 다른 것인가? 전제군주제 국가의 경우 엄밀한 국경선이 존재하지 않았으며, 어디까지라도 뻗어나갈 수 있다는 의미에서 하나의 세계제국이었다. 중국에는 왕토왕신론王土王臣論이라는 개념이 있어 지대물박地大物博의 천하에 황제의 덕이 퍼져가는 것을 '문화' 文化='덕화'德化라고 하여 지배를 정당화했다. '가산제국'家産帝國 등 전제군주제 국가와 비교해 볼 때 국민국가의 큰 특징은 경계선으로 명확하게 규정해 놓은 영토와 그 내부의 주권이 설정된, 그리고 개인이나 가문의 소유가 아닌 공공적 개념으로서의 국가인

---

[1] 위 국민국가의 역사에 관한 내용은 木畑洋一, 「世界史の構造と國民國家」, 歷史學研究會 編, 『國民國家を問う』, 靑木書店, 1994, 3~22쪽에서 정리.

것이다. 그리고 국민을 논함에 있어 무엇보다 중요한 것은 이른바 '법 앞의 평등'이라고 하는 신분과 권리의 평등성이다.

1949년 10월 1일, 국민국가로서 새 출발을 하게 된 중화인민공화국[2]의 국민으로 장아이링이 느꼈을 감정은 어떠했을까. 1975년 뉴욕의 윌슨사 Wilson Company에서 펴낸 『세계의 작가들World Authors, 1950~1970』에는 장아이링을 포함한 세계 950명 작가의 자기소개 형태의 글이 실려 있는데, 이 글에서 장아이링은 '국가'에 대한 직접적인 언급을 하고 있어 매우 흥미를 끈다. "나는 상하이에서 태어났다."는 문장으로 시작되는 이 글에서 장아이링은 훗날 자신이 미션 계통의 여학교에서 6년간 공부를 하면서, 불우했던 가정환경의 객관적 모습이 어린시절 자신이 상상했던 것과 다르지 않았다는 걸 발견했고, 중국의 가정 제도는 당시에 막 붕괴되어 가고 있었다고 했다. 또, 그 뒤 공산주의 이념에 기반하여 세워진 '국가'에 대해서도, 거대한 혈족 집단인 국가가 가정을 대신한 것에 불과했을 뿐이며, 이러저런 것들을 취합해서 우리 시대의 확고한 종교인 내셔널리즘을 만들어갔다고 적었다[3].

장아이링의 이 발언은 국민국가의 본질에 대한 정의라기보다, 기본적으로 공산화에 대한 두려움 내지 자유에 대한 추구에서 비롯한 것으로 보아야 할 것이다. '거대한 혈족 집단인 국가가 가정을 대신한 것에 불과했다'고 하는 발언의 배후에는 '공공성의 부재'에 대한 비판이 존재하고 있

---

2 본고에서 중화인민공화국 수립을 국민국가의 출발로 본 것은 현재를 기준으로 볼 때, 국제적으로 정통성을 인정받고 있는 것이 중화인민공화국이라는 의미에서 그렇게 표현한 것이지만, 중국의 국민국가화와 관련해서는 다양한 해석이 있다. 이를테면 아래 니시무라 시게오(西村成雄)가 정리한 "20세기 중국 '국민국가' 5단계"는 그 중 한 예가 될 수 있을 것이다. (1)무술변법(1898~) (2)중화민국(1912~) (3)국민정부(1928~) (4)중화인민공화국(1949~) (5)개혁개방정권(1978~) 西村成雄, 『20世紀中國の政治空間』, 靑木書店, 2004, 14쪽.
3 영어 원문과 중국어 번역문은 高全之의 「張愛玲的英文自白」이라는 글에 있다. 高全之, 『張愛玲學』, 臺北:麥田出版, 2008, 406~414쪽.

다. 이는 서구의 자유주의적 국가와는 다른, 가부장적이고 폭력적인 분위기가 존재했다는 점과 무관하지 않다. 절대군주 시대 가산국가家産國家의 지양으로서의 국민국가에는 '공공성'이라는 요소가 있어야 하는 것이지만, 중국에는 특유의 가부장적 구조가 존재하고 있었던 것이고, 바로 이 점이 문제였던 것이다.

소설 『색, 계』色戒의 국민국가적 해석

필자는 「내셔널리스틱한 공간으로서의 연극무대」[4]라는 글에서 '왜 왕쟈즈는 작품 속에서 스파이로 설정되었을까'라는 문제를 제기한 적이 있다. 당시 필자는 스파이가 임무를 수행하는 동력은 국가에 대한 충성심에서 나오는 것이며, 왕쟈즈는 연극무대에서 한 번 공연을 해본 이후로 계속 그 분위기를 헤어나오지 못하게 되는데, 중요한 것은 그 연극이 바로 '항일 연극'이었다고 하는 점을 지적한 바 있다. 왕쟈즈는 계속해서 무대에 오르고 싶은 욕망을 분출하고 있는데, 그녀의 기억 속에 있던 그 무대는 바로 국민국가적이고 애국적인 공간인 것이다.

키바타 요이치木畑洋一는 근대적 국민국가와의 차이 중 하나로, 절대주의 국가에서는 국민적 아이덴티티가 부족했다는 점을 지적한 바 있다[5]. 국민적 아이덴티티 창출은 바로 네이션 창출의 문제로, 이는 프랑스혁명 이후 유럽에서의 국민국가 형성에 있어 관건적 요소가 된 것이다. 키바타는 18세기 이래 유럽 각 나라 간의 '전쟁'은 국민을 결집시키는데 있어 무엇보다 중요한 요소로 작용했다는 점을 지적하고 있는데, 이 점은 『색,계』

---

4 『中國現代文學』 제54호, 2010, 83~103쪽.
5 木畑洋一, 앞의 책, 7쪽.

에서 항일 '전쟁'이 내셔널리즘 형성의 기제로 작용하고 있는 것과 동일한 맥락이다.

연극무대와 관련하여 소설 『색,계』와 영화 〈색/계〉의 관계를 잠깐 언급한다면, 영화가 소설에 비해 작품 내 '연극적' 요소를 잘 살려내고 있다. 소설에서는 상하이의 지하 공작원 우吳 선생이 잠깐 언급되고 말지만, 영화에서는 훨씬 구체적이다. 왕쟈즈를 처음 만난 자리에서 우 선생은 그녀에게 캡슐을 건네주며 보관하고 있으라고 한다. 신분이 노출되면 즉시 자결하라는 의미이다. 이는 원작 소설에 대한 영화감독 리안의 탁월한 해석 능력을 보여주는 것인데, 연극 세계와 현실 세계의 갈림길은 영화의 후반부에서 다시 한 번 표현된다. 보석가게에서의 암살계획이 실패한 후 인력거를 타고 가던 왕쟈즈는 길이 봉쇄되어 멈춰 서자 옷섶에 꿰매두었던 자살용 캡슐을 꺼내 만지작거린다. 자살용 캡슐을 먹는다면 왕쟈즈는 조국을 위해 정치적 임무를 수행하다가 순국한 것으로 되겠지만, 그렇지 않다면 개인적 감정에 빠져 대사를 그르친 인물로 평가되는 것이다.

소설 속에서 암살 실패 후 왕쟈즈의 심경이 표현된 대목을 보기로 하자.

> 시내를 달리는 자동차와 거리 위의 행인들은 모두 그녀와 두꺼운 유리벽을 사이로 양분되어 있는 듯했다. 그들은 마치 눈으로는 볼 수 있어도 손에 넣을 수 없는 존재들로 쇼윈도 안에 화려한 모피와 은색 원피스 차림으로 전시되어 있는 마네킹처럼 유유자적해 보였다. 그녀 혼자서만 떨리고 두려운 마음으로 외부세계에 갇혀 있는 것 같았다.[6]

일종의 심리적 공황상태를 표현해내고 있는 것으로 보이는데, 왕쟈즈

---

6 장아이링, 김은신 역, 앞의 책, 61~62쪽.

는 왜 자신과 행인들 사이에 유리벽이 있다고 느낀 것일까. 그동안 맥 부인의 배역을 맡아오고 있던 왕쟈즈에게, 맥 부인이라는 가면이 벗겨진 채 맨 얼굴로 세상을 대해야 한다고 하는데서 온 당혹감이 아닐까. 그 당혹감이 그녀로 하여금 연극 세계와 현실 세계 사이의 '막'을 느끼게 한 것이며, 이 대목에서 작가 장아이링의 무의식 속에 열등한 인격으로서 왕쟈즈가 지닌 페르소나적 성격이 더없이 잘 드러나고 있다.

1940년대 일본군 점령 하의 상하이를 문학적 무대로 하여 성공한 장아이링의 전성기 작품 속 인물들에서는 내셔널리즘이나 애국심 등의 문제의식은 찾아보기 어렵다. 단편소설집 『전기』에 실린 작품들이 모두 그러한데, 이 점에 대해서는 본인도 1943년 11월에 발표한 「내 글을 말한다」에서 이미 자신은 "시대적 기념비류의 작품은 쓸 수도 없는 것이고 쓰지도 않을 것이며, 자신의 작품 속에는 '남녀 간의 작은 이야기'만 있을 뿐 전쟁도 없고 혁명도 없다."고 분명하게 밝힌 바 있다.7

바로 이런 장아이링이 '국민적 아이덴티티'를 의식하게 되는 것은 1949년 중화인민공화국이 수립을 앞둔 시기부터였다. 1947년 상하이 문예작가협회가 결성되자 장아이링은 이 단체에 가입하는데, 그녀가 중국의 작가 단체에 정식 회원이 된 것은 처음이자 마지막이었다.8 장아이링은 '량징梁京이라는 필명으로 1950년 3월부터 51년 『역보』亦報에 「십팔춘」十八春이라는 소설을 발표한다. 이 작품은 남녀 간의 애정을 다룬 통속적인 내용에 신정권 하의 국가 건설이라는 대서사를 결합한 것으로, 인물들이 18년간 이합집산을 거듭하다 국가에 공헌하기 위해 동북지방에서 만난다는 이야기인데, 역사적이고 시대적인 내용을 다루고 있다는 점에서 기존의 소설들과는 현저하게 달랐다. 이 작품은 당시에 일정한 반향이 있었던

---

7 張愛玲, 「談自己的文章」, 『流言』, 長沙: 湖南文藝出版社, 2003, 20쪽.
8 陳子善, 『沈香譚屑』, HONG KONG: OXFORD U-Press, 2012, 79쪽.

듯, '『십팔춘』토론회'가 열리기도 했다.⁹

　1950년 7월 24일부터 29일까지 샤옌夏衍, 빠진巴金, 펑쉐펑馮雪峰 등의 주도 하에 상하이에서 제1회 문학예술공작자 대표대회가 열리는데, 장아이링은 이 대회에 참석했다.¹⁰ 국가 정책에 적극적으로 협조하는 모습을 보인 것이다. 그 후 얼마 지나지 않아 장아이링은 2개월 동안 쑤베이蘇北 지역의 토지개혁에 참가한다.¹¹ 토지개혁 참가와 관련된 장아이링의 직접적인 언급은 찾아볼 수 없다. 문예공작자 대표대회와 토지개혁에 참가한 후인 1952년, 장아이링은 홍콩으로 건너가서 3년 동안 영문 장편소설 『The Rice Sprout Song』秧歌과 『Naked Earth』赤地之戀를 썼다. 1940년대에는 '남녀 간의 작은 이야기'만을 썼던 장아이링이 1950년대에 와서는 갑자기 '국가 건설'의 문제를 언급하기 시작했고, 그것도 『십팔춘』에서는 '신중국'의 입장을 지지하다가 『앙가』와 『적지지련』에 와서는 돌연 '반공'의 입장에 서게 되는 것이다.

　1955년 미국으로 간 장아이링은 1966년 『십팔춘』을 『반생연』으로 개작하는데, 『반생연』에는 애초의 국가 담론이 배경으로 후퇴하고 러브스토리가 다시금 전면에 배치되는 차이가 있다. 그리고 애초에 『십팔춘』의 마지막 제18장에 그려진 '신중국 건설에의 의지'와 관련된 부분은 삭제되어 버렸다. 『앙가』와 『적지지련』의 반공주의, 그리고 『십팔춘』의 『반생연』으로의 개작이라는 행위는 어떻게 보아야 할 것인가. 앞서 말한 『색,계』 속 '연극무대'와 결부지어 말한다면, 이는 연극무대(국민국가)를 객석에서 바라보기만 하던 왕쟈즈(장아이링)가 실제로 무대에 오르지만, 극중 배역을 끝까지 소화해내지 못하고 다시 무대 밖 국민국가의 외부에 놓이게 되는 일련의 과정으로 설명될 수 있을 것이다.

9　子通,亦清編,『張愛玲評說六十年』,北京: 中國華僑出版社, 2001, 553쪽.
10　柯靈,「遙寄張愛玲」,『讀書』,1985年 第4期.
11　장아이링의 토지개혁 참가에 관해서는 陳子善, 앞의 책, 88~90쪽.

상하이를 떠나던 배 위에서
—「머나먼 여정」浮花浪蕊

주인공 뤄전洛貞은 노르웨이 선적의 화물선을 타고 홍콩에서 일본으로 향하고 있다. 뤄전은 일본, 홍콩, 태국 같은 열대기후 지역만 지나다니는 이 화물선을 보고 영국 작가 서머셋 모옴의 문학세계를 떠올린다. 거기서 그녀는 시간여행을 하는 원형 터널을 지나 뤄후羅湖로 간다. 뤄후는 대륙에서 홍콩으로 넘어오는 관문에 해당하는 곳으로, 그녀는 '국경'을 벗어나 중화인민공화국을 탈출한다. 공산당 정권 하에 놓이게 된 광저우의 모습과 이에 대한 그녀의 상념이 이어지는 도중, 선실 짐꾼이 와서 식사가 준비되었다고 알려주었다. 뤄전은 식당에서 비쩍 마르고 유난히 키가 작은 흑인 남성과 살집이 있는 보통 체구의 아시아계 여성 커플을 만나는데, 뤄전은 그들이 하는 영어를 들으면서 자신이 예전에 상하이에서 함께 일했던 외국계 은행의 외국인 직원들을 떠올렸다.

뤄전은 일본에 도착하면 바로 일자리를 알아봐야 했기 때문에 객실에서 영문 자기소개서를 타이핑했고, 그러다가 자연스럽게 니우鈕 부인을 생각했다. 니우 부인은 뤄전 언니의 친구로, 유학생인 남편과 같이 영국에서 10년가량 살았고 귀국 후에도 상하이에서 서양식 생활을 즐겼다. 뤄전은 언젠가 언니에게서 니우 부인이 외국생활을 마치고 귀국하던 중 여객선 선장과 밀회를 즐겼다는 말을 들은 적이 있는데, 바로 이 말이 객실에 있는 뤄전으로 하여금 니우 부인과 니우 선생에 대한 기억을 떠올리게끔 했다. 니우 부인은 공산당을 피해 홍콩으로 탈출했지만, 니우 선생은 홍콩으로 오지 못하고 상하이에서 발이 묶여 버렸다. 니우 선생은 공산화 이후 공장에서 일했는데, 스파이 혐의로 인해 구속되고 석방되기를 반복했다. 홍콩에서 니우 부인을 찾아간 뤄전은 그녀에게 상하이를 떠나기 전에 보았던 니우 선생의 이야기를 들려줬고, 그 말을 들은 니우 부인은 남편이 홍콩에 올 마음이 없다고 생각하게 된다.

뤄전이 영문 자기소개서의 타이핑을 마친 순간 식당에서 만난 아시아계 여성이 그녀를 찾아온다. 그녀는 자신이 일본인이며, 상하이의 홍커우에 살았다고 하면서 앨범을 가져와 홍커우에서 찍은 사진들을 보여준다. 이 일본 여성의 남편은 흑인으로 차별 속에서 자랐고, 세상에 대한 일종의 반항으로서 일본 여자와 결혼했다. 당시 미군정 하의 일본에서 영어 잘하는 사람은 쓸모가 있었기 때문에 그들은 일본으로 가는 것이었다. 남편한테 버림받았다고 생각한 니우 부인은 정신적, 물질적으로 힘든 생활을 하고 있었고, 뤄전은 어느 날 갑자기 니우 부인이 죽었다는 소식을 접하게 된다. 일본에 도착하기 전에 뤄전이 탄 배는 어느 작은 섬에 정박하고, 그 섬에서 한 무리의 일본 여자들이 배에 탄다. 리처드슨이라는 이름의 흑인 남성은 자기에게 영문 자기소개서에 대한 자문을 받지 않았다고 하여 뤄전을 미워하고 있는 듯하며, 일본 여성은 남편의 눈치를 보는 굴욕적인 모습을 보인다. 배가 흔들리자 옆 방 일본 여성이 구토하는 소리가 들려왔지만, 뤄전은 유랑의 두려움을 저 멀리 내던진다.

「머나먼 여정」은 '의식의 흐름' 기법으로 전개된다. 이 소설의 이야기가 진행되는 공간은 배船이다. 국민국가의 고유한 요소가 '국경선으로 구분된 땅土'이었던 것을 상기해보면, 배라고 하는 공간은 땅이 갖는 정치적 제약으로부터의 해방으로 해석할 수 있다. 뤄전의 몸은 국민국가를 벗어나 바다를 표류하는 한편, 그녀의 의식은 계속해서 과거의 추억들을 반추해 내고 있다.

뤄전이 떠올리는 과거 기억은 니우 부인에 대한 기억과 뤄전 자신에 대한 기억으로 나뉘어진다. 니우 부인의 경우 ① 화려했던 영국 유학시절 ② 귀국 후 덴마크식 저택을 짓고 파티를 하면서 살던 상하이 시절 ③ 이주 후의 고단한 삶을 이어가던 홍콩 시절로 이어진다. 한편 뤄전의 경우, ④ 상하이 외국계 은행 근무 시절 ⑤ 진주만 공습 이후 집단수용소에 가게 된 영미인들, 그리고 커리 선생과 미스판潘의 결혼 ⑥ 상하이를 떠날 때 본 니우 선생의 마지막 모습 ⑦ 니우 부인의 궁핍한 홍콩생활과 그녀의 죽음 ⑧ 대륙을 탈출하는 뤄전의 시야에 들어온 상하이와 광저우의 모습이다.

'공간의 이동'이라는 각도에서 들여다보면, 니우부인은 영국→상하이→홍콩으로 이동하는 과정에서 점차 궁핍하고 왜소해진다. 또 뤄전은 상하이→광저우→홍콩→출국으로 이동하고 있는데, 두 사람의 기억은 결국 영국→상하이→홍콩→출국이라고 하는 하나의 선線으로 합쳐지면서 '대영제국의 몰락'과 '전후 세계 질서의 재편'이라고 하는 하나의 흐름을 표현해낸다.

소설 속 '대영제국의 몰락'의 징후는 국제결혼을 통해 잘 표현되고 있다. 뤄전은 배의 식당에서 흑인-일본인 커플과 마주친 후 상하이 외국계 은행 시절 동료이던 미스 판潘과 커리 씨의 '국제결혼'을 떠올린다. 광동인 미스 판은 영국인 커리 씨의 여비서였다. 진주만 공습 이후 일본군이 상하이의 조계를 장악하면서 영미인英美人들은 모두 집단 수용소에 수용되었다. 우직한 미스 판은 때를 거르지 않고 커리 선생에게 식량을 보냈다. 커리 선생과 그의 부인은 원래 각자 원하는 것을 하며 서로의 삶에 간섭하지 않았다. 이미 각자의 생활에 익숙해질 대로 익숙해져 있던 두 사람은 수용소에 들어가 한방을 쓰게 된 다음에도 방 가운데에 군용담요를 걸어 서로 경계를 넘지 않았다. 그렇게 몇 년을 지낸 부부는 수용소에서 나오자마자 이혼을 했고, 커리 선생은 곧바로 미스 판과 결혼했다.

커리 선생이 영국인 부인과 이혼하고 미스 판과 재혼하게 된 데에는 '대영제국의 몰락'이라고 하는 상황이 반영된 것으로 보인다. 비록 영국인은 아니지만, 영국에서 오래 생활한 니우 선생에게서 뤄전은 영국신사의 멋을 느끼고 있었다. 뤄전은 키가 크고 늘씬해서 영국에서 맞춘 수트를 멋지게 잘 소화해내는 니우 선생을 '남자 중에서 참 옷을 잘 입는다.'고 생각하고 있었다. 이 멋진 '영국신사' 니우 선생이 결국 니우 부인이 있는 홍콩으로 오지 않고 상하이에 남는 길을 선택한 것[12] 역시 '전후 세계질서의 재편'과 무관하지 않은 것으로 보인다.

식당에서 마주친 일본인 여성의 배우자 리처드슨은 내세울 것 없는 외모에 열등의식에서 비롯된 권위로 강력하게 무장된 인물이다. 배를 타고 중국 땅을 떠나가는 뤄전에게 있어 '국제결혼'이 떠올려지는 것은 너무나 자연스러운 일이라 하겠지만, 왜 소설 속 상대방이 백인 영국신사가 아닌 흑인 남성으로 설정되었을까. 「경성지련」에서 영국 유학 출신의 돈 많은 화교 판류위엔이 결국 상하이 출신의 이혼녀 바이류쑤와 결혼하게 되는 모습은 앞서 언급한 커리 선생이나 니우 선생이 자신의 거취 문제를 두고 최종적으로 내리게 된 결론과 유사한 것으로 판단된다. 이는 모두 대영제국의 해체, 영국적 가치의 하락으로 인한 '현지화' 本土化인 것이다. 여기에 더해 키 작은 흑인에 콤플렉스로 뭉친 리처드슨이라는 인물을 등장시킨 데는 당시 새롭게 재편되어 가는 냉전적 국제질서에 대한 장아이링의 인식이 반영된 것이라 할 수 있다.

장아이링의 실제 여정으로는 일본을 거쳐 미국으로 갔지만, 소설 속에서는 작은 섬을 거쳐 일본으로 가는 것으로 치환되어 있다. 하지만 뤄전이 배에서 만난 사람들이 흑인 남성과 일본 여성의 커플이라고 하는 것은 이 배가 혼종적 공간으로 설정되어 있다고 하는 것을 의미하며, 흑인 리

---

12 뤄전은 언니에게서 니우 부인이 남편과 함께 귀국하던 배에서 그 배의 선장과 일시적이고 충동적인 밀회를 즐긴 적이 있다고 하는 비밀 이야기를 들었고, 소설 속에서 뤄전과 언니는 모두 그 사실을 니우 선생을 포함한 다른 사람은 아무도 알지 못한 것으로 알고 있다. 하지만 뒷부분에서 니우 선생이 상하이에 남기로 결정하자, 니우 부인이 처음에는 그 사실을 담담하게 받아들이는 것 같았지만, 나중에는 이로 인해 죽게 된다. 이를 보면 니우 선생도 니우 부인이 바람피운 것을 알고 있었음을 암시하는 것이 아닌가 하는 의구심이 든다.

처드슨의 일본인 아내가 굴종적인 성격으로 그려지고 있는 것은 향후 뤼전이 마주하게 될 새로운 공간의 권력 구조에 대한 불안감이 표현되고 있는 것으로 보인다. 새로운 땅에 가서 정착하기 위해 영문 자기소개서를 타이핑하고 있는 뤼전은 혼종적 주체로 거듭나게 될 것이겠지만.

난민難民 신분으로 미국에 간 장아이링

1952년 홍콩으로 간 장아이링은 홍콩대학 복학 신청을 했으나 장학금 문제로 학교 측과 의견 충돌이 생기자 복학을 포기하고 만다. 장아이링은 당시 옌잉炎櫻이 있던 일본 도쿄에 일자리를 알아보러 가는데, 아마도 미국 이민에 대한 생각이 구체화된 것은 이때부터였던 것 같다. 그 해 12월 아메리카 인포메이션 에이전시의 헤밍웨이 「노인과 바다」 중국어 번역 공모에 응모하여 그 책을 번역하게 되었고, 그 과정에서 송치宋淇, 쾅원메이 鄺文美 부부와도 알게 된다. 1954년에는 『앙가』 중국어판을 출판하고 미국에 있는 후스胡適에게도 책을 한 권 보낸다.

1955년 장아이링은 미국으로 이민을 떠난다. 그 배경에 대해서는 리처드 맥카시가 까오취엔즈高全之와의 인터뷰에서 소상히 밝힌 바 있는데, 미국에는 매년 이민을 받을 수 있는 인원이 정해져 있고 홍콩에서 미국으로 이민가려는 사람은 많은 상황이라서, 통상적인 순서에 따르자면 장아이링은 매우 오래 기다려야 할 형편이었다. 하지만 1953년 미국 국회에서 난민구제 법안이 통과되면서 특별정원이 2000명가량 생겨났고, 대륙 출신으로 홍콩에 서 머무르고 있던 전문 인력들이 모두 신청할 수 있게 되었다. 1955년 장아이링은 중국 전문인력 난민中國專才難民의 자격으로 미국에 가게 된다. 당시 장아이링은 클리블랜드호 우편선을 타고 일본을 거쳐 미국으로 간다. 목적지인 미국 샌프란시스코에 도착한 날짜는 1955년

10월 22일이었고, 만 5년 후에 정식으로 시민권을 얻게 된다.[13]

미국에 도착한 장아이링은 초창기 뉴욕의 구세군 회관에서 운영하는 여성 숙소에서 묵은 것으로 알려져 있는데, 당시의 상황이 「후스선생을 기억하며」憶胡適之, 1968라는 글에 잘 나와 있다. 당시 이 숙소에는 알콜중독자, 노숙자 등 다양한 사람들이 모여 살았는데, 하루는 후스胡適가 장아이링을 만나러 그곳에 왔다. 후스와 장아이링은 이전부터 집안 어른끼리 교류가 있었고, 장아이링도 새로 쓴 작품을 후스에게 보내 문학적 자문을 구하고 하던 사이였다. 허름한 숙소로 찾아온 후스를 접대할 공간이 없어, 텅 빈 응접실의 낡은 소파로 안내하던 장아이링이 어색한 미소를 짓자 후스는 연신 이곳이 아주 좋다고 칭찬을 했다. 아마도 장아이링이 무안하게 느끼지 않게 해주려는 배려였을 듯한데, 장아이링은 그에게서 중국인의 교양과 겸손함을 느꼈다. 글의 한 대목을 보기로 하자.

나는 문밖까지 배웅하러 나갔고 우리는 헤어지기 전 계단에서 얘기를 나누었다. 날씨가 추웠고 바람이 거셌다. 길 건너편 허드슨강에서 바람이 불어왔다. 후스선생은 거리 초입에 보이는 희미하고 회색빛이 감도는 강을 바라보고 있었다. 강에는 안개가 뿌옇게 서려 있었다. 왠지 모르게 빙그레 웃으며 계속해서 그곳을 바라만 보고 계셨다. 그는 목도리를 단단히 두르고 있었고 낡은 검은 외투를 입고 있었는데 어깨가 건장했고 얼굴이 상당히 컸다. 동銅으로 만든 고대 반신상 같은 느낌이었다. 나는 불현듯 역시 사람들이 말하는 대로이구나 하는 생각이 들었다. …… 나는 코트를 입고 나오지 않았다. 실내의 공기가 너무 더워서 그냥 여름 원피스만 입고 있었던 것이다. 그런데 이상하게 조금도 춥지 않았

---

13 장아이링이 미국으로 떠나게 되는 실제 상황에 대해서는 송치(宋淇)의 아들 송이랑(宋以朗)이 쓴 『宋淇傳奇』(OXFORD, 2014) 207쪽 기술에 의함.

고 오래 서있었는데도 바람이 그저 그렇게만 느껴졌다. 나도 강물이 흐르는 것을 보면서 미소 짓고 있었다. 그런데 마치 슬픈 바람이 십만 팔천 리 밖에 있는 이 시대의 깊은 곳으로부터 불어오는 것만 같았다. 나는 눈을 뜨고 있을 수가 없었다. 그것이 내가 마지막으로 본 후스선생의 모습이었다.

장아이링의 조부와 후스의 부친도 서로 아는 사이였다. 경제적 이유 때문에 어쩔 수 없이 직업여성 숙소에서 거주하고 있던 장아이링에게 후스가 찾아온 날, 다소 어색한 분위기에서 연신 이곳이 좋다고 말한 후스의 교양이 빛나던 순간이 잘 그려지고 있다. 나중에 장아이링은 후스에게 재정 보증을 부탁한 적도 있었고, 후스는 기꺼이 들어주었다. 장아이링은 감사의 편지를 보냈고, 한참 뒤에 후스의 사망 소식을 듣는다. 뉴욕에서 두 사람이 만난 것은 1955년 무렵이었고, 후스가 사망한 것은 1962년이었으며, 이 글은 1968년 홍콩의 월간 『명보』明報 26기에 실렸다.

1956년 장아이링은 뉴햄프셔주 에드워드 맥도웰 콜로니 문예캠프에 참가했다가 극작가 페르디난드 레이어 Ferdinand Reyher를 알게 되었고, 그와 결혼한다. 두 사람은 11년간 부부로 살았고, 레이어는 1967년에 사망한다. 장아이링은 1969년 U.C.버클리 중국연구센터의 연구원이 되어 2~3년 근무했고, 1972년 L.A.로 이사한 후로는 거의 은거隱居 생활에 들어간다. 『색,계』는 1978년에 타이완 〈중국시보〉의 「인간」人間 부간에 발표한 것이다. 장아이링은 1995년 L.A.의 아파트에서 고독사 했다.

디아스포라의 시간

국민이 뿔뿔이 흩어지는 순간, 다른 시간 다른 장소 다른 이들의 국가에서는 모임의 시간인 바로 그 순간을, 나는 살았다. '이국' 문화의 변두리에 모여드는 추방자와 망명객과 피난민의 무리. 국경에 모여드는 사람들. 도심의 게토와 카페에 모인 이들. 절반쯤 이해한 외국어를 서투르게 쓰는, 혹은 상대방 언어를 믿을 수 없이 유창하게 구사하는 사람들의 모임. 학위, 논문, 전공과 같은 승인과 수락의 기호들 주워모으기. 저개발에 대한, 시계를 거꾸로 살았던 다른 세계들에 대한 기억들을 모아 간직하기. 부활의 의식을 통해 과거를 추슬러 모으기. 현재를 수습하기. 또한 계약, 이주, 수습 노동자가 되어 디아스포라에 합류하는 사람들. 존 버거가 "제7의 인간"이라 이름 지은 그 외로운 인물상의 계보를 이루는 — 범죄 통계, 학업 성취도, 법규, 이민법상의 신분에 대한 정보의 취합, 팔레스타인의 시인 마흐무드 다르위시가 "마지막 하늘이 지면 새들은 어디로 날아가야 하나"라고 물으며 보았던 떼 지어 모인 구름.[14]

―호미 바바, 「디세미-네이션」

장아이링의 절친한 벗이었던 송치宋淇는 1955년 가을 장아이링이 자신과 쾅원메이鄺文美 말고는 아무도 배웅하지 않은 쓸쓸한 분위기에서 홍콩을 떠났고, 중간 기착지 일본에서 여섯 장짜리 편지지에 애절한 심정을 깨알같이 적어 보내왔던 출국 당시의 슬픈 정황을 「사적으로 장아이링을 말한다」私語張愛玲라는 글에 적은 바 있다.[15]

호미바바는 '흩어지는 사람들'로 시작한 위 글의 후반부에서 그들이 도시에 모여드는 것으로 마무리 하고 있다. 이주자, 소수자, 이산민들이 국가의 역사를 바꾸기 위해 모여드는 곳이 바로 도시라고 하는 것이다. 장

---

14 호미 바바 편저, 류승구 옮김, 『국민과 서사』, 후마니타스, 2011, 454~455쪽.
15 子通, 亦清主編, 『張愛玲評說六十年』, 中國華僑出版社, 2001, 130쪽.

아이링은 「역시 상하이인이야」 到底是上海人, 1943라는 글에서, 홍콩에서 돌아와 오랜만에 다시 만나는 상하이인에 대한 반가운 감정과 애정을 표현한 바 있는데, 국민국가의 아웃사이더였던 장아이링도 결국 중국인이라기보다 '상하이인'이었다고 해야 하지 않을까. 장아이링과 국민국가의 관계에 대해서는 미국의 중국 현대문학 연구자 왕더웨이 David Der-wei Wang가 「장아이링의 『앙가』와 『적지지련』을 다시 읽다」라는 글에서 장아이링을 '국國'민이 아닌 '시市'민의 관점에서 볼 수 있지 않을까 하는 견해를 밝힌 바 있다. 왕더웨이는 장아이링과 같은 해파海派 작가가 국가기구에 마음을 열기는 어려웠을 것이라고 하면서, 작가와 국가기구의 위치 설정이라고 하는 부분에 바로 『앙가』와 『적지지련』의 중요성이 놓여 있다고 했다.[16]

장아이링은 『망연기』의 서문에서 『색,계』와 「머나먼 여정」 浮花浪蕊이 모두 1950년대에 완성되었고, 후에 퇴고의 과정을 거쳤음을 밝힌 바 있다. 1950년대라고 하면 대륙과 타이완 양안에서는 모두 국가에 의한 문학의 '관리' 管理가 본격화되던 시점이다. 한 편에서는 신중국 건설을 찬양하고 다른 한 편에서는 반공문학이 쓰여지고 있던 '국가주의'의 시절에 어떻게 이처럼 '국가'와 '국민'을 대상화하는 문학이 나올 수 있었을까. 장아이링 문학은 중국 디아스포라문학의 값진 성과라 하지 않을 수 없다.

---

16 王德威, 「重讀張愛玲的『秧歌』與『赤地之戀』」, 楊澤編, 『閱讀張愛玲』, 臺北:麥田出版, 1999, 137쪽.

20

중국에 서양문화를 전해준 러시아인들
－샤페이로의 러시아정교 교회

-

플라타너스 심어진 유럽풍 거리 샤페이로에서 마주친 러시아정교 교회 건물

10월혁명 이후 상하이로 이주해 온 러시아인들

루쉰 아들 저우하이잉의 회상 속 러시아인의 모습

중국에 클래식 음악을 가져다준 러시아인들

플라타너스 심어진 유럽풍 거리
샤페이로에서 마주친 러시아정교 교회 건물

샤페이로霞飛路는 화이하이중로淮海中路의 옛 이름이다. 샤페이霞飛는 프랑스 장군 조프르Joseph Jacques Cesaire Joffre, 1852~1931의 이름을 음역한 것이라 하는데, 그 이름만으로도 이곳이 과거에 프랑스 조계였다는 것을 금방 알 수 있다. 샤페이로는 1914년 프랑스 조계지의 3차 확장 당시, 그 이전에는 바오창로寶昌路라 불리던 길의 이름이 프랑스식으로 바뀐 것이다. 샤페이로는 이국적 분위기가 넘쳐나는 곳으로, 거리에는 다양한 카페나 음식점도 많았지만, 플라타너스로 심어진 가로수가 분위기를 형성하는데 크게 한몫 했다. 방울 같은 열매가 열리는 플라타너스 나무는 1902년부터 이곳에 심어지기 시작했고, 당시 중국인들은 그것을 '프랑스 오동나무'法國梧桐라 불렀다.

플라타너스가 심어진 옛 프랑스 조계를 걷다보면 러시아인들의 교회 동정쟈오탕東正教堂을 만나게 된다. 상하이에서 만나게 된 러시아 교회 건물은 처음에는 너무나 의외였다. 10월혁명 후 러시아에서 소비에트 정권

러시안 교회 동정쟈오탕(東正敎堂)

이 생겨나자 제정러시아의 귀족 및 지주계급 등의 이른바 백계白系 러시아인들은 세계 각국을 떠돌며 피난과 망명의 길을 떠난다. 그중 상하이로 들어온 사람들이 프랑스 조계의 샤페이로 부근에서 교회와 학교 시설 등을 갖춰가며 모여 살았다. 이 동정쟈오탕은 바로 그 러시아인들의 흔적인 것이다. 당시의 러시아인들은 어떤 모습이었을까. 요코미쓰 리이치橫光利一의 소설 『상하이』1932는 러시아인에 대한 묘사로부터 시작하고 있다.

> 물가의 벤치에는 지친 러시아 매춘부들이 한 줄로 앉아 있었다. 그녀들의 무표정한 눈동자 앞에서 밀물에 역행하는 선창의 푸른 램프가 하염없이 돌고 있었다. "바쁘세요?" 매춘부 한 명이 산키參木 쪽으로 고개를 돌리며 영어로 말했다. 그는 여자의 이중턱이 겹친 부분에 하얀 반점이 있는 걸 보았다. "여긴 비어 있어요." 산키는 여자와 나란히 앉은 채 잠자코 있었다. "담배"하고 여자는 말했다. 산키는 담배를 꺼냈다. "매일 밤 여기 오나?" "네." "이제 돈도 없어 보이는군." "돈?" "그래." "돈도 없고 나라도 없죠." "그럼 힘들겠군." "그래요."[1]

외모는 서양인이지만 부와 권력으로 행세하던 미국과 서유럽인들과는 달리 러시아인들도 상하이에서는 소수자였다. 상하이 외국인 교회의 위치 역시 그들의 권력 관계를 반영하는 듯했다. 기독교 교회가 공동 조계의 번듯한 곳에 있었던데 반해, 러시아인들의 교회는 허름한 프랑스 조계에 위치하고 있었다. 표지판의 설명을 보니 교회의 정식 명칭은 동정성모교당東正聖母教堂이고, 1901년 자베이閘北 지역에 처음 지어졌으나 1932년 상하이사변으로 파괴된 후 러시아 사업가의 기부로 1932~1934년에 이곳에 다시 지어졌다고 한다. 돔형 지붕이 매우 독특했다.

---

[1] 요코미쓰 리이치, 김옥희역, 『상하이』, 소화, 1999, 18쪽.

10월혁명 이후 상하이로 이주해 온 러시아인들

러시아인들의 상하이 이주를 이야기하자면 1922년의 스타르크함대 사건을 빼놓을 수 없다. 1922년 12월 5일 황푸강과 양쯔강이 합류하는 우송커우吳淞口의 포대 부근에 십 수척 의 선박이 출현해서, 크리스마스를 앞둔 외국인들을 긴장시켰다. 이는 러시아 해군 대장上將 스타르크가 인솔해온 함대였고, 그들은 전쟁을 하러 온 것이 아니라 소비에트군과의 전쟁에서 패한 후 상하이에서 도피처를 찾고자 한 '백계白系 러시아인'들이었던 것이다.

1917년 볼셰비키혁명이 시작되자 사회주의정권을 싫어한 많은 귀족, 관료, 자본가 등이 러시아를 탈출했다. 경제적으로 여유있는 사람들은 서유럽으로 갔지만, 그렇지 않은 사람들은 시베리아를 횡단해서 중국 동북부로 갔다. 중국 동북부는 19세기 이래 동청東淸철도회사에 의해 러시아의 영향력이 상당히 미치고 있었고, 하얼빈을 중심으로 대규모 러시아인 커뮤니티가 형성되어 있었다. 1923년 하얼빈에 있는 러시아인은 20만 명에 달했는데, 이는 현지의 중국인 수를 넘어서는 것이었다.

백계 러시아인들의 리더 스타르크는 낡은 객선, 우편선 등을 구입하여, 군인, 사관학교 생도, 지방 관료, 가난한 시민들 9천 명을 모아 30척의 함대를 만들고 블라디보스톡을 출발했다. 중간에 조선의 원산, 부산 등에 입항하려 해보았지만 실패했고, 천신만고 끝에 상하이에 도착한 것은 14척 뿐이었다. 스타르크는 상하이에서 상륙 허가를 받고자 했지만, 쉽지가 않았다. 한꺼번에 이렇게 많은 난민이 몰려온 것은 처음이었기 때문이다. 러시아혁명 이전 상하이 거주 러시아인은 많지 않았다. 1915년 기준으로 4백 명 정도였는데, 그들 중에서도 경제적, 문화적으로 여유있는 상류층과 난민으로 나뉘어졌다. 스타르크를 따라온 러시아 사람들 중

1천 2백 명만 상륙 허가를 받았고, 나머지 6백 명은 다시 필리핀을 향해 떠났다.[2]

상하이의 러시아인은 '가난한 백인白人'이었다. 영어도 못하고 중국어도 못하는 그들은 일자리를 잡기가 쉽지 않았을 뿐 아니라, 오히려 조계 내 백인들의 '명예'를 더럽히고 '질서'를 어지럽힌다고 비난받는 경우가 많았다. 군인 출신으로 총을 다룰 줄 아는 러시아인은 상하이의 돈 많은 중국인의 보디가드로 취직하는 경우도 있었지만, 여성의 경우 댄서, 호스테스, 마사지걸, 매춘부 등으로 일하는 경우도 많았다고 한다. 요코미쓰 리이치橫光利一의 『상하이』에 나왔던 분위기이다.

시간이 지나면서 조계 내의 러시아인 중에서도 의사, 건축가, 엔지니어 등 전문적 기술을 가진 사람들이 늘어나게 되는데, 1920년대 말이 되면 전문직의 비율이 10% 이상이 된다. 1930년대 조계 내의 러시아인은 1만 5천~2만명으로, 일본인, 영국인의 뒤를 이어 세 번째로 많은 수가 된다. 대체적으로 돈이 좀 있는 러시아인은 프랑스 조계에 살았고, 여유가 없는 사람은 공동 조계의 북부나 동부의 공장지대에 살았다.

루쉰 아들 저우하이잉의 회상 속 러시아인의 모습

1936년 프랑스 조계 샤페이팡霞飛坊으로 이사 가서 10여 년 넘게 그곳에서 산 루쉰 아들 저우하이잉의 회상을 통해 당시 러시아인들의 생활 풍경을 잠시 엿보기로 하자.

---

2 이상 러시아인들의 상하이 이주와 정착의 상황에 대해서는 榎本泰子, 『上海』, 中央公論新社, 2009, 117~139쪽 참고.

롱탕의 아침은 시큼한 소 누린내로 가득했다. 그릇을 씻은 물이 빠지는 도랑에는 아주 두꺼운 황백색의 기름때가 떠다녔다. 우리 집의 우측, 여섯 가구 칠십여 명의 러시아인들이 사는 집에서 흘러나오는 것이었다. 이 집의 러시아 주부들은 매일 소의 경골, 토마토, 서양 고구마, 양파를 넣은 탕을 한 솥 끓인다. 들리는 말에 의하면 발효된 기름도 넣는다고 한다. 이것이 바로 진정한 러시아 스프 '보르시'이다. 당시 러시아인들은 자국에서 가져온 많은 양의 귀중품을 처분할 수 있어 주머니가 비교적 넉넉했다. 롱탕 입구에는 산동 사람이 연 잡화점이 있었다. 주 고객은 러시아인이었고, 프랑스 교민, 유대인 등도 있었다. …… 이런 고급 서양 훈제식품은 가격이 아주 비쌌다. 이사 온 문화계 인사 중에 그런 식품을 살 만한 이는 없었다.[3]

저우하이잉의 글에 1930~1940년대 상하이의 혼종적 분위기가 잘 잡혀있다. 역시 프랑스 조계에 사는 러시아인들은 경제적으로 여유가 있었던 것인지, 이주민임에도 먹고 사는 것이 같은 동네 중국 사람보다 오히려 나았던 것 같다.

그렇다면 러시아인들은 왜 상하이에서도 프랑스 조계에 모여 살았을까? 프랑스와 러시아가 역사적, 문화적으로 상당한 유대감을 갖고 있던 데에도 원인이 있겠지만, 이는 당시 프랑스 정부가 볼셰비키혁명에 매우 부정적이었기 때문이기도 했다. 그런 이유로 프랑스 조계 당국은 피난 온 러시아인들을 우호적으로 대해주었고, 러시아인들은 프랑스 조계에 모여 살았다.

당시 프랑스 조계에는 바라노프스키Baranovsky·百靈洋行라는 러시아 백화점도 있었고, 러시아인들이 하는 양복점, 쥬얼리샵, 잡화점, 식품점,

---

3 저우하이잉, 서광덕·박자영 옮김, 『나의 아버지 루쉰』, 강, 2013, 204쪽.

약국, 이발소, 사진관, 꽃가게, 레스토랑, 카페, 베이커리 등이 100여 군데 있었다. 거기에 푸르고 둥근 러시아정교회 건물까지 어울려, 당시 샤페이로霞飛路 일대는 '동방의 페테르부르크', '리틀 러시아'라는 별칭으로 불리기도 했다.

또 이들 러시아 사람들의 영향으로 당시 상하이에는 구운 흑빵, 피로시키, 보르시, 잼을 넣은 러시안 티 같은 러시아 본토의 음식들이 유행했다고 한다. 지금도 중국의 식당에서 뤄송탕羅宋湯이라는 걸 주문하면 야채수프 같은 것을 갖다 주는데, 이 뤄송羅宋이라는 말이 '러시아'를 음역한 것이다. 그렇다면 '러시안 수프' 정도의 의미이겠는데, 이미 맛은 오래 전에 현지화 되어 전혀 러시아 음식이라고 느껴지지는 않는다. 이웃에 살던 러시아인에 대한 저우하이잉의 기억을 하나 더 보기로 하자.

70호의 러시아인 집에는 대여섯 살쯤 된 금발머리 여자아이가 있었다. '유라'라고 불리던 그 아이는 성격이 꽤 쾌활했다. 일본이 패망한 1945년 가을, 네온사인이 번쩍이는 상하이의 술집마다 미군 병사들이 가득 들어차 있을 무렵, 유라는 소녀로 성장해 있었다. 그 애는 미군 선원과 팔짱을 끼고 뽐내듯 시내를 거닐곤 했는데, 하루에도 상대를 여러 번 바꾸었다. 그러나 몇 년 지나지 않아 얼굴은 초췌해지고 머리칼은 흐트러지고 회색빛이 되어 마치 사오십대 아줌마처럼 변해버렸다. 한 여자의 청춘이 이렇게 순식간에 지나갔다.[4]

한 골목에서 이웃해 살았던 중국인과 러시아인. 그들은 서로 관심은 있었으되 언어의 문제로 인해 소통할 수가 없었다. 비록 중국인과 섞여 살았지만 러시아인들은 영원한 이방인이었던 것이다.

---

4 저우하이잉, 앞의 책 206쪽.

중국에 클래식 음악을 가져다준 러시아인들

상하이의 러시아인들 중에는 모스크바나 페테르부르크에서 정식으로 음악 수업을 받고 온 음악가들도 많이 있었고, 공동 조계에는 1870년대부터 외국인 주민을 위한 문화 활동이 왕성해서 발표회나 무도회 등 음악을 필요로 하는 경우가 많았다.[5] 퍼블릭 가든에서 정기적으로 연주하던 공부국교향악단工部局交響樂團은 '극동 최고'의 연주 수준이라는 평가를 받고 있었는데, 이 악단의 60%가 러시아인이었다. 1927년에는 중국 최초의 음악학교인 국립음악원이 설립되었는데, 많은 러시아인 음악가들이 이 학교의 교사로 초빙되었다. 러시아 음악가들은 클래식 음악 교육을 받은 사람들이 많았지만, 밤이면 생계를 위해 재즈와 댄스뮤직을 연주하는 경우가 많았다.

사실 클래식 연주에 있어서는 하얼빈의 러시아인들이 유명한데, 하얼빈 러시아인 가극단은 1920년대부터 창춘, 베이징, 티엔진, 상하이 등지에서 순회공연을 했다. 루쉰魯迅도 1922년 러시아 가극단의 공연을 보고 「러시아 가극단을 위하여」라는 글을 쓴 적이 있다. 당시 루쉰은 베이징의 제일무대第一舞臺에서 열린 다로프 러시아 경가극단Daroff's Russian Light Opera Co.의 공연을 러시아 맹인 시인 예로센코와 함께 가서 보았는데, 러시아 가극단의 예술적 수준과 중국 관객의 관람 태도 사이의 격차에 크게 충격을 받았던 것 같다.

특히 루쉰의 눈에 거슬린 것은 객석 앞 열에 포진한 채, 무대 위에서 키스하는 장면이 나올 때마다 극장이 떠나가라 박수를 치며 환호하던 군인들이었다. 이처럼 군인들이 대규모로 오페라를 관람하게 된 것은 당시

---

5 러시아 음악가들의 활동에 대해서는 榎本泰子, 앞의 책 참고.

베이징의 군벌 정권과 관련이 있다. 루쉰이 보기에 그들은 오페라를 예술적으로 감상한 것이 아니라, 말초적 흥미거리로만 받아들인 것이다.

옆자리에 앉은 예로센코에게 부끄럽다고 생각한 루쉰은 "나는 러시아 가극단이 왜 자신들의 고향을 떠나 이토록 아름다운 예술을 중국으로 가져와 찻값 몇 푼을 벌려고 하는지 모르겠다. 사실 그 까닭을 아는 셈이지만 짐짓 모른다고 말하려 한다. 당신들은 아무래도 돌아가는게 낫겠소!"라고 분개했다. 루쉰은 만약 그가 가수였다면 그런 무지하고 천박한 관객들 앞에서 공연하지 않았을텐데, 이런 상황에서도 아무렇지 않게 노래하고 춤추는 러시아 예술가들은 정녕 아름답고 진실하면서도 용맹스러운 사람들이라고 했다. 예로센코는 베이징에 와보고 나서 베이징이 마치 사막 같다고 한 적이 있는데[6], 루쉰은 그의 그런 탄식을 이어받아, "사막이 여기에 있다. 꽃이 없고, 시가 없고, 등불이 없고, 열기가 없다. 예술이 없을 뿐만 아니라 취미가 없고 심지어는 호기심도 없다."라고 했다. 그리고 그런 사막에서도 생계를 위해 노래해야만 하는 현실을 보고, "사막보다도 훨씬 무서운 인간 세상이 여기에 있다."라고 했다.

이 글을 쓴 1922년은 루쉰이 아직 상하이로 가기 전이지만, 중국 내 러시아인의 슬픈 처지가 잘 표현되어 있다. 하얼빈 주재 러시아인들의 오페레타 출장 공연은 1934년부터는 상하이를 본거지로 정하게 되는데, 러시아 경가극단輕歌劇團은 1940년까지 약 50회 공연을 했다. 여기에 참가한 가수와 배우는 137명, 관객은 12만 명이었다.

상하이 조계는 다양한 국적의 사람들이 경제적 이해관계로 모인 장소였다. 조계의 주류는 영국인과 미국인이었지만, 오히려 그들에 비해 중국인들에게 더 큰 영향을 미친 것은 러시아인들이었다. 러시아인들은 비록 정치·경제적인 파워는 없었지만, 요리나 음악 등의 소프트 파워를 통해

---

6 루쉰 소설「오리의 희극」내용 참고.

그들의 라이프 스타일을 상하이 사회에 침투시켰다. 태평양전쟁 후에 많은 서양인들이 상하이를 떠났지만, 돌아갈 나라가 없었던 러시아인들은 '중립국인'이라 해서 상하이에 남아있을 수 있었다. 상하이의 중국인들은 조계시대에 맛본 '서양'을 문혁 때까지도 잊지 못했다. 그 서양문화의 인이 박히도록 해준 사람들이 바로 러시아인이었다.

21

홍콩사람들 기억 속의 '상하이 스타일'

—왕가위의 〈화양연화〉

●

왕가위 영화 속 '상하이'

어린시절 왕가위가 살았던 상하이

홍콩으로 온 왕가위 가족

상하이 출신들이 모여 살던 노스 포인트

상하이인 특유의 스타일이란 무엇인가

<아비정전>과 상하이 스타일

홍콩 작가 류이창劉以鬯과 그의 소설 「떼뜨베슈」對倒

상하이의 대스타 저우쉬엔周璇이 부른 노래 「화양적연화」花樣的年華

류이창劉以鬯의 「떼뜨베슈」對倒와 왕가위의 <화양연화>

상하이에서 새롭게 문화적 가능성을 찾고 있는 왕가위 −진위청, 『번화』繁花의 영상화

왕가위 영화 속 '상하이'

우리에게는 '왕가위'로 익숙한 이 홍콩 영화감독의 이름 표기를 두고 고민을 좀 했다. 王家衛의 광동어 발음이 Wong Kar-wai이고 그걸 우리말로 표기하면 웡카와이가 되겠지만, 광동어 발음 웡카와이와 베이징어 발음 왕자웨이가 모두 좀처럼 입에 붙지를 않았다. 그래서 우리가 처음 그를 만났던 때의 기억을 따라 '왕가위'로 표기하기로 한다. 영화 속 캐릭터 '아비' 阿飛도 그렇고, 우리에게 이미 익숙한 '장국영'이나 '양조위' 역시 마찬가지다. 독자 여러분의 양해를 부탁드린다.

그건 그렇다고 하고, 왕가위 영화 속의 상하이라니? 홍콩이라면 몰라도…. 그렇다, 상하이. 나는 여기서 그의 영화 속 '상하이'에 대해 이야기하고 싶다. 왕가위 영화 속 상하이를 이야기하려는 이유는 대략 세 가지이다. 첫 번째는 그가 상하이 출신이라는 것, 그리고 어릴 때 홍콩으로 왔지만 줄곧 홍콩 내 상하이 문화적 환경에서 성장했다고 하는 것과 관련이 있다. 두 번째는 그가 상하이 출신의 배우 판디화潘迪華·Rebecca Pan, 1930~를 캐스팅했다는 것이다. 그녀는 왕가위의 영화 〈아비정전〉에서 아비阿飛의 엄마 역으로 나왔고, 〈화양연화〉에서는 집주인으로 나왔다. 세 번째는 그의 영화 〈화양연화〉가 영향을 받은 것으로 알려진 상하이 출신 홍콩 작가 류이창劉以鬯 및 그의 소설 「떼뜨베슈」對倒와의 관련성이다.

어린시절 왕가위가 살았던 상하이

홍콩 영화감독 왕가위. 그의 영화를 좋아하는 사람들에게는 그가 상하이 출신이라는 것은 잘 알려져 있다. 왕가위는 최근 미국의 영화평론가 존 파워스 John Powers와 나눈 인터뷰에서 자신의 어린시절에 대해서 자세히 밝힌 바 있다. 1958년 상하이에서 태어난 왕가위는 다섯 살이 되던 1963년에 부모님을 따라 홍콩으로 오게 되었다. 그는 자신이 상하이에 대해 기억하는 것은 화이하이로淮海路에 있는 5층 아파트 꼭대기 층에 살았고, 집 부근의 길 양쪽으로 가로수가 늘어져 있는 모습이었다고 말한다.[1] 왠지 프랑스 조계의 다국적이고 개방적인 분위기가 그의 영화 속 분위기와 연결되는 느낌이다.

어린시절 그는 외가 쪽의 대가족적인 분위기에서 살았는데, 외가 친척들이 부근에 모여 살았고, 외할아버지는 가부장적인 분이었다. 그의 아버지는 외국을 오가는 북유럽 화물선의 승무원이었고, 위로는 형과 누나가 있었다. 1963년 상하이를 떠나 홍콩으로 올 때 아이를 한 명만 데려올 수 있다는 규정 때문에, 그의 부모님들은 형과 누나를 일단 친척집에 맡기고 나중에 다시 상하이에 가서 데려올 계획을 세웠다. 하지만 곧바로 문화대혁명이 발발하면서 중국과 홍콩의 국경이 닫히게 되었고, 형과 누나는 그대로 본토에 남아있게 된다.

홍콩으로 온 왕가위 가족

그의 아버지는 홍콩에 와서 나이트클럽 지배인을 했는데, 클럽은 영화 〈중경삼림〉 重慶森林 · Chungking Express에 나오는 바로 그 청킹맨션 지하에 있었다. 어린시절 왕가위는 어머니와 극장을 자주 갔다. 1958년 이후 홍콩에는 미군을 통해 미국 대중문화가 크게 유행하고 있었다. 어머니는

---

[1] 왕가위+존 파워스, 성문영 옮김, 『왕가위 영화에 매혹되는 순간』, 씨네21 북스, 2018, 85쪽.

1949년 이후 중국에서는 금지된 헐리우드 영화를 다시 볼 수 있게 된 걸 너무나 좋아했고, 덕분에 왕가위는 어머니를 따라다니며 당시 수 백편의 영화를 보았다고 한다.

1937년의 중일전쟁, 그리고 2차 상하이사변 후 상하이에서 홍콩으로 이주하는 사람들이 늘어났다. 상하이에 본사를 두고 있던 대형 신문사 〈대공보〉와 〈문회보〉도 1948년과 1949년부터 홍콩판을 발행하기 시작했다. 상하이의 영화인들도 1938~1941년, 1947~1949년 사이에 홍콩으로 이주했다. 이러한 전쟁 시기 중국 영화계의 분위기는 장쯔이章子怡가 주연한 허우용侯咏 감독의 〈재스민〉茉莉花開이라는 영화에 잘 나온다. 또 장성長城과 봉황鳳凰 등 1950년대 홍콩을 대표하는 영화사들에서는 상하이에서 이주해온 경영자와 스텝을 대거 기용한 바 있다. 홍콩의 방송 연예계의 대부 런런쇼邵逸夫·Sir Run Run Shaw, 1907~2014도 상하이에서 건너간 인물이다.

상하이 출신들이 모여 살던 노스 포인트

1950년대 홍콩에는 '상하이인'이라 불리는 사람들이 10만 명 가량 있었고, 그들은 노스포인트North Point·北角에 모여 살았다. 노스포인트는 홍콩섬 북쪽 지역을 동서로 오가는 트램Tram·노면전차의 종점 중 하나이다. 당시 이곳은 '리틀 상하이'小上海라는 별칭으로 불리기도 했는데, 영화 〈화양연화〉의 손孫 부인 집 분위기에는 바로 이런 배경이 있는 것이다. 당시 홍콩 거리에는 민국시대 상하이의 도시 풍속이 이어지고 있었는데, 특히 상하이식 이발소와 목욕탕이 유행이었다. '상하이 뷰티'가 이용업 일반을 지칭하는 말로 사용되기도 했다. 상하이식 목욕탕이란 목욕 외에 안마나 지압, 손톱 정리 등의 서비스가 포함되는, 부유층을 대상으로 한 것이었다.

여성들의 치파오의 역시 상하이 스타일의 유행과 관련이 있다.[2]

왕가위는 자기 어머니가 정말 마작을 잘해서 "아침에 일어나면 다들 마작을 하고 있고, 학교에서 돌아와도 마작판은 계속되고 있었으며, 잠자리에 들 때까지 끝날 줄을 몰랐다."라고 회상했다. 왕가위는 홍콩 상하이인 커뮤니티의 문화적 배경에서 성장한 것 같은데, 상하이인들끼리 모여서 24시간 마작을 하는 분위기는 〈화양연화〉의 한 장면을 연상시킨다. 홍콩 내 상하이 문화에 대한 왕가위의 직접적인 언급을 존 파워스와의 인터뷰를 통해 좀 더 보도록 하자.

파워스 : 세상은 감독님을 홍콩 출신으로 보지만 실제론 상하이 지역사회라는 특수한 문화권에서 성장하셨죠. 상하이말이 네이티브 랭귀지이고, 부인인 에스터도, 제일 오랜 친구이자 중요한 동업자 장수핑張叔平도 상하이 출신입니다. 이 정도면 그곳에 확실히 유별난 친밀감을 느끼시는 거, 맞죠?
왕가위 : 저로선 자연스러운 겁니다. 그땐 홍콩 원주민들 사이에서 상하이 지역사회 출신이 누군지 식별해낼 수 있는 시절이었어요. 달라도 너무 달랐거든요. 먹는 음식도 다르고, 취향도 다르고, 심지어 가는 극장도 달랐습니다. 상하이 사람들은 언제나 자기들이 더 세련됐다고 생각하는 반면 홍콩 광동어권 원주민들은 상하이 사람들이 과시하기 좋아한다고 생각하죠. 얄팍하고 믿을 수 없고 실제보다 잘난 체하길 좋아한다고.[3]

두 사람의 대화 속에서 상하이 출신과 홍콩 원주민이 서로 달랐다고

---

2 이상 1950년대 상하이인의 홍콩 이주 및 상하이 스타일의 유행에 대해서는 岩間一弘外, 『上海 都市生活の現代史』, 風響社, 2012, 99쪽 참고.
3 존 파워스+왕가위, 앞의 책, 91~92쪽.

하는 것, 그리고 상하이 출신이 홍콩 원주민보다 세련되었다는 자각을 스스로 갖고 있었다고 하는 말은 매우 중요한 의미를 지닌다.

이 부분은 왕가위 영화가 기존 홍콩 영화들과 다른 느낌을 주는 지점이 어디인가, 하는 문제와도 연결된다. 다소 일반화의 위험이 따르겠지만, 대체로 홍콩 오락영화에서 느낄 수 있는 특징은 '부산함'이다. 홍콩 영화에는 늘 남방 중국인 특유의 부잡스럽고 수다스러운 분위기가 있는데, 이에 반해 왕가위의 영화 속 인물들은 과묵하다고 할 정도로 말수가 적다. 한편 스타일리스트로 유명한 왕가위의 세련된 화면 구성 역시 상하이인의 특징과 무관하지 않은 것이다. 물론 이 말은 홍콩 거주 상하이인의 서브컬쳐Subculture가 왕가위의 영화 스타일을 형성한 요소 중 하나라고 하는 것이지, 그의 예술적 스타일이 모두 상하이인의 특징에서 비롯되었다는 의미는 결코 아니다.

상하이인 특유의 스타일이란 무엇인가

자신의 영화에 상하이 스타일을 입히려는 왕가위의 구상은 판디화라는 배우 캐스팅으로 이어진다.[4] 판디화는 영화 〈아비정전〉의 촬영이 이미 시작된 다음에 섭외됐다. 당시 캐나다에 있었던 판디화는 귀국 후 합류하게 되었는데, 자신이 캐스팅된 이유가 "상하이 여인의 특징을 갖고 있기 때문"이었을 거라고 했다. 판디화와 만난 자리에서 왕가위는 자기가 지금 찾고 있는 캐릭터는 1960년대 상하이 출신의 산전수전 다 겪은 여자로, 옛날식의 상하이말을 할 줄 아는 사람이라고 했다. 물론 당시 홍콩에

---

[4] 이하 판디화의 회고는 모두 盧燕珊, 「到底是上海女人」(인터뷰), 潘國靈外, 『王家衛的映畫世界』, 三聯書店(香港), 2004 참고.

도 상하이말을 할 줄 아는 사람은 많았지만 대부분 현지화 되었고, 옛날식 상하이말을 하는 사람은 별로 없었다. 올드 상하이 스타일로 말을 할 줄 아는 배우가 필요했던 것이다.

루옌산盧燕珊과의 인터뷰에서 판디화는 처음 홍콩에 왔을 때 노스포인트北角에 살았다고 했다. 당시 그곳에 모여 살던 상하이인들은 자신들이 과객過客이라는 생각에 광동어를 배우지 않았다고 한다. 그녀가 생각하는 상하이 여인들의 특징은 독창적이고, 용감하고, 대담하며, 고상하고, 교양이 있다는 것이다. 왕가위는 1960년대 홍콩에서 살아가는 상하이인들을 좋아했고, 연장자를 존중하며 늘 예의를 갖춰 사람을 대했다. 그런 면에서 특히 〈화양연화〉는 50년대 초 상하이에서 홍콩에 온 사람들의 생활 모습을 잘 표현해냈다는 평가를 받았다.

〈화양연화〉는 1960년대 홍콩인들의 생활상을 사실적으로 표현하고자 고증에 힘썼다. 이 영화의 영상미를 장식해준 것 중의 하나는 배우 장만옥이 입고 나온 치파오다. 왕가위는 코즈웨이베이銅鑼灣의 랑광朗光 양장점에 의뢰해서 20여 벌의 치파오를 제작했다고 한다. 이 양장점의 디자이너 량랑광梁朗光은 1930년대 올드 상하이 스타일에 근거하여 깃이 높은 치파오를 제작했다.[5] 영화 속에서 양조위는 신문사 소속 작가로 나오는데, 디테일을 살리기 위해 왕가위는 소설가 류이창劉以鬯에게 전화해서, 당시 작가들이 어떤 펜과 종이를 썼는지 문의했었다고 한다.

일반적으로 중년의 영화팬들이라면 〈화양연화〉에 대해서는 '아름다운 불륜'을 이야기하는 경우가 많았던 듯하나, 판디화 같은 상하이인으로부터는 '올드 상하이의 재현'이라고 하는 또 다른 평가가 나오는 것이다. 아무튼 왕가위와 판디화는 호흡이 아주 잘 맞았고, 두 사람은 촬영 작업을 하는 동안 늘 상하이말로 대화했다고 한다.

---

5 潘國靈外, 앞의 책, 135~136쪽.

판디화는 1930년 상하이에서 출생했고 1949년 홍콩으로 이주해 왔다. 그녀는 영어와 중국어로 여러 장의 앨범을 냈고, 한 때는 유명한 가수였다. 1957년 무렵부터는 홍콩의 유명 나이트클럽夜總會 무대에서 노래했으며, 1959년에는 '미국의 소리'VOA 방송에서 재즈곡을 부르기도 했다. 1964년에는 영국 EMI와의 전속 계약 하에 중국어 앨범 〈연인의 다리〉情人橋를 발표했다. 그 후 홍콩으로 돌아와서 계속 활동하다가 1975년 홍콩 가요계에서는 은퇴했고, 1988년 쉬안화許鞍華 감독의 영화 〈오늘밤 별빛이 찬란하네〉今夜星光燦爛에 출연했다. 그 뒤로 영화 출연이 이어져서 왕가위의 〈아비정전〉과 〈화양연화〉, 그리고 허우샤오셴 감독의 〈해상화〉海上花에도 출연했다.

〈아비정전〉과 상하이 스타일

영화 〈아비정전〉阿飛正傳에서 아비阿飛라고 하면 일반적으로 주인공의 이름으로 알고 있는 경우가 많지만, 조금 주의해서 보면 그것은 사람 이름이 아닐 가능성이 높다. 우선 중국어의 아페이阿飛란 양아치, 날라리 등의 뜻을 갖고 있는데, 별명이라면 모를까 사람 이름이 '양아치'이기는 어렵지 않을까. 그리고 영화 속 장면들을 떠올려보면 그가 '아페이'라고 호명되는 경우는 없다. 영화에는 그의 이름이 나오지 않는다. 그의 이름이 아비여서 '아비阿飛의 정전正傳'이 되는 것이 아니라, 〈아비정전〉이라는 영화 제목은 그냥 '어느 양아치의 전기'인 것이다.

나는 최근 아페이라는 이 단어가 상하이말에서 온 것이라고 하는 자료를 보게 되었다. 내가 읽은 어느 홍콩 연구자의 글을 잠시 인용해 보기로 한다.

처음에 아페이阿飛라는 단어의 정의, 그리고 이 명칭의 유래를 찾아보던 중 우연히 상하이에서 온 나이 드신 분을 만나서 이야기를 나누게 되었다. 그와 열띤 토론을 하던 중 이 아페이라는 단어가 상하이에서 온 말이라는 걸 알게 되었다. 그리고 나서 나는 홍콩에서 사용하는 '아페이'라는 단어가 대부분 상하이에 대한 상상으로 충만해있는 것이 아니었나 하는 생각을 해보았다. 당시 상하이의 인상은 서구적이고, 모던하고, 새롭다고 하는 것이었다. 바꿔 말하면 아페이는 모던하고 새로운 서구적 상상이어야 하는 것이다. 그리고 이러한 상상은 단지 표면적인 유행패션을 말하는 것일 뿐 아니라 집단적 반항의 정신적 모습이기도 한 것이다.[6]

나는 〈아비정전〉은 홍콩영화이니까, 홍콩인들에게 이 '아비'는 평범한 단어일 것으로 대수롭지 않게 생각해왔다. 홍콩 연구자의 고백을 듣고서야 '아비'가 그들에게도 고민스러운 단어였다는 것, 그리고 뜻밖에도 그 배경에 상하이가 있다는 사실을 알게 된 것이다.

1966년 홍콩 인구의 50%가 21세 이하였다고 하는데, 미군의 영향으로 당시 홍콩에서 재즈, 블루스, 포크뮤직, 로큰롤 등 미국 문화가 유행했고, 엘비스 프레슬리 Elvis Presley, 비틀즈 Beatles 등의 세계적 인기가 홍콩에도 확산되었다. 이러한 분위기로 패션에도 큰 변화가 일어나, 1960년대 이전에는 치파오 등 중국식 전통복장 위주였던 것이 이후에는 양복, 미니스커트 등으로 바뀌었고, 사람들의 가치관에 있어서도 큰 변화가 생겨나게 된다.

1967년 홍콩 폭동 때 청소년들도 적극적으로 정치 참여 의지를 보였

---

[6] 余江河, 「阿飛故事四十年」, 梁秉鈞策劃, 『電影中的香港故事』, 香港教育圖書公司, 2010, 48쪽.

고, 홍콩 정청도 결코 이를 과소평가 할 수 없는 상황이 되었다. 그래서 홍콩 정부는 청소년의 정치 표현을 억압하기보다 문화, 오락 활동을 적극 장려하는 방향을 선택하게 된다. 당시 홍콩 정부는 청소년이 말 잘 듣는 "착한 아이"乖仔가 되도록 장려했다. 차라리 "날라리"飛仔가 될지언정 "좌파"左仔가 되어 영국 통치에 저항하지는 않기를 바랐던 것이다. 제임스 딘이 주연한 영화 〈이유없는 반항〉1955이 홍콩에서 상영되던 당시의 출시명이 〈아비정전〉이었다. 이러저러한 영향으로 1960년대 홍콩 영화계에는 〈비녀정전〉飛女正傳, 〈비남비녀〉飛男飛女 등 '비'자가 들어가는 편명이 많아진다.[7]

홍콩 작가 류이창劉以鬯과
그의 소설 「떼뜨베슈」對倒

이번에는 홍콩 작가 류이창劉以鬯 그리고 그의 소설 「떼뜨베슈」對倒와 〈화양연화〉의 관련성을 이야기해보도록 하자. 영화 〈화양연화〉와 작가 류이창의 관계는 영화의 엔딩 크레딧에 나온 "류이창 선생님께 특별히 감사드립니다."特別鳴謝劉以鬯라는 자막으로 인해 주목받게 되었다.

류이창劉以鬯, 1918~2018은 1918년 상하이에서 나고 자랐다. 중학교 때부터 창작을 시작했고, 상하이의 명문 세인트존스 대학에서 공부했다. 대학 졸업 후 신문사, 잡지사에서 문예관련 일을 했으며, 1948년에 상하이를 떠나 홍콩으로 갔다. 이후로 줄곧 신문사 문예면 편집자로 일하면서 작품을 발표했다. 대표작으로는 장편소설 『술꾼』酒徒이 꼽히는데, '의식의

---

7 이상 1960년대 홍콩 사회, 영화계의 분위기에 대해서는 余江河, 앞의 글, 梁秉鈞, 앞의 책, 49~52쪽 참고.

흐름' 기법을 잘 운용한 작품으로 알려져 있다. 그는 90세가 넘어서까지 작품 활동을 했고, 그야말로 홍콩 문학을 대표하는 인물이라 해도 과언이 아닐 것이다. 류이창이 상하이에서 작가 활동을 할 때 그에게 도움을 준 사람이 장아이링張愛玲과도 긴밀한 인연이 있는 커링柯靈이다.

왕가위는 생전에 류이창과 두세 번 만났다고 한다. 애초에 왕가위는 류이창의 대표작 『술꾼』을 영화화 해보려는 생각을 갖고 있었으나, 류이창은 「떼뜨베슈」를 읽어보라고 권했다. 떼뜨베슈tete-beche는 불어 tête-bêche에서 온 말로, 사전적으로는 "두 사람이 머리와 다리를 엇갈리게 하여" 정도의 의미를 갖고 있는데, 인쇄상의 실수로 전지全紙에 끼어든 거꾸로 인쇄된 우표를 말한다. 천공선穿孔線을 경계로 나란히 있는 두 장의 우표는 엇갈린 닮은꼴이 되는 것인데, 희귀 우표로 분류되어 가격도 상당히 비싸다. 류이창은 우표수집의 취미를 갖고 있었다고 하는데, 우표학郵票學의 용어로 소설 제목을 삼은 것이다.

떼뜨베슈 우표

소설 「떼뜨베슈」는 두 사람이 홍콩의 네이선로드Nathan Road·彌敦道를 서로 다른 방향으로부터 걸어오다가 스쳐 지나간다는 설정에서 출발한다. 한 사람은 상하이에서 홍콩으로 이민 온 중년 남성이고, 다른 한 사람은 홍콩 현지에서 나고 자란 소녀이다. 소설은 남녀 주인공의 환상과 내면 독백으로 이루어져 있다. 나이 많은 중년 남성은 처음부터 끝까지 과거를 회상하지만, 젊은 여자는 회상할 과거가 없다보니 미래를 꿈꾼다. 소설의 뒷부분에서 두 사람은 서로 알지 못한 채, 각자 극장에서 표를 사고 옆자리에 앉아서 영화를 본다. 영화가 끝난 뒤 두 사람은 일어나서 각자 자기 길을 간다. 집으로 돌아온 두 사람은 각기 잠자리에서 에로틱한 꿈을 꾼다. 다음날 아침에 일어난 남성이 빨랫줄에 참새 두 마리가 앉아 있는 것을 본다. 잠시 후에 두 마리 참새는 서로 다른 방향으로 날아오른다. 류이창은 이 소설에서 남녀 주인공이 "스쳐 지나갔다."擦身而過고 표현했는데, 왕가위는 바로 이 표현에서 영감을 얻게 된다. 〈화양연화〉 속 '스쳐 지나감'에 대해서는 뒤에서 다시 이야기하기로 한다.

홍콩 현지에서 〈화양연화〉가 개봉된 후 왕가위는 이 영화의 스틸 컷들을 모아 『「떼뜨베슈」 사진집』對倒寫眞集이라는 제목으로 출판한다. 사진집의 서문에 왕가위는 다음과 같이 썼다.

> 나에게 있어 tête-bêche는 우표학의 명사나 소설의 기법 뿐 아니라 영화 언어일수도 있는 것이었다. 그것은 빛과 색채, 소리와 화면의 교차일수도 있다. tête-bêche는 심지어 시간의 교차일수도 있다. 1972년에 발표된 소설과 2000년에 상영된 영화가 교차되어 1960년의 이야기를 만들어낸 것이다.[8]

영화 〈화양연화〉에는 남녀가 스쳐 지나가는 컷이 있고, 두 사람의 사랑이 이루어지지 못한다는 것 역시 그들의 운명이 스쳐 지나가는 것으로 볼 수 있는 것이다. 그런 면에서 보자면 이 영화는 소설 「떼뜨베슈」에서 기본적인 틀을 가져온 것이라 할 수 있다. 한편 소설 「떼뜨베슈」의 많은 부분이 회상이나 상상으로 되어 있는 것을 염두에 둔다면, 영화 〈화양연화〉의 이야기에서도 많은 부분이 실제 상황이라기보다 모종의 갈망이나 환상, 혹은 추억으로 해석될 수도 있는 것이다.

---

8 劉以鬯, 『對倒』, 作家出版社, 2001, 210-211쪽.

상하이의 대스타 저우쉬엔周璇이 부른 노래
「화양적연화」花樣的年華

그러면 이쯤에서 영화 〈화양연화〉의 주제곡에 관한 이야기를 하지 않을 수 없겠다. 영화의 후반부, 라디오에서 흘러나오는 '화양적연화'花樣的年華는 허자오장何兆璋 감독의 영화 〈기나긴 그리움〉長相思, 1946의 삽입곡으로, 당대의 유명 여가수 저우쉬엔周璇이 불렀다. 저우쉬엔은 〈거리의 천사〉馬路天使에 자오단趙丹과 같이 출연했던 배우이자 많은 히트곡을 부른 가수로, 올드 상하이 최고의 엔터테이너 중 한 사람이라고 할 수 있다. 영화 〈기나긴 그리움〉은 중일전쟁 시기 상하이 사람들의 항일투쟁을 그린 영화이고, '화양적연화'라는 노래의 가사 역시 전쟁으로 인해 흩어진 가족을 언제 다시 만날 수 있을까 하는 내용으로 되어 있다.

〈화양연화〉는 일반적으로 1990년대의 시점에서 1960년대의 홍콩의 기억을 소환하는 영화로 알려져 있지만, '화양적연화'라는 노래의 배경을 자세히 살펴보면 '올드 상하이'라는 또 하나의 기억이 소환되고 있음을 알 수 있다. 이 말은 '중일전쟁 시기의 상하이'라는 노래의 시공간이 '1960년대 홍콩의 어느 남녀의 이야기'에 영향을 주었다는 뜻이 아니다. 이는 상하이에 대한 기억을 갖고 살아가는 홍콩 사람들에게 '올드 상하이'의 서브컬쳐는 지난 추억을 떠올리는 기제가 되어 있다고 하는 의미이다. 류이창은 상하이에서 건너온 사람으로서 그의 소설 「떼뜨비슈」에서 주인공 춘위바이淳于白의 사색을 통해 자신의 옛 추억들을 표현하고 있다. 하지만 왕가위는 저우쉬엔의 '화양적연화'를 〈화양연화〉의 남녀가 각각 홍콩에서의 지난 시절을 그리워하는 기표記標로서 사용하고 있는 것이다. 올드 상하이의 서브컬쳐가 홍콩에서 살아가는 상하이인들에게는 그들만의 하나의 언어가 되고 있다고 할 수 있을까.

류이창劉以鬯의「떼뜨베슈」對倒와 왕가위의〈화양연화〉

왕가위는 류이창의 소설에서 단 세 군데만을 인용했다고 한다. 인용대목은 다음과 같다.

① 그들은 좀 난감하게 서로를 마주하고 있었다. 그녀는 줄곧 고개를 숙이고 그에게 접근할 기회를 주었지만, 그는 다가갈 용기가 없었다. 그녀는 몸을 돌려서 가버렸다.
② 그 시대는 이미 지나가버렸다. 그 시대에 속한 모든 것들이 사라져 버렸다.
③ 그 지나가버린 세월들은 마치 먼지 덮인 유리가 가로막고 있는 듯, 볼 수는 있어도 잡을 수는 없다. 그는 줄곧 지나간 모든 것을 그리워하고 있다. 그가 먼지 덮인 유리를 깨버릴 수 있다면, 이미 사라져버린 세월로 돌아갈 수 있을텐데.[9]

소설「떼뜨베슈」는 서로 떨어져 있던 두 사람이 만나고, 만났다 다시 헤어지는 흐름으로 진행된다.〈화양연화〉는 그것을 '스쳐 지나감'으로 표현한 것이다. 앞의 인용문에서 '떼뜨베슈'가 자신의 '영화 언어'일 수 있다고 했던 왕가위의 발언에 주목해서, 영화 속 '스쳐 지나감'이 표현된 대목을 살펴보기로 한다. (1)영화는 1962년 홍콩에서 시작된다. 소설가 저우周가 천陳 부인의 바로 옆방에 살게 된 것이 '스쳐 지나감'의 시작이다. 두 사람은 거리상으로는 매우 가깝지만 벽 하나를 사이에 두고 비켜간 것이다. 그들 사이의 벽은 심리적인 벽일 수도 있고, 사회적 윤리와 도덕이 만

---

[9] 劉以鬯, 앞의 책, 226쪽.

들어낸 벽일 수도 있다. (2)같은 집에 살게 된 두 사람이 계단을 오르내리다가 마주치는 장면이 여러 번 나온다. 퇴근 후 귀가 길에 계단을 내려오는 저우周와 죽을 사러 가기 위해 계단을 오르던 천陳이 마주치는 장면인데, 두 사람은 '스쳐 지나가고' 만다. (3)1963년 싱가포르의 〈성주일보〉星洲日報에서 일하게 된 저우는 어느 날 자기 집에 누군가가 들어왔었다는 걸 알았고, 재떨이에서 루즈 묻은 담배꽁초를 발견하게 된다. 그리고 천 부인이 저우에게 전화를 건다. 두 사람은 수화기를 마주하고도 대화를 나누지 못한다. 다소 초현실적으로 처리된 장면이지만, 이것도 '스쳐 지나감'의 표현이다. (4)1966년 홍콩에 온 저우는 전에 살던 집을 찾아가지만, 아는 사람은 모두 이사가고 없다. 천 부인이 살던 집 앞에 서서 한참을 바라보던 저우는 차마 그 문에 노크를 하지는 못했지만, 천 부인은 다시 이사 와서 그 집에 살고 있었다. 그 사실을 알지 못했던 저우가 아쉽게 돌아서는 그 장면 역시 '스쳐 지나감'의 표현이다.

　소설 「떼뜨베슈」 속의 남자는 과거 기억에만 파묻혀있고 여자는 미래에 대한 맹목적 환상에만 빠져있는데, 남녀가 모두 현실도피적이라는 점에서 일치한다. 이 부분은 영화 〈화양연화〉에서 저우周가 무협 소설을 쓰는 사람으로 설정된 것과도 이어진다. 「떼뜨베슈」 속 남녀와 마찬가지로, 〈화양연화〉 속 남녀 주인공 역시 매우 고독한 사람들이다. 이야기 상대가 없었던 저우가 캄보디아에서 고목의 구멍에 대고 자기 속마음을 털어놓은 것은 고독이라는 감정에 대한 궁극의 표현이다. 상하이와 홍콩에서 도시를 경험한 류이창이 도시인의 멘털리티를 소설로 표현했고, 그것은 다시 왕가위의 영화 속 도시 상상에 영향을 준 것이다.

상하이에서 새롭게
문화적 가능성을 찾고 있는 왕가위
—진위청, 『번화』繁花의 영상화

2010년대 상하이 문단에서 일대 센세이션을 일으킨 소설이 있는데, 2012년 상하이 문예지 『수확』에 발표된 진위청金宇澄의 장편 『번화』繁花가 그것이다. 1960년대에서 1990년대에 이르는 상하이의 도시변천사를 배경으로 뒷골목 서민들의 이야기를 그려낸 이 작품은 2012년도 '올해의 중국소설'에서 장편 부문 1위를 위시하여 루쉰문화상魯迅文化獎과 화어문학미디어상華語文學傳媒大獎 등 각종 문학상을 수상했고, 2015년에는 중국 내 최고의 권위인 마오뚠문학상茅盾文學獎을 수상했으며, 2019년에는 '신중국 70년 70부 장편소설'에 이름을 올렸다.

그간 중국 문단 내에서 모옌莫言, 쟈핑와賈平凹 등 거물급 작가들이 대부분 '농촌 서사'의 진영에서 나왔던 상황을 놓고 볼 때, 진위청의 『번화』는 도시문학의 존재감을 되찾았다는 면에서 그 의미를 부여할 수 있다. 서민들의 이야기를 중심으로 도시의 당대적 분위기를 생생하게 그려낸 『번화』는 그런 면에서 장아이링張愛玲과 왕안이王安憶의 상하이문학을 계승했다는 찬사도 받은 바 있다.

2019년 왕가위는 진위청의 『번화』를 드라마로 만들기로 하고 판권 계약을 했다. 소설 『번화』는 도시 상하이와 그곳을 살아가는 상하이인에 관한 사전辭典이라는 평가를 받고 있었던 만큼 이 작품을 영상화하려는 영화인들이 없었던 것은 아니다. 하지만 진위청은 결국 왕가위를 선택했다. 소설 『번화』의 앞부분에는 본 서사와 무관하게 왕가위 '아비정전'의 이야기가 나오고 있는데, 진위청은 영화 속 인물들이 모두 좁은 공간 속에서 살아가는 모습이 '상하이 스타일'을 잘 표현해냈다고 말한 적이 있다. 특히 진위청은 영화 〈아비정전〉 속 양조위가 등장하는 홍콩 주룽성채九龍城

寒의 비좁은 공간이 상하이 룽탕弄堂의 분위기와 유사하다고 보았기 때문에 이 대목을 소설『변화』의 도입부에서 활용한 것이다. 진위청이 창작의 구상 단계부터 이미 왕가위 영화 속 '상하이 스타일'을 염두에 두고 있었음을 알 수 있다.

왕가위는 상하이라는 도시의 문화적 가능성을 어떻게 보고 있었는가? 왕가위는「상하이 영화는 어떤 방향으로 가야 하는가?」라는 강연에서 미국의 L.A.와 뉴욕의 경우를 예로 들어 설명했다. 그가 보기에 L.A.가 영화 작품을 만들어내는 도시라면, 뉴욕은 우디 앨런이나 마틴 스콜세지와 같은 영화 작가를 만들어내는 도시이다. 이것이 미국 동부와 서부의 큰 차이이다. 뉴욕의 분명한 특징은 뉴욕에서 찍은 영화들이 하나같이 이 도시에 대해 말하고 있다는 것, 그리고 전 세계에 뉴욕을 알리고 있다는 것이다. 그는 상하이가 중국의 뉴욕이 될 수 있다고 말한다.

소설『번화』를 보는 왕가위의 시선은 어떠했을까? 왕가위는 말한다. "그것은 영화가 아니라 하나의 사건이다. 나와 진위청의 '머리'만 필요한 것이 아니라, 상하이의 학자, 미술가가 상하이의 이『청명상하도』淸明上河圖를 그려내야 한다. 이 상하이의 '패스워드'를 풀어내어, 전 세계의 관중에게 이해시켜야 한다." 왕가위는 올드 상하이를 제재로 한 영화를 찍어 〈번화〉를 〈화양연화〉와 〈2046〉의 뒤를 잇는 세 번째 영화로 하려고 한다고 자신의 포부를 밝힌 바 있다.[10]

2004년 〈2046〉과 〈에로스〉 이후 홍콩을 그린 영화를 만들지 못한 왕가위. 그는 상하이라는 문화 콘텐츠로 특유의 홍콩 서사를 이어갈 수 있을까? 드라마 〈번화〉는 중국 배우 후꺼胡歌를 캐스팅하고 2020년 촬영에 들어갔지만, 아직 완성되었다는 소식은 들려오지 않는다. 아마도 여기에는 왕가위의 완벽주의가 또 한 차례 작용하고 있을 터이다.

---

10 「王家衛：金宇澄的《繁花》是上海的"清明上河圖"」,〈解放日報〉2015.2.12.

22

'국제도시' 상하이와 국민국가의 '잔재'들

— 요코미쓰 리이치의 『상하이』

●

아쿠타가와 류노스케와 요코미쓰 리이치

메타 텍스트로서의 소설 『상하이』

요코미쓰의 두 번째 상하이행, 루쉰과의 만남, 그리고 『개조』라는 잡지

소설 『상하이』 속 인간군상

어느 유물론자

국민국가의 '잔여'들

제국주의적 국민주의에 대한 성찰

아쿠타가와 류노스케와 요코미쓰 리이치

요코미쓰 리이치橫光利一, 1898~1947는 1923년 등단해서 '신감각파'의 대표 주자로 이름을 날렸고, 1947년 죽을 때까지 쇼와문학昭和文學 성립에 큰 역할을 한 문학자였다. 1930년대 그는 '문학의 신神'이라 불리었던 때도 있었으나, 1945년 일본 패전과 함께 평가가 하락했고, 전쟁 책임자로 비판했다. 함께 '신감각파'를 주도했던 가와바타 야스나리川端康成와 달리 그의 생애는 다소 비극적이었으며, 그에 대한 평가도 매우 유동적이었다. 요코미쓰에 대한 평가의 유동성은 그의 연구에 있어 큰 장애가 되어 왔으나, 대략 1980년대 이후부터는 그에 대한 평가가 긍정적인 방향으로 진행되었고, 1982년 가와데서점河出書房에서『정본 요코미쓰전집』16권이 출판되고 나서는 그에 대한 연구도 본격화되었다.

요코미쓰 리이치는 장편소설『상하이』를 1932년 개조사改造社에서 출판했고, 1935년에는 수정증보판을 서옥출판사書屋出版社에서 출판했다. 요코미쓰는 1935년에 출판된 재판본의「서문」에서 "이 작품은 내가 처음 쓴 장편이다. 당시 나는 지금과는 다르게, 바깥 세계外界를 보는데 정신을 집중하지 않으면 안 된다고 생각하고 있었다."[1] 라고 했다. 이 말은 작가 요코미쓰의 창작 의도를 올바로 파악하는데 있어 매우 중요하다. 여기서 '바깥 세계'가 의미하는 것은 무엇인가, 그리고 집필을 구상했던 '당시'當時와 단행본을 출판하게 된 '지금'現在이 어떻게 다른지를 온전하게 이해할 필요가 있다. 요코미쓰의 이 발언을 제대로 이해하기 위해서는 다이쇼大正, 1912~1926에서 쇼와昭和로 넘어가는 시대 교체기에 대한 배경적 이해가 필요하다.

1920년대는 1차 대전과 2차 대전 사이의 이른바 '전간기'戰間期로, 서

---

[1] 橫光利一,『上海』, 岩波書店, 改訂版 2刷, 2008, 5쪽.

구에서는 광란의 20년대 Roaring Twenties라 불리던 번영의 시대였다. 당시에는 일본에서도 이러한 시대적 분위기에 맞춰 『씨뿌리는 사람』種蒔く人, 1921~1923 같은 휴머니즘적인 잡지가 생겨났고, 이를 중심으로 미래지향적이고 국제연대적인 문학운동이 생겨나기도 했다. 하지만 1930년대가 되면 분위기가 달라진다. 잠시 반짝했던 '다이쇼 데모크라시' 시대가 저물고 만주사변과 태평양전쟁으로 이어지는 '전쟁의 시대'가 다시 시작된 것이다. 1926년 12월 25일 다이쇼大正 천황이 죽자 쇼와昭和시대가 시작되었다. 그리고 반년 쯤 지난 1927년 7월 24일 아쿠타가와 류노스케가 장래에 대한 '막연한 불안'을 이유로 자살했다.

아쿠타가와의 자살은 일본 문단에서는 다이쇼라는 한 시대의 종언으로 받아들여졌다. 요코미쓰가 '바깥 세계를 보고자 상하이로 건너가 작품을 구상하고, 작품을 써서 『개조』에 연재하며, 또 그것을 다시 단행본으로 출판했던 그 시간 동안 일본 국내외의 정세는 내셔널리즘으로 급속히 재편되어갔다. 그것이 바로 그가 「서문」에서 말한 '당시'와 '지금'의 차이이며, '다이쇼'와 '쇼와'의 시대적 차이인 것이다.

요코미쓰 리이치橫光利一는 1928년 4월부터 1개월 간 상하이에서 체류했고, 1928년 11월부터 1931년 11월까지 소설『상하이』를 써서 잡지『개조』에 매회 다른 이름으로 연재했다. 그는 왜 상하이에 갔던 것일까. 요코미쓰 리이치는 「정안사의 비문-상하이의 추억」『改造』, 1937.10에서 당시를 회상하며 "나에게 상하이를 보고 오라고 말한 사람은 아쿠타가와 류노스케씨다. 그가 사망하던 해에 '자네는 상하이를 봐두어야만 하네.'라고 했으므로, 나는 그 이듬해 상하이로 건너가 보았다."2라고 한 적이 있다. 요코미쓰의 상하이 여행 동기에 대한 작가 본인의 이 설명은 상당히 많이 알려져 있는 편이지만, 아쿠타가와가 그에게 왜 상하이에 가보라고 했는

---

2 橫光利一, 李振聲譯, 『感想與風景』, 廣西師範大學出版社, 2005, 32쪽.

지 구체적인 이유는 그의 글에 더 이상 나와 있지 않다. 여기에는 모종의 '공백^{空白}이 존재하는 셈인데, 그 공백을 메울 실마리를 찾기 위해 아쿠타가와의 상하이 여행을 되짚어보기로 하자.

다이쇼 시대의 일본 문단을 대표하는 작가 아쿠타가와 류노스케^{芥川龍之介, 1892~1927}는 1921년 3월부터 7월까지 오사카 마이니치 신문사 특파원으로 중국 각지를 여행하고, 1925년 개조사^{改造社}에서 『지나유기』^{支那遊記}[3]이라는 단행본을 출판한다.

주지하듯이 근대 일본은 기존의 중화적 세계관을 버리고 메이지유신으로 대표되는 서구화의 길로 나아갔다. 이러한 상황 속에서 근대문학 초기의 작가들은 한자문화권 속에서의 글쓰기 전통을 지양하고, 서구적 스타일을 빠르게 받아들였다. 하지만 이러한 추세에 반발한 것이 아쿠타가와 류노스케와 다니자키 준이치로 세대였다. 그들은 서구 지향 일변도의 문단 분위기에 편승하지 않고 한문맥^{漢文脈}적인 전통에 근거해 새로운 창작 활동을 전개했는데, 이는 앞선 세대들이 지향해온 서구화에 대한 비판적 의미가 강했다.[4]

아쿠타가와는 분명히 고전문학 속 중국을 동경하고 있었고, 1918년 지인에게 쓴 편지에서 "나도 중국^{支那}에 가고 싶지만 은의 시세가 많이 올라갔고 금은 전혀 없어. 가고 싶다 가고 싶다는 마음만 가지고 살아가고 있지."라고 한 바 있다. 또 1920년에는 "가능한 (여비를) 마련해서 함께 가지. 그러나 나도 가난한 여행을 할 작정이네."라고 쓴 적도 있다[5]. 1921년 오사카마이니치 신문사의 파견에 의한 중국 방문은 그의 오랜 갈망이 이

---

3 『지나유기』는 『아쿠타가와의 중국 기행』(곽형덕 옮김, 섬앤섬, 2016)이라는 제목으로 우리나라에 번역되었다.
4 남상욱, 「아쿠타가와 류노스케의 『중국기행』을 읽는 의미」, 아쿠타가와 류노스케, 앞의 책, 13쪽.
5 미야사카 사토루, 「『중국기행』, 작은 풍경화」, 아쿠타가와 류노스케, 앞의 책, 255쪽.

루어진 결과였다.

하지만 그런 '고전古典 속 중국'에 대한 갈망은 직접 보고 느낀 '현실現實의 중국'에 의해 부서지고 만다. 아쿠타가와는 김옥균이 암살당한 동화양행東和洋行이라는 호텔에도 호기심을 갖고 찾아가보았고, 상하이의 조계지를 돌아다니며 이 도시의 서구적 스타일에 대해서도 잘 알게 되었지만, 상하이에 크게 호감을 갖지는 않았던 것 같다. 그는 프랑스 공원이나 제스필드 공원을 가보았지만, 그렇다고 그런 서구적 풍경이 일본에 비해 진보되어 있다는 느낌은 받지 못했다. 프랑스 조계지는 서양이나 다름없었지만, 어딘지 모르게 어색하고 속악俗惡하다는 느낌을 지우지 못했다.[6]

메타 텍스트로서의 소설 『상하이』

오사카 마이니치 신문사 해외시찰원 자격으로 중국을 방문했던 아쿠타가와 류노스케의 경우와 다르게, 요코미쓰 리이치는 개인 여행의 형태로 중국을 방문했다. 요코미쓰는 1928년 4월 상하이에 가서 중학 시절 후배 이마타카 케이타로今鷹瓊太郎의 숙소에서 한 달 동안 묵으면서 상하이 필드워크를 했다. 당시 그의 숙소 위치는 홍커우虹口의 메인스트리트라 할 수 있는 베이쓰촨로北四川路 안쪽 이면도로인 스코트로드 Scott Rd·施高塔路의 첸아이리千愛里 45호 2층이었다. 이곳은 지금의 홍커우공원 부근인데, 루쉰 고거故居에서도 아주 가깝다. 신문사의 해외 시찰원으로 온 아쿠타가와가 취재차 중국의 여러 명사들을 만난 것과는 다르게 요코미쓰는 중국인과 교류할 기회가 많지 않았던 것 같다.

아쿠타가와의 중국견문록 『지나유기』가 저널리즘의 소산인 '기행'紀行

---

6 아쿠타가와 류노스케, 앞의 책, 54~57쪽.

이었던데 반해, 요코미쓰의 『상하이』는 애초부터 '소설'로 기획된 것이었고, 그는 사전에 본인의 이러한 창작 구상을 분명하게 밝힌 바 있다. 요코미쓰는 『개조改造』의 야마모토 사네히코山本實彦 사장에게 보낸 1928년 6월 15일자 편지에 다음과 같이 썼다.

> 오늘 미즈시마水島씨가 오셔서 상하이기행을 쓰라고 하셨습니다만, 기행紀行만을 쓰고 끝낼 것 같으면 재료가 풍성해지지 않습니다. 하지만 대부분의 사람들이 이로 인해 실패한 채 끝을 맺고 있죠. 그래서 저는 상하이의 이러저러한 재미를 상하이의 어디라고 하지 않고 딱 동양의 쓰레기를 모으는 곳으로 끝내는 식으로, 하나의 불가사의한 도시를 써내고 싶습니다. 기행문이나 단편으로 쓰고 끝낸다면 곧바로 쓸모가 없어지는 것이기에 일부러 질질 끌면서 장편으로 하고 싶다고 생각하고 있습니다…[7]

애초에 '상하이'라는 제목을 정하고 시작하지 않았던 이유를 밝히고 있다. 요코미쓰는 1928년 『개조』 11월호에 발표한 「목욕탕과 은행」에 "어떤 장편소설의 제1편"이라 부기했고, 1929년 3월호에 발표된 「다리와 정의」에는 "… 제2편"이라 부기했으며, 동년 6월호에 발표된 「쓰레기 더미와 의문」에는 "… 제3편"이라 부기하는 등 계속해서 편명을 숫자로만 이어나갔다. 전체 제목은 1932년 7월 개조사에서 단행본으로 출판할 때까지 미루어 두고 있었는데, 초판 서문에서 「상하이」라는 제목을 붙이게 된 경위를 언급했다.

전편을 정리하는 시기와 겹쳐 돌연 상하이사변上海事變이 일어났기 때문

---

[7] 和田博文外, 『言語都市·上海』, 藤原書店, 2006, 71쪽에서 재인용.

에 제목을 고민했으나, 상하이라는 제목은 이전부터 야마모토씨와의 약속도 있었고 어찌 된 일인지 사람들도 자연스레 그렇게 불렀으며, 또한 그 제목 이외에 소재와 일치하는 것이 눈에 띄지 않았기에 그대로 상하이라고 하게 되었다.… 고유 명사는 내가 스스로 변경하고, 독자의 상상력에 맡기는 불쾌한 방법조차 여기저기에서 사용했다.[8]

요코미쓰는 앞서 언급한 「정안사의 비문」이라는 글에서 "상하이는 중국도 아니고 유럽도 아니다."라고 한 바 있다. 이 말은 요코미쓰가 앞에서 말한 "고유명사는 내 스스로 변경하고 독자의 상상력에 맡겼다."는 표현과 결부되어 그가 상하이 시내 각각의 지명이 갖는 장소성을 삭제하고자 했음을 의미한다. 일본의 문학 평론가 마에다 아이前田愛는 이 점과 관련하여 "'해관' '측후소' '총상회' '공부국' 등의 건물을 제외하면 실존하는 지명은 이 장편 속에서 단 한 곳만 나타나는 정도에 불과하다."고 지적했다. 마에다의 글을 일부 인용해보도록 한다.

보통 문학 작품 속에 그려져 있는 도시의 이미지를 부풀어 오르게 하는 씨앗으로 작용하는 것은 그곳에 새겨져 있는 실존하는 지명이다. 아직 방문한 적이 없는 땅에서도 이야기 속에서 만나는 거리와 강의 이름에는 우리들의 공상을 세울 수 있는 신기한 울림과 색채가 담겨져 있다. 그러한 한편에 도시의 독해에 사용된 작자의 정신적 운동을 풀어내는 실마리가 되는 것, 작중 인물의 움직임에 따라서 나타나는 거리와 골목의 고유 명사이다. 작자의 애착이 담겨 있는 지명의 유기적인 집합 그 자체가 도시라는 텍스트에서 잘려 나온 메타 텍스트를 구성하고 있다고 해도 좋다.[9]

---

8 橫光利一, 『上海』, 岩波書店, 改訂版 2刷, 2008, 211쪽.
9 前田愛, 『都市空間のなかの文學』(ちくま學藝文庫), 筑摩書店, 2015, 467쪽.

문학 작품 속 지명은 도시의 이미지를 떠올리는데 매우 중요한 작용을 하게 되는데, 작가가 그것을 굳이 차단한 이유는 무엇일까? 추론하자면 요코미쓰는 그것이 상하이가 아닌, 지구상 어딘가에 존재하고 있는 도시로 받아들여지기를 원했다는 것이 된다. 바로 이 점이 아쿠타가와 류노스케의 '기행문'과 차별성을 갖는 요코미쓰의 서사적 특징이다. 마에다 아이前田愛는 소설『상하이』속 공간 재현의 문제를 두고 '메타 텍스트'meta-text 적 성격을 갖는다고 했다. 마에다가 위 글에서 '메타 텍스트'에 대해 따로 정의해두고 있지는 않지만, 대략 이 개념을 '실제 공간과 문학적 공간의 텍스트적 관계를 초월한 텍스트', 혹은 '텍스트에 관한 텍스트' 정도의 의미로 풀어본다면 수긍이 간다. 아무튼 요코미쓰는 하나의 불가사의한 도시를 써내고 싶다고 했던 것인데, 출판을 앞두고 있던 1932년 1월 28일에 일본이 상하이를 침공한 '상하이사변'이 일어나는 바람에 '상하이'를 제목으로 하기 더욱 부담스러워졌다는 것이다.

아쿠타가와의 상하이행이 고전古典에서 모종의 출구를 찾아보고자 하는 그의 창작적 고민과 연결되어 있었다고 하면, 요코미쓰의 상하이행은 신감각파의 총 결산[10]이라고 하는 창작적 시도와 맞닿아 있다. 두 사람

---

10 신감각파는 독특한 효과를 내는 의인법이나 인간을 물체시하는 묘사, 동작이나 상태의 급진전에서 오는 심한 비약이나 대조 효과를 노린 묘사, 문법을 고려하지 않는 표현 등을 구사하는 특징을 보인다. 독자 입장에서는 작위적인 인상을 받거나 심한 비약 때문에 이물감을 느낄 수도 있지만, 일본 근대 문학 연구자 이소카이 히데오(磯貝英夫)는 요코미쓰의 신감각파적 표현기법을 비약이나 이질적인 말의 조합으로 생기는 저항감에 의해 새로운 감각을 창출하고자 하는 의도라고 풀이했다. 독자가 느낄 수 있는 '이질감' 내지는 '신선한 새로움'이 바로 그러한 요코미쓰의 작가적 의도에서 나온 문체 특성 때문임을 보여 준다. 요코미쓰는 자신의 독자적인 표현 의식을 설명한 「신감각론」에서, "신감각파의 감각적 표징이란 자연의 외상을 박탈하고 물(物) 자체에 뛰어들어간 주관의 직감적 촉발물"이라고 정의했다. 이상의 내용은 요코미쓰 리이치, 인현진 옮김, 『요코미쓰 리이치 단편집』, 지식을 만드는 지식, 2016, 289~314쪽의 옮긴이 해설에 의함. 신감각파는 1920년대 일본문학에서 생겨난 중요한 문학 유파이고, 한국 및 중국에 미친 영향도 적지 않다. 창작방법 측면에서의 신감각파 연구 역시 중요하지만, 범주를 넘어서는 것이므로 본고에서는 이에 대한 본격적인 언급은 하지 않기로 한다.

모두 중국으로부터 창작에 관한 영감을 얻었던 것이다.

앞서 아쿠타가와가 중국여행을 마치고 일본에 돌아온 후에 쓴 소설 중 「호남의 부채」[11]라는 단편을 소개한 바 있다. 이 소설에는 참수된 혁명가의 피가 적셔진 과자를 먹는 기녀의 모습이 나온다. 만약 루쉰 소설 「약」에 나오는 '인혈 만두'의 모티브라면 중국문학의 독자에게는 익숙하겠지만, 중국어를 하지 못하는 아쿠타가와가 중국을 방문한 후 소설 속에 그려낸 '인혈 과자'는 무얼 뜻하는 것일까. 아쿠타가와는 여행에서 느낀 중국인의 저항의식의 섬뜩함을 그렇게 표현한 것이다. 그 섬뜩함의 정체가 무엇이었는지, 중국인과 언어적으로 소통할 수 없었던 아쿠타가와로서는 상세히 설명할 수 없는 것이었으리라. 그래서 그는 구체적인 이유를 설명하는 절차는 생략한 채 요코미쓰에게 상하이에 가봐야 한다고 말했을 것이다. 요코미쓰는 그 '상하이'를, '내셔널리즘을 객관화할 수 있는 최적의 공간'이라고 하는 자신만의 문제의식으로 해석하고, 심혈을 기울여 작품을 써낸 것이다.

요코미쓰의 두 번째 상하이행, 루쉰과의 만남, 그리고 『개조』라는 잡지

요코미쓰는 1928년의 상하이 한 달 체류 이후. 1936년에 두 번째로 상하이를 방문한다.[12] 1930년대로 접어든 이후 만주사변, 상하이사변 등을

---

11 아쿠타가와 류노스케, 김정희외 역, 『아쿠타가와 류노스케 전집』(6), 제이엔씨, 2015, 49~63쪽.
12 요코미쓰는 평생 중국을 세 번 방문했는데, 첫 번째는 1928년 4월의 한 달간이었고, 두 번째는 1936년 2월 24일로, 하루만 묵었다. 세 번째는 1938년 11월 26일 후쿠오카에서 비행기로 상하이에 갔는데, 이때는 상하이, 칭다오, 다리엔, 베이징 등을 40일간 여행했다. 요코미쓰는 첫 번째와 두 번째 여행에서 모두 루쉰을 만났다. 木村泰枝, 『西

거치며 중국과 일본 사이에 전운이 짙어가게 된다. 그러던 1936년 초 요코미쓰는 〈도쿄 일일신문〉과 〈오사카 매일신문〉의 특파원으로 유럽에 가게 되었고, 가는 길에 상하이에 들렀다. 2월 24일 배를 타고 상하이에 도착한 요코미쓰는 그 날의 일기에 다음과 같이 썼다.

> 오전 9:30 상하이에 도착했다. 친구 이마타카今鷹 군 집 계단을 막 오르고 있는데, 누군가 큰 소리로 불러서 돌아보니 야마모토 사네히코山本實彦 사장이었다. 너무 뜻밖이라 내려가서 얘기라도 몇 마디 나누려 하였지만, 이마타카今鷹 군과는 아직 인사도 나누기 전이라 그냥 올라갔다. 차를 한 잔 마시고 아래 층 우치야마 서점內山書店으로 갔다. 서점 안에는 루쉰과 사네히코와 우치야마 서점 사장, 이렇게 셋이 있었다. 루쉰은 『개조』의 원고를 쓰느라 어젯밤에 한숨도 못 잤다고 했다. 창백한 얼굴에 수염이 덥수룩했지만 치아는 매우 고른 듯이 보였다. 루쉰이 나에게도 난징로南京路의 신야반점新雅飯店에 식사하러 같이 가자고 했다.[13]

여기서 언급된 야마모토 사네히코山本實彦, 1885~1952는 개조사改造社의 사장인데, 이전에도 루쉰에게 원고 청탁을 하는 등 교류를 이어왔다. 1933년 아일랜드 출신 작가 버나드쇼George Bernard Shaw가 상하이에 왔을 때 루쉰은 개조사改造社로부터 「문호 쇼를 만나다」라는 기획의 일환으로 원고 청탁을 받고, 「쇼와 쇼를 보러 온 사람들을 본 기록」看蕭和'看蕭的人們'記이라는 글을 일본어로 써서 『개조』 1933년 4월호에 발표한 바 있다. 이후로도 루쉰은 이 잡지에 「중국에 관한 두세 가지 일」, 「현대중국의 공부자」, 「나는 사람을 속이고 싶다」 등의 글을 투고했다. 야마모토山本 사장은

方·日本·中国 ―日本人의 "上海夢想", 復旦大學博士學位論文, 2008, 124쪽.
13 橫光利一, 李振聲譯, 『感想與風景』, 廣西師範大學出版社, 2005, 106쪽.

무용가 최승희를 적극 후원했고, 장혁주張赫宙의 『아귀도餓鬼道, 1932』가 『개조』의 문학상을 받은 적도 있다.¹⁴ 잡지 『개조』는 당대 동아시아를 아우르는 트랜스내셔널한 스탠스를 확보해가고 있었던 듯하다. 야마모토와 루쉰이 만난 것은 아마 이 때가 처음이었던 것 같은데, 그러다보니 자연스럽게 식사자리로 이어졌을 것이다.

이날의 루쉰 일기를 보면 23일에는 "개조사에 보낼 3000자 짜리 글을 한 편 쓰느라 한 잠도 못자고 날을 샘"이라고 되어있고, 24일에는 "야마모토 사네히코山本實彦 군이 담배 12갑을 보내왔다. 신야新雅에 점심식사를 초대해서 9인이 동석함."이라고 쓰여 있어, 양 측의 기술이 잘 들어맞는다.¹⁵

잡지 『개조』와 사장 야마모토는 아쿠타가와와 요코미쓰를 연결하는데 있어 매우 중요한 위치를 차지하고 있다. 이 부분을 좀 더 살펴보면, 개조사는 가고시마鹿兒島 출신의 야마모토 사네아쓰가 1919년 창업한 출판사였다. 종합잡지 『개조』는 '데모크라시'를 기치로 내세운 『중앙공론』과 차별성을 두기 위해 혁신적인 사회주의 언설을 중심으로 잡지를 비약적으

---

14 장혁주(張赫宙, 1905~1998)는 소설 「아귀도(餓鬼道)」가 1932년 일본 잡지 『개조』의 현상 공모에서 2등으로 입선하면서 일본 문단에 등단했다. 이 작품은 일본어로 쓰인 소설이지만, 식민지의 참혹한 현실을 사실적으로 묘사하여 당시 계급문학에서 유행하던 농민소설에 못지않은 현실비판 의식을 담고 있다는 평가를 받았다. 그는 「가등청정(加藤淸正)」(1939)이라는 작품을 발표하면서 전시 체제에 협력하는 작품을 집필한 것으로 알려져 있으며, 「아귀도(餓鬼道)」는 그가 친일의 길을 가기 이전의 작품이다. 장혁주는 2008년 민족문제연구소가 정리한 친일인명사전 수록예정자 명단 및 친일반민족행위 진상규명위원회가 발표한 친일반민족행위 705인 명단에 모두 포함되어 있다.
15 다만 루쉰의 일기에는 야마모토의 이름만 나오고 요코미쓰의 이름은 나오지 않는다. 『상하이』의 연재를 마치게 되는 1931년 무렵 요코미쓰는 마르크스주의와 유물론으로부터 명확히 거리를 두기 시작했고, 그 후로 그는 기존의 반제적(反帝的) 입장에서 방향을 바꿔 일본 애국주의를 지지하는 쪽으로 옮겨갔다. 루쉰이 요코미쓰의 정치적 입장 변화의 궤적을 지켜보고 있었다면, 중일관계가 악화일로를 걷고 있던 1936년이라는 시점에서 전향자의 이름을 언급하는 것이 다소 부담스러웠던 것은 아닐까.

로 간행해 나갔다.[16] 아쿠타가와의 『지나유기』와 요코미쓰의 『상하이』는 모두 『개조』 잡지에 연재되었고, 연재를 마친 후에는 개조사에서 단행본으로 출판되었다. 야마모토 사장의 입장에서는 아쿠타가와와 요코미쓰는 당대 일본의 일류 작가였을 뿐 아니라, 그들의 얼터너티브alternative한 정치 성향이 시야에 들어왔을 것이다. 이 두 작가의 상하이 서사는 개조사改造社라는 당시 일본의 진보적인 출판사에 의해 기획되었고, 그 과정에서 요코미쓰는 상하이에 대한 자신의 관점을 보다 선명하게 드러내기 위하여 기행紀行이 아닌 소설小說이라는 형태로 쓰겠노라고 분명하게 제시한 것이다. 패전 후 야마모토 사네히코는 "일본의 침략전쟁"이라는 표현을 썼던 것이 문제가 되어 공직에서 파직罷職되는 처분을 받았고, 개조사의 사장자리에서도 물러나게 된다.

소설 『상하이』 속 인간군상

소설 『상하이』에는 5.30이라는 역사적 사건이 등장하지만, 이 5.30사건을 중심으로 등장인물들이 얽혀있는 것은 아니다. 이 작품은 주인공에게 분량이 집중되어 있지 않고 여러 인물들이 나열되어 있어 다소 산만하고 복잡한데, 먼저 등장인물과 모티브를 최소한으로 정리해보도록 한다.

소설에 제일 먼저 등장하는 산키參木는 10년 째 일본으로 돌아가지 못하고 상하이에서 은행원으로 일하고 있다. 그는 삶의 적극적인 이유를 찾지 못해 매일 죽음을 생각하는 지독한 니힐리스트이다. 그가 자살을 실행에 옮기지 못하는 것은 고향에 있는 어머니 때문이다. 산키의 친구 고야甲

---

16 오자와 준, 「저널리스트로서의 아쿠타가와 류노스케」, 아쿠타가와 류노스케, 앞의 책, 261쪽.

谷는 싱가포르에서 상하이로 왔으며, 목재상사에서 일하고 있다. 오류お柳는 목욕탕을 운영하고 있고, 그녀의 남편 치엔스산錢石山은 거상巨商이다. 고야는 댄서 미야코宮子를 만나러 댄스홀에 갔다가 야마구치山口를 만나 대화를 나누게 된다. 야마구치는 대동아공영권을 지지하는 아시아주의자이지만, 사체의 유골을 판매하여 돈을 벌고 있다. 고야는 댄스홀에서 우연히 여공 팡치우란芳秋蘭을 보고 그녀의 매력에 빠지게 된다. 고야의 형 다카시게高重는 동양방적에서 일하고 있는데 팡치우란은 그의 관리 하에 있다.

미야코는 유명 댄서로 서양인들에게 매우 인기가 있다. 오류의 목욕탕에서 마사지사로 일하던 오스기お杉는 해고당해 갈 곳이 없자 산키를 찾아간다. 산키는 은행에서 고객 예금에 손을 댄 전무에게 복수하다가 은행에서 해고되어 자신도 막막한 처지이지만 오스기를 보살펴주려 한다. 고야는 댄서 미야코를 독차지하고 싶어 하지만 일본인이라는 신분으로 인해 늘 서양인들에게 밀린다. 산키는 아시아주의자 야마구치의 첩인 러시아 여성 올가Olga를 알게 된다. 러시아 혁명 후 상하이에 온 올가는 모스크바를 그리워하지만 돌아갈 수 없다. 상하이에서의 삶이 팍팍하지만 일본으로 돌아가고 싶어하지 않는 산키나 오스기와는 대조적이다. 국가로부터 배신당하고 상하이에 오게 된 오스기는 차라리 매춘을 하더라도 일본으로 돌아가지 않겠다고 생각한다. 아시아주의자 야마구치는 동양에서 백인종의 위협을 막아주는 유일한 무기가 일본 군국주의라고 생각하고 있다.

고야가 관심을 갖는 여공 팡치우란은 대단한 미인이고 공산당 내에서도 상당한 입지를 갖고 있다. 다카시게가 일하는 동양방적에서 노동자들의 파업이 일어난다. 이때 격렬한 폭동의 현장에서 산키는 우연히 팡치우란을 구해준다. 팡치우란은 자신을 구해준데 대한 보답으로 산키에게 식사를 대접한다. 다카시게가 일하는 공장은 재차 폭도들의 습격을 받게 된다. 5.30운동이 일어나고 시위대는 반일·반영의 구호를 외친다. 경찰의 발포로 인해 아수라장이 된 시위 현장에서 다시 만난 산키에게 팡치우란은 이름을 가르쳐달라고 하지만, 산키는 끝내 알려주지 않는다. 니힐리스트로 살아가던 산키는 반일시위가 일어나자 그제서야 비로소 자신이 일본인이라는 것을 자각한다. 극도의 혼란 속에서 산키는 허무주의와 애국주의를 넘나든다. 파업이 점점 커져가고 외국인 배척운동으로 번져간다. 고야는 시위 군중에게 쫓기다가 인간의 뼈를 정리하고 있는 야마구치의 작업실로 들어가게 된다. 군중시위를 보면서 러시아혁명을 떠올린 올가는 간질 발작을 일으킨다. 군중 폭동으로 상하이 시내에 식료품이 떨어지자 힘들어진 산키는 오스기의 집을 찾아간다. 어둠 속에서 두 사람은 대화를 나누고 상념에 잠긴다[17].

어느 유물론자

『문예시대』 창간보다 4개월 앞서 프롤레타리아 문학을 표방하는 『문예전선』이 창간되었는데, 이 두 잡지는 쇼와昭和문학의 출발점이 된다. 요코미쓰는 『문예전선』의 프로문학에 일종의 대립각을 세우고 있었지만, 그렇다고 그가 프로문학 자체를 부정한 것은 아니었다. 요코미쓰는 당시 일본의 프로문학이 사실주의적 관례와 교조주의를 무비판적으로 수용하고 있다고 보았고, 자신이 진정으로 유물론적인 소설 형태를 창출하겠다는 희망을 버리지 않았다. 그는 당시 문단의 프로문학을 따라가기 보다는 자신이 직접 유물론적인 소설을 써서 제시하고자 했고, 그러한 의미에서 이 소설 『상하이』는 당시 일본 프로문학 진영에 대한 도전장과 같은 것이었다.[18]

---

17 요코미쓰 리이치, 김옥희 역, 『상하이』, 소화, 1999에서 요약.
18 한국어판의 역자 해설. 요코미쓰 리이치, 김옥희 역, 앞의 책, 8쪽.

요코미쓰는 애초 이 소설의 제목을 「어느 유물론자」로 했었고, 창작 의도와 관련해서도 '유물론'materialism이 여러 차례 언급된 바 있다. 유물론이란 무엇인가? 철학에서 유물론은 모든 것이 물질로서 존재하거나 아니면 물리적 물질에 곧바로 의존하여 존재한다고 보는 교의이다. 현대 이론에서 유물론의 가장 중요한 표현은 생활과 의식의 모든 측면을 존재의 물질적 조건과 연결시키는 마르크스주의 비평에 있다. 유물론적 설명, 특히 형이상학과 인식론의 논제에 관한 유물론적 설명에 따르는 문제는 허다한데다가 많은 경우 무척 복잡하다.[19]

사카이 나오키酒井直樹는 요코미쓰가 "사회관계의 '유물론'적 서술을 가능하게 만든 내러티브 전략을 발명"했다고 했는데, 사카이酒井가 말하는 소설 『상하이』의 유물론적인 특징을 소개해보기로 한다. ①다양한 인물들이 병렬되고 있다. 1925년 상하이의 중국인, 일본인, 러시아인, 영국인, 미국인 등이 등장하여 다양한 교류를 이어가고 있다. 인물들은 주로 직업과 국적에 의해 규정된 논리에 따라 말하고 행동한다. ②각 인물은 '교환가치'에 따라 묘사되고 있다. 예컨대 오스기는 고국에 가족을 두고 온 젊은 일본인 여성이 아니라 교환 네트워크의 '물품' 즉 성산업 상품으로서의 가치를 통해 기술되고 있다. 요코미쓰는 개인과 사회현실 사이에 '감각적'인 등가물을 제시하는데 성공하였다. ③'국적'을 교환가치로 번역해내고 있다. 이 소설에서 국적은 단순하게 서로 다른 사람들의 내셔널리티를 식별해내는 표지가 아니라, 인물에게 특정한 사회적 지위를 점하게 할 수 있는 일련의 사회적 특권과 교환가치로 번역된다. 예컨대 당시 상하이에서 영국이나 프랑스 국적이 많은 예금 잔고를 의미하는 것이었다면, 혁명 이전 러시아 국적은 결손과 적자를 의미하는 것이었다. ④눈앞

---

[19] 유물론의 개념 등과 관련해서는 조셉 칠더스외, 황종연 역, 『현대 문학, 문화비평 용어사전』, 문학동네, 1999, 273~274쪽.

에 드러난 신체적 사실을 중심으로 하여, 노동자를 상품으로서가 아니라 물건으로서 서술했다. 요코미쓰와 상하이 노동자의 관계는 역사적 실천의 축적이 매개되지 않은 상태로, 눈앞의 물체적인 상태에 머물러 있어야 한다. 요코미쓰는 파업 장면 묘사에 있어 파도와 눈사태를 은유적으로 사용함으로써 노동자들을 의지력 없는 물체의 움직임으로 그려냈다.[20]

위 네 가지의 특징 중 창작 방법에 해당된다고 볼 수 있는 ④를 제외한 ①, ②, ③의 특징은 '국제도시 상하이에 있는 다양한 국적의 사람들, 그리고 그들을 이어주는 경제적 관계'라는 말로 요약될 수 있으며, 이는 애당초 요코미쓰가 "바깥 세계外界를 보는데 정신을 집중하지 않으면 안 된다고 생각했다."고 한 작품 창작의 의도와도 연결된다. '물질성에 기반한 객관성의 추구'라는 유물론의 원칙이 '자본주의적 원리에 입각한 국민국가의 계서화'라고 하는 소설 속 인물구성 및 서사 전개로 표현되고 있는 것이다. 요코미쓰는 상하이라는 도시를 어떻게 파악하고 있었는가? 요코미쓰가 1939년에 쓴 「지나해」라는 글을 통해 그의 구체적이고 직접적인 표현을 보기로 하자.

쇼와 3년 1928에 『상하이』를 쓴 이래, 나에게 공동 조계는 언제나 생각이 되돌아오는 문제의 고향 중 하나다. 공동 조계의 문제라는 것은 세상의 문제 중에서 가장 판명되지 않는 것이며, 또한 동시에 여기는 미래의 문제만 있는 곳이다. 극히 간단한 것이지만 여기만큼 근대라는 성질이 나타나 있는 곳은 세계에서 한 곳도 없다. 또한, 각국이 공동의 도시 국가를 이루고 있는 장소라는 존재는 세계에서 조계 이외에는 한 곳도 없다. 따라서 이곳을 생각하는 것은 세계의 축소도를 생각하는 셈이 된다. 각국은 이 속에서 스크럼을 짜면서도, 그 위에 각각 본국의 질을 전환하여

---

20 사카이 나오키, 이규수 역, 『국민주의의 포이에시스』, 창비, 2003, 193~199쪽.

생활하고 있다. 그런데도 불구하고, 이 주위에서 전쟁이 일어날 때마다 여기에 각국의 힘이 하나로 집중되어 금세 공동 국가로 변형한다. 때문에, 이 속에서 일본을 보는 것과 밖에서 이곳을 보는 것은 대략 반대의 결과가 된다.[21]

바로 이 대목은 일본에서 세계를 보는 시각과 상하이에서 세계를 보는 시각이 다를 수밖에 없다고 하는 면에서 사물의 객관적 인식을 강조하는 유물론으로 이어진다. 그리고 이는 아쿠타가와가 상하이에 가볼 것을 권한 이유와 다시 한 번 연결되고 있는데, 그런 면에서 『상하이』는 아쿠타가와에 대한 응답 소설Answering Novel의 성격을 갖는 것이기도 하다. 한편 '근대의 발전이 결국 국가의 장벽을 뛰어넘어 자본주의적 통합을 이루게 될 것'이라고 하는 요코미쓰의 미래사회에 대한 전망이 상하이와 결부지어 표현되고 있는 점은 매우 주목할 만하다. 소설 속 야마구치는 대동아공영권을 지지하는 아시아주의자이지만, 그가 사체의 유골을 판매하여 돈을 벌고 있는 설정은 대동아공영권이 형해形骸에 불과하다는 작가의 메시지로 보아야 할 것이다. 결국 요코미쓰에게 있어 상하이는 국제 관계의 축도縮圖이자 근대사회의 미래적 모습이었던 것이다.

국민국가의 '잔여'들

필자는 소설 『상하이』에서 국민국가적 문제점을 표현해낸 모티브들을 다음 네 가지로 정리해 보았다.
(1) 미야코宮子와 남성들의 관계는 국제사회 내에서 국가 간의 계서階序

---

21 橫光利一, 『定本橫光利一全集』(13), 東京:河出書房, 1982, 439쪽.

를 보여준다. "독일인을 안은 미국인, 러시아인을 안은 스페인인, 혼혈아와 부딪친 포르투갈인, 의자 다리를 걷어차는 노르웨이인, 키스를 퍼부어대며 소란을 떠는 영국인, 샴과 프랑스와 이탈리아와 불가리아의 취객들…"[22]이라는 묘사에서 볼 수 있듯이 소설 속에 자주 등장하는 댄스홀은 여러 나라 사람들을 한데 모아놓은 장소이고, 거기서 댄서로 일하는 미야코는 여러 나라 사람들과 관계하고 있다. 고야甲谷는 댄서 미야코를 좋아하지만, 미야코는 같은 일본인인 고야보다 서양인들에게 더욱 관심이 있는 듯하다. 고야는 미야코를 독차지하고 싶어 하지만, 미야코는 고야와 같이 있을 때에도 프랑스인, 이탈리아인을 생각한다. 섭섭해진 고야가 "그래서야 일본의 깃발은 언제까지고 오르지 않겠군."이라고 하지만, 미야코의 눈은 언제나 "일본인은 나중이에요."라고 말하고 있다. 자존심이 상한 고야의 속내를 엿보기로 하자.

고야는 미야코의 뒷모습을 응시하고 있었다. 그는 그녀의 발을 끌어당기는 것이 그녀를 둘러싸고 있는 건장한 외국인들의 다리라는 생각을 하며 노려보고 있었다. 하지만 어째서 일본인은 이다지도 경멸 당해야 하는 걸까? 고야는 공원 문 앞까지 자신의 짧은 다리를 한탄하며 걸어갔다. 그러나 그는 그 공원에 중국인만이 입장이 불가능한 이유에 대해 생각하는 것조차도 귀찮았다.[23]

일본은 서구 열강의 근대화를 모방하여 근대적 국민국가를 수립했고 발 빠르게 제국주의의 길을 걸어갔지만, 늘 서구 열강의 견제를 받아야 했다. 청일전쟁1894~1895에서 승리하면서 국제사회에서 존재감을 드러

---

22 요코미쓰 리이치, 김옥희 역, 앞의 책, 126쪽.
23 요코미쓰 리이치, 김옥희 역, 앞의 책, 86쪽.

냈지만, 곧바로 러시아, 프랑스, 독일의 '삼국 간섭'으로 랴오뚱반도를 반환해야 했던 것이 구체적 사례라 할 수 있다. 고야가 자신의 '짧은 다리'를 떠올리고 있는 걸보면, 그는 이것을 인종人種의 문제로 이해하고 있다는 것을 알 수 있다. 그는 이 문제를 황포공원 내에 붙었던 '개와 중국인은 출입금지'라는 팻말과 동일선 상에서 파악하고 있다.

(2) 자기 나라에서 추방되고, 남의 나라에서도 보호받지 못하는 러시아 여성 올가Olga는 국민국가의 이중성을 보여준다. 소설에는 볼셰비키혁명 이후 러시아를 탈출한 백러시아인들이 매우 비참하게 묘사되고 있는데, 여성의 경우 대부분 매춘부로 묘사되고 있다. 올가 역시 귀족 출신으로 조국에서 쫓겨나 일본인의 첩으로 살아가고 있는데, 러시아 혁명 직후의 상황을 회상할 때면 늘 간질 발작을 일으킨다. 여기서는 '국민'이라는 집단이 지니는 이중성이 지적되어야 할 것이다. 그 중 하나는 '법 앞에 평등한 존재로서의 국민의 균질화均質化'를 추구하는 방향을 말한다. 균질화의 방향은 같은 국민이라면 동등한 권리와 복지를 누릴 수 있다는 원칙이며, 이에 따르면 보편주의적 방향을 상실한 국민주의는 존재할 수 없다. 다른 하나는 '국민이라는 집단이 지니는 배타성'으로, 국민 이외의 사람에 대한 배제와 차별을 통해 국민이라는 집단을 유지해가는 것을 말한다. 국민주의는 이러한 모순을 함축하고 있는데, 국민국가 수립의 과정에서는 종종 마이너리티의 분열적 행동에 대해 국민적 단결이라는 이름으로 폭력이 자행되곤 했다. 통일을 명분으로 한 대량학살genocide이 이루어져 온 것인데, 역설적으로 이러한 국가폭력에 의해 국민이 만들어진 것이다.[24] 국민국가의 균질성은 원칙으로서만 존재할 뿐이며, 국가는 평등과 차별이 공존하는 모순체이다. 소설 속 올가는 모국으로부터 쫓겨난 소수자이고, 이주해온 땅에서는 국민이 아니라는 이유로 차별되는 존재이다.

---

[24] 국민주의의 모순에 대해서는 사카이 나오키, 이규수 역, 앞의 책, 234~235쪽.

(3) 국민으로서의 아이덴티티를 스스로 포기하는 산키와 오스기는 국민국가의 '잔여'가 되고자 한다. '잔여'란 무엇인가? '국제세계'는 주권을 갖는 국민국가의 상호승인 체계로 이루어진 세계이고, 이곳에는 주권을 갖지 못하는 원주민이나 국민으로서 국가주권에 귀속되지 않는 자들은 사전에 배제되어 있다. 유럽에서 30년 전쟁이 끝난 뒤 1648년에 체결된 베스트 팔렌 조약에 의해 생겨난 국가 간 승인 체계는 지구 표면의 육지를 국제세계International와 잔여The Rest의 두 영역으로 구분했다. 국제세계에서는 ① 국민국가의 주권과 민족자결 ② 국민국가 간 평등 ③ 국가 간 국제법의 준수, 그리고 ④ 각각의 국가 내의 내정 불간섭이라는 원칙이 존중받는 것에 비해 '잔여'에서는 이 원칙이 통용되지 않아도 좋다고 명목적으로 확정되었다. 물론 국제세계의 범위는 역사적으로 변화했지만, 18세기를 거치면서 마침내 '국제세계'는 '서양'이라고 불리게 되었다. 그리고 후자인 '잔여'는 서양the West과 그 잔여의 이항대립을 통해 '잔여'가 되었다. 국제세계는 은밀하게 이 '잔여'를 필요로 했는데, '서양인'은 비서양의 존재 없이는 서양인으로 성립할 수 없기 때문이다. 다른 말로 하자면 일본이 국제세계에 참가하기 위해서는 일본에 있어서의 잔여가 필요하고, 일본인이 서양인이 되기 위해서는 일본인용 비서양인이 필요했던 것이다.[25] 처지로 보자면 산키와 오스기는 올가와 비슷해 보일지 몰라도 올가는 국가권력에 의해 쫓겨난 자이고, 산키와 오스기는 자발적 소수자라 해야 할 것이다. 이들은 어느 사회에나 존재할 수밖에 없는 '잔여'적 존재라는 공통점을 지니는데, 이들 '비국민'은 '국민'과 함께 '국가'라는 공간을 구성해간다.

(4) 오예선汚穢船에 빠진 산키는 국제도시 상하이에서 일본인 내셔널리

---

[25] 잔여의 개념에 대해서는 사카이 나오키, 최정옥 역, 『희망과 헌법』, 그린비, 2019, 115~118쪽.

티의 가치, 혹은 인간 육신肉身의 교환가치에 대해 묻고 있다. 이 소설의 유물론적 서술과 관련지어 생각해 볼 수 있는 또 하나의 모티브는 '내셔널리티 탈각脫却 가능성'의 문제이다. 소설 속 산키의 주요한 고민 중 하나는 자신이 일본인이라는 아이덴티티 없이 살아갈 수 있을까 하는 것이다. 반半식민지 상하이에서 일본인이라는 어드밴티지를 버리고 육체에만 의지해서 살아간다고 할 때, 그의 육체에는 얼마만큼의 가격이 매겨질 수 있는 것일까? 이는 이 소설의 '유물론적 특징'과도 관련되는데, 요코미쓰는 상하이에서 살아가는 다양한 인물들의 '관계'를 객관화하고 각각의 존재들의 가격을 묻는 참신한 질문을 던진 것이다. 인간의 육신이 갖는 교환가치에 대한 문제 제기는 소설의 뒷부분 오예선汚穢船에 빠진 산키의 모습에서 재현된다.

> 그는 배설물 위에 그대로 드러누워서 눈을 감자, 머리가 다시 자유로이 움직이기 시작하는 걸 느끼게 되었다. 그는 자신의 머리가 어디까지 움직이는지 그 뒤를 쫓아갔다. 그러자 그는 자신의 몸이 마치 비중을 재듯이, 배설물 속에 푹 빠져 있다는 걸 깨닫고 쓸쓸한 웃음을 지었다.[26]

육체의 비중比重을 가늠하듯 배설물 속에 푹 빠져있다가 쓸쓸한 웃음을 짓고 마는 산키는 거기서 무엇을 깨달았을까. 산키는 상하이에서 살아가는 일본인이 자신의 내셔널리티적 배경을 제거한다면 무엇이 남는 것일까를 자문自問해본 것이다. 만약 육체만이 남는다고 했을 때, 그가 이 도시에서 자신의 노동을 팔아 삶을 영위해 나갈 수 없다면, 결국 그의 신체는 배설물과 대등한 것이라는 니힐리스트적 결론에 도달했기에 산키는 쓴웃음을 지은 것이 아닐까.

---

26 요코미쓰 리이치, 김옥희 역, 앞의 책, 315쪽.

제국주의적 국민주의에 대한 성찰

일반적으로 요코미쓰 리이치의 『상하이』는 5.30운동을 모티브로 한 소설로 알려져 있다. 1925년 2월 상하이의 일본인 방적 공장에서 일어난 파업이 칭다오 등으로 확대되었고, 5월 30일 상하이 영국 조계에서 경찰이 시위대를 향해 발포하자 대규모 파업과 시위가 각지에서 발생했다. 노동운동에서 출발하여 반제국주의 운동으로 확대된 5.30운동은 중국의 '신민주주의 혁명'에서도 중요한 의미를 갖는 역사적 사건이다. 중국공산당 중심의 역사 기술서에는 대부분 이 5.30운동의 의의가 빠지지 않고 기록되어 왔다.

하지만 이러한 역사 기술과는 다르게, 동시대의 중국문학 작품 중 정면으로 5.30운동을 다루고 있는 것은 의외로 많지 않다. 소설로 보자면 마오뚠茅盾의 『식蝕 삼부곡』이나 예사오쥔葉紹鈞의 『니환즈倪煥之』같은 작품들인데, 사회혁명에 대한 회의적懷疑的 정서를 표현한 것이 대부분이어서 역사서에 기술된 레토릭rhetoric의 기세에는 미치지 못하는 편이다. 그런 면에서 보자면 외국 작가에 의해 씌어졌음에도 5.30운동이 정면적으로 그려진 『상하이』는 매우 이색적인 작품이다. 물론 정면적으로 그려졌다고 해서 그것이 '역사적 전망'을 표현해냈다는 의미는 결코 아니다.

이 소설은 파업 장면 묘사에 있어 노동운동이 갖는 실천적, 역사적 의미를 제대로 살리지 못했다는 일본 좌익 평론계의 비판에 직면한 바 있다. 요컨대 너무 '표현'에만 집착했다고 하는 것인데, 이 점에 대해서는 일단 '신감각파'의 창작 방법에 대한 정당한 이해가 있어야 할 것이다. 요코미쓰는 이 소설의 묘사와 관련해서 "상하이의 환경과 사물에 대한, 거의 만져질 것 같은 직접적인 감각을 포착하기 위해 인물의 주체적 감정에 대한 묘사에서 벗어났다."고 한 바 있는데, 이 모더니스트 작가에게 상하이는 낯선 장면을 제공함으로써 그가 새로운 감각의 한계에까지 나아갈 수 있게 한 것이다.

한편, '환경과 사물에 대한 직접적 감각'이라는 대목은 요코미쓰가 「서문」에서 언급한 '바깥 세계'外界와도 연결된다. 요코미쓰에게 있어 상하이란 하나의 바깥 세계, 혹은 '바깥 세계를 보는 창'이었고, 그는 상하이를 통해 자신의 유물론적 문학 실험을 해보자 했던 것이다. 이는 내셔널한 정치 질서가 지배하는 공간이 아니라 각각의 주체가 공존하는 인터내셔널한 공간을 만들어내고, 거기에 존재하는 생명체를 낱낱이 떼어 그들이 가진 가치 그 자체로 묘사하는 것을 말한다. 요코미쓰에게 있어 내셔널한 공간은 주관적이고 관념론적 세계이고, 인터내셔널한 공간은 상대적으로 객관적이고 유물론적 세계가 되는 것이다. 요코미쓰는 『정안사의 비문』에서 인터내셔널한 공간의 지배질서와 관련해서, 상하이에서는 "모든 것이 돈 위를 흐르고 있다."고 표현한 바 있으며, 이러한 인식에 근거해서 소설 『상하이』의 등장인물들을 오직 '돈'으로만 얽혀있는 관계로 설정한 것이다. 이 소설에 있어 이른바 '신감각파적 문학 표현'이라는 것은 현실을 묘사하는 수단에만 그치는 것이 아니라, 작가의 인식에 따라 현실 속 인물을 설계하고 시대정신에 작용해 나가는 적극적인 의미를 가지는 것이기도 하다.

5.30운동을 제재로 하면서도 '역사적 전망'을 표현해내지 않은 이 소설은 우리에게 어떤 독법讀法을 제안하고 있는 것인가. 여성 혁명가 팡치우란은 중간에 나타났다 사라져버렸지만, 소설의 마지막까지 남아 있는 것은 산키와 오스기라는 사회적 루저들이다. 소설의 초입에 등장했던 산키와 오스기 두 사람이 소설의 마지막에도 똑같이 등장하고 있는 일종의 '수미일관'적 형식은 이들 두 사람이 소설의 주인공이라고 하는 암시이며, 그런 방향으로 이 소설을 읽을 때, 이 소설에는 '역사적 전망'과는 전혀 각도가 다른, '국민국가와 그 잔여殘餘들'이라는 새로운 독법이 생겨날 수 있는 것이다.

사카이 나오키酒井直樹는 「'국제성'을 통해 무엇을 문제삼을 것인가」[27]라는 글에서, 이 소설을 통해 '인간이 국가에 소속되어 있다는 믿음과 그 나라가 제국주의 국가라는 걸 자각하는 것 사이의 모순을 어떻게 절충할 것인가'라는 문제를 제기한 바 있다. 사카이는 윤락여성으로 변해가는 오스기와 실직하고 빈궁의 늪으로 빠져가는 산키가 자신들의 국적과 연결된 경제적, 사회적 특권을 상실해감에 따라 사회와 인간에 대한 그들의 인식도 변해간다는 점을 지적했다.

그런 면에서 보자면 이 작품은 상하이라는 국제적인 공간을 배경으로 제국주의적 국민주의가 갖는 의미를 생각하는 소설이라 해야 할 것이다. 사카이는 산키와 오스기가 추락해가는 과정을 '식민지적 죄의식' Colonial Guilty이라 표현한 바 있는데, 이는 제국주의 국민으로서의 일종의 자성自省과 같은 것으로, 제국주의를 악惡으로 대상화하던 기존의 프로문학에서는 충분히 파악될 수 없던 지점이기도 하다.

---

27 사카이 나오키, 이규수 역, 앞의 책, 186~187쪽.

23

상상적 공간 상하이의 추억과 영국인의 죄책감
— 가즈오 이시구로의 『우리가 고아였을 때』

●

2017년 노벨문학상 수상 소감

『우리가 고아였을 때』

영국인의 죄책감

〈White Countess〉라는 영화

가즈오 이시구로와 세계문학 —상상으로 구축된 원향^{原鄕}

2017년 노벨문학상 수상 소감

2017년 10월 스웨덴의 노벨상 위원회는 문학상 수상자로 가즈오 이시구로石黒一雄, 1954~를 선정했다. 어릴 때부터 영국에서 줄곧 살아온 가즈오 이시구로는 일본계 영국인이다. 영국에서 교육받고 영국의 문화적 환경 속에서 성장한 그의 문학세계는 ①사회 세태와 풍속도를 구수하게 묘사한 제인 오스틴과 ②실존의 수수께끼를 탐구한 프란츠 카프카와 ③잃어버린 시간을 회상해 자아를 재발견하는 마르셀 프루스트를 섞은 유럽 소설의 칵테일과 같다는 재미있는 평가를 얻은 바 있다.

2017 노벨문학상 수상 연설집「나의 20세기 저녁과 작은 전환점들」을 중심으로 그의 생애와 문학적 비전 등을 정리해보기로 한다. 가즈오 이시구로는 1954년 11월 8일 일본 나가사키長崎에서 태어났다. 그의 친할아버지는 당시 중국에 섬유회사를 설립하는 일을 맡아, 일본을 떠나 오랜 세월을 상하이에서 보냈다. 가즈오의 아버지 시즈오는 1920년 상하이에서 태어났다. 1960년 4월 이시구로는 가족과 함께 일본을 떠나 영국에 가서 살게 되었다. 해양학자인 부친이 영국 정부 초청으로 영국 국립해양연구소에서 일하게 되어서였다. 가즈오의 가족들은 런던에서 남쪽으로 48킬로미터 떨어진 서리주 길버트에 살았다. 당시 외국인이라고는 혼자 밖에 없는 그곳에서 그는 영국 중산층 소년에게 요구되는 매너를 몸에 익히게 된다.

그의 가족들은 일정 기간이 지나면 영국 생활을 마치고 일본으로 돌아가려 하고 있었기 때문에, 가즈오는 한동안 일본 현지의 교육 수준을 유지하려고 노력했다. 매달 일본에서 보내오는 소포에는 그 전 달의 만화 잡지, 일반 잡지, 교육 자료의 요약본이 들어있었다. 그는 당시 그에게 제공된 그 일본의 이미지와 인상에 대해서 '놀랍도록 크고 잘 정돈된 나만의 추억 창고'라고 표현했는데,『우리가 고아였을 때』에서 활용된 회상적 서사 방식도 그 시절의 경험과 관련이 있는 것 같다.

　20대가 된 가즈오는 대학에서 문예창작을 전공하게 되었고, 그 후로 습작을 시작하게 된다. 그는 자신이 상상력으로 충만한 일본이라는 기억의 공간을 만들어두고 있었고, 그 기억을 보존하기 위해서 글을 썼다고 했다. 아마도 그 때부터 가즈오는 '상상의 공간'이라는 개념을 인식하기 시작한 것 같다. 그는 이를 두고 '내 머릿속에 자리 잡고 있는 일본은 그저 한 아이가 기억과 상상력과 추론에 의거해 만들어낸 감성적인 건축물일 뿐이었다.'고 말한 바 있다. 그는 『부유하는 세상의 화가』 등 일본을 제재로 한 몇 편의 작품을 쓰고 나서 『남아있는 나날』이라는 매우 영국적인 소설 창작을 시도하게 되는데, 이때 그는 이전 세대의 많은 영국 작가들과는 다른 방식으로 쓰고자 했다.

　그는 살만 루슈디나 V.S.나이폴 같은 포스트 콜로니얼 작가들의 글쓰기에 주목하면서, '그들처럼 문화적, 언어적 장벽을 넘을 수 있는 보편적인 소설을 쓰고 싶었다.'고 말한다. 『남아있는 나날』에 나오는 영국과 『우리가 고아였을 때』 속의 중국, 혹은 런던과 상하이가 자연스럽게 통하고 있는 것은 그가 늘 염두에 두고 있었던 '보편성' 때문이었을 것이다. 그가 문학에서 구현하고자 하는 이 '보편성'은 동서양의 공간을 횡단하고, 휴먼과 포스트 휴먼을 결합하면서 더욱 실험적인 방향으로 나아가고 있다. 그런 면에서 그는 문학은 더 다양해져야 하고, 더 많은 목소리를 수용해야 하며, 다른 문화권에서 보석을 찾아내야 한다고 한다. 아울러 그는 무엇이 좋은 문학인가의 정의를 지나치게 편협하게 내리지 않도록 조심해야 한다는 말로 덧붙인다.

『우리가 고아였을 때』

주인공 크리스토퍼 뱅크스는 영국 무역회사에 근무하는 부친의 직장 때문에 상하이에서 성장하게 된다. 어린시절 그는 상하이에서 부모가 며칠 간격으로 납치, 실종되는 사건을 맞은 후 영국으로 돌아와서 이모의 손에 자란다. 그는 케임브리지에서 공부하고, 사립 탐정으로 성공한다. 부모의 실종사건에 대한 자료들을 모으던 어느 날, 그는 어머니가 실종되기 직전 그의 집을 방문한 '왕쿠'라는 중국인의 사진을 신문에서 우연히 보게 된다. 그리고 그 사건에 대한 단서를 포착했다고 생각해 상하이로 떠난다. 그가 상하이에 와서 알게 된 것은 지금까지 이모의 상속 재산이라 알고 있던, 그 때까지 그가 사용한 영국에서의 생활비와 교육비가 사실은 모두 그 왕쿠라는 중국 군벌에게서 나왔다는 사실이었다.

그의 아버지는 모건브룩 앤드 바이어트라는 상하이 주재 영국 무역회사에 근무하고 있었는데, 이 회사는 아편무역으로 큰 수익을 올리고 있었다. 정의감이 강한 그의 어머니 다이애나는 이 회사의 비양심적인 사업윤리에 반대하여, 직원과 직원 부인들을 모아 항의운동을 벌이고 있었다. 그의 아버지는 정의로운 어머니를 마음 속 깊이 사랑했지만, 회사의 일개 직원으로서, 그리고 가족의 생계를 책임져야 하는 가장으로 아내의 높은 도덕적 기대에 부응할 수 없었다.

소설 뒷부분에서 주인공 뱅크스가 어린시절 따르던 필립 아저씨로부터 들은 이야기에 의하면, 그의 아버지는 자신을 있는 그대로 받아주는 엘리자베스 콘월리스라는 여자와 도망하여 홍콩, 말라카 등지를 전전하다가 몇 년 후 싱가포르에서 풍토병에 걸려 죽었다. 아버지도 어머니처럼 아편무역에 반대하다가 희생당한 것으로 생각하고 있었던 뱅크스의 기대는 그 말에 무너지고 만다. 정의롭게 투쟁하던 어머니가 왕쿠라는 군벌의 뺨을 때린 불손한 행동 때문에 그에게 붙잡혀 결국 그의 첩실 중 하나가 되어 삶을 영위하고 있었다는 사실도 나중에 필립 아저씨에게 듣게 된다. 어머니는 왕쿠의 첩이 되어주는 조건으로 뱅크스가 성장하는 동안 그의 교육과 생활에 필요한 자금을 내놓을 것을 제시했다.

국민당과 공산당이 대립하는 상황이 벌어지자, 어머니를 도와 아편무역 금지 캠페인에 동참하는 등 양심적 동료였던 필립 아저씨는 공산당 편에 서게 된다. 하지만 국민당에게 잡혀 동료를 배신하게 된 그는 복수가 두려워 돌아가지 못하고 국민당의 밀고자로 살아가게 된다. 이로 인해 그는 공산당 활동가들에게는 악명 높은 '노란뱀'이라는 별명으로 불리고 있었다.

뱅크스는 자신의 탐정으로서의 능력을 이용하여 부모의 실종사건을 해결할 수 있다는 믿음을 가지고 상하이로 온다. 그는 상하이에서도 외국인들이 모여 사는 공동 조계가 아닌 중국인 거주 지역을 헤맸다. 그는 아편으로 폐인이 된 중국인 쿵 경감으로부터 왕쿠 일당이 납치자들을 감금했을 것으로 추정되는 지점이 예첸이라는 유명한 경극 배우의 집 건너편이라는 단서를 얻게 된다. 그 지역 경찰서 부서장의 안내를 받아 왕쿠 일당의 소굴을 찾아 빈민가를 헤매던 뱅크스는 부상당한 채로 묶여서 중국인들에게 복수의 표적이 되어 있는 어릴 적 그의 일본인 친구 아키라Akira를 만나게 되고 그를 구해낸다. 아키라는 일본군이 되어 있었다. 그 후 그가 앤서니 모건이라는 친구의 안내를 받아 중국인 린 씨 댁을 방문했을 때 그는 현재 자신이 서 있는 방의 절반이 어린시절 그가 살던 집의 현관이었다는 사실을 깨닫게 된다.

그로부터 20여 년이 지나 뱅크스는 홍콩의 요양시설에서 어머니를 발견하게 된다. 그 사이에 왕쿠는 죽었고 혁명의 소용돌이에 휩싸인 중국에서 정신병원에 수용되어 있던 어머니는 홍콩으로 보내져 수녀들이 운영하는 요양시설에 안치되어 있었다. 그의 어머니는 그를 알아보지 못했지만 그나마 마음의 평안을 찾은 듯 보였다. 뱅크스는 어머니를 그곳에 둔 채 영국으로 돌아간다.

  뱅크스와 마찬가지로 고아였던 여인 세라와의 사랑도 이 소설의 한 축을 형성하고 있다. 뱅크스는 부모를 구출하려는 직업적이고 운명적인 사명을 수행하다 세라를 잃게 된다. 이후 세라는 세실 메드허스트 경이라는 유명 정치인과 결혼하여 함께 상하이에 오지만 남편은 이곳에서 도박에 빠져 폐인이 된다. 뱅크스와의 사랑의 도피 계획이 실패로 돌아가자 세라는 싱가포르로 가 프랑스인과 다시 결혼했지만, 일본이 싱가포르를 점령하게 되자 수용소 생활을 하게 된다. 수용소 생활의 후유증으로 건강이 악화된 그녀는 싱가포르에서 병사하고 뱅크스는 나중에 이 소식을 듣는다. 뱅크스는 자신이 입양한 고아 제니퍼의 위안을 받으며 아픈 몸을 이끌고 평온한 삶을 살아간다.[1]

영국인의 죄책감

  소설 『우리가 고아였을 때』는 런던과 상하이를 오가며 이야기가 전개되지만, 작가 가즈오 이시구로는 상하이에 장기 체류한 적이 없다. 그에게 있어 상하이는 할아버지와 아버지의 기억 속 공간이며, 이 점은 앞서 소개한 가즈오의 생애를 통해서도 확인한 바 있다. 가즈오는 신시아 웡과의 인터뷰에서 소설 속 상하이라는 공간 창출과 관련하여, 이는 자신이 서점에서 구입한 자료들에 입각해서 만들어낸 것이기 때문에, "독자들이 일반 역사서에서 찾을 수 없는 진귀한 역사적 사실을 이 소설에서 얻을 수 있을 것이라 기대해서는 안 될 것"이라고 했다. 그리고 그가 만들어낸 소설 속 상하이는 '은유적 장소'이고 그런 의미에서 자신은 '믿을 수 없

---

[1] 가즈오 이시구로, 김남주 역, 『우리가 고아였을 때』, 민음사, 2015. 전수용.

는 화자'라고 말했다. 작가가 말한 '은유'라는 표현은 이 작품 해석의 주요한 방향성을 제시해주고 있는데, 이는 작가의 상상에 의해 가공된 '원향적原鄕的 공간'으로, 서구 근대사회에 대한 대안적 의미를 갖는 것이다. 물론 필자는 이와 같은 '알레고리적 해석'에 공감하며, 은유적 해석이 이 작품에 대한 주요한 독해 방식이 될 수 있다는 점은 인정한다. 하지만 최근 이 소설을 다시 읽고 난 후에는 작은 상념 하나가 뇌리를 떠나지 않는다. 과연 이 작품에 대한 탈식민주의postcolonialism 시각에서의 해석은 불가능한 것일까?

주인공 크리스토퍼 뱅크스의 아버지가 일하던 모건브룩 앤드 바이어트는 왜 아편무역을 하는 회사로 설정되어 있는 것일까? 부친은 아편을 수입하는 회사에서 일하고, 모친은 아편반대 운동을 하고 있는 모순을 어떻게 설명해야 할까? 얼핏 모순처럼 보이지만, 이는 야만적 폭력과 침략의 다른 한편에 민주주의와 인권이 공존하는 서구 사회의 양면성을 적나라하게 보여주는 것이기도 하다. 그렇다면 주인공의 직업이 탐정으로 설정되어 있는 것은 어떻게 받아들여야 할까? 소설이 런던에서 시작하고 주인공의 직업이 탐정으로 되어 있는 것은 얼핏 '셜록 홈즈'를 연상시킨다. 하지만 이 작품에서 '셜록 홈즈'라고 하는 것은 '쟝르 소설'의 주인공이라기보다 이야기를 전개해가는 '방식'으로서의 의미를 지닌다고 해야 할 것이다. 회의懷疑에 기반해서 사건의 본질을 파헤쳐 간다고 하는 탐정의 세계, 그것은 일종의 과학적 세계관의 산물이라 할 수도 있을 것이다. 아들이 부모 실종의 미스터리를 밝혀간다고 하는 것은 서구적 주체가 서구적 방식으로 서구 사회의 본질을 파헤쳐가는 과정으로 해석할 수도 있을 것이다.

우리가 현재적 상식으로 보면, 아편이란 어두움과 죄악을 상징하는 반사회적이고 불법적인 물품일 것 같지만, 19세기 아편무역은 상당히 큰 사업이었다. 1860년 기준으로 아편은 비유럽 국가 발 세계 수출액의

8.8%를 차지하여 3위에 해당하는 수출 품목이었다. 1위는 14%를 차지하는 설탕, 2위는 10%를 차지하는 커피였고, 4위는 6.6%를 차지하는 목화였다.[2] 1840년 아편전쟁과 1856년 애로우호전쟁으로 중국은 서구 열강에 항구를 개방했고 중국 내 외국인의 이동이 자유로워졌으며, 베이징에 상주 대사관이 설치되는 한편 아편 무역이 합법화되었다.

아편전쟁 직전 중국과의 무역을 담당하던 외국계 상사 중 최대 규모였던 것은 자딘 매시선상회 Jardine Matheson·怡和洋行였고, 이에 필적하던 것은 유대인 데이비드 삿슨이 설립한 삿슨상회 Sasson·沙遜洋行였다. 두 무역회사의 주요 품목은 '아편'이었는데, 삿슨상회는 아편전쟁 직후인 1845년 상하이에 지점을 개설하고, 이후로 상하이 아편 무역의 20%를 담당할 정도로 성장하게 된다. 이후로 이 두 메이저급 상사의 뒤를 이어 덴트상회 寶順洋行, 기브리빙스턴상회 仁記洋行, 라셀상회 旗昌洋行 등 많은 무역회사들이 우후죽순처럼 생겨나는데, 1837년 39개이던 것이 20년 후에는 300여 개가 되었고, 1903년에는 600개 이상이 된다. 1865년 3월에는 자딘 매시선상회, 삿슨양행, 덴트상회 등에서 15인의 대표가 발기인이 되어 자본금 500만 달러로 홍콩에서 홍콩상하이뱅크 香港上海銀行·HSBC를 설립한다.[3] 홍콩상하이뱅크의 최대 업무는 아편무역으로 축적된 자금을 신속하고 안전하게 영국으로 송금하는 일이었다. 2008년 포브스지가 선정한 세계 2000대 기업 중 1위를 차지했다는 HSBC은행이 초기에는 아편 대금과 관련되어 있다는 사실이 놀랍다. 소설에 등장하는 모건브룩 앤드 바이어트사가 실존했었는지의 여부는 잘 알 수 없지만, 당시 상하이에 진출해있던 영국 기업들이 다루던 주요 상품 중 하나가 아편이었던 것은 분명하다.

---

2 에드워드 로스 디킨슨, 정영은 역, 『21세기 최고의 세계사 수업』, 아름다운 사람들, 2020, 178쪽.
3 譚璐美, 『阿片の中國史』, 新潮社, 2005, 83~88쪽.

크리스토퍼 뱅크스는 부모 실종사건을 파헤치는 과정에서 아버지는 아편을 거래하는 거대한 무역회사의 말단 직원에 불과했다는 것, 어머니는 아편 반대운동을 했지만 결국은 중국 군벌의 첩이 되어 굴욕적으로 생을 마감하고 말았다는 것, 그리고 자신이 성인으로 성장하기까지 런던에서의 생활비와 교육비는 이모의 유산이 아니라 아편 수송을 하던 군벌에게서 온 것이며, 이는 어머니가 당한 굴욕의 대가였다는 '추악한 진실'을 알게 된다. 이는 서구사회의 물질적 발전이 결국은 아시아 침략과 불가분의 관계에 있다고 하는, 진지한 성찰과 합리적 추론이 만나는 지점인 것이다. 뱅크스의 부친이 아편 관련 기업에서 돈을 벌고 모친이 아편 반대운동을 하고 있던 소설 속 모순은, 중국에서 아편 사업으로 돈을 번 샷슨Sasson 가문이 영국에서는 자선 사업으로 유명했다는 사실과 오버랩 되면서 서구사회의 야누스적 본질을 표현하고 있는 것처럼 보인다.

플롯 전개에 있어 다소 석연치 않은 또 다른 인물은 세실 메더스트이다. 소설 속 세실경은 런던 사교계의 총아이고, 매우 높은 정치적 식견을 갖춘 인물로, 국제 분쟁을 중재할 수 있는 위치에 있는 것으로 나온다. 그런 인물이 상하이로 간 뒤에는 도박에 빠져 폐인이 되고 만다. 이러한 정계 거물의 급속한 타락을 어떻게 보아야 할까? 이는 뱅크스의 부모, 그리고 필립 삼촌의 작품 속 이미지 추락과 마찬가지로 서구 사회가 그동안 쌓아 올렸던 전통적 가치의 파산으로 볼 수 있지 않을까? 한편으로는 그간 뱅크스가 알고 있던 것들이 '착각'이었다고 하는, 이른바 '믿을 수 없는 화자'라는 서술 방식과도 관련이 있다.

서구의 '침략'적 본질을 발견해내는 것은 소설 속 왕쿠라는 인물의 창조와도 관련이 있다. 아편 반대운동을 해오던 뱅크스의 어머니는 아편 금지운동에 동참하는 줄 알았던 왕쿠가 뒤로는 아편무역의 이득을 공유하고 있었다는 사실을 알고 그의 뺨을 갈긴다. 군벌 두목으로 당시 중국에서 엄청난 권력을 갖고 있던 왕쿠의 입장에서, 서양 여성으로부터 뺨을 맞았다는 사실은 모멸감의 차원을 넘어 신선함의 수준으로 받아들여진다.

그 뺨 한 대의 대가는 실로 엄청난 것이어서, 그 후로 뱅크스의 어머니는 왕쿠에게 붙잡혀 그의 첩이 되고, 손님을 대접할 때 왕쿠는 어머니를 불러내어 채찍질을 가하는 볼거리를 제공하였다. 손님 앞에서 서양 여자에게 채찍질을 가하는 중국 남성이라는 잔인한 캐릭터는 어떻게 생겨나게 되었을까? 어쩌면 왕쿠는 아편전쟁에 대한 영국인의 원죄의식이 키워낸, 타자화된 중국인의 끝판왕으로서의 '악마'일지도 모른다.

소설 속에 나오는 중국인의 이미지는 대체로 부정적인데, 어린시절 아키라의 집에서 하인으로 일하던 링티엔이라는 인물 역시 그러하다. 아키라는 링티엔이 사람과 원숭이의 잘린 손을 모은 뒤 약물을 사용해 온갖 종류의 거미로 변화시킨다는 공포적 환상을 가지고 있었다. 아키라는 그 환상을 뱅크스와 공유했고, 어느 날 링티엔이 고향에 다니러 간 사이에 그의 방에 침입하여, 비법의 약이라고 생각되는 약병을 훔쳐가지고 나온 적이 있다. 링티엔에 대한 허구적 상상 역시 왕쿠의 경우와 마찬가지로 영국인의 잠재적 죄의식이 만들어낸 두려운 중국인의 형상이라 할 수 있을 것이다.

〈White Countess〉라는 영화

필자가 가즈오 이시구로의 이름을 처음 접하게 된 것은 영화 '네버 렛 미고'Never Let Me Go, 2011를 통해서였다. 복제인간의 인권 문제를 너무나도 절절하게 묘사한 이 작품은 오랫동안 내 기억에 남았고, 그 후로 가즈오의 또 다른 소설을 영화화한 〈남아있는 나날〉The Remains of the Day, 1994 등 다른 영화에도 관심을 갖게 되었다. 영화 〈화이트 카운티스〉The White

Countess, 2005는 〈남아있는 나날〉을 만든 제임스 아이보리가 감독을 맡고 가즈오 이시구로가 대본을 쓴 영화이다. 가즈오 이시구로는 『우리가 고아였을 때』를 썼을 때보다 올드 상하이에 대한 '학습'이 더 진행된 듯, 〈화이트 카운티스〉에 표현된 상하이는 리얼리티가 더욱 잘 구현된 것 같았다.

영화는 1936년 상하이를 배경으로 하고 있다. 전직 외교관 토드 잭슨은 1929년 화재로 아내를 잃었고, 그 때의 사고로 시력을 잃은 채 홀로 상하이에서 살아간다. 그는 1919년 베르사유조약 체결 시 영국 대표로 참가한 듯하다. 베르사유조약과 유럽의 정치 역학적 관계는 가즈오의 다른 작품『남아있는 나날』에서도 배경을 이루고 있지만, 『남아있는 나날』에서 스티븐스가 모시고 있던 달링턴 나리가 줄곧 베르사유조약이 공정하지 못했고 패전국(독일)을 계속 단죄하는 것이 부당하다는 생각을 뚜렷하게 표현하고 있었던데 반해, 〈화이트 카운티스〉의 토드 잭슨의 정치적 입장은 선명하게 드러나지 않는다.

한편 이 영화의 또 다른 주인공 소피아는 1917년 볼셰비키혁명 이후 러시아를 떠나 상하이의 중국인 거주 지역에서 살고 있다. 어린 딸을 데리고 시댁 식구들과 함께 살고 있는 그녀는 생계를 유지하기 위해 댄스홀에서 일하고 있다. 어느 날 댄스홀에서 불량배에게 돈을 털릴 뻔한 토드를 소피아가 구해주면서 두 사람 간의 교류가 시작된다. 그 후로 1년이 지난 1937년, 전쟁으로 인해 어지러운 상황에서 토드는 일본 친구 마츠다의 제안으로 상하이 시내에 'The White Countess'라는 바를 연다. 마츠다는 세계가 온통 전쟁에 휩싸인 와중에도 다양한 사람들이 드나들 수 있는 공간이 상하이에 생겨나기를 기대했다.

토드는 당시 상하이의 누구라도 제약 없이 드나들 수 있는 자유로운 공간을 만들었고, 소피아를 그곳의 마담으로 앉혔다. 그 후 '화이트 카운티스'는 유럽인과 중국인, 국민당과 공산당, 급진 좌파와 군인 등 다양한 사람들이 드나드는 공간이 되었다. 전황이 심각해지자 외국인들도 상하이를 떠나야 할 상황이 되었다. 소피아는 토드의 가게를 그만두고 가족들과 함께 피난을 가려 했지만, 그녀의 시댁 식구들은 그녀의 딸만을 데려가려 한다. 이때 그녀는 이웃에 사는 유대인 사뮤엘의 도움으로 딸을 다시 찾게 되고, 종국에 가서는 소피아 모녀와 사뮤엘과 토드가 함께 마카오로 떠난다.

영화의 마지막, 헤어질 뻔한 소피아 모녀가 상봉하는 장면은 전형적인 멜로물처럼 처리된 면이 있지만, 맹인 토드가 자기만의 세계를 만들어간다는 설정은 『우리가 고아였을 때』에서 구축된 '상상적 원향原鄕'이라는 모티브와 연결되고 있다는 점에서 중요하다. 현실에서는 전쟁이 일어나고 비극이 생겨나고 있지만, 토드에게는 그러한 현실에 의해 침해받고 싶지 않은 자기만의 세상이 있다. 현실도피라는 비난을 받을 수도 있겠지만, 토드는 이 세상의 난리법석을 보지 않으려 하고 환상으로 구성된 자신의 세계를 지켜가고자 한다.

마찬가지로 상하이를 그려냈지만, 이 영화가 『우리가 고아였을 때』와 다른 점은 올드 상하이의 두 타자 유대인과 러시아인을 전면에 내세우고 있다는 점이다. 유대인은 나치즘의 광기를 피해서 유라시아 대륙을 헤매다가 상하이로 들어오게 되었고, 볼셰비키혁명 후 여기저기 망명을 떠나던 백러시아인들 중 일부는 역시 상하이로 오게 된다. 유대인과 러시아인은 '백인'이었지만, 영국인, 미국인, 프랑스인들처럼 상하이에서 행세하고 다니지 못했다. 자기 땅에서 쫓겨난 이들은 상하이에서도 차별당하며 고단하게 살아갔다. 가즈오는 상하이에서의 약자들의 연대를 내러티브적으로나마 보여주고 싶었던 것이다.

가즈오 이시구로의 소설이 영화화된 것으로는 〈남아있는 나날〉[1994]과 〈나를 보내지 마〉[2010]가 있고, 그가 대본을 쓴 것으로는 〈이 세상에서 가장 슬픈 노래〉[2003]와 〈화이트 카운티스〉[2004]가 있으며, 1994년에는 칸영화제 심사위원이 된 적도 있었다. 그 해에는 쿠엔틴 타란티노의 〈펄프

픽션〉이 황금종려상을 수상했다.

가즈오 이시구로와 세계문학
—상상으로 구축된 원향 原鄕

가즈오 이시구로의 소설 『우리가 고아였을 때』의 문학적 스타일은 영국적이지만, 그가 구현해내고자 하는 세계는 매우 코스모폴리탄 cosmopolitan 하다. 작품 속 영국과 중국이라는 두 개의 공간은 영국 내 번화가와 빈민가에 대한 알레고리로 읽힐 수도 있고, 역으로 상하이의 공동 조계와 중국인 거주 지역 역시 영국과 중국을 비유하는 것으로 읽힐 수도 있다. 소설 속 두 세계는 계속 번갈아가면서 등장하지만, 무엇이 현실의 공간이고 무엇이 가공의 공간인지는 분명치가 않다. 아편중독자, 고아, 빈민촌의 암울함, 우아한 귀족, 부자들이 모여 사는 화려한 상류층 거주지 등의 대비는 빅토리아 여왕 시대 영국을 그린 소설에 잘 묘사되어 있고, 그런 면에서 이 작품은 코난 도일과 찰스 디킨즈의 소설 세계를 연상시키기도 한다. 작품 제목에 들어가는 '고아'는 「올리버 트위스트」를 떠올리게 하고, '유산 상속'이라는 모티브는 「위대한 유산」을 연상시키며, 주인공 직업으로서의 '탐정'은 「셜록 홈즈」와 유사하다는 느낌을 갖게 한다.

이야기 전개 방식으로서의 '추리'는 과학적 세계관의 산물이라 할 수도 있겠지만, 소설 속 주인공의 '이성'은 명료하지 않다. 작가가 이따금씩 만들어내는 '기억의 신뢰 불가능성'은 서구적 합리주의의 파탄으로 읽을 수도 있지 않을까? 부친은 아편을 수입하는 회사에서 일하고, 모친은 아편 반대운동을 하고 있는 모순은 야만적 폭력의 다른 한편에서 인권을 역설하는 서구 사회의 양면성을 보여주는 것이기도 하다. 그런 면에서 이 소설은 일견 '동화적'이기도 하지만, 다른 한 편으로는 서구 사회의 민낯을

여지없이 드러내주고 있는 것이라고 할 수도 있을 것이다.

  소설의 후반부에 등장하는 군벌 왕쿠의 존재는 중국이 가진 섬뜩한 일면을 표현해낸 것으로 보인다. 그것은 어쩌면 아편전쟁이 지닌 원죄의식이 키워낸 악마일수도 있을 것이다. 한편 영국인인 크리스토퍼 뱅크스가 상하이를 고향처럼 생각하는 것은 어떻게 보아야 할까? 이는 뱅크스의 상실감, 혹은 아이덴티티 문제로 풀어갈 수도 있겠지만, 다른 한편으로는 자신의 문학을 전지구적 범위로 확장해가고자 하는 작가의 '공간 확보' 전략으로 볼 수도 있지 않을까? '원향 상실자'homeless라고 하는 가공적 아이덴티티를 만들어 내는 것. 이 역시 일종의 세계문학적 행보로 읽어낼 수 있다.

  어린시절 영국에서 일본을 상상하면서 '놀랍도록 크고 잘 정돈된 나만의 추억 창고'를 만들어간 가즈오 이시구로는 지속적으로 '두 세계'를 병렬시켜 가고 있다. 그 두 세계는 현재와 과거일 수도 있고, 서양과 동양일 수도 있으며, 내셔널과 코스모폴리탄일 수도 있고, 휴먼과 포스트 휴먼일 수도 있다. 그는 지속적으로 피안의 세계를 만들어가며 '현재의 우리'를 상대화하고 있다.

24

나치의 박해를 피해 지구를 돌아 상하이에 들어온 유대인들
— 훙커우의 유대인 난민기념관

●

상하이로 밀려드는 유대인 이주의 물결

'중국의 쉰들러' 허펑산何鳳山 이야기

장아이링과 유대인

다큐멘터리 <상하이의 기억>

상하이 유대난민 기념관

무국적의 여인 장아이링

유대인 한나 아렌트와 국민국가 이야기

상하이로 밀려드는 유대인 이주의 물결

19세기 중반부터 건설되어 100여 년간 존속했던 상하이의 조계租界. 그 조계에서 미국인, 영국인, 프랑스인은 각각 자기 구역을 갖고 있던 '메이저' 서양인이었고, 러시아인과 유대인은 서양인 중에서도 '마이너리티'였다.

1933~1941년 3만 명의 유대인이 상하이에 왔고, 그중 2만 5천 명이 계속 상하이에 살았다. 그들 중 4천 명은 프랑스 조계에 살았고, 1천 5백 명은 공동 조계에 살았으며, 나머지는 홍커우虹口에 살았다. 중국에서 출간된 『상하이의 유대인 문화지도』에는 상하이에 거주하던 유대인들의 생활이 상세하게 기록되어 있는데, 이 책에는 유대인들의 상하이 이주를 시기별로 나누어서 기술하고 있다. 그 내용을 소개해 보고자 한다.

유대인의 상하이 이주는 히틀러가 유대인들을 본격적으로 탄압하기 시작한 1933년을 기준으로 크게 나뉜다. 유대인이 처음 상하이에 들어온 것은 19세기 중엽, 아편전쟁 직후였다. 오래 전부터 유럽 각지에 흩어져 살았던 유대인은 여러 그룹으로 나뉘는데, 그중 대표적으로 독일이나 오스트리아혹은 동유럽에 모여 살았던 아슈케나즈혹은 아슈케나짐·Ashkenazim 유대인과 이베리아 반도스페인이나 지중해 부근, 혹은 이들을 중동계로 분류하기도 한다를 근거지로 삼았던 스파라드혹은 스파라딤·Sephardim 유대인을 꼽을 수 있다.

아슈케나즈 유대인이 대서양을 건너 서쪽의 북미 신대륙으로 갔던 것과 다르게 스파라드 유대인들은 동쪽으로 갔다. 그들은 바그다드 등지에서 인도로 갔다가 다시 동남아의 말레이시아, 자바, 싱가포르, 라오스, 필리핀 등으로 갔다. 그중 인도 뭄바이에 본부를 둔 삿슨양행沙遜洋行의 총수 데이빗 삿슨의 차남 일리아스 데이빗 삿슨이 이끄는 그룹이 1843년 상하이로 들어왔다. 그들은 1845년 삿슨양행 상하이 분점을 설립하고 상하이 유대인 이주의 역사를 열었다. 그 뒤로 유대인 사업가들이 상하이에 들어와 설립한 ○○양행洋行이라는 이름의 회사들이 줄을 이었다. 대략 1900년까지 상하이의 스파라드 유대인 커뮤니티의 인구는 8백 명 가량 되었다.

1933년부터 유럽의 유대인들이 대거 상하이로 들어오기 시작했는데, 이들의 이주사는 대략 다섯 시기로 나눌 수 있다. (1)1933년 히틀러가 독일에서 유대인 배척을 본격화한 때부터 1937년 8월 일본군의 상하이 침략까지. 이때는 아직 세계 각국이 유대인에게 빗장을 걸어 잠그기 전이어서 상하이에 온 독일계 유대인이 많지 않았고, 상하이에 온 사람들은 대부분 연고가 있는 사람들이었다. (2)1937년 8월부터 1939년 8월 상하이에서 유대 난민 입경入境 제한 조치가 실시되기까지. 이 시기에는 나치의 유대인 탄압이 심해져서 유대인들의 상하이 이주도 피크를 이루었고, 2만 명 정도가 상하이로 들어왔다. (3)1939년 8월부터 1940년 6월 이탈리아가 영국, 프랑스에게 선전포고를 하던 때까지. 유럽 최대의 유대인 커뮤니티가 있는 폴란드가 나치에게 함락되면서 난민이 급증했다. 난민이 많아지자 상하이 조계 당국은 제한조치를 취한다. 입경入境 희망자는 사전에 상륙 허가를 받도록 했고, 보증금을 납부하도록 하거나 상하이에 연고가 있음을 증명해야 했다. 제한조치로 인해 상하이에 온 유대 난민은 2천~3천 명 수준으로 급감했다. (4)1940년 6월부터 1941년 6월 독일이 소련을 침공하기까지. 1940년 6월 이탈리아가 영국과 프랑스에 선전포고를 했고, 뒤이어 프랑스가 전쟁에서 패하면서 유럽 난민들이 종전에 이용하던 해로海路가 끊어진다. 유대 난민들은 시베리아를 돌아 중국 동북부를 거쳐 상하이로 들어왔는데, 이동하는데 만도 몇 달씩 걸렸다. 이때 상하이에 들어온 난민은 대략 2천 명 정도였다. (5)1941년 6월부터 1941년 12월 8일 태평양전쟁 발발까지. 1941년 6월 독일과 소련 간에 전쟁이 발발하면서 육로陸路마저 막혀버린다. 이때는 이미 유럽 각지로 나와 있던

유대인들이 마지막으로 상하이에 왔고, 인원은 2천 명 가량 되었다.[1]

'중국의 쉰들러' 허펑산何鳳山 이야기

예전에는 '유대인 수난' 서사敍事라고 하면 늘 안네 프랑크의 수기 「안네의 일기」가 첫손에 꼽혔는데, 언젠가부터 스티븐 스필버그 감독의 영화 〈쉰들러 리스트〉가 그 자리를 차지하게 된 것 같다. 그간의 세월 변화가 반영되었다고 봐야 하는 것인가? 자신이 운영하는 공장의 노동자로 차출하는 방식으로 독일군에게 뇌물을 주고 많은 유대인의 목숨을 구했다는 미담美談의 주인공 오스카 쉰들러. 필자가 상하이에서 우연히 들른 유대인난민기념관 Shanghai Jewish Refugees Museum에서는 '중국의 쉰들러'로 불리는 허펑산何鳳山, 1901~1997의 이야기가 소개되고 있었다.

허펑산은 1901년 중국 후난湖南 이양益陽에서 태어났고, 1932년 독일 뮌헨대학에서 박사학위를 취득했다. 그는 1937년에서 1940년까지 비엔나 중국영사관에서 총영사를 지냈다. 히틀러는 1933년 집권 직후부터 유대인을 차별하기 위한 법률을 만들고자 했고, 물론 그것이 나중에는 뉘렌베르크법으로 정해진다. 나치는 애초부터 유대인 집단 학살의 의도를 갖고 있던 것은 아니었으며, 처음에는 유대인을 독일이나 오스트리아의 밖으로 쫓아내려했다고 한다.

이 시기는 독일이 오스트리아를 점령한 상황이었기에, 오스트리아 유대인이 출국을 하려면 이주국의 비자가 있어야 했다. 이런 상황에서도 영국과 미국은 수용 가능한 인원수가 이미 꽉 차서 더 이상 난민을 받아들일 수 없다는 말만 반복했으며, 1938년 7월 프랑스 에비앙Evian에서 유

---

1 王健, 『上海的猶太人文化地圖』, 上海錦繡文章出版社, 2010, 20~27쪽.

대인 난민 문제를 두고 열린 회의에서도 참가한 32개국 모두 난민수용에 난색을 표했다.

허펑산이 인도주의를 발휘하는 상황이 바로 이 때였다. 당시 상하이는 비자 없이 입국이 가능했지만 유대인들은 오스트리아를 떠나는 '출국' 시에도 비자가 필요한 상황이었다. 허펑산은 목숨 걸고 출국하려는 오스트리아의 유대인들에게 상하이를 거쳐 가는 임시 비자를 발급해주었고, 수천 명의 유대인이 그의 도움으로 출국할 수 있었다. 허펑산의 유대인 구조 스토리는 여러 매체를 통해 전해지고 있는데, 타이완의 대형 방송사인 '중국전시공사'中國電視公司에서 제작한 다큐멘터리의 내용을 소개하자면 다음과 같다.

허펑산의 비자 발급이 알려지면서 오스트리아 사람들이 비자를 받기 위해 중화민국 영사관에 몰려들자, 독일 정부는 영사관에 압력을 가했다. 외교 라인을 통한 상부의 지시에도 굴하지 않고 허펑산이 계속해서 유대인에게 비자를 발급을 해주자, 급기야 독일 정부는 영사관 건물을 폐쇄시켰다. 허펑산은 개인적으로 방을 구해 임시로 사무실을 꾸리고 비자 발급 업무를 계속했다고 하는데, 이러한 열정적인 선행은 1940년 그가 본국으로 송환될 때까지 계속되었다고 한다.[2] 그가 몇 사람의 유대인에게 비자를 발급해주었는지 그 숫자는 자료마다 서로 다르지만 아무튼 수천 명에 달하는 것은 틀림없는 것 같다.

허펑산은 1949년 이후 국민당을 따라 타이완으로 와서 외교관 활동을 계속했고, 말년에는 미국에 가서 살다가 샌프란시스코에서 사망했다. 2001년 1월 23일 이스라엘 정부는 허펑산의 의로운 정신을 기념하여 표창장을 전달하였고, 2015년에는 당시 타이완의 마잉주馬英九 총통이 허펑산의 유족들에게 감사의 뜻을 전달한 바 있다. 같은 해에 그의 선행이 타

---

[2] 郝廣才@中視, 2016.01.25.

이완에서 뮤지컬로 만들어졌고, 'STAMP OF LIFE'라는 그 뮤지컬 팀은 내한공연을 하기도 했다.

장아이링과 유대인

유대 난민들은 홍커우 동쪽 지역에 꾸려진 임시 숙소에 모여 살았다. 그들은 재산을 갖고 나오는데 제한이 있었기 때문에 거의 옷만 입은 채 빠져나온 사람들이 많았다. 애초에는 주거지역 제한이 없었기 때문에, 유대인 중 돈이 좀 있는 사람들은 공동 조계나 프랑스 조계의 아파트에 살았지만, 돈이 없는 사람들은 주로 홍커우에 모여 살았다. 유대인들은 그곳을 홍큐Hongkew라고 불렀다. 홍커우구虹口區에 속해 있기는 하지만, 루쉰 활동 흔적이 많이 남아있는 쓰촨로四川路 일대와는 좀 떨어져 있는 이 지역의 세부 지명은 티란챠오提籃橋였는데, 공동 조계에 비해 물가가 쌌기 때문에 난민들이 살기에는 좀 나은 환경이었다. 티란챠오의 저우산로舟山路 부근에는 빈Wien 스타일의 카페와 상점이 많이 생겨났기 때문에 리틀 빈Little Wien이라고 불리기도 했다. 유대인 상점은 중국인과 일본인, 그리고 가난한 러시아인과 함께 어울려 홍커우의 새로운 풍경을 형성했다. 커피와 신선한 크림을 사용한 케이크, 독일풍 소시지 등은 현지의 맛을 전해주었으며, 홍커우에 많이 살던 일본인을 의식해서 일본어 간판을 내건 곳도 있었다.[3]

장아이링에게 옌잉炎櫻, 1920~1997이라는 친구가 있었다. 장아이링이 홍콩대학 재학시절 알게 된 친구인데, 그 후 그들은 상하이에서도 자주 만났던 것 같다. 장아이링은 옌잉의 '감각'을 높이 평가해서 그림을 그리

---

3 榎本泰子, 『上海』(中公新書2030), 中央公論社, 2009, 196~197쪽.

거나 사진을 찍을 때도 그녀에게 자주 자문을 구했다. 옌잉의 부친은 스리랑카 사람이었고, 어머니는 중국인이었다. 그녀의 부친은 상하이에서 보석상을 하고 있었는데, 장아이링의 유명한 작품 『색,계』에 나오는 인도인 보석가게가 바로 옌잉 부친의 가게를 모델로 한 것이다.

옌잉은 언어적 순발력도 매우 뛰어났는데, 장아이링은 그녀의 그런 언어감각을 좋아해서 「옌잉 어록」炎櫻語錄이라는 글을 쓰기도 했다. 이 글의 일부를 인용해보기로 한다.

옌잉은 신문, 잡지를 파는 좌판에서 화보를 들춰보다가 전부 다 본 뒤에는 한 권도 사지 않는다. 잡지를 파는 주인이 비꼬듯 말한다. "감사합니다." 그러자 옌잉이 곧바로 대답한다. "별말씀을요." 누군가가 말했다. "나는 원래 세상을 주유周遊하려고 했어요. 특히 사하라 사막을 가보고 싶었는데, 하필 거기서 전쟁이 나다니." 그러자 옌잉이 말한다. "조급하게 생각할 것 없어요. 전쟁이 다 끝나고 나면 가세요. 사하라 사막이 폭파되지는 않았을테니까요. 그건 제가 장담할 수 있습니다."

유머와 재치가 통통 튀는 느낌이다. 장아이링의 글 「옌잉 어록」에 나오는 유대인과 관련된 에피소드 하나를 소개해 보기로 한다.

옌잉은 물건을 사거나 심지어 음식 값을 계산할 때도 끝에 붙은 우수리를 떼고 주려한다. 심지어 한번은 홍커우의 유대인 상점에서까지 그런 적이 있다. 옌잉은 지갑 안의 내용물을 다 꺼내 보이며 말한다. "보세요, 없어요. 정말 이게 전부라구요. 딱 20위엔 남는데, 우린 이걸로 차 마시러 갈 거예요. 애초에 차 한 잔 마시러 나왔던 거고, 물건 살 생각은 없었다구요. 나중에 나와서 보니까 여기서 파는 물건이 너무나 맘에 들어서……" 유대 여성이 가볍게 한마디 한다. "20위엔이면 차 마시기에는 부족할텐데……" 하지만 남자주인은 옌잉의 어린애 같은 모습에 끌린 듯 —아마 그에게는 이렇게 가무잡잡한 피부의 첫사랑이 있었을지도 모르고, 또 어쩌면 어린 나이에 죽은 여동생이 있었을지도 모른다. — 쓴웃음을 지으며 양보했다. "그럼 그렇게 해요. 안 깎아주면 안 될 것 같네. 하지만 차를 마신다고 하니……" 그는 옌잉에게 이 근처 어느 찻집의 케이크가 제일 맛있는지를 알려주었다.

그들은 어떤 언어로 대화했을까? 영어일수도 있고 중국어일 수도 있겠지만, 피차 서로의 처지를 이해하는 정겨운 이웃 같은 느낌이다. 장사 수완 쪽으로는 세계적으로 유명한 유대인이 옌잉의 억지 놀음에 속아 넘어가 주고 있는 것이다.

다큐멘터리 〈상하이의 기억〉

나치즘을 피해 상하이로 온 유대난민들을 취재해서 만든 〈Shanghai Memories〉2017라는 다큐멘터리가 있다. 70여 년이 지난 시점에서 그 시절 상하이를 경험한 유대인과 중국인들이 당시를 회상하고 있는데, 매우 생생한 증언들이 수록되어 있다. 그 내용을 요약해 보기로 한다.

유대인들은 당시 상하이가 비자 없이 입국할 수 있는 유일한 곳이었고, 그들의 입장에서는 매우 안전한 곳이기도 했다는 사실을 회상하고 있다. 1943년 2월부터 유대인들은 '지정 구역'으로 옮겨가야 했고, 그 후로 상황은 나빠졌다. 난민 캠프는 중일전쟁 당시 폭격으로 허물어진 건물들이었다. 유대난민의 주거 문제는 모두 일본인들이 관리했는데, 그들 소수의 관리인들에게 생사여탈권이 주어져 있다고 해도 과언이 아니었다. 캠프의 주거 환경은 극도로 열악해서, 작은 방 하나에 여럿이 살면서 담요로 경계를 삼기도 했다. 위생 상태도 좋지 않아 모든 것을 끓여 먹어야 했지만, 그래도 병나는 사람은 생겨났다. 중국인과 이웃해서 살고 있었지만 그들 간에 별반 교류는 없었다. 유대인이 보기에 중국인들의 생활 역시 자신들보다 나을 것은 없었고, 때로는 더 열악해 보이기도 했다.

일본군 부대 옆에 유대인 학교가 있어서, 중국 어린이들은 유대인 아이들을 학교 담장 너머로 들여다 볼 수 있었다. 전쟁 시대였지만 아이들은 금방 환경에 적응했다. 적응하는 과정에서 홍커우의 유대인과 중국인은 피차가 가난하고 일본군에게 핍박당하는 입장은 마찬가지라는 사실을 깨달았다. 그러면서 서로 공감대를 이루어 갔다. 난민들이 모여 있던 당시의 홍커우는 다른 한편으로 인터내셔널한 공간이기도 했다. 다큐멘터리 속 어떤 중국인은 그 시절 루마니아 어린이와 어울려 놀던 일을 회상하면서, 전시 상황이 아니라면 상상하기 어려운 매우 특이한 상황이었다고 했다. 난민으로서의 생활은 비록 몹시 힘들었지만, 유대인 어린이들은 학교에서 축구도 하고 탁구도 즐기고, 보이스카웃 활동도 하는 등 매우 활발하게 놀았다. 그러던 어느 날 아침 유대인들은 갑자기 일본인이 보이지 않는다는 걸 느꼈고, 전쟁이 끝났다는 걸 알았다. 다음날 미 해군이 황푸강에 상륙했는데, 모두들 당시 미군이 상륙해서 성조기를 꽂던 그 감격의 순간을 함께 했다. 전쟁이 끝났다고 모두들 기뻐했고, 유대인들은 그제야 유럽의 상황을 듣게 되었다. 그 전에는 유럽의 전황이 어떻게 돌아가는지 전혀 알지 못했다고 한다. 상하이로 갈 수 있었던 유대인들은 매우 운이 좋은 사람들이었고, 당시 상하이에서 매우 값진 경험을 했으며, 상하이의 경험은 그들을 강하게 만들었다.[4]

2차 대전이 끝나자 유대인들은 상하이를 떠나갔다. 태평양전쟁 발발 후 대부분 영국 국적이던 세파르디 유대인들은 수용소 생활을 했고, 2차

---

4 https://www.youtube.com/watch?v=zUxgsSH7rwM&t=30s

대전이 끝난 후에는 사업적으로 재기를 꿈꾸기도 했지만, 영국과 미국 정부는 이미 조계와 치외법권 등을 포기한 상태였다. 1945년 9월 빅터 삿슨은 중국에서 대규모 사업을 하던 일은 과거지사임을 인정하고, 홍콩과 바하마군도로 사업 기반을 옮겨간다.

상하이 유대난민 기념관

상하이 지하철 12호선을 타고 티란챠오提籃橋역에 내려 5분만 가면 지금도 남아 있는 유대난민 관련 유적들을 볼 수 있다. 예전에 유대인이 하던 카페나 레스토랑, 아이스크림가게가 즐비해서 '리틀 빈'이라 불렸다고 하는 저우산로周山路를 걷다보면 창양로長陽路와 만나게 된다. 두 길의 교차로 부근에 예전 유대 교회였던 모시회당摩西會堂·Ohel Moishe Synagogue 건물이 있는데, 이곳이 바로 '상하이 유대난민기념관'이다. 1927년에 설립되어 역사적 무게감이 느껴지는 이 건물에는 유대난민들의 사진이나 자료 등이 전시되어 있는데, 2007년에 전면 개보수를 했다고 한다. 당시 유대인들이 영화나 연극을 관람하던 브로드웨이 시어터 자리에는 그 후

상하이 유대난민기념관 입구

에 레스토랑이 들어와 영업을 하고 있었다.

멀지않은 곳에 있는 훠산공원霍山公園도 유대인과 인연이 깊은 곳이다. 이곳에는 유대난민 수용소 건물이 일부 남아있는데, 건물 정면에는 팻말이 붙어 있고, '2차 대전 이전과 전쟁 기간 중 상하이 인민들이 유대인을 거두어 준 데에 감사드린다. 홍커우 인민정부의 지지 하에 이스라엘 정부와 이스라엘 기업이 출자해서 이 건물을 수선했으며, 이를 기념한다.'라는 문장이 중국어와 영어로 쓰여 있다.

무국적의 여인 장아이링

1944년 『폭풍』颶이라는 잡지 창간호에 장아이링의 남동생 장쯔징張子靜이 「우리 누나 장아이링」我的姉姉張愛玲이라는 글을 싣는다. 여기에 장아이링이 직접 그린 삽화가 들어가게 되는데, 그 사진 옆에 붙은 캡션이 '무

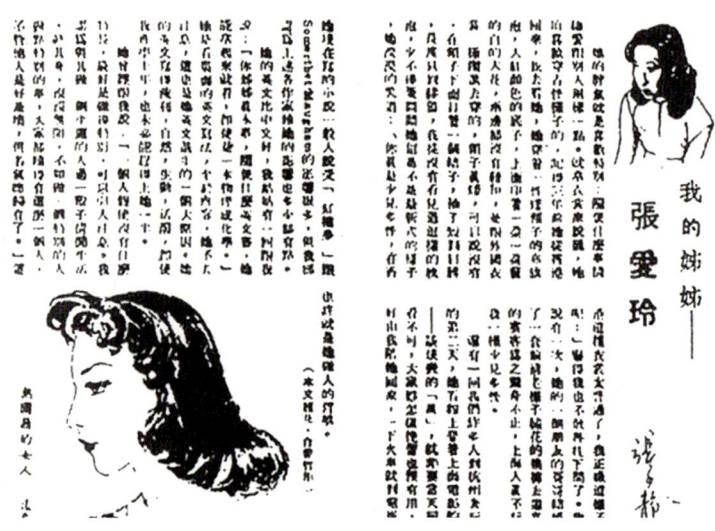

국적의 여인'無國籍的女人이었다. '무국적'이라는 말을 통해 자신의 심경을 표현하고 싶었던 것 같기는 한데, 그러한 표현을 사용하게 된 연유나 배경에 대해서는 아무런 추가 설명이 없다.

중국의 명문가에서 태어났지만 부모의 이혼 등으로 불행한 소녀시절을 보낸 장아이링은 자신의 삶을 억눌러온 가부장적 권력에서 벗어나 자유로운 삶을 살기를 바랐다. 장아이링은 자신의 어린시절 이야기를 상세하게 적은 「비밀이야기」私語, 1944라는 에세이에서 다음과 같이 말한다.

"앞으로 나아가는 방향으로 나는 거창한 계획을 세웠다. 중학교를 졸업한 뒤에 영국에 가서 대학을 다니는 거였는데, 한때 나는 애니메이션을 배워 중국화의 스타일을 마음껏 미국에 소개하리라 마음먹고 있었다. 나는 린위탕보다 잘나가는 사람이 되고 싶었다. 나는 멋진 옷을 입고 전 세계를 돌아다니며, 상하이에 내 집을 사서 아주 똑 부러지고 말끔한 삶을 살고 싶었다."

말하자면 중국 사회의 가부장적 권위나 인습에 억눌리지 않는 삶, 내셔널한 중력에서 벗어나 이른바 '국제인으로서의 삶'을 살고 싶었다는 것이고, 그런 바람이 '무국적의 여인'이라는 표현으로 이어진 것으로 보인다.

유대인 한나 아렌트와 국민국가 이야기

1920년 상하이에서 태어나 줄곧 몰락해가는 중화 제국의 혼란스러운 상황을 보고 자란 장아이링과 지구 반대편에서 살고 있었던 독일 출신 정치사상가 한나 아렌트를 통해 '무국적'과 유대인의 이야기를 이어가 보기로 한다.

한나 아렌트 Hannah Arendt, 1906~1975는 1906년 독일계 유대인 집안에서 태어났다. 마르부르크대학에 진학하여 철학자 하이데거에게 수학하는 등 뛰어난 지적 경험을 한 그녀는 1929년 귄터 슈테른과 결혼하면서 남편의 괴짜 사촌인 발터 벤야민도 알게 된다. 그 후 독일 언론에 게재된 반 유대적 기사 선전물을 모으는 작업을 돕다가 나치에 구속되어 조사를 받게 된 그녀는 1933년 독일을 탈출하기로 결심한다. 체코 프라하를 거쳐 파리로 간 아렌트는 나중에 미국 시민이 될 때까지 18년간 무국적 상태로 있었다. 파리로 불법 망명한 독일인들은 취업을 위한 공식 문서가 없었기 때문에 매우 극단적인 삶을 살고 있었다. 1940년 독일이 프랑스를 침공하자 프랑스는 자국 내 독일인을 수용시설로 보냈고, 이때 아렌트도 귀르의 수용소로 간다. 1941년 나치가 프랑스를 침공하자 혼란한 틈을 타서 수용소를 탈출한 아렌트는 포르투갈 리스본으로 갔다가 배를 타고 다시 미국 뉴욕으로 망명했다.

아렌트는 『전체주의의 기원』1951에서 "무국적 상태란 현대사의 가장 새로운 대중 현상이다. 국적이 없는 사람들로 구성된 점차 커져가는 새로운 민족의 존재는 현대 정치의 병적 징후를 가장 잘 나타내준다."라고 했다. 아렌트는 대량 무국적 상태가 시작된 원인을 '국민국가의 쇠퇴'에서 찾았다. 일반적으로 말하는 국민국가 Nation State란 국경선으로 구획된 일정한 영역으로 이루어져 있고, 주권을 갖추고 있으며, 거기에 살고 있는 사람 Nation·국민이 국민적 일체성 National Identity·국민적 Identity의 의식을 공유하고 있는 국가를 가리킨다.[5] 국민국가란 일정 경계로 제한된 영역을 통치하는 주권국가를 가리키는 말이지만 아렌트는 이 표현을 한층 엄격하게

---

5 가라타니 고진(柄谷行人)은 경제적 대립과 격차를 가져오는 '자본주의', 공동체와 평등성을 지향하는 '네이션', 다양한 규제나 세(稅)로 재분배를 실현하는 '국가'를 불가분의 관계에 있는 '삼위일체'로 파악하고 있다. 가라타니 고진, 조영일 역, 『세계공화국으로』, 도서출판b, 2007.

사용한다. 아렌트는 '국민'과 '국가'를 조심스럽게 구분했는데, 유럽에서 인종주의가 확산되면서 국민과 국가 사이의 불안한 균형이 붕괴되었고, 인종을 중심으로 국민을 선별하는 왜곡된 주권 개념이 나타나기 시작했다고 말한다.

'국민국가'라고 하면 일반적으로 민주주의와 함께 근대의 정신을 이루어 온, 자유와 평등을 지향하는 공정한 시스템이라는 이미지를 떠올리는 경우가 많은데, 그러한 '국민국가' 시스템 내에서 국민과 국가가 실상은 매우 불안정한 상태에 있었다고 하는 아렌트의 지적은 날카롭다. 아렌트는 태어나면서 인간에 속한다는 의미에서의 '천부인권'은 존재하지 않으며, 인권은 인간의 노력으로 만들어진 공적 영역에서만 보장된다고 했다.

아렌트는 1930년대 유럽에서 인종주의가 발호하는 상황을 두고 국민이 국가를 정복해버렸다고 했는데, 인종주의에 기반한 내셔널리즘이 확산되면서 '참된 프랑스인' '참된 폴란드인' '참된 미국인' 등이 강조되었고, '바람직하지 않은' 거주자들이 배척되는 상황을 말한 것이다. '법 앞의 평등'이라고 하지만 법의 보호를 받지 못하는 사람은 어떻게 해야 할 것인가. 이것이 아렌트가 말한 무국적 상태에 놓인 사람들의 비참한 상태인 것이다.

아렌트가 언급한 '무국적자'는 국민에서 배제되어 학살의 공포로 내몰려가던 '마이너리티의 비극적 상황'을 말한 것이며, 이는 앞서 장아이링이 꿈꾼 '자유로운 영혼으로서의 무국적'과는 결이 매우 다른 것이었다. 두 사람의 애초 발화發話 지점은 매우 상이한 위치에 있었지만, 나중에 장아이링 역시 아렌트가 말한 '무국적자'의 삶을 경험하게 된다. 제2차 세계대전 당시 독일을 탈출했으나 세계 여러 나라에서 입국허가를 받지 못한 유대인 중 일부가 상하이로 들어와 게토를 형성하며 살았고, 태평양 전쟁으로 영국 유학의 꿈을 이루지 못한 장아이링은 1949년 이후 난민 여권을 받아 미국으로 이주하게 된다. 상하이에 들어오는 유대인들, 그리고 중국을 떠나가는 장아이링. 지구 한 편에서 국민국가가 만들어지고 있을 때 다른 한 편에서는 무국적자들이 생겨나고 있었다. 그들의 운명은 그렇게 비껴가고 있었다.

에필로그

내셔널리즘의 피안

한국과 일본 작가의 상하이론

근대가 시작될 무렵 우리 곁에 왔다가 국민국가의 시대로 접어들면서 사라져간 올드 상하이는 무엇이었을까? 이 책의 등장인물인 20여 명 작가들의 상하이 기억을 이광수부터 시작하여 정리해 보기로 하자. 1913년의 상하이 첫 방문을 기록한 「상하이 인상기」1914에 나타난 이광수의 상하이에 대한 반응은 '놀라움'이다. 그는 먼저 상하이 와이탄에 들어선 중후한 서구 건축물과 황푸강을 오르내리는 거대한 기선을 보고 놀란다. 놀라움의 정체는 그를 압도하고 있는 서구 문명이었지만, 그의 이 놀라움은 이내 중국에 대한 연민으로 바뀐다. 이는 일견 화려해 보이는 상하이의 외관은 서구 근대문명이 이룩한 성과이지 결코 중국인들이 만든 것이 아닐 뿐더러, 중국인들은 오히려 자기 땅에서 소외 당하는 서글픈 존재로 전락하고 말았다는 그의 인식에 기반 한 것이다. 이광수는 1919년 또 한 차례 상하이에 체류하며 임시정부 기관지 〈독립신문〉 편집에 관여하기도 하지만, 이 때 상하이에 대해 쓴 글은 많지 않다. 그의 상하이론에는 다소 비판적인 논조가 많지만, 상하이 최대 출판사인 상무인서관에 대해서는 부러움과 찬탄의 감정을 표현한 바 있다.

이광수의 기술은 상하이의 도시문화적 다양성보다는 외면적 화려함에 집중되어 있었고, 그런 면에서는 다소 단순하고 피상적이라 하지 않을 수 없다.

이에 반해 주요섭의 상하이 이해는 매우 깊이 있고 실천적인 측면마저 느낄 수 있다. 이 점은 아마도 이광수가 지적 호기심으로 충만한 학창시절을 모두 일본에서 보낸데 비해, 주요섭은 상하이에서 중학과 대학을 다닌 것과도 관련이 있을 것이다. 단편소설 「인력거꾼」과 「살인」은 주요섭의 날카로운 사회의식, 그리고 상하이 현지에 대한 이해의 수준을 잘 보여주는 작품이다. 이와 더불어 「첫사랑 값」에는 1925년 5.30사건의 상황이 잘 그려져 있는데, 여기에는 현지에서 직접 사건을 목격한 주요섭의 경험이 잘 반영되어 있다. 상하이 시절 그가 써낸 현실 참여적 작품들은 「사랑방 손님과 어머니」와는 매우 다른 결을 갖고 있는데, 이는 동시대 외국 작가가 써낸 상하이 제재 소설로 볼 때도 매우 높은 수준의 리얼리즘을 구현해내고 있다.

주요섭의 소설에 다소나마 유학생의 분위기가 남아있다면, 김광주의 소설에는 현지 교민들의 삶이 잘 반영되어 있다. 김광주는 1929년부터 1945년까지 15년간 중국에서 생활했다. 그는 중국에 오래 체류한 만큼 한인 사회 내의 접촉면도 넓었으며, 중국 매체에 평론문을 투고하고 한국에도 중국 현대문학 작품을 소개하는 등 매우 적극적으로 활동했다. 상하이 프랑스 조계의 한인 커뮤니티를 배경으로 한 「장발 노인」, 「난징로의 창공」, 「예지野鷄」, 「베이핑北平에서 온 영감」 등의 작품 속 한인들은 식민지 현실을 박차고 만주로 가거나 대륙을 전전하다가 상하이로 온 사람들이다. 그의 소설에는 서양—동양, 상하이—조선, 근대—전근대 등 두 세계가 늘 대립되어 있고, 그 사이의 간격은 좁혀지지 않는다. 그의 소설은 사실적이면서도 주관적이다. 김광주의 상하이 소설은 다소 도식적으로 보이기도 하지만, 그럼에도 불구하고 강렬한 정감情感이 있다. 이는 직접 체험해 본 사람이 아니면 표현해낼 수 없는 주변부 인생 특유의 멘털리티인 것이며, 국제도시 상하이에서의 마이너리티적 감각이라 할 수도 있는 것이다.

김광주의 소설세계에서 상하이 거주 한인들의 삶이 다소 비극적으로 그려져 있다면, 심훈의 소설 속 상하이 한인들은 정치적 낙관주의로 가득 차있다. 심훈이 1930년에 쓴 소설 『동방의 애인』은 3.1운동에 참가한 후 중국으로 떠난 두 쌍의 남녀가 상하이에서 사회주의 계열의 민족운동가를 만나 새로운 정치 이념에 눈뜨는 동시에 사랑을 이루는 내용으로 되어 있다. 『상록수』와 같은 농촌 계몽소설을 쓴 작가 심훈이 『동방의 애인』에서 '혁명+연애'의 로맨티시즘을 구현해냈다고 하는 점은 이미지적으로 다소 부합하지 않는 면이 있다. 이 점에 대해 필자는 '일본' 프로문학 운동의 영향을 강하게 받고 있던 당시 카프의 주류 문인들을 향한 심훈의 반감이 『동방의 애인』이라는 작품을 통해 '중국' 상하이에서 사회주의의 길을 찾는 주인공으로 표현된 것이 아닐까, 하는 의견을 제시해 보았다. 『동방의 애인』의 사회주의 서사는 1920년대 후반에 와서 사후적으로 재구성된 것이라고 보아야 할 것이며, 그런 면에서 이 작품 속의 상하이는 작가의 상상적 공간이라 해야 할 것이다.

「김강사와 T교수」를 쓴 유진오에게 「상해의 기억」,1931이라는 소설이 있었다는 점은 매우 의외의 발견이었다. 「상해의 기억」은 중국 상하이에 간 조선인이 '대세계'大世界라는 곳에서 우연히 일본 유학시절의 동창생과 마주치고 그와 모처에서 다시 만나기로 약속하지만, 약속 장소에서 괴한에게 납치되어 감옥에서 며칠을 보낸 후, 조선에 귀국해서야 신문을 통해 그 동창이 중국에서 좌익 문학 단체의 구성원이었으며, 그 사이에 처형이 이루어졌음을 알게 된다는 내용이다. 소설 속 주인공이 동창생과 만나기로 한 것이 1월 17일이었는데, 이는 실제로 중국좌익작가연맹 소속 다섯 명의 젊은 작가에 대한 사형 집행이 이루어진 현실 속 날짜와 일치한다. 이 작품은 중국현대문학사에 있어 이른바 '좌련오열사' 사건에 대한 한국 작가의 응답 소설Answering Novel로 보아야 할 것이다. 이 소설은 유진오가 1년 전에 쓴 「귀향」1930과 오버랩 되는 부분이 있는데, 두 작품을 펼쳐서 연결하면 작품 속 조선인 주인공은 한-중-일 사회운동의 연대를 꿈꾸고 있었고, 이는 「상해의 기억」에서 '인터내셔널'이라는 노래로 표상表象된 바 있다.

이광수의 적극적인 추천으로 상하이에 가게 된 피천득은 상하이에서 중고등학교와 대학을 다니면서 11년 동안 체류하게 된다. 피천득은 상하이 시절 안창호에게 감화를 받았고, 주요섭과는 매우 각별한 관계를 유지했다. 피천득은 훗날 상하이를 회상하면서 "인간이 꿈꾸고 상상할 수 있는 모든 일들의 가능성이 다 열려 있는 도시"라고 한 바 있는데, 그에게 있어 당시 상하이는 아시아의 도시들이 따라가지 못할 코즈모폴리턴의 도시로 받아들여졌던 것 같다.

상하이가 반영된 피천득의 글은 대략 12편 가량 되는데, 「그날」에서는 루쉰의 산문 「아버지의 병」과 어머니가 돌아가시던 '그날'의 안타까운 기억을 오버랩 시키고 있다. 「황포탄의 추석」에서는 추석날 황포공원에 나와 외로움을 달래는 이방인들의 쓸쓸한 모습을 스케치하고 있다. 「은전 한 닢」은 상하이 시내의 걸인을 묘사한 특이한 작품이고, 「유순이」는 1차 상하이사변 당시 시가전이 벌어지고 있는 상하이 시내의 상황을 그려낸 작품이다. 1932년 1.28 상하이사변이라는 역사의 현장을 생생하게 그려낸 이 작품은 상하이 사변에 대한 한국인의 현장기록이라는 측면에서도 중요한 사료적 의미를 지닌다. 대학생이 된 딸에 대한 아빠의 미묘한 감정을 표현한 「서영이 대학에 가다」에서는 작가의 상하이 유학시절 여성 동창생들에 대한 아련한 기억을 떠올리고 있다. 피천득의 상하이론은 본인의 체류 경험을 바탕으로 한 한국 작가의 소중한 기록이다.

이상 이광수, 주요섭, 김광주, 심훈, 유진오, 피천득 등 6인의 한국 작가들의 상하이론을 살펴보았다. 한국 작가들의 상하이행은 일제강점기라는 시대적 상황과 밀접한 관련이 있다. 이 말은 위 작가들이 모두 독립운동과 실질적인 관련을 맺고 있었다기 보다, 식민지적 상황을 상하이행의 커다란 밑그림으로 이해해야 한다는 의미이다. 그런 의미에서 본다면 이 시기에 상하이로 가 문학활동을 이어간 작가들은 이외에도 많다. 이를테면 최독견이나 주요한, 강로향 같은 작가들인데, 이 책에서 상하이 관련 한국 작가들을 모두 망라하지는 못했다.

다이쇼大正 시대 일본 문단을 대표하는 작가 아쿠타가와 류노스케는 1921년 3월부터 7월까지 오사카마이니치신문사大阪每日新聞社의 해외 시찰원으로 중국에 파견되었다. 고전문학 속의 중국을 동경하고 있던 아쿠타가와의 중국 방문은 그의 오랜 갈망이 이루어진 결과로 볼 수 있다. 하지만 그런 고전古典 속 중국에 대한 그의 갈망은 직접 보고 느낀 중국 현실을 통해 부서지고 만다. 아쿠타가와는 상하이의 조계지를 돌아다니며 서구적 스타일에 대해서도 잘 알게 되었지만, 이 도시에 대해 크게 호감을 갖지는 못했다. 아쿠타가와의 상하이 기행문에는 중국에 대한 비판적 기술이 많이 나오는데, 이는 그가 1920년대 초 중국을 최대한 객관적이고 사실적으로 파악하려한 것으로 보아야 한다.

아쿠타가와와 이광수는 1892년 같은 해에 태어났고, 각각 한국과 일본의 문단에서 선두적 위치에 있었다. 두 사람을 간략하게 비교하자면, 아쿠타가와는 일정한 거리감을 갖고 상하이를 하나의 외국으로서 '관찰의 대상'으로 대하는데 반하여 이광수는 상하이에 좀 더 밀착해있다. 상하이가 서구 물질문명의 집결지이고, 가난한 중국의 백성들은 정작 그 중심부로부터 소외되어 있다는 관점을 1차적 주변화周邊化라고 한다면, 이광수는 몰락해 가는 중화제국의 주변부에 다시금 조선을 위치짓는 재주변화再周邊化를 통해 감정이입을 하고 있다.

요코미쓰 리이치의 『상하이』는 장편의 편폭 속에 다양한 배경을 가진 인물들을 포진시키고, 독특한 묘사 기법을 통해 상하이의 도시적 특징과 등장인물의 위치감각을 잘 표현한 수작秀作이다. 요코미쓰 리이치의 상하이행이 아쿠타가와 류노스케의 권유에서 비롯된 것이라는 점은 본문에서도 언급한 바 있다. 아쿠타가와의 상하이행이 고전古典에서 모종의 출구를 찾아보고자 하는 그의 창작적 고민과 연결되어 있었다면, 요코미쓰의 상하이행 역시 신감각파의 총 결산이라고 하는 본인의 창작적 시도와 맞닿아 있다. 요코미쓰는 당시 일본의 프로문학이 사실주의적 관례와 교조주의를 무비판적으로 수용하고 있다고 보았고, 자신이 진정으로 유물론적인 소설 형태를 창출하겠다는 희망을 버리지 않았다. 그러한 의미에서 프로문학에 대한 도전장과 같은 것이 이 소설『상하이』이다. 기존 프로문학계와의 대립적 상황에서 좌파 성향의 작품을 선보였다는 점에서는 심훈의 경우와도 유사한 느낌이다.

요코미쓰에게 있어 상하이란 하나의 외계, 혹은 '외계를 보는 창'이었던 셈이고, 요코미쓰는 상하이를 빌어 자신의 유물론적 문학 창작을 실험해보고 싶었던 것이다. 이는 특정한 정치적 질서가 지배하는 공간이 아니라 각각의 주체가 공존하는 인터내셔널한 공간을 만들어내고, 거기에 존재하는 생명체를 낱낱이 떼어 그들이 가진 가치 그 자체로 묘사하는 것을 말한다. 그런 면에서 이 소설에 있어 '표현'이라는 것은 '현실'을 묘사하는 수단에 그치는 것이 아니라, 작가의 인식에 따라 현실 속 인물을 설계하고 시대정신에 작용해 나가는데 있어 적극적인 의미를 가지는 것이다.

본서에서 다룬 20세기 전반기의 일본 작가는 아쿠타가와 류노스케와 요코미쓰 리이치 두 사람 뿐이며, 이는 일본 작가의 상하이 체험 전체에 있어 아주 작은 일부분에 불과하다. 상하이를 방문하고 옛 중국 문인의 정취를 체험해보고자 했던 다니자키 준이치로谷崎潤一郎, 풍속 작가로 알려진 '중국통' 이노우에 고바이井上紅梅, 상하이 환락가를 그린『마도』魔都의 작가 무라마쓰 쇼후村松梢風, '퇴폐적 상하이'라는 특유의 스타일을 만들어 낸 가네코 미쓰하루金子光晴, 상하이를 부르주아 도시로 그린 요시유

키 에이스케吉行エイスケ 등 상하이로 건너간 다이쇼大正, 쇼와昭和 시대의 작가는 상당히 많다. 다만 일본 작가들과 상하이의 관계를 망라하는 것은 본고의 범위를 넘는 일이고, 한국 작가와의 비교 역시 제한적 범위 내에서 이루어질 수밖에 없는 점이 매우 아쉽다.

홍커우虹口의 우치야마 서점을 언급한다면 우치야마 간조內山完造와 루쉰의 개인적인 교류를 떠올리지 않을 수 없겠지만, 우치야마 서점은 당대 일본과 중국 문화인을 연결하는 문화 살롱의 역할을 하고 있었다. 우치야마가 상하이에 서점을 개업한 것은 1917년이고, 루쉰이 처음 들른 것은 1927년이지만, 그보다 이른 1926년 이곳을 들른 사람은 다이쇼 시대 일본의 유명 작가 다니자키 준이치로였다. 다니자키는 이곳에서 우치야마의 소개로 궈모루어郭沫若, 티엔한田漢, 위다푸郁達夫 등 일본유학 출신의 창조사 작가들을 알게 되고, 그들과 교분을 쌓게 된다. 이후로 아쿠타가와 류노스케와 요코미쓰 리이치도 이곳에 들렀고, 미야자키 도덴宮本滔天, 마스다 와다루增田涉, 오자키 호츠미尾崎秀實도 모두 우치야마와 인연이 있다. 루쉰 생존 시 상하이에서 가장 가까운 인간관계를 유지한 우치야마內山는 루쉰 사후에도 유가족을 도왔고, 일본으로 돌아간 후에도 800여 차례의 강연을 통해 일본 전역에 동시대의 중국을 알렸다. 우치야마 서점은 현재 일본 도쿄로 옮겨와 중국관련 전문서점으로 영업 중이다.

오자키 호츠미는 상하이에서 코뮤니즘의 이상을 실천하려한 매우 독특한 인물이다. 도쿄제대를 졸업하고 도쿄 아사히신문사에 입사한 오자키는 중국 특파원으로 상하이에 와서 중국 좌익 작가들과 교류하며 중국 잡지에 글을 발표했다. 그 후 아그네스 스메들리와 교유했던 오자키는 스메들리의 소개로 조르게를 소개받게 되었다. 귀국 후 일본 정부의 정책보좌관이 된 오자키는 1941년 일본군 관련 정보를 조르게에게 넘겨주었다는 혐의로 체포되었고, 군사재판에 넘겨진 후 처형당했다. 조르게는 소련 정보국 소속의 스파이였으나 그에게 일본군의 중요 정보를 제공한 오자키의 행동에는 현실적인 이해관계가 작용하고 있지 않았다. 오자키 자신의 정치적 신념에 따라 국익을 뛰어 넘어 코뮤니즘적 이상을 실천하고자 했고, 스메들리와 조르게와 오자키 간의 그러한 관계를 실현시켜 주었던 곳이 바로 '자유의 공간'인 올드 상하이였던 것이다.

한국과 일본 작가들의 상하이행은 모두 근대 일본의 '팽창주의'와 관련이 있다. 위에서 살펴본 한국 작가들의 상하이행은 크게 보아 일본의 식민지배라고 하는 암울한 상황과 관련이 있고, 일본 작가들 역시 점점 자신들을 구속해오는 군국주의의 그림자를 벗어나고자 하는 정신적 도피처로 상하이를 선택했던 것이다. 그런 면에서 이 책에서 다룬 한국과 일본 작가들에게 있어 올드 상하이가 지니는 의미는 내셔널리즘에 대한 대안적 공간이었다고 할 수 있을 것이다.

중국 작가들, 그리고 서양인의 경우

현대 중국의 작가들에게 있어 상하이와의 관련성만을 따로 떼어내서 얘기하기는 쉽지 않다. 물론 '해파'海派라 불리던 작가들처럼 상하이를 중심으로 활동한 작가 그룹이 존재했지만, 그들의 활동만으로 상하이를 얘기하는 것도 충분치는 않다. 상하이는 20세기 중국 문화의 중심지였고, 상하이를 거쳐 간 중국 문인들은 매우 많다. 하지만 그들은 중국인이었기 때문에 그들의 관심은 기본적으로 중국 사회 전반에 걸쳐 있었지, 상하이라는 공간에 특화되어 있지는 않았다. 그런 면에서 외국인의 상하이 서사와 중국인의 경우를 단순 비교하는 것 역시 다소 적절치 않은 면이 있다.

중국 작가 중 한 명으로 루쉰을 고른 것은 루쉰의 상하이 서사가 남달라서라기 보다, 이 책의 기술 대상 중 그와 연결되어 있는 인물이 적지 않기 때문에 그러한 소통과 흐름을 염두에 둔 것이었다.

루쉰은 평생 사오싱紹興·난징南京·도쿄東京·센다이仙臺·항저우杭州·베이징北京·샤먼廈門·광저우廣州·상하이上海 등 9개 도시를 오가며 살았다. 루쉰의 상하이행은 애초 베이징 군벌정권의 정치적 탄압과 관련이 있다. 루쉰은 베이징을 떠나면서 곧바로 상하이로 향한 것이 아니었고, 도중에 샤먼, 광저우를 들러 우여곡절을 겪게 된다. 루쉰의 상하이행 역시 국가권력의 폭압으로 인한 것이며, 루쉰은 신변 안전과 표현의 자유를 찾아 상하이로 오게 된 것이다. 그런 면에서 루쉰에게 있어서도 상하이는 역시 하나의 대안적 공간이었다고 할 수 있다.

　상하이는 루쉰이 생애의 마지막 10년을 보낸 곳으로, 이곳에서 국민당의 '백색 테러'를 마주한 루쉰은 젊은 마르크스주의 평론가들과 회심의 일전을 벌이게 된다. 창조사, 태양사의 '관념적 급진론자'들에게 비타협적 공격을 퍼부었던 루쉰은 다른 한편으로는 러우스柔石 등 젊은 좌련 작가들에게는 무한한 애정과 연민을 보여주었다. 루쉰이 러우스의 죽음을 슬퍼하며 쓴「망각을 위한 기념」은 상하이 시절 루쉰이 남긴 가장 어둡고 쓸쓸한 글이다.

　이에 반해 1933년 2월 17일 상하이를 방문한 아일랜드 출신 작가 버나드쇼를 환영하는 오찬 파티 장면을 스케치한「쇼와 쇼를 보러 온 사람들을 본 기록」은 매우 경쾌하고 유머러스한 글이다. 버나드쇼의 재치있는 풍자와 당시 중국 미디어의 문제점, 그리고 그날 오찬에 모인 사람들 간의 관계 등이 잘 들어가 있다.

　루쉰은 당시 중국 국내외적으로 워낙 존재감 있는 인물이었기 때문에, 루쉰 자체가 이미 1930년대 상하이의 풍경을 형성하고 있는 듯한 느낌이다. 하지만 장아이링張愛玲은 루쉰보다 상하이의 도시적 특징을 잘 포착했고 그것을 잘 표현해냈다. 상하이 토박이인 장아이링은 1940년대 일본군 점령 하의 상하이에서 문학적 성공을 거두었고,「첫 번째 향로」,「경성지련」,「금쇄기」,「붉은 장미 흰 장미」등의 작품을 통해 영리하고 현실적인 상하이 소시민의 형상을 만들어냈다. 장아이링은 「아파트 생활의 즐거움」 등에서 전차와 아파트 같은 도시적 산물을 예찬했고, 단편 「봉쇄」에서는 전시戰時의 도로 봉쇄로 인해 전차가 운행을 중지한 상황에서 생겨난 도시인들 사이의 감정적 단절과 갈망을 이야기했다.

장아이링은 1952년 홍콩에 건너가 영문 소설 『앙가』秧歌, 『붉은 땅의 사랑』赤地之戀을 발표한 후, 1955년에는 미국으로 건너가 번역과 평론활동을 했는데, 「머나먼 여정」浮花浪蕊은 상하이를 떠나는 심경을 그린 소설이다. 1943년 상하이 문단에 혜성처럼 데뷔한 후 베스트셀러 작가가 되고, 1949년 이후 상하이를 떠나가는 장아이링 문학의 성장과 몰락의 과정은 형성과 팽창을 거쳐 마침내 빅뱅big bang의 대폭발로 가고 마는 올드 상하이라는 도시의 운명을 보고 있는 듯하다.

1930년대 중국 최고의 여배우 롼링위阮玲玉의 생애는 상하이 영화시장의 빛과 어둠을 적나라하게 보여준다. 그녀는 1926년 상하이 밍싱明星영화사에 들어가 일약 스타가 되었지만, 명예훼손 소송에 휘말리면서 허위사실이 신문에 여러 차례 보도되었고, 악성루머에 시달리다가 자살하고 만다. 이와 관련하여 루쉰은 「'사람들 말이 두렵다'를 논함」이라는 글에서 신문 독자로서의 대중과 기사를 써서 여론을 만들어내는 언론, 그리고 기사의 대상이 되는 여배우 등 세 가지 주체에 대해서 각각 논한 바 있다. 루쉰은 삼자의 관계를 고대 로마의 콜로세움에 비유하여, 사회적으로는 유명하지만 힘없는 존재였던 롼링위는 본인의 의사와는 상관없이 결투장으로 끌려나온 존재들이었고, 남의 비극을 보고 즐기는 중국인들은 경기장의 관객이었으며, 남의 인생을 파멸시키며 돈을 벌고 있는 신문사는 이 잔인한 경기를 주관한 프로모터였다고 했다.

이상 위에서 살펴본 중국 문화인 3인의 인생, 혹은 그들의 예술세계와 당대 상하이의 관련성을 말해 본다면, 루쉰의 경우 무도無道한 당대 정치권력의 탄압, 그리고 상하이 문화시장의 성장 등이 배경을 이루고 있다.

장아이링의 문학에는 상하이 특유의 모던 라이프와 그곳에서 살아가는 도시인들의 민낯이 잘 묘사되어 있고, 롼링위와 그녀의 영화에서는 근대 도시 상하이의 빈부격차와 인간소외, 그리고 성장해가는 미디어 시장과 영화산업 등을 볼 수 있다.

책에 소개된 동아시아의 작가, 문화인들은 서로 간에 대략 어느 정도는 연결고리를 갖고 있다. 하지만 님 웨일즈는 이들과는 다소 다른 위치에 있다. 님 웨일즈는 1931년 8월 상하이에 온 후 에드가 스노우의 영향으로 중국혁명에 관심을 갖게 되었고, 중국혁명의 새로운 주체 세력인 홍군紅軍의 존재를 서방 세계에 알린 저널리스트이다. 님 웨일즈가 쓴 『나의 중국 시절』은 올드 상하이에 관한 당대 미국 청년의 시각을 보여주는 좋은 자료이다. 님 웨일즈는 이 책에서 서방 세계 내에서 동아시아에 대한 입장 차이를 '부패한 구세계'와 '똑똑하고 순결한 미국 젊은이'로 대립시키고 자신을 후자에 위치 지었다. 좀 더 구체적으로 말하자면 반식민지半植民地 상태에 있던 당시 중국에서 서방 세계의 권력을 강화하려는 것이 '구세계'이고, 중국의 독립을 지지하는 입장에 있었던 것이 '젊은이'들이었던 것이다. 아편전쟁 이래 대략 100여 년의 시간을 둘러싸고 '젊은이'들은 구미의 제국주의 침략과 불평등 조약을 비판하는 입장에 있었고, 이들은 당시로서는 새로운 역사의식을 가진 '신세대'라 할 수 있었다. 미·중 갈등이 점차 격화되어 가는 21세기에 과거 미국 내 '친중파'들이 쓴 중국론을 다시 읽으며 평화와 화합의 미래를 생각해보는 것은 어떨까.

아그네스 스메들리 역시 서방 세계의 '젊은이'였고, '친중파'였으며 님 웨일즈에 비해 상하이 문화계 사정에 좀 더 밝았던 것 같다. 1928년 중국에 온 그녀는 쑨원의 미망인 송칭링宋慶齡과도 가까운 사이였고, 『위대한 길』이라는 주더朱德 평전을 쓰기도 했지만, 본서에서는 주로 루쉰과의 관계만을 기술했다. 스메들리는 상하이에서 루쉰과 가장 가까운 미국인이었다. 러우스柔石의 처형 후 루쉰은 「어두운 중국 문예계의 현 상황」이라는 글을 썼고 스메들리에게 영작을 부탁하여 〈뉴 메시즈〉라는 저널에 투고했다. 러우스 사망 후 독일의 판화가 캐테 콜비츠의 작품 속 슬픔을 깊이 공감하게 된 루쉰은 1936년 캐테 콜비츠 판화선집 출판을 기획하게 된다. 이때 스메들리는 캐테 콜비츠와 루쉰을 연결해주었고, 판화선집의 서문을 써주었다. 스메들리는 영어 능력과 외국인이라는 신분을 잘 활용하여 상하이 시절 루쉰을 성심성의껏 도왔다. 두 사람의 관계는 내셔널리즘을 뛰어넘는 우의友誼의 대표적 사례로 손꼽힌다.

소환되는 기억들
−무라카미 하루키·왕가위·가즈오 이시구로

앞에서 언급한 인물들이 올드 상하이에 대한 당대의 직접적 경험을 써 내었던데 반해, 여기서 얘기할 세 작가에게 있어 상하이는 세대를 건너뛴 먼 기억 속의 공간이고, 그것은 아득한 시간의 저편에서 20세기 후반으로 소환되어온 것이다.

무라카미 하루키의 「토니 타키타니」1990에는 주인공의 부친 타키타니 세이사부로가 중일전쟁 직후 나가사키에서 배를 타고 상하이로 건너가, 현지 재즈클럽의 트롬본 연주자로 이름을 날리는 것으로 설정되어 있다. 이는 20세기 전반 일본의 대중음악인들에게 있어 상하이는 본고장 재즈를 직접 감상할 수 있는 곳이었고, '동양 재즈의 메카'로서 일종의 '선망의 장소'였다고 하는 실제 상황과도 관련이 있다. 이 설정은 다른 한 편으로 중일전쟁 당시 징집되어 중국으로 건너간 하루키 부친의 상황과도 오버랩 된다. 「고양이를 버리다」2019라는 에세이에 서술된 하루키 부친의 실제 상황과 「토니 타키타니」를 같이 놓고 보자면, 하루키는 1938년 특무 이등병으로 일본 우치다항宇品港을 떠나 상하이에 상륙한 부친의 상황을,

트롬본 하나 들고 배에 올라 나가사키에서 상하이로 들어간 타키타니 세이사부로의 모습으로 바꿔놓은 것이다.

영화감독 왕가위는 1958년 상하이에서 태어났고, 다섯 살이 되던 1963년에 부모를 따라 홍콩으로 왔다. 1950년대 홍콩에는 '상하이인'이라 불리는 사람들이 10만 명가량 있었고, 그들은 노스 포인트北角에 모여 살았다. 당시 이곳은 홍콩의 '리틀 상하이'小上海라는 별칭으로 불렸는데, 왕가위의 〈화양연화〉에는 이들 상하이 출신자들의 모습이 잘 나와 있다. 〈화양연화〉는 일반적으로 1990년대의 시점에서 60년대의 홍콩의 기억을 소환하는 영화로 알려져 있지만, 주제가인 「화양적연화」라는 노래의 배경을 자세히 살펴보면 '올드 상하이'라는 또 하나의 기억이 소환되고 있음을 알 수 있다. 다른 한 편으로 홍콩 작가 류이창劉以鬯의 소설 「떼뜨베슈」對倒도 영화 '화양연화'에 영향을 주었다. 류이창은 그의 소설 「떼뜨베슈」에서 주인공 춘위바이淳于白의 사색을 통해 자신의 옛 추억들을 표현하고 있지만, 왕가위는 저우쉬엔의 「화양적연화」를 〈화양연화〉의 남녀가 각기 홍콩에서 함께 했던 지난 시절을 그리워하는 기표記標로 사용했다. 올드 상하이의 서브 컬처가 홍콩에서 살아가는 상하이인들에게 있어 그들만의 언어가 되고 있었던 것이다.

가즈오 이시구로가 형상화한 올드 상하이의 모습은 그의 장편소설 『우리가 고아였을 때』2000와 제임스 아이보리 감독의 영화 〈화이트 카운티스〉2005에 나타난다. 『우리가 고아였을 때』는 런던과 상하이를 오가며 이야기가 전개되지만, 가즈오 이시구로는 상하이에 장기 체류한 적이 없다. 그에게 있어 상하이는 할아버지와 아버지의 기억 속 공간이다. 가즈오는 그가 만들어낸 소설 속 상하이를 '은유적 장소'이며, 그런 의미에서 자신은 '믿을 수 없는 화자'라고 말한 바 있다. 작가가 말한 '은유'라는 표현은 이 작품 해석의 주요한 방향성을 제시해주고 있다. 이는 작가의 상상에 의해 가공된 '원향적原鄕的 공간'으로, 서구 근대사회에 대한 대안적 의미를 갖는 것이다. 가즈오 이시구로가 그의 소설 속에서 만들어낸 '기억 속의 상하이'는 현실세계의 구성 원리인 '내셔널리즘'을 넘어선다는 의미에서 '피안'彼岸이라는 단어와 가장 잘 어울리는 공간이다.

영화 〈화이트 카운티스〉는 『우리가 고아였을 때』와 달리 올드 상하이의 두 타자他者인 유대인과 러시아인을 전면에 내세우고 있다. 유대인은 나치즘의 광기를 피해서 유라시아 대륙을 헤매다가 상하이로 들어오게 되었고, 볼셰비키혁명 후 여기저기로 망명을 떠난 백러시아인들 중 일부 역시 상하이로 오게 된다. 유대인과 러시아인은 '백인'이었지만, 영국인, 미국인, 프랑스인들처럼 상하이에서 행세하고 다니지 못했다. 자기 땅에서 쫓겨난 이들은 상하이에서도 차별 당하며 고단하게 살아갔다. 가즈오는 상하이에서의 약자들의 연대를 내러티브적으로나마 보여주고 있다.

러시아인과 유대인의 경우, 20세기 전반 국가주의의 피해자로서 올드 상하이에서 특수한 위치를 점하고 있고, 이 책의 성격에 매우 적절히 부합함에도 기술에 걸맞는 작품이나 예술가를 찾지는 못하였다. 본서에서는 두 챕터를 할애하여 러시아인과 유대인이 처한 상황에 대한 역사적 문맥을 보충하고, 당시 중국인들의 눈에 비친 그들의 모습을 정리하는 것으로 가름했다.

유럽전쟁 승전 기념비[1924]

올드 상하이 시절 와이탄에는 영국인들의 동상, 혹은 기념비가 많았다. 그 후로 이들 기념물들은 국제 정세의 흥망성쇠를 대변하듯 영국인 동상이 철거된 자리에는 일본의 '대동아공영' 선전물이 세워졌고, 세월이 더 지나서는 중국인들의 동상이 그것들을 대체하였다. 물론 진즉에 철거되어 직접 볼 수는 없었지만, 언젠가 옛날 사진에서 보았던 '1차 세계대

전 승전기념비'가 내 기억 속에 남아 있다. 중국사람들은 이것을 '유럽전쟁 승전기념비'歐戰勝利紀念碑라고 했다.

1924년 현재의 옌안동로延安東路에 세워져, 그 후로 18년간 그 자리에 있었던 '1차 세계대전 승전기념비'(이하, 기념비)는 당시 상하이 최대의 기념 조형물이었다. 옌안동로는 영국 황제 에드워드 7세의 이름을 따서 당시에는 에드워드로드Edward Rd·愛多亞路라 불렸다. 에드워드로드는 김광주의 「예지」野鷄 등의 작품에도 등장한다. 이곳에 상하이 공부국과 서양인 각계 인사들이 1차 세계대전 중 상하이에서 출전한 전몰 장병을 기념하며 거대한 화강암 기단 위에 하늘을 향해 날개를 펼친 승리의 여신상, 그리고 양 옆으로 평화를 상징하는 작은 천사를 세웠다. 동상의 네 면에는 서양 여러 국가의 국기와 문양을 그려넣었고, 기단에는 전사한 장병들의 이름을 새겼다.

1924년 2월 16일 '기념비' 낙성식을 하면서, 당시 상하이 주재 영국 총영사 프레이저Everard Duncan Fraser는 조국의 방위를 위해 먼 타국에서 유럽까지 가서 싸웠던 장병들의 고귀한 정신은 무엇과도 바꿀 수 없는 것이며, 이 '기념비'로 그들의 희생을 기리고자 한다는 말을 남겼다. 그 후로 이 '기념비'는 '상하이 제일의 기념비'上海第一碑라 불리며 와이탄의 랜드마크land mark로 한 몫을 담당했는데, 1941년 12월 8일 진주만 공습과 동시에 조계로 쳐들어온 일본군에 의해 강제 철거되었다.

상하이의 와이탄을 찍은 사진은 무수히 많고, 고색창연한 건물들이 만들어내는 빈티지한 느낌은 대략 비슷한 느낌을 준다. 예전에 상하이 토박이인 중국인 S교수로부터 와이탄 사진에 이 '기념비'가 들어가 있으면 그것은 올드 상하이 시절에 찍은 것이라고 하는 설명을 들은 적이 있다. 그 후로 나는 '기념비'의 존재가 상하이인들이 상하이 사진의 시기를 구별해내는 그들 나름의 포인트라는 것을 알게 되었고, 와이탄 사진을 볼 때마다 '기념비' 자리에 먼저 눈길이 가는 습관이 생겼다.

발터 벤야민과 역사의 천사

그러던 어느 날 내 머릿속에서는 사진 속 풍경으로 존재하고 있었던 기념비의 '승리의 여신'의 큰 날개, 그리고 양 옆 '천사'들의 모습이 발터 벤야민Walter Benjamin, 1892~1940의 '역사의 천사' 이미지와 겹쳐지고 있었다. 벤야민이 쓴 「역사의 개념에 대하여」1940의 9번 테제에 나오는 내용이다.

파울 클레Paul Klee가 그린 「새로운 천사」라는 그림이 있다. 이 그림의 천사는 마치 자기가 응시하고 있는 어떤 것으로부터 금방이라도 멀어지려고 하는 것처럼 묘사되어 있다. 그 천사는 눈을 크게 뜨고 있고, 입은 벌어져 있으며 또 날개는 펼쳐져 있다. 역사의 천사도 바로 이렇게 보일 것임이 틀림없다. …… 천사는 머물고 싶어 하고 죽은 자들을 불러일으키고 또 산산이 부서진 것을 모아서 다시 결합하고 싶어 한다. 그러나 천국에서 폭풍이 불어오고 있고 이 폭풍은 그의 날개를 꼼짝달싹 못하게 할 정도로 세차게 불어오기 때문에 천사는 날개를 접을 수도 없다. 이 폭풍은 그가 등을 돌리고 있는 미래 쪽을 향하여 간단없이 그를 떠밀고 있으며, 반면 그의 앞에 쌓이는 잔해의 더미는 하늘까지 치솟고 있다. 우리가 진보라고 부르는 것은 바로 이러한 폭풍을 두고 하는 말이다.[6]

1940년 독일의 침공을 받은 프랑스를 벗어나고자 원고가 가득 든 트렁크를 양손에 들고 힘겹게 피레네 산맥을 오르던 발터 벤야민이 프랑스-스페인 간 국경이 폐쇄된 것을 보고 절망한 나머지 다량의 모르핀을 먹고 자살하던 바로 그 해에 쓴 글이다.

올드 상하이는 내셔널리즘의 권력이 인간을 압제하지 못한 코스모폴리타니즘의 공간이었고, 자유의 시간이 존재하던 곳이었다. 올드 상하이의 천사는 과거의 시간 속에 머물고 싶어 한다. 하지만 거역할 수 없는 폭풍이 그를 미래로 향하도록 한다. 그 폭풍은 우리가 진보라고 부르는 것, 중국식 용어로 풀어 말하자면 신민주주의 혁명, 그리고 그 폭풍이 데려간 미래는 바로 중화인민공화국이었다. 국민국가로 회수回收 되면서 올드 상하이는 막을 내리게 된다. 우리는 비행기를 타고 인구 2천만이 넘는 대도시 상하이에는 갈 수 있지만, 올드 상하이에는 갈 수가 없다. 그 곳은 이미 사라져 버렸기 때문이다. 인류는 위대한 근대문명을 만들어냈지만, 그 문명이 내셔널리즘과 결합하면서 국가는 점점 배타적인 집단이 되어갔고, 국가 간 충돌이 발생하면서 충돌하면서 비극이 생겨나기도 했던 것이다. 근대적 발전을 이루어가면서도 내셔널리즘에 의해 전유되지 않았

---

[6] 발터 벤야민, 최성만 역, 『발터 벤야민 선집(5)』, 도서출판 길, 2017, 339쪽.

던 공간. 지금은 존재하지 않는 올드 상하이이다. 국민국가라는 차안此岸에서 볼 때, 올드 상하이는 역사라는 강 건너 저편에 존재하는 피안彼岸이 되어버린 것이다.

추천사

동아시아 코스모폴리탄의
달콤하면서도 고통스러운 문화 산책

도쿄대학 명예교수 후지이 쇼조(藤井省三)

김양수 교수는 저의 30년 지기 친구입니다. 우리는 함께 서울과 도쿄에서 워크숍을 열었고, 칭다오青島와 타이베이, 싱가포르와 울란바토르를 여행했습니다.

코스모폴리탄으로서의 동아시아 도시들을 돌아다니면서 우리는 루쉰과 장아이링을 논했고, 이광수와 김구를 말했으며, 아쿠타가와 류노스케芥川龍之介와 요코미쓰 리이치橫光利一를 화제로 삼았고, 예로센코와 에드가 스노우, 님웨일즈와 가즈오 이시구로의 목소리에 귀를 기울였으며, 롼링위阮玲玉와 웡카와이王家衛, 그리고 리안李安의 영화를 꿈에서 보았습니다.

동아시아 200년의 시공을 활보한 우리의 여행은 동서문화의 화려한 퓨전fusion으로 생겨난 달콤한 향기에 싸여 있었습니다. 하지만 그것은 또한 제국주의자와 독재정권에 의한 폭력과 식민지가 된 땅에서 억압받은 사람들의 저항의 역사를 다시 바라보는 쓰라린 경험이기도 했습니다.

이번에 양수상 —이라고 평소대로 부르게 해 주십시오— 의 대작『자유의 도시, 올드 상하이』간행 소식을 듣고, 지난 30년 동안 양수상이 말했던 여러 이야기들이 '상하이'라는 이 근현대 동아시아의 대도시를 중심으로 재구성 되어가는 모습을 제 눈앞에 선명하게 그려볼 수 있었습니다. 양수상은 저의 소중한 '술친구'이기도 합니다. 우리 두 사람은 중국의 각종 백주白酒와 소흥주紹興酒를 함께 마시곤 했습니다. 문학, 영화와 함께 음주문화도 그 도시의 역사와 사회에 대해서 많은 것을 가르쳐주었기 때문입니다.

일중국교정상화1972 이후, 일중평화우호조약 체결1978을 거쳐 제가 양국 정부 간 최초의 교환유학생으로서 상하이 푸단復旦대학에서 유학한 것은 1979년의 일입니다. 당시 중국에는 고급 간부와 외국인 전용 호텔에서가 아니면 시원한 맥주는 존재하지 않았습니다. 그래서 저는 세면기에 수돗물을 가득 채워 맥주병을 넣은 후 20~30분이 지나 시원해지면 마시곤 했습니다. 그렇게 한 여름을 보내고 나니 이 미지근한 맥주를 마시는 것이 습관이 되었고, 그 뒤로 일본에서 어쩌다가 너무 차가운 맥주가 나오면 지금도 여전히 부담스럽습니다.

무엇보다 이 미지근한 맥주라 해도 1979년에는 맥주병이 부족했기 때문에 상하이의 레스토랑에서 외국인 전용 화폐가 아니면 주문을 할 수 없었고, 일반 상점에는 빈 병을 갖고 가지 않으면 살 수가 없었습니다. 맥주가 먼저냐, 맥주병이 먼저냐 —마치 '닭이 먼저냐, 달걀이 먼저냐'를 연상케 하는 농담이 유학생들 사이에서 유행했습니다.

그런 까닭에 당시 중국의 식당에서 팔리고 있던 것은 병에 담긴 맥주가 아니라 —중국어로는 싼좡피지우散裝啤酒라고 하는— 보틀링bottling 이전의 상태를 저울에 달아서 파는 맥주였습니다. 커다란 양동이에 담긴 갈색의 액체를 국자로 떠서 큰 사발에 부은 후, 그걸 한 손으로 들고 건배를 하노라면 마치 녹림綠林의 호걸이라도 된 듯한 느낌이 들었습니다.

하지만 이 '싼좡피지우'散裝啤酒는 두 가지의 문제점을 안고 있었습니다. 그 중 하나는 상당량의 탄산이 빠져버리는 것입니다. 다른 하나는 세면기에서 냉각시킬 수 없는 것이었습니다. 그 상황에서 영리한 상하이 사람들은 맥주에 아이스크림을 넣어 마시는 방법을 개발했습니다. 빠져버린 탄산은 되돌릴 수 없다고 해도 냉각은 아이스크림으로도 가능했던 것이니까요. 무엇보다 그 맛이라고 하면 약간 쓴 맛이 도는 아이스크림 플로트 Ice cream float 같은, 식전주 食前酒에 해당하는 것이었죠.

덧붙여 이야기하자면 중국의 음식점에는 최근 30년 동안 쿨러 cooler와 대형 냉장고가 보급되어, 어디에서건 시원한 맥주를 마실 수 있게 되었습니다. 그래도 종업원은 지금까지 늘 "냉장된 걸 드릴까요? 상온 보관된 걸 드릴까요?" 冰的？常溫的？라고 확인한 뒤에 주문을 받습니다. 제 기억으로는 상온 常溫 맥주를 마시는 사람이 많았던 것 같습니다.

최근 십 수년 동안 일본에서는 '혐중론' 嫌中論이 늘어나고 있습니다. 한국에도 비슷한 경향이 있다는 보도를 본 적이 있습니다. 1945년의 일본 패전, 1991년의 소련 붕괴 이후 동아시아는 유일한 초강대국 미국에 의한 통제를 받고 있습니다. 좋게 말하면 '팍스 아메리카나' Pax Americana, 미국 주도하의 평화입니다만, 이 '평화'에는 각종 문제들이 포함되어 있습니다.

이러한 동아시아에 중국이 새롭게 제2의 초강대국으로 등장하면서, 미국과의 사이에 '평화' 주도권 다툼이 벌어지자, 동아시아의 다른 나라와 지역에서는 향후 나아갈 방향을 둘러싸고 어려운 선택들이 이어지고 있습니다.

중국은 최근 2세기에 가까운 시간 동안 커다란 변화를 겪어오고 있습니다. 그 변화를 촉진한 것은 중국 시민들의 열망과 행동이었습니다. 향후 동아시아의 '평화'를 생각한다면 우리는 중국 시민들의 논리와 멘탈리티를 보다 깊고 넓게 이해할 필요가 있을 것입니다. 상하이는 중국 근현대사의 중심 도시이며, 상하이 문화를 이해하는 것은 중국 시민을 이해하는 첫걸음에 해당한다고 할 수 있을 것입니다.

저는 한국어 학습을 시도해본 적은 있습니다만, 제대로 익히지 못한 채로 고희古稀의 나이에 이르렀습니다. ―그 원인 중 하나는 양수상의 너무도 유창한 중국어 때문이었을 것입니다

　『자유의 도시, 올드 상하이』를 곧 한국어로 읽고 달콤하면서도 고통스러운 문화산책을 나설 수 있는 독자 분들께 저는 부러움을 금할 길 없습니다. 그런 까닭에 『자유의 도시, 올드 상하이』의 중국어판과 일본어판이 하루 빨리 출간되기를 고대하고 있습니다.

2023년 5월 30일 도쿄에서

저자 약력

김양수

　서울 출생. 성균관대학교 중문학과를 졸업하고 동 대학원에서 문학박사 학위를 취득했다. 현재 동국대학교 중문학과 교수로 재직 중이며, 한국중문학회 회장을 지냈다. 일본 도쿄대와 히토츠바시대, 중국 난징대, 대만 사범대학과 홍콩 침회대학에서 방문연구를 했다. 주요 전공은 중국현대문학 연구이며, 세부 전공은 루쉰 연구, 상하이 도시문화 연구, 중화권 영화 연구이다. 번역서로는 『100년 간의 중국문학』, 『현대중국, 영화로 가다』, 『오, 나의 잉글리쉬 보이』, 『코카콜라 병에 빠진 중국』, 『흰 코 너구리』, 『아시아의 고아』, 『중국어권 문학사』 등이 있다. 현재 진행 중인 연구는 「중국적 리버럴리즘의 문화 공간」, 「루쉰과 북유럽」이다.

동국대학교 저서출판 지원사업 선정도서

이 저서는 2022년도 동국대학교 연구비 지원을 받아 수행된 연구결과물임. (S-2022-G0001-00126)
This work was supported by the Dongguk University Research Fund of 2022. (S-2022-G0001-00126)

자유의 도시, 올드 상하이

2023년 7월 3일 초판 1쇄 인쇄
2025년 1월 13일 초판 2쇄 발행

지은이 김양수
발행인 박기련
발행처 동국대학교출판부

출판등록 제1973-000004호(1973.6.28)
주소 04626 서울시 중구 퇴계로36길2 신관1층 105호
전화 02-2264-4714
팩스 02-2268-7851
홈페이지 https://dgpress.dongguk.edu/
이메일 abook@jeongjincorp.com
인쇄 신도인쇄

ISBN 978-89-7801-051-1 (03910)

값 24,000원

이 책의 무단 전재나 복제 행위는 저작권법 제98조에 따라 처벌 받게 됩니다.